肌肉健美
训练解析

（进阶篇）

LA MÉTHODE
DELAVIER
DE MUSCLATION

[法] 弗雷德里克·德拉威尔
[法] 迈克尔·甘地　　著

尹承昊
赵尚文　译

山东科学技术出版社
·济南·

Originally published in French by Éditions Vigot, Paris, France under the title:

La Méthode Delavier de musculation vol.2-1st edition ©Vigot, 2010.

Simplified Chinese translation copyright ©2023 by Shandong Science and Technology Press Co.,Ltd.

All Rights Reserved

图字：15-2021-201

图书在版编目（CIP）数据

肌肉健美训练解析. 进阶篇 /（法）弗雷德里克·德拉威尔，（法）迈克尔·甘地著；尹承昊，赵尚文译. -- 济南：山东科学技术出版社，2023.7

ISBN 978-7-5723-1468-1

Ⅰ.①肌… Ⅱ.①弗… ②迈… ③尹… ④赵… Ⅲ.①健美运动 Ⅳ.① G883

中国国家版本馆 CIP 数据核字 (2023) 第 096517 号

肌肉健美训练解析（进阶篇）
JIROU JIANMEI XUNLIAN JIEXI（JINJIE PIAN）

责任编辑：张丽炜
装帧设计：孙　佳

主管单位：山东出版传媒股份有限公司
出 版 者：山东科学技术出版社
　　　　　地址：济南市市中区舜耕路 517 号
　　　　　邮编：250003　电话：（0531）82098088
　　　　　网址：www.lkj.com.cn
　　　　　电子邮件：sdkj@sdcbcm.com
发 行 者：山东科学技术出版社
　　　　　地址：济南市市中区舜耕路 517 号
　　　　　邮编：250003　电话：（0531）82098067
印 刷 者：济南新先锋彩印有限公司
　　　　　地址：济南市工业北路 188-6 号
　　　　　邮编：250101　电话：（0531）88615699

规格：16 开（170mm×240mm）
印张：22　字数：439 千
版次：2023 年 7 月第 1 版　印次：2023 年 7 月第 1 次印刷
定价：99.00 元

引 言

在《肌肉健美训练解析（基础篇）》这本书中，我们已经回答了健身初学者主要担心的问题，如：

> 每周要进行多少次有效的锻炼？

> 每块肌肉要锻炼多少次？

> 锻炼的期限和频率是多少？

> 要做多少训练组，多少训练动作和每组重复训练多少次？

然后我们向健身初学者介绍了怎样制订能最好满足其特殊要求的个人肌肉训练计划……

本书不想再重复讲解这些基础问题，而是集中讲解在《肌肉健美训练解析（基础篇）》一书中没有提到的，使有经验的健身者能加快进步和完善肌肉发展的训练技巧。

事实上，如果有一个比较严密的计划，锻炼初期的肌肉增长相对是比较容易获得的。但是几个月之后，肌肉就变得越来越难增长了。因此，要想达到令人满意的节奏继续取得进步，需要制订更先进的训练战略和计划。

为了确定哪些练习对你的肌肉是最有效的，了解解剖形态学成为制订所有健身计划的基础。

> 解剖学是有关肌肉和骨骼结构的科学。

> 形态学是根据解剖学来预见运动轨迹的科学。

用解剖学和形态学的知识进行实践，是制订先进训练计划的第一阶段。我们得了解在德拉威尔之前，没有任何一种健身方法考虑到了你自身的解剖形态学方面的问题。

德拉威尔锻炼法：

→ 给你解释了支配肌肉反应的重要生理现象。

→ 能通过解释这些现象，帮助你使训练计划更加合理化。

本书共分为三部分：

1 首先，我们将详细说明那些能够继续推动进步的先进训练技术。为此，我们不仅要依靠已有的肌肉训练经验，还要依靠关于肌肉生理学和生物动力学的科学常识。

2 其次，我们将对每块肌肉进行描述和分析，包括最好的练习及其优缺点。某些练习可以运用一定的设备在家里进行，而另一些则必须在健身房用相应的器械才能完成。

3 最后，我们将这些理论知识运用于实践，同时根据你的目标、时间和你拥有的器械，指导你制订适合自己的训练计划。

目　录

第一部分

为了继续进步而制订的新目标

当我们进行几个月训练后，会发现一个明显的现象：

→ 我们的肌肉得到了发展，但是其中一些肌肉比另一些要发展得快。

→ 某些肌群会提前发展。

→ 另一些肌群则比较晚发展。

当然，我们的基础目标依旧是全身各部位的肌肉都能得到锻炼，但同时也要面对肌肉发展的不平衡性。以下 4 种情况会影响到你肌肉的全面发展：

1 **体积不足**：此问题是永远存在的。最强壮的运动冠军都不能对其身体发展感到完全满意。肌肉就像银行账户一样，即使再完美，也总有人觉得体积不够大。

2 **美感不足**：在同一块肌肉中，发展的不均衡性会导致其形状缺乏美感。例如，股四头肌上部发展多，下部发展少；肱二头肌短会使上臂和前臂之间的距离显得很大……

因此，除了要担心肌肉的体积问题外，还要注意每块肌肉的某些特定部位，以便增强其美观性。

3 **不匀称**：在一组肌肉组内部，可能会出现发展不匀称的现象。例如，在肱三头肌群或股四头肌群内，只有内侧或只有外侧肌肉发展。因此需要重新平衡每块肌肉的发展。

4 **清晰度不足**：某些肌肉的轮廓依旧是不清晰的。典型的例子是腹肌，它往往被一层（甚至是很薄一层）脂肪所遮掩。臀部、背部下方和大腿等部位也经常很难清晰地显现出肌肉线条来。

为了帮助你得到匀称的体形，克服这些困难，后面我们将教给你：

→ 如何确定自己的弱点。

→ 如何继续发展越来越难以增长的肌肉。

→ 如何确定锻炼的困难区域和在锻炼中难以感知的部位。

刺激肌肉增长发展的五个因素

为了能够更有效锻炼，应该注意那些能够刺激肌肉增长发展的因素。举起更重的负重，做更多的重复练习和更多的训练组等，我们的最终目标都是获得健壮的肌肉。为了这个目标，要专注于那些能够直接刺激肌肉增长发展的因素。我们以效果递减的顺序整理了影响锻炼的五个主要因素。

伸展的压力

在负重训练中离心收缩时，肌肉发力对抗阻力会破坏肌纤维。这确实是在离心收缩阶段（下降负重阶段，肌肉控制负重下降速度）和进行拉伸练习时会出现的情况。负重和肌肉的对抗会破坏肌纤维，当身体完成恢复重建后，肌肉体积便会得到充分改善。伸展的压力构成了强烈的增长信号。为了运用这种潜在的增长力，必须合理强调每一次重复练习的离心收缩阶段。我们将在第21页分析这些不同的离心收缩类型。

收缩的压力

越高的训练负重，肌肉越难收缩，肌肉便会变得越强壮。

因此要用更大的训练负重来确保肌肉增长。

何为合成代谢锻炼的最佳负重？

库玛在2009年根据不同肌肉训练测定过肌肉蛋白合成速度的波动值。每一次的训练量是完全相同的，只有每一组训练所用的最大力量的百分比有所变化。合成代谢：

→ 在负重相当于其最大力量值20%的情况下，进行训练后增长了30%。

→ 在负重相当于其最大力量值40%的情况下，进行训练后增长了46%。

→ 在负重相当于其最大力量值60%的情况下，进行训练后增长了100%。

→ 在负重相当于其最大力量值75%的情况下，进行训练后增长了130%。

→ 在负重相当于其最大力量值90%的情况下，进行训练后增长了100%。

合成代谢反应随负重的增加而迅速攀升。例如，在负重相当于最大力量值75%的时候，合成代谢的增高相当于负重最大值60%+最大值20%的有效训练后增长的叠加值。为什么在负重相当于其最大力量值90%的情况下，进行训练后合成代谢反应的增长反而不如在负重相当于其最大力量值75%的情况下进行训练后的增长大呢？这是因为所使用的负重过重，首先使神经系统感到疲劳而不是锻炼了肌肉。

这些数值帮助我们回答了在制订锻炼计划时出现的一个关键性的问题：我们要以何种负重进行锻炼？在这种负重下，我们在一组训练中做到力竭时的次数即重复次数。

这项研究也告诉我们合成代谢在训练结束后1小时达到峰值，也就是在这个时刻需要消耗蛋白质，以便增长和延长此发展阶段（摩尔，2009）。关于此问题，请参阅同一作者所著的由Vigot出版的《运动饮食指南》一书。

承重的时间

提高负重不是获得发展的唯一因素，否则我们只做最大负重的单一重复训练便已足够。库玛在 2009 年的研究中很完美地说明了这一问题，接近最大值的负重对获得肌肉体积增长来说并不是很理想的。为什么呢？因为对于肌肉发展处于承重状态下的持续时间也扮演了一个重要的角色。使用的重量越大，我们能够做的重复训练就越少，承重的总体时间就会更少。

如果选择使用较轻的重量，承重的时间就会较长，但是，对于肌肉要得到增长信号而言，此收缩力量又显得过于弱小。在库玛的研究中很清楚地表明，必须在绝对压力和承重之间找到一个平衡点。科学研究表明，理想的平衡点存在于接近最大力量 70% ~ 80% 的负重值处。

肌肉燃烧

乳酸涌进肌肉表明，肌肉处于他们能够忍受的新陈代谢的极限状态。我们应尽可能长时间保持此燃烧状态。由于乳酸入侵肌纤维，合成代谢的信号就不再是机械的而是化学的反应。

充血

当我们持续进行重复训练时，肌肉会充血。充血会带来营养物并使肌肉以一种超常规的方式变形。充血越激烈，肌纤维就越会相互挤压。这种机械应力只是一种刺激。因为充血训练不会破坏过多肌纤维，所以我们可以经常进行此训练，尤其是为了要加速身体恢复时。

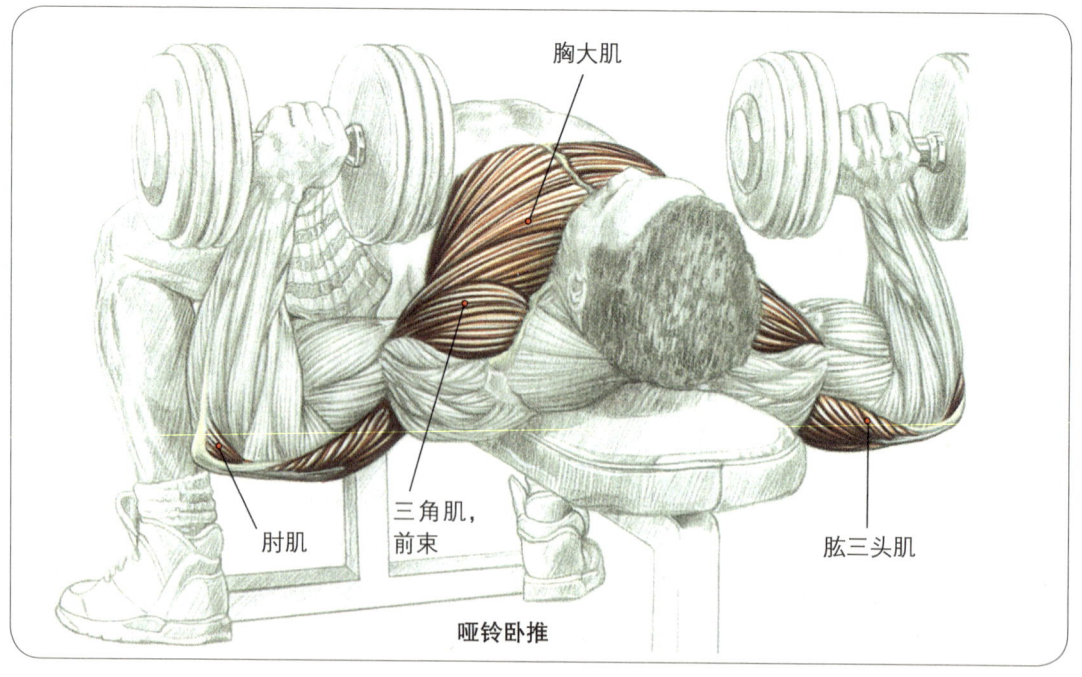

胸大肌

肘肌

三角肌，前束

肱三头肌

哑铃卧推

自由重量还是固定器械训练：怎样做出好的选择？

经常会有使用自由重量还是固定器械锻炼的争论，然而在实际健身训练中这种争论其实是不存在的。有时候自由重量比固定器械要好，然而对于某些特定动作，固定器械比自由重量更合适，这两种工具的特点是不一样的。

自由重量有动作更加自由的优势，为训练创造了良好的基础。某些健身者喜爱其带来的动作自由性，而另一些健身者则更喜欢固定器械的动作引导作用。

例如，在进行卧推训练时，用哑铃比用固定器械能获得更大肌肉活动度与更多发力角度，因此可以更好地拉伸胸肌并能从多角度刺激胸肌。但是很重的哑铃却不如器械好操作，此时专业的固定器械就显示出其优越性了。

使用自由重量的主要缺点是，用其锻炼产生的阻力与肌肉力量的结构不是很一致。例如深蹲，在下蹲到下方时大腿处于最弱的状态，杠铃深蹲会让此练习变得更困难。

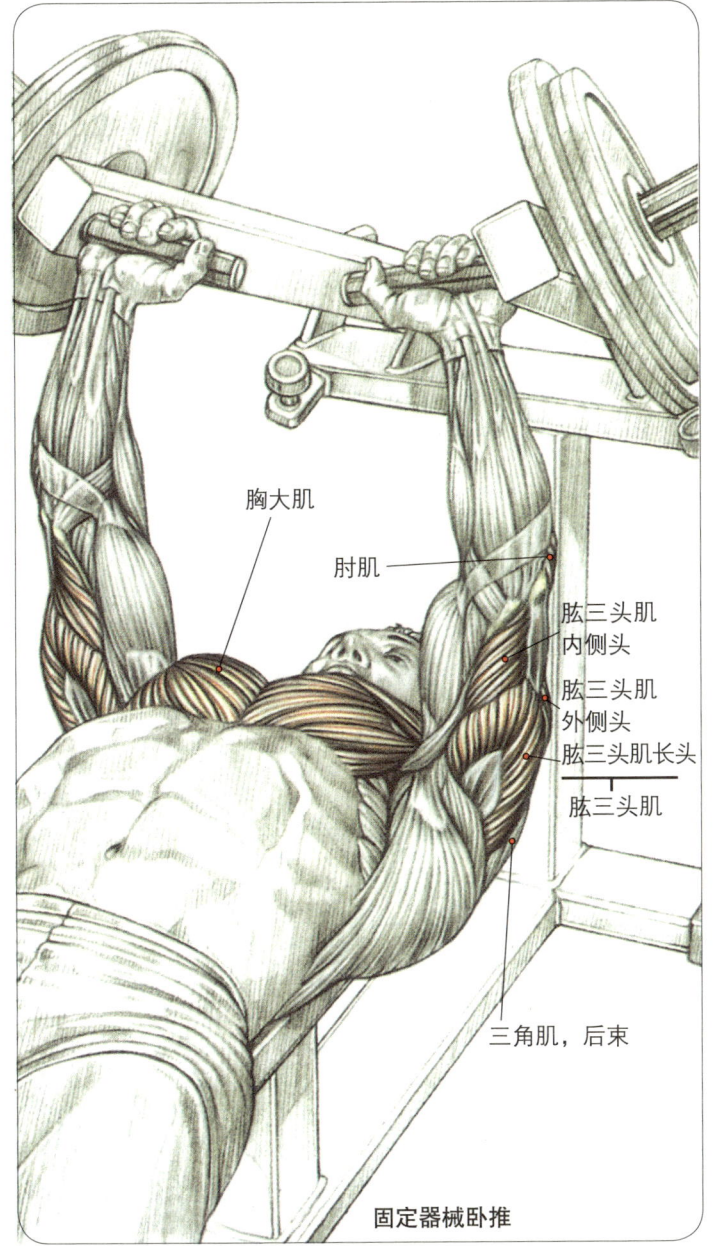

胸大肌

肘肌

肱三头肌内侧头

肱三头肌外侧头

肱三头肌长头

肱三头肌

三角肌，后束

固定器械卧推

这是因为我们下蹲到下方时的力量限制了我们能够承载的负重。我们想用固定器械通过改变阻力结构来纠正此问题。某些固定器械效果很好，但另一些则不能达到预期效果！

每一个健身者都应该知道如何从这些工具中选出最合适的一部分，而不是教条接受那些陈词滥调和刻板印象。例如，我们经常听到这样的说法，专业健身者常用自由重量来锻炼身体，而其实他们大部分的训练是在固定器械上完成的。当我们能够获得高品质的固定器械时，为何要放弃它们呢？

在本书的第二部分，我们将分别分析主要训练中所用到固定器械的优缺点。

复合动作还是孤立动作？

通常，对于增加肌肉体积和增强肌肉力量，复合动作比孤立动作更有效。例如，在锻炼股四头肌的一组复合训练中，在进行第一次重复练习时，深蹲比腿屈伸有效率高46%（斯缪瑞勒，1994）。随着重复练习的进行，为了消除肌肉的疲劳现象和提高肌肉调配能力，在进行第二次重复练习时，有效率会演变为：

→ 深蹲 +26%。

→ 腿屈伸 +16%。

相对于复合动作，孤立动作呈现出两个缺点：

→ 第一，调配肌肉发力的作用较弱。

→ 第二，随着重复练习的进行，调配肌肉能力的上升较少。

这不是说我们要放弃孤立动作。事实上，当复合动作不能发展目标肌肉或增加肌肉体积时，孤立动作可以解决此问题。

如何强化弱点？

总会有一些肌肉要比其他肌肉发展得更好。面对难以克服的弱点，许多健身者做了所有的努力，企图使其重回应有的水准，但是却都以失败告终。反复不停的努力没有收获，会让训练者自身产生一些消极心理。但总是有新的训练组合和训练技术不停地出现并被使用。

强化弱点的传统方法

有些肌肉的训练感觉很好,有些则不太好。为了强化弱点必须对其发起正面进攻。传统强化弱点的方法为:

1 在锻炼一开始就优先训练那些落后的肌肉,此时你比较有力量并且比较容易集中精神。

2 做更多组训练。

3 试着增加负重。

较根本的措施

如果自身肌肉发展差距不是很大,强化弱点的传统方法能够起到一定的帮助作用,但是对那些真正发展滞后的肌肉作用却不大。面对那些影响你肌肉发展的阻碍,需要采用一些更加根本的措施。要进行强化工作,首先要充分了解弱点形成的原因。

真的弱点和假的弱点

弱点被分为两类:真弱点和假弱点。

1 假的弱点是一组肌肉确实比其他肌肉发展的平均水平要慢。但发展慢的原因是缺少锻炼或以快却不正确的姿势进行锻炼,小腿和大腿经常会出现这种情况。通常情况下,如果你用有规律并且强度较高的方式锻炼,这些发展滞后的肌肉相对比较容易恢复到应有水平。

2 真的弱点是即使努力锻炼也不能使肌肉体积增大,力量增强。这种弱点是你应该更加注意的。

什么才是真正的弱点?

理论上说,所有的肌肉都应该以同样的速度发展,因为每一块肌肉合成代谢的激素和营养水平都是相同的。但事实上,由局部生理改变带来的发展比由全是合成代谢带来的发展更有影响力。

弱点的根源

弱点有三个根源:

1 基因。

2 运动经验。

3 肌肉调配能力低。

基因

基因通过五种不同的方式影响我们的身体:

善于锻炼身体上部肌肉的健身者和善于锻炼身体下部肌肉的健身者。

因为基因的影响,有些健身者善于锻炼身体上部肌肉,而身体下部肌肉的锻炼对他们而言就比较困难,反之亦然。身体上部肌肉和下部肌肉达到完美和谐状态是比较少见的现象。即使有时看起来能达到平衡状态,但事实上总是要么善于锻炼上部肌肉,要么善于锻炼下部肌肉。这是一个不良趋势,很少有健身者能够避开。

基因导致的身体不对称性。

我们的身体是不对称的,总有一边的肌肉比另一边的肌肉发达。

当你发现一只胳膊比另一只粗大时，不要感到诧异，有时候臂围会相差几毫米，有时是几厘米。我们的骨骼也不是完全对称的，例如，我们一边的锁骨要比另一边的长一些。在所有锻炼上半身的练习中，特别是在锻炼肩部、胸部和背部的练习中，这种不对称性改变了我们的力量，这必定会给力量和肌肉的发展带来一定的影响。这种骨骼的不对称性也会带来运动损伤，尤其是当我们用长杠铃进行锻炼的时候。

我们的身体不是完全对称的

短肌肉、长肌肉

肌肉的长度是其发展能力的重要因素之一。肌肉越长就越容易发展。相反，肌肉越短就越难发展。例如，肱二头肌较长，就容易发展；小腿腓肠肌较短，因此较难发展。想要使肌肉变长是不可能的，因为肌肉的长度是由基因决定的。

肌纤维的含量和发展

肌肉含有的纤维量越高就越粗壮，即使没进行肌肉锻炼也是如此。在锻炼时，肌纤维含量高的肌肉要比肌纤维含量较低的肌肉训练效果好。幸运的是，有促进肌纤维增长的方法。

→ 超负荷训练，如第 21 页提到的离心收缩训练方式。

→ 每一次锻炼后进行饮食补充，如补充乳清蛋白质、亮氨酸和肌酸，这样可以刺激新的卫星细胞的增殖。随着锻炼的进行，这些基础细胞将会转变成肌细胞。

充血的困难

在锻炼时，肌肉的增长速度和其充血能力间存在着直接联系。在一组训练内，肌肉充血越快、膨胀越大，增长就越快。相反，肌肉如果很难充血，其发展就会滞后。幸运的是，长训练组的锻炼可以改善这种情况。

运动经验

在我们年轻的时候，肌肉最容易被体育运动强化发展。例如，年轻人在首次进行健身运动时，因为做了大量的俯卧撑，其胸肌和肱三头肌就要比一般人发展得快。运动经验能帮助我们成为较为优秀的健身者。

对于那些从来没进行过体育锻炼的人或

者体育运动没能事先影响到其全部肌肉的锻炼者，"100训练法"将会补偿此基本练习的缺失（见第31页）。

肌肉调配能力低

调配能力低的肌肉主要是指那些我们很难在训练中感受并运用的肌肉。我们可以通过以下三点来了解这个问题：

对理论的盲目服从

健身方面的理论一般来源于肌肉运用方面的经验总结。例如，卧推一定是用来发展胸肌的动作。躺着举起的负重越重，胸肌就会越发达。对于拥有发达胸肌和丰富经验的健身者，这两个理论都是正确的。但是，对于胸肌欠发达和缺乏经验的健身者这些运动理论是无效的。

事实上，有多少健身者会花时间学习在卧推动作中怎样强迫胸肌最有效地进行运动？通常情况下，健身者只是试图推举更重的重量，希望他们的胸肌能够得到发展。不幸的是，实践运动理论不是每次都起作用，当此策略不起作用时，也就没必要继续遵循了。对于卧推训练是这样，对于其他复合训练也是这样。在进行各种训练动作时，理论上确定的肌肉并不会自动被运用到，而是需要健身者主动发力。

肌肉间的竞争

肌肉间存在着竞争。在进行复合训练时，如卧推（此训练刺激手臂、肩膀和胸肌的发展），总是最发达的肌肉最先得到运用。例如，

一名有着强壮手臂和厚实肩膀的健身者，在卧推时总是先刺激手臂肌肉和肩部肌肉。

肌肉发展的相互制约关系

> 强壮的手臂肌肉会阻碍胸肌、肩部肌肉和背部肌肉的发展。

> 粗壮的前臂会阻碍肱二头肌的发展。

> 健身者如果能够很容易锻炼其胸肌，在锻炼肩部肌肉时就会碰到困难。

> 完美的肩部肌肉对发展胸肌是个不小的障碍。

> 健壮的肩后部会干扰背部肌肉的锻炼。

> 突出的臀部会限制股四头肌和腘绳肌的锻炼。

肌肉使用的缺陷

每一次重复练习，每一组训练，每一节训练课，不仅会在肌肉上留下痕迹，也会在神经系统中留下痕迹。

这些痕迹构成了我们训练计划的核心。

如果每次练习卧推时都过多锻炼你的肩部肌肉，却很少锻炼你的胸肌，这个训练计划的缺陷就十分明显了。这种训练计划会使肌肉的缺陷加重。

改变训练计划的困难

训练计划是预先制订的肌肉训练动作的总和（施密特，2007）。如果我们想改变这些事先制订好的计划，会遇到以下三个问题：

1 固定的体态会让我们更倾向于更多使用这块或那块肌肉。

2 自身基因尤其是神经基因，决定我们是否自然和更好地感觉到某些肌肉。

3 习惯的力量使我们更容易保持运用肌肉的错误习惯，而不去接受新鲜事物。

以上三点解释了为什么年复一年，健身者始终保持着同样的身体结构，优势还是优势，弱点依旧还是弱点。

碰运气的调整机会

并不是健身者在思想上想要提高肌肉调配能力就能够实现。通常，这是自然而然的行为。

当神经控制有不好的习惯时，由肌肉自行进行调整是基本无法实现的，强化弱点也就很难办到。

重新定位和肌肉调配能力

最理想的状态是尽快地发现影响你肌肉调配能力的各种不同缺陷，问题越早发现就越容易被解决，但是坏习惯不可能在几天内就改正。对于健身者，目的在于使神经产生强烈反应，这些神经支配着发展迟缓的肌肉，以便在复合训练动作中对肌肉能力进行充分刺激。

长期肌肉调配能力的训练，有时可以强化部分弱点。为了达到最佳的肌肉能力，有时候需要几个月甚至几年每天锻炼和不计其数地重复练习。

找到目标肌肉

锻炼时，要找到你想发展的肌肉。一旦你找到了目标肌肉，忘掉其他的事情，只剩负重，组数，重复的数量……尽可能长时间地保持肌肉收缩。

发展肌肉感觉

肌肉感觉是随着肌肉锻炼发展的一种能力。相对于不常运动的人，运动者的肌肉感觉要高 17%；高水平运动员，要高 41%（麦蒂，2009）。

这是一个纯粹的神经现象，特定锻炼比传统锻炼可以更快地改善肌肉的敏感度。

运动素质转移的概念

运动素质转移是指在发展某一运动素质时，对其他素质发展产生影响的现象。此转移可分为两类：

被动转移

当我们过度进行卧推训练而胸肌却不发达时，就产生了被动转移，因为卧推刺激肩部和手臂进行越来越多的运动，而忽略了胸部肌肉。

主动转移

孤立练习会发展肌肉的固有感觉。如胸肌良好的感觉会使复合练习更加有效，因为可以将训练目标更好地锁定在胸大肌上。

为了转移而孤立训练

孤立训练是为了强制薄弱处进行收缩，同时极力缩小总是取得优势的肌肉组的参与程度。

对于数量少的重复训练，我们会选择很高的负重；而对于很多重要的重复练习，我们宁愿使用较轻的负重。我们需学习的是正确的训练姿势而非训练强度。发展迟缓的肌肉也能学习收缩，这是我们训练的主要目标。即使使用的训练重量很轻，只要学会孤立训练肌肉，也会带来肌肉体积的增大。

随着时间的流逝，凭借主动转移，当我们重新进行复合训练时，发展迟缓的肌肉将会越来越多地参与到训练中。从现在开始，主动转移将会逐步强化你身体的薄弱地带。

为了学习而重复

为了让神经系统学习更好地使用较容易训练的肌肉，需要选择适合的训练动作。为了减少训练肌肉的动作数量和简化动作，孤立练习是最适当的选择。一旦找到了适合的练习，就要经常进行多组次的重复练习。也就是说你可以每天都进行肌肉调配能力的训练。因为使用的重量轻，所以肌肉可以在很短的时间内得到恢复。

对于像胸肌或冈下肌这样的肌肉，肌肉调配训练可以在锻炼前起到热身的作用。其他针对臂部和小腿的动作，可以成为训练结束时的动作选择。

用预疲劳抵制弱点

预疲劳连接了孤立训练和复合训练。在进行预疲劳时会出现三种截然相反的情况。

乐观状况

用得好的话，预疲劳能够使训练中发展迟缓的神经系统变得敏感。例如，当你难以发展背部的宽度时，在进行引体向上 2 之前先进行一组仰卧屈臂上拉 1 ，能帮助你更好地感觉背阔肌外部区域的运动。当进行孤立练习时，不要超过你力量能力的范围，要比力竭训练组减少 2 ~ 3 次重复训练。

悲观状况

当你进行仰卧屈臂上拉和引体向上时，第一项训练将会使你的背阔肌疲劳。当你拉伸背部时，已经处于力竭状态。既然背部力竭，你就会更多依赖胳膊发力来完成动作。在没有背部的帮助下，胳膊会过早感到疲劳。在

1 仰卧屈臂上拉

2 引体向上

这种情况下，身体会传送运动素质被动转移的信号，因为你习惯在进行背部训练时利用胳膊进行辅助。

这些副作用现象得到了科学研究的解释和说明。例如，当把腿屈伸放在一组腿举训练之前时，腿举时股四头肌的活跃度要降低25%（欧格斯臣，2003）。

同样，当把哑铃飞鸟练习放在卧推之前时，卧推时并不是胸肌不再工作，而是肱三头肌提供了额外20%～30%的力量（布伦内克，2009；谦蒂尔，2007）。

疲劳的肌肉总是比精力充沛的肌肉要弱。只在一种情况下例外，那就是当肌肉力量潜在存在时，但这只会发生在后疲劳时，不会发生在预疲劳时（见第26页）。

特别状况

像三角肌后束那样的小块肌肉，有方法

可以使其享有预疲劳的好处。背部训练包含我们之前所提到的复合训练动作，它同样可以帮助你刺激到三角肌后束 3 。在进行划船 4 和束下拉前，先使肩后部肌肉疲劳。然后过渡到肩部练习，三角肌后束可以提供所有力量。继续练习，让其他的大肌肉群（背肌和臂肌）轮流进行锻炼。

在进行了几个星期的超级组训练后，在背部练习期间，因为主动转移的缘故，肩后部肌肉的调配能力得到了提高。即使你不再使用超级组训练，肩后部肌肉在背部训练后也将有酸痛的表现，这表明肩后部肌肉调配的能力已经被改变了。

4 划船

3 俯身侧平举

结论

预疲劳更加适合那些在复合训练动作中被分段使用的肌肉：

→ 更适合小块肌肉：如肩后部肌肉、肱二头肌、肱三头肌等。

→ 不太适合大块肌肉：如背部肌肉、胸肌、大腿肌肉等。

后疲劳的方法

对于喜欢大重量锻炼的健身者，通常不容易接受发展肌肉迟缓的基础训练。这是因为我们没有认识到基础训练的重要性，认为基础训练不能够带来充足的训练热情。

在这种情况下，后疲劳能够帮助健身者走出这一左右为难的困境。保持大重量的复合训练，但是做完训练后为了发展迟缓的肌肉要立即进行一个孤立训练动作。

例如，在做卧推训练 1 后做飞鸟训练 2 。当进行复合动作训练组时，后疲劳的超级组训练，将帮助你更好地感受到发展迟缓的肌肉区域。

1 卧推训练

2 飞鸟训练

高强度进阶训练技巧

高强度训练技巧是为了更持续地促进肌肉发展，相比传统的训练组，前者：

→ 负重重量提升。

→ 动作难度加大，较轻的负重能够产生更大的肌肉张力。

为了在每一次锻炼时用不同的方式促进肌肉发展，使大重量的训练和较轻松的训练同样具备积极作用，轮换使用不同的高强度训练技巧是比较合适的。

使强化技巧多样化

许多健身者都认为，只有变换训练动作才能使肌肉得到令人惊喜的发展。为了使肌肉得到增长，你一定要变换训练动作，同时也要变换训练技巧。后者同样重要，你不可能掌握无穷尽的训练动作，因为：

→ 缺少器械。

→ 你的身体不会适合所有动作。

→ 受伤也会限制你的选择。

锻炼技巧的种类很多，你可以改变休息时间、重量、重复练习的实施速度，练习的连贯度，突出向心收缩期或离心收缩期等。你几乎可以无止境地改变锻炼技巧。

健身者要学会将这些动作和技巧完美结合起来。每一个技巧都像一个音符，为了得到肌肉锻炼的最佳效果，运动员要用一种和谐的方式将这些音符演奏出来。

为了肌肉迅猛发展交替使用 TNT 训练法

不同的锻炼技巧可以被分成有区别的两组：

> 破坏肌肉训练技巧。

> 非破坏肌肉训练技巧。

交替使用摧毁技巧和非摧毁技巧是很重要的：这就是 TNT 训练法的交替使用。目的是为了在得到肌肉快速增长的同时避免锻炼过度。

破坏肌肉训练的因素

在锻炼中四个参数影响破坏肌肉训练的程度。

训练组数

做五组练习比只做一组练习对于肌肉的破坏更大。在相同的强度下，运动量是决定破坏程度的重要因素之一。

运动的种类

肌肉越拉长就越有被破坏的危险。例如，颈后哑铃臂屈伸训练时，其张力会比站姿绳索臂屈伸更大，肌肉更容易被破坏。

肌肉参与程度

对于不同的训练动作，肌肉参与程度越高，其被破坏程度越明显。深蹲训练比前臂锻炼更辛苦。

训练方式

最容易破坏肌肉的锻炼技巧是重复进行完全离心收缩训练。大重量锻炼比小重量锻炼更容易破坏肌肉；爆发的训练方式比谨慎的训练方式更容易破坏肌肉。

非破坏肌肉训练的技巧

非破坏肌肉训练的技巧是不会带来肌肉酸痛，不会引起身体疲劳，并可以使受训肌肉迅速恢复的技巧，我们称之为低破坏肌肉或非破坏肌肉训练技巧。这类锻炼包括充血的轻松锻炼，进行这种锻炼时会采用不引起过度拉伸的训练动作。

调整重复训练实施的速度

重复训练实施的基础规则要求必须完美地掌握：

→ 向心收缩时在 1~2 秒钟内举起负重。

→ 在顶峰处进行 1 秒钟收缩。

→ 离心收缩时在 2 秒钟内再放下负重。

一旦掌握了这个技巧，你就可以使用以此技巧为基础的其他各种不同的锻炼计划。有两个完全相反的变化：

1 放慢动作速度——超级慢速。

2 加快动作速度——爆发力。

只满足于使用仅仅一种重复训练实施规则是错误的，因为每个人的肌肉发展都有其独特优势的。

超级慢速训练的功效

尽管在生理上的优势不如在爆发力训练中那么明显，但超级慢速仍然显示出重要的优越性：

→ 对肌肉和关节伤害较少。

→ 不太要求神经冲动。

→ 增加肌肉承重时间。

→ 提高对不常用肌肉的感受。

超级慢速训练对于在两次爆发力训练间或对弱点部位进行锻炼的计划是很合适的。

实践中超级慢速训练的功效

超级慢速训练是指在约 10 秒钟内举起负重，而不是像传统练习那样在 1 ~ 2 秒钟内举起负重。在这种情况下，每组的重复训练次数大大降低，一般做 3 ~ 5 次即可。在离心收缩期不会得到所需要的压力，所以放慢速度是无用的。为了能够立刻进行下一次的主动发力，需要至少在 1 秒钟内完成离心收缩。

为了举起负重，你有两种选择：

流畅主动发力

此训练方式非常慢并且没有间歇。

断续主动发力

这是一种最有效、最简单的技巧。此技巧是发力与休息交替进行，休息 1 ~ 2 秒钟，缓缓地将负重推动约 5 厘米，然后再休息 1 ~ 2 秒钟，再推动 5 厘米。最理想的状态是至少进行 5 次约 2 秒钟的休息，休息时动作保持这样就会有 10 秒钟持续发力时间。随着身体疲劳间歇时间也相对增加，主动发力就更加流畅，这样能使运动变得简单并且能够补充力量流逝。

像所有的强化训练技巧一样，你需要一定的学习期，因为当你以超级慢速训练来开始锻炼的时候，负重是比较轻的，这会有装模作样的感觉。但是，很快你就会加大重量，

并且每一次用超级慢的速度进行的重复训练都变成了一种挑战。

固定器械的稳定性对于超级慢速训练是很合适的，至少在初期是这样的。孤立练习时采用超级慢的速度也是很好的。当你很好地掌握了这项技巧后，就可以扩大练习范围，包括逐步进行复合练习。

为了避免训练停止进步，不能仅仅用超级慢速的技巧来锻炼。在锻炼过程中，用超级慢速训练进行的练习不要超过三分之一，除非是为了锻炼比较薄弱的部位。对于这些薄弱部位，如果超级慢速的技巧可以帮助你更好地感觉到肌肉，其比例可以上升为三分之二。

爆发力——职业运动员的特性

对于职业健身者的锻炼评价都是一样的：他们用很糟糕的动作姿势来进行练习，弄虚作假并且马马虎虎地进行训练，他们需要放慢重复训练的速度。我们指责他们以一种爆发的方式进行锻炼，即使职业健身者是地球上肌肉最发达的人群，他们依然不知道怎样进行锻炼。这些评价或许忽视了一个事实，那就是爆发力对于肌肉增大也会起到有效的帮助。

科学研究展示了什么？

医学观察表明，爆发比缓慢地重复更能使肌肉发展。例如，在进行了八周的手臂训练后：

→ 用慢速训练的肌肉增大了 10%。

→ 用爆发力训练的肌肉增大了 15%（久枝，1996）。

肌肉收缩的内情

为了发展肌肉，要用最大的强度来收缩肌肉。关键就在于神经系统，神经系统可以传递能够引起肌肉收缩的肌电信号。每秒钟由神经网传达到肌肉纤维的脉冲数用赫兹来计算。

> 当达到 80 赫兹（或者 1 秒钟 80 脉冲）时，一块肌肉上几乎所有的肌肉纤维都会被用到。要达到这一频率，在实施训练所必需的强度方面，必须完成每组 8 次的力竭练习。

> 在 100 赫兹时，每个肌肉纤维收缩程度会更高。要达到这一频率，需进行每组 8 次的爆发力练习。

> 当达到 120 赫兹时，肌肉自主收缩的程度会比常人强许多。要达到这一频率可以用爆发力训练的形式进行最多次的重复训练。

> 150 赫兹时，是人类肌电信号频率能够达到的最高值。这种情况会在痉挛（非自主收缩）时发生。我们以 120 ~ 150 赫兹进行收缩时，对产生的所有的感觉差异进行量化。如果我们能将痉挛时产生的强度放到锻炼中，肌肉就会很快增长，但是大部分人不能承受这种疼痛。

> 200 赫兹，是某些昆虫为了飞行所产生的肌肉收缩的频率。如果人类的肌肉收缩能达到这个频率，那我们会超级迅速地拥有肌肉。

最大自主力量和最大非自主力量之间仅存在 30 赫兹的区别，我们称之为力量亏缺，因为我们不能将此力量用于训练中。

结论

缓慢锻炼只能使力量亏缺增加，而健身者为了得到更快的发展要寻找方法来减少力量亏缺。

楼梯效应

普遍的错误观点是，如果肌纤维收缩，就能最大限度发挥其力量。就像我们所看到的，肌纤维收缩水平取决于它每秒钟所接受的肌电信号脉冲量：

→ 仅仅一个脉冲只能以较低微的方式收缩肌肉纤维。

→ 两个脉冲效果会更好一些。

→ 每秒钟的脉冲数越高，收缩就越激烈。

如果，在痉挛期间我们有肌肉要被扯掉的感觉，不是因为使用了新的肌纤维，而仅是因为每个肌纤维都以最大的力量在收缩。

只需 80 赫兹就可以使用一块肌肉上的几乎所有的肌纤维。由较高脉冲频率产生的补充力量来自于每个肌肉纤维的最大收缩，我们的锻炼目的是试图获得这些高频率的收缩。

最好的健身运动员用爆发力进行训练

最好的健身运动员证明最有效的锻炼方式就是爆发力训练，但不要忘记他们的基因都很好。他们的肌肉异常紧密，其肌纤维大都为Ⅱ型肌纤维（收缩迅速）。为了更好地感受到爆发性的收缩，需要Ⅱ型肌纤维有一定的密度。通常情况下，人类肌肉由大约50%的慢肌纤维（Ⅰ型）和50%的快肌纤维（Ⅱ型）组成。个体不同，此比例会有变化，但是人类不像某些动物，某些动物的肌肉几乎只由一种类型的肌纤维组成。

运动冠军的肌肉更接近某些动物，这其中特殊的基因解释了为什么他们能够很好地释放爆发力。很明显我们大部分人没有这个机会。医学研究表明，基因对决定我们肌纤维种类的构成起着50%的作用。剩下的50%由我们的运动状态决定，包括不经常运动者和经常运动者等（西蒙尼奥，1995）。锻炼年数通过以下方式帮助我们重新分配运动基因：

→ 增加快肌纤维的密度。
→ 减少慢肌纤维的收缩。
→ 将类Ⅰ型肌纤维转换为类Ⅱ型肌纤维。

结论

爆发力锻炼并不是适合所有的健身者，尤其是初学者。然而，随着时间的改变，此规律可以发生变化。

让训练适应你的肌纤维

要尽可能快地收缩肌肉，同时你也要能很好地感受到肌肉收缩。一旦不能再收缩肌肉，就说明运动的速度太快、爆发力太大。对于很多健身者，无意识力量的集中使用会降低对肌肉的感觉，但是对另一些人却能增强对肌肉的感觉。

当你不能很好地感觉到爆发性肌肉收缩时，说明快肌纤维缺损。为了更好地感受到肌肉收缩你不得不放慢运动速度；速度越慢，目标肌肉的慢肌纤维就越发达（慢肌纤维适合较慢的肌电信号）。

对于全身肌肉，只做爆发力训练或只进行慢速训练都是错误的，因为肌肉的发展是不一致的。实际上，不是所有的肌肉都用快肌纤维进行收缩。这种差异性要求你对某些肌肉需要进行爆发力训练，而对另一些肌肉则需要做慢速训练。因此，符合其基因特性的锻炼是最适合的。

爆发力训练不一定适合所有的人

如果刚开始进行肌肉锻炼，首先要学会怎样收缩肌肉。在此目标下，每一次重复练习都应该以缓慢而标准的方式进行。如果你试图过早运用爆发力训练，可能会冲力过猛，而肌肉却不能以有效的方式进行运动，甚至会受伤。有效爆发力训练与无效爆发力训练之间的界限是很容易模糊不清的。

进行有效的爆发力训练极其困难，它要求健身者具有多年的实践经验。

爆发力训练是一种最危险的技巧

爆发力训练还不完善，甚至是最危险的锻炼形式之一。在爆发力训练中，受伤的可能性很高。肌肉收缩越猛烈，肌肉、肌腱与关节受损的风险就越大。重复训练的节奏越慢危险就越小，因为其要求的负重小。为了减少危险，在两次爆发力训练间加入一次慢速训练是合理的，也可以以一种受控的重复练习开始锻炼。随着重复练习的进行，你可以加快训练速度，让肌肉快速疲劳。

生理学的两难选择题——一定要放慢离心收缩期吗？

教条：为了更有效地锻炼，离心收缩期一定要被延长，因为对于肌肉发展来说，离心收缩期也就代表着最重要的重复练习阶段。事实上，对于肌肉纤维，被动发力时肌肉伸展所破坏的肌肉要多于主动发力时肌肉收缩所破坏的肌肉，这种加重的分解代谢为肌肉带来了明显发展。

最明显的范例是举重运动员。他们即使非常强壮，也少有局部异常发达的肌肉（除了斜方肌之外）。为什么呢？是因为他们进行的运动中没有离心收缩期。他们举起杠铃，然后不是延缓杠铃下放速度而是将其直接扔下来。没有离心收缩阶段就没有肌肉发展！

事实：我们过高估计了延长离心收缩期的好处，肌肉最发达的健身者是不会在离心收缩期降速的。相反，他们会进行加速训练。

我们将要说明为何离心收缩期产生的好处不能以最有效的方式被运用。为此，我们要重新审视许多大众化的观念。

习惯的有害性

有关离心收缩影响肌肉增长的结论在大部分研究中都得到了证实。结果证明，处于离心收缩期的锻炼是更有效的，但对于有一定训练经验的人来说，在获得大块肌肉方面则是向心收缩较为有效。不运动的人在日常生活中很少用到离心收缩，因为这种收缩方式是不常见的，所以肌肉以肌纤维增大来回应此收缩方式。

研究证明，一旦身体适应了这种训练风格，想再次破坏肌肉进行新的合成代谢便会十分困难，我们称之为耐受。同时，对于初学者，放慢离心收缩期是重要的。但是，经验越多，用放慢离心收缩期这种方式获得的收益就越小。健身者需要找到其他的方式来利用离心收缩，而不仅仅是用降速这种方式。

离心收缩的双重作用

如果你想尽可能跳得高，你会做什么呢？在跳起前，你会突然下蹲。想要跳高为何先要迅速地向下运动呢？换句话说，要进行主动发力前为何要先进行快速的离心收缩呢？因为这短暂的离心运动能够帮助肌肉以最大的力量进行收缩。如果以坐姿进行跳跃，因为缺少突然的预伸展运动，肌肉不可能提供全部的力量。研究表明，当运动者下蹲时，如果让他负重 20 千克，并且在其起跳时卸下此负重，他能多跳高 4%（谢泼德，2004）。

离心收缩阶段的生理功效是双重的：

弹性能量的贮存

肌肉就像橡皮筋一样，被拉伸得越长，当松开时，就会越猛烈地收缩。在伸展阶段，肌肉积蓄了能量。这种无意识的力量在收缩过程中会被释放，它也会添加在有意识的力量上。

开启保护性反应（肌伸张）

收缩越激烈，神经系统就越激烈地回应。为了避免肌肉受伤，神经系统会命令肌肉进行收缩，这也就是一种无意识收缩。

谢泼德研究表明，增加 20 千克负重能使下蹲的速度更快，从而积累了更多的弹性力量。当用 10 千克负重重做此实验时，成绩没有增加，因为此时的负重重量不理想。用 40 千克做实验时，负重则过大并且神经受到抑制会使成绩下降。

对于离心收缩阶段有个理想负重，此重量要比主动发力阶段的负重沉重。这两个阶段间负重的反差使肌肉产生最大的力量。

结论

离心收缩阶段最主要的作用就是为了给予肌肉更多的能量，在有意识的力量中加入无意识力量。换句话说，有效的离心收缩可以降低力量亏缺，从而加速肌肉发展。

不注重离心收缩期训练会减弱潜在的增长

在肌肉锻炼中，肌肉发展缓慢的一个原因是：在离心收缩阶段和主动收缩时使用的是相同重量进行锻炼。这种重量的相似性使离心收缩变得过于容易，因为：

→ 我们的离心收缩力要比主动发力大得多。

→ 顶住负重要比举起它简单得多。

如果离心收缩和主动发力是以同样的重量进行，肌肉就会得到休息。研究显示，在进行深蹲运动时，离心收缩阶段股四头肌的激活度要比主动发力时低 60%（格莱特，2009）。另外，肌肉不会为了使主动发力达到最理想效果而积累足够的无意识力量。因此，我们要对潜在的增长做个双重缩减。

放慢离心收缩是种生理学的谬误

还是跳高的例子，试着跳跃时先慢慢拉伸肌肉，结果是成绩会降低，因为你不能调动所有肌肉的无意识力量。

对于初学者，放慢离心收缩是个不错的主意。但对于专业健身者，这可能会降低健身效果。如果慢速离心收缩是健身成效停滞的原因，为什么不像健身冠军那样加速离心收缩阶段呢？

科学研究展示了什么？

快速离心收缩是最容易破坏肌肉的。

以完全离心收缩法训练肱二头肌：
→ 快速地进行：下降运动持续 1/2 秒。
→ 缓慢地进行：下降运动持续 2 秒。
（查普曼，2006）
快速离心收缩引起：
→ 大量力量流失。
→ 很严重的疲劳。
→ 多出 5 倍的肌纤维被破坏。
（这要求在每两次训练之间有更长时间进行恢复）。

快速离心收缩能够增加你的力量

将这些运动计划进行 10 周，力量会以以下方式进行增长：
→ 用缓慢离心收缩进行锻炼时力量增加 10%。
→ 用快速离心收缩进行锻炼时力量增加 20%。
用缓慢制动发力进行 5 周锻炼后突然产

生了发展停滞，从而引起了力量增长上的差别。快速离心收缩不会带来任何停滞现象，发展的速度也就得到了保持。

快速离心收缩改变了肌纤维的组成

进行了 10 周训练后，快速离心收缩会：
→ 增长 7% 的 II 型肌纤维。
→ 减少 13% 的 I 型肌纤维。

在增加 II 型肌纤维密度的同时，快速离心收缩会让肌肉迅速增粗，而缓慢离心收缩却不会带来任何的成果。

快速离心收缩训练能够更强烈刺激肌肉增长

进行 10 周锻炼后，肌纤维的尺寸会以下面的方式增长：
→ 进行快速离心收缩训练时增长 13%。
→ 进行缓慢离心收缩训练时增长 8%（法辛，2003）。

如何完全获得爆发性的离心收缩？

为了享有离心收缩提供的生理特质，有三种方法可供使用。

1 举重运动员在伸展时用放松肌肉的方式获得离心收缩的收益。杠铃训练发展了爆发力，它允许举重运动员用更多的力量升高负重。但当你追寻大块肌肉而不是力量时，这个危险的技术就不再是最有效的方法了。

2 最简单的解决方法就是找一个搭档，让搭档轻轻地按住负重，而此时你正处于离心收缩阶段 **1**。例如，健身运动员锻炼时，在离心收缩阶段，如果杠铃重量增加 5%，进

1 弯举：离心收缩阶段搭档轻轻地按住负重

行卧推运动时其最大量立即增加超过 3%（兜安，2002）。进行了 5 周锻炼后，在离心收缩时期进行超负荷运动的运动员的成绩会比其在离心收缩和主动发力使用相同重量时增加 13%（谢泼德，2008）。

　　经验证明，如果离心收缩没被强调的话，锻炼也就没有那么高效了。但我们不是总能有个搭档。

2 用弹力带进行上斜卧推

　　3 一个比较有创新的方法是，将弹力带绑在杠铃或器械上 2 3。传统阻力 + 弹力带的阻力构成了最有效的锻炼方式，原因如下：

离心收缩更快速

　　当拉伸弹力带时，能够积累动能。当放松弹力带时，其所贮存的能量会一下子释放出来。这就是弹力带在练习的离心收缩阶段增加了阻力的原因。

3

当开始降低负重猛然放下杠铃时，所有的动能会一下子释放出来。有了弹力带的作用，制动发力就会倍增。例如，进行深蹲时，当36%的阻力是由弹力带引起时，离心收缩的强度也增长了36%（西蒙斯，2007）。

离心收缩危险性小

尽管放下杠铃时速度增加，但在离心收缩时期弹力带带来的危险性较小，因为在拉伸的末端位置杠铃产生了一种机械减负机制[1]。例如，为锻炼肱二头肌进行的弯举

训练，如果杠铃重40千克，当使用弹力带时会再加重15千克，在离心收缩初期，总负重为55千克（加上突然释放的动能）。动作结束时，杠铃下放速度很快，但是总负重却是只有40千克，因为弹力带松开了不再起作用。虽然减负作用受伤的危险减少，但是此后你所感受到的疲劳表明，用弹力带产生的离心收缩期的阻力是很有效的。

调配无意识力量的能力提高

离心收缩进行得越快，为了举起负重，就有越多的肌肉的无意识力量被分担。每次进行重复练习时，因为肌肉强烈收缩，会更快产生疲劳感。当离心收缩没有被加强时，你不能完成同样多的重复训练和组数。因为在较短的时间内肌肉将会进行较多训练，所以强度将会增加。

承重时间延长

爆发性重复训练的主要不足之处在于承重时间过短，因为健身者的肌肉发力都用来举起杠铃。加上弹力带后将会减慢动作速度，问题便得到解决。同样，也可能会不断失败，因为弹力带将阻止你将速度传送到杠铃上。

当不能进行附加重复训练时，为了多进行几次重复练习，取下弹力带（如果可能）并且继续采用递减训练法[2]。

[1] 用弹力带进行弯举运动

练习产生的阻力和肌肉力量之间找到了较好的平衡性。阻力的单一性被打破，这就要求肌肉重新适应，因此得到发展 3 。

结论

将弹力带加到传统的阻力上，不仅增加了主动发力期的锻炼效果，同时也增加了离心收缩期的锻炼效果。训练难度更大并且其刺激的肌肉更多，肌肉自然得到了快速增强。

但是，这种方法是把双刃剑，因为，对于同一组肌肉，两场训练间的恢复期被延长了，过度训练的风险大大增加了。要将使用弹力带的和不使用弹力带的锻炼，较轻较慢地交替进行，减少破坏肌肉的较重较快的锻炼。

2 力竭时，松开弹力带

阻力结构不再单调

科学研究证实，练习中阻力结构的单一性是造成训练停滞不前的原因之一。例如，在深蹲训练时，动作下半段难度极高，腿越伸直时动作就变得越简单。不管用在杠铃上的重量是多少，此阻力类型都会重现。肌肉对此已经很习惯，就不会对刺激起反应。

在深蹲时加上弹力带，就完全改变了肌肉已经习惯的阻力类型。弹力带拉得越长，所产生的阻力就越大，随着腿部的伸展，腿部运动就变得越来越困难。因此，弹力带在

3 弹力带深蹲

强化

强化也就是暂时将肌肉变强，同时激发出其贮备的无意识力量。神经系统放电频率至少要达到 90 赫兹，才能形成肌球蛋白（肌肉收缩组织）的磷酸化现象，可使肌纤维灵敏度增长 5%～20%。

这就表明强化训练后，如果肌电信号频率为 80 赫兹，肌肉将会以 84～94 赫兹频率收缩。事实上，与只进行简单的热身相比，在进行一组腿屈伸训练前先进行大重量的深蹲训练，能将腿屈伸训练的成效提高 35%（西尼奥里莱，1994）。这组使股四头肌疲劳的深蹲运动使腿屈伸训练的成效增长的秘密所在就是要战胜疲劳，至少在进行几组练习时要战胜疲劳。只要在两组练习间得到足够休息即可。形成强化至少需要 2 分钟。

相反，如果你在进行深蹲训练前先进行一组腿屈伸训练，即使两组练习之间有 15 分钟的休息时间，深蹲的锻炼成效还是会降低 27% 的。此反论被以下事实所证明，进行腿屈伸时的肌肉增长比在进行深蹲时要小一些（西尼奥里莱，1994）。在进行伸展运动时，临界水平达不到 90 赫兹。与其说是加强大腿肌肉，不如说腿屈伸训练只是使股四头肌疲劳。这些结果表明：

→ 通过安排后疲劳练习是可以加强肌肉的。

→ 预疲劳的应用是有限的。

→ 复合训练比孤立训练有优势（条件是：多关节训练动作能很好地确定你想要锻炼的目标肌肉，但这并不总能做到）。

强化的最大优势就是进行锻炼的时间越久，肌肉就越能得到强化。事实上，初学者的肌肉得到强化的很少。强化对于有经验的健身者有很大的好处。强化是很有效的技巧，由此你可以得到更大的训练强度，可以加速进步。

此时的目标是，在进行一项较轻松的锻炼前尽可能多地进行神经放电。为了达到此临界压力，半程动作要比全程动作更合适。不要再试图直接进行肌肉锻炼了，先来做神经压力练习吧。下面是几个有关强化的训练范例。

强化性耸肩运动

在锻炼胸肌、背部肌肉、肩部肌肉或手臂肌肉前，先进行几组大重量的耸肩训练（要在热身后进行）。此项练习将增加你上半身所有肌肉的力量 [1]。

加强肱三头肌

为了更好地加强肱三头肌，如果没进行过胸肌锻炼，要进行一组大重量的普通握距卧推训练 [2]。

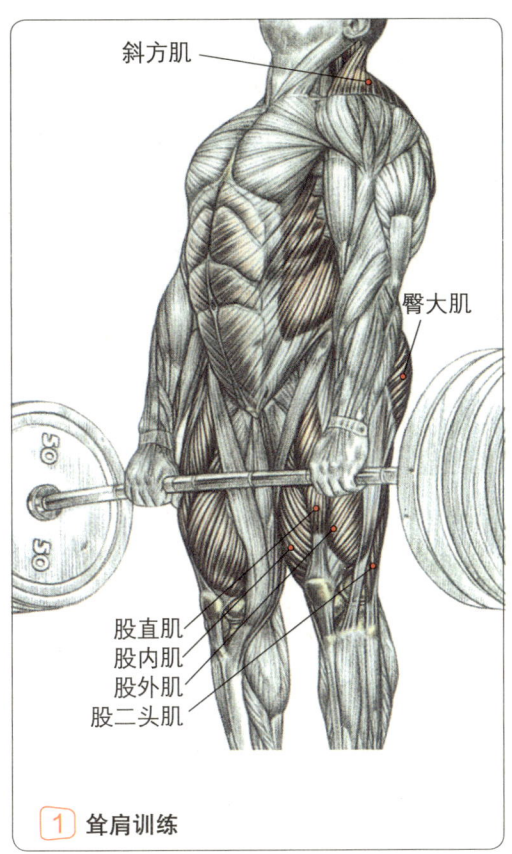

斜方肌

臀大肌

股直肌
股内肌
股外肌
股二头肌

1 耸肩训练

2 弹力带卧推练习

加强小腿肌群

为了增加小腿肌肉的力量，一组大重量的深蹲或腿举练习将让你腿部更有力量。

加强单侧肌群

当进行单侧锻炼时，最先提出的问题是：从哪一侧开始锻炼呢？因为我们的身体总是一面比另一面要强壮，锻炼要从比较强壮的一面开始呢，还是从比较弱小的一面开始呢？比较合乎情理的做法是从较弱小的一侧开始。比较合乎逻辑的做法是，在身体尚未疲劳时练习比较难锻炼的肌肉。还有一些人让两侧身体交替进行锻炼，一侧完成一组后再进行一组另一侧的练习。

这些做法都是可行的，但是它们都没有提及加强转移的诸多现象，这些现象通常是在进行大重量训练时才会出现（格拉比内，1999）。在进行一组单侧腿屈伸训练后，测量了另一侧大腿力量的直接变化。

→ 如果是利用离心收缩发力进行这组锻炼，力量会增加11%。

→ 如果是利用主动发力进行这组锻炼，力量会减少11%。

为了知道要从哪一边开始进行单侧锻炼，确定单侧肌肉训练会否引起力量的强化与衰退是十分重要的。

→ 如果存在加强现象，就从比较强壮的一边开始锻炼。

→ 如果存在衰退现象，就从比较弱小的一边开始锻炼。

辅助训练原理

当进行一组大重量训练时，很多健身者在进行第二次重复练习时要比进行第一次时更有力，此现象是由于肌肉力量传导缓慢而引起的。在这种情况下，有个搭档是比较理想的状态，搭档能帮助你进行第一次重复练习。接着，在你完全掌握了身体力量时搭档会松开杠铃。比起训练动作失败，有人帮助一下是更好的。这个现象是很普遍的，在进行第一次重复练习时，接受别人的帮助并不是一件让人羞愧的事情，这可以让你单独完成以后的几次重复练习。

顶峰停留收缩适用于所有训练动作吗？

在训练中，存在可以让肌肉得到休息的阶段。例如，在进行深蹲时，当你伸直腿部时，是骨骼承担了所有的压力。在这种情况下，大腿肌肉可以稍微恢复一下力量。在进行高位下拉运动时，背部处于拉伸位置，胳膊伸直，此时肌肉所受的压力是最小的。休息的好处是，可以用更高的负重连续进行更多的重复练习。相反，有些动作因为持续的压力，肌肉得不到休息，而不得不减轻负重。

面对持续压力，不同的练习被分成两种：

全程无停留

在训练深蹲、腿举、不同的推举（为锻炼胸肌和肩部肌肉而进行）时，持续的压力要求在收缩阶段不能伸直胳膊或腿。整个动作过程连贯进行无停留。

顶峰停留收缩

为锻炼肱二头肌进行的弯举训练，为锻炼背部肌肉的大部分练习，为锻炼肱三头肌而进行的俯身臂屈伸等，都是最适合顶峰停留收缩的练习。好好地利用这一点，以便更好地将收缩状态保持几秒钟，而不是马上放下来，可能起到更好的锻炼效果。例如，在进行划船时，在重新放下杠铃前先让其在腹部停留 2 ~ 3 秒。

肘关节不同的屈伸幅度

每个人伸直胳膊的幅度是不同的。某些健身者不能完全伸开胳膊。即使用尽所有力气，胳膊也会呈现向内微微弯曲的状态。在这种情况下，不能进行以下活动：

→ 强行伸展，不顾一切地用高位下拉动作，划船或弯举来伸展胳膊。

→ 不惜一切代价强迫关节更好地伸展胳膊，如进行卧推或者不同的肩部推举练习 1 。

在练习过程中，胳膊伸展的程度越小就越要保持持续压力。

因为胳膊保持不正常的弯曲状态，在以下训练中感受肌肉发力就变得更加困难：

→ 三角肌各种单侧举训练。

→ 胸肌的滑轮绳索夹胸训练。

不幸的是，肌肉伸展幅度小意味着肌肉较短，因此，肌肉就很难变强壮。

而对于另一些人，过大的伸展度可以使他们的胳膊向后弯曲，我们称为反屈。在此情况下，尺骨和肱骨不是呈直线排列的，而是朝身后呈一定角度。这种解剖学的特殊情况在女性身上出现的更多 2 。

这也显示了一种优势，就是在增加肱三头肌和肱二头肌运动幅度的同时，手臂的发展变得更简单。运动幅度越大也就意味着肌肉越长，因此肌肉发展壮大就比较简单 3 。

为了锻炼胸部肌肉和肩部肌肉而进行推举训练，可以在伸直手臂的同时使肌肉得到休息。相反，为了锻炼肱二头肌，在弯举或高位下拉训练时不要滥用伸展动作。因为这样肱二头肌撕裂的可能性将会大大增加。

1

2

3

燃烧

燃烧是在绷紧的肌肉中由局部生成的乳酸产生的。燃烧的第一个好处是，这些乳酸一旦进入血液中，就会刺激合成代谢激素的分泌，如生长激素和睾酮的分泌。目的是为了产生强大的激素反应而迫使肌肉产生最大量的乳酸。

燃烧的第二个好处是它能够帮助你感受发力肌肉的具体位置。例如，为了锻炼冈下肌而进行第一次锻炼时，很难感受到它的收缩。当你用轻重量进行长训练组锻炼冈下肌时，会在其内部产生激烈燃烧，这就帮助你感受到了冈下肌的收缩。

也必须了解，当进行大重量训练时，很难产生激烈燃烧。只有在进行了大概每组12次重复练习后，燃烧才能以有效的方式开始。因此，关于燃烧的运用是种策略。你可以在轻重量的训练日里用到它。

有几种技术可以使肌肉燃烧理想化：超级组训练、递减训练、持续压力训练等。

凭借 100 训练法调整基因

就像题目说的那样，100 训练法即进行100 次重复练习。为了达到这个目标，要挑选一个能够进行 25 次重复练习而不会太勉强的重量。用这个重量可以做多次重复练习，通常可以做 30 ~ 35 次练习。为了能够做 50次练习而休息 5 ~ 10 秒，你可以根据自己的水平，或者减轻一点重量，或者咬紧牙关继续进行，休息 5 秒后重做 10 次重复练习，直到做到 100 次。

100训练法的优势

100 训练法有很多优势，尤其是对强化弱点好处很多。

加快恢复

对于在两次锻炼之间加快恢复，没有什么能比 100 训练法更有效的。

增加肌肉充血能力

如果弱点是肌肉充血不足，100 训练法可以为肌肉增加供血量。

修补基因

100 训练法可以使你的肌肉得到深度锻炼，可以让你恢复到年轻时的水平。

增加耐力

在用 100 训练法有规律地进行锻炼时，耐力变得更强，这可以让你在两组大重量的训练间得到更快恢复。

增加肌肉的清晰度

用长训练组进行肌肉锻炼，可以消耗更多热量。因此，有规律地进行几个月的锻炼，能够改善锻炼困难区域肌肉的清晰度，如腹肌、臀肌、背部肌肉等的清晰度。

进行了几周 100 训练法后，传统锻炼也会对你身体上的弱点起到更好的强化作用。

如何实施100训练法

不是让所有的训练组都重复 100 次，而是选择发展迟缓的肌肉进行，可以是没锻炼过或者是还没有列入锻炼计划的肌肉。以下是如何分配 100 训练法的几个例子：

> 当要锻炼背部肌肉时，在最后进行一组肩部的 100 训练。

> 在锻炼肩部肌肉时，可以以一组锻炼背部肌肉的 100 训练来结束当天的锻炼。

> 在锻炼胸部肌肉时，可以以一组锻炼小腿肌肉的 100 训练来结束当天的锻炼。

> 在锻炼大腿肌肉时，可以以一组锻炼胸部肌肉的 100 训练来结束当天的锻炼。

当然这些仅仅是举例而已，如何安排锻炼还是要你自己决定；孤立训练比复合训练更适合 100 训练法。固定器械比自由重量更合适，因为即使没有加入有关稳定性的各种困难，一组 100 训练法也已经让人难以承受了。

跪姿绳索直臂下拉

仰卧器械孤立弯举

感知肌肉

用手触碰肌肉可以增加知觉并加强调配能力（罗森伯格，1995）。有时候触碰肌肉群中的一块也是可行的，尤其是在进行单侧锻炼时。例如，在进行孤立弯举时，不运动的手可以握紧运动的肱二头肌 1 ，同时也可以改善肌肉和大脑的连接。不幸的是，在大部分练习中，这种情况是不可能实现的。如果有个运动搭档，为了能够更好地感知发力，让他按住你要锻炼的肌肉。这个方法是简单而有效的，但是要首先运用在发展缓慢的肌肉上。

1 孤立弯举

恢复

影响恢复的五个因素

为了将训练中所受到的刺激转移到肌肉增长上，要经过恢复期。像我们在本书第 15 页提到的，对于肌肉来说最好的刺激肌肉增长的技巧也是摧毁肌肉最多的技巧。因此，你需要更多的时间来进行恢复。

第二个关于恢复的固有问题是我们的身体不能整体一起进行更新。我们将其分为五个部分，运动后每一部分都按照自己的节奏进行恢复。

为了避免过度锻炼或进展太快，掌控好身体各部分的恢复就十分重要。

能量的恢复

所有的力量都来自于能量摄入，借用的碳氢化合物要在进行下一次激烈锻炼前补齐。如果合理摄入饮食和膳食补充剂，能量恢复只需要几个小时就能完成（此问题可见同一作者由 Vigot 出版社出版的《运动员的饮食辅助指南》一书）。

激素的恢复

激烈锻炼扰乱了内分泌的平衡。运动后，皮质醇含量上升，而在下降之前睾酮含量会临时上升。此对换现象会持续几个小时，但在 24 ~ 48 小时后两者会恢复原样。

问题是健身者会进行连续锻炼，并且每次锻炼都或多或少产生激素紊乱现象。第二天的锻炼将在第一天锻炼的基础上继续进行。如果内分泌不能恢复正常，从一次锻炼到另一次锻炼所产生的内分泌失调将会合并起来。这就是为什么要定期中断锻炼休息 1 ~ 2 天的原因。

肌肉收缩能力的恢复

进行适度而不会破坏肌肉的锻炼后，肌肉收缩能力（取决于构成肌肉的蛋白质和细胞）的恢复也是很迅速的：

→ 不太粗壮的肌肉需要 16 ~ 17 小时进行恢复。

→ 粗壮的肌肉需要 24 ~ 48 小时进行恢复。

这表明每块肌肉都按照自己的节奏进行恢复而不是与其他肌肉同步进行。

进行了大重量锻炼后，尤其是高强度的离心收缩训练后，肌肉力量的恢复将需要更多时间。

关节和肌腱的恢复

肌肉锻炼使关节受到压力，使用不完善的锻炼技术将会增加受伤风险。当关节、肌腱或韧带没有得到很好恢复时就进行锻炼，在锻炼初期并不会产生太大的问题，但是长期的疏忽会造成持久的疼痛。

锻炼越频繁，负荷越高，关节恢复就越缓慢。这可能影响使用同一关节的其他肌肉迅速恢复锻炼的能力（如肩部肌肉对胸肌、三角肌或背部肌肉的影响）。在锻炼中要特别注意保护关节（见第 47 页）。

神经系统的恢复

另外，锻炼的第一个目标就是使神经系统疲劳。

像肌肉一样，神经系统的恢复也需要时间。德谢纳（2000）指出，针对大腿的大重量训练会造成：

→ 酸疼持续 5 天。

→ 7 天内力量下降。

→ 神经系统恢复要用 10 天以上。

神经系统的恢复是极其缓慢的，比肌肉的恢复还要慢。本书第 38 页介绍了加快恢复的方法。

结论

恢复时间根据锻炼强度、使用方法（是否加强进行离心收缩训练）和要锻炼的肌肉的不同而变化。你是唯一能够确定最佳恢复期的人。我们将协助你有效地完成这项工作。

神经系统的恢复

　　神经系统恢复不仅缓慢，还具有一定的独特性，健身者要知道怎么运用它。神经系统恢复的独特性已经从施密特布莱希尔的研究中（2000）得到了证明。运动员进行了五组大重量的卧推后，身体会出现以下两种情况：

1 如果仅仅进行卧推时的主动发力训练。那么，
→ 需要 3 天时间来恢复力量。
→ 马上会进行神经的过度补偿，能让力量在几天内提高 21%。
→ 然后，力量会下降到最初的水平。

2 如果卧推时主动发力和离心收缩训练同时进行。那么，
→ 力量的降低更明显且更持久。
→ 但是神经过度补偿能达到 29%。

对于女性锻炼者，为锻炼股四头肌进行 10 组 10 次重复练习后，会出现以下情况：
→ 力量下降 17%。
→ 24 小时后，相对于开始锻炼时，力量依然处于衰弱期。
→ 锻炼后 48 小时，力量要比开始锻炼时提高 15%（米肖，1998）。

研究这些多变因素的目的是确定何时重新进行锻炼：
> 最坏的情况是，在力量下降期重新锻炼肌肉。
> 最理想的情况是，在神经系统补偿高峰期重新锻炼肌肉。
> 休息时间过长将会错过重新锻炼的最佳时期。

了解疲劳酸痛

疲劳酸痛是明确恢复具体时间的重要指标，你需要知道如何分析这些指标。

疲劳酸痛的根源

激烈锻炼产生的微小创伤，造成了细胞内钙的流失并引起炎症。这两种破坏肌肉组织的现象慢慢蔓延，这就是为何疲劳酸痛会在锻炼后 1 ~ 2 天才会出现的原因。

恢复的双向性

不是所有的锻炼都会引起疲劳酸痛，当锻炼足够激烈时，疲劳酸痛才有机会出现。要使比较严重的疲劳酸痛消失，常常要等上一周以上。恢复的双向性解释了此缓慢性。提早出现的第一次细胞修复现象使由钙流出产生的后发损伤消失，此双向性特征推迟了恢复期。

从疲劳酸痛的类型到合成代谢

疲劳酸痛涵盖了各种不同的情况。实际上有多种不同类型的疲劳酸痛，其中每一种都能以不同的方式调整合成代谢。某些类型的疲劳酸痛被证实对获得肌肉增长是有效的，而另一些效果则比较差。

按照一般规律，位于肌肉中心的疲劳酸痛越厉害，肌肉发展就越快。相反，疲劳酸痛位于肌腱和肌肉连接点处越多，肌肉发展就越慢，但这并不是说没有疲劳酸痛肌肉就不会发展。

由不习惯的拉伸运动引起的疲劳酸痛

新的练习可能会以一种不习惯的方式拉伸肌腱和肌肉连接点。这种拉伸如果损伤了肌纤维，就会引起疲劳酸痛。当你进行新的练习或长时间没进行的练习时，通常会引起疲劳酸痛，就是这个原因。疲劳酸痛能够很快甚至立刻出现。它也可能位于肌肉和肌腱的连接点。如果在下次训练课中重新进行练习，疲劳酸痛几乎就不会再出现。

像肩中束这种不易被拉伸的肌肉，就很难产生这种疲劳酸痛。这些例子说明拉伸运动是产生这种疲劳酸痛的原因，但这种拉伸对于获得强壮的肌肉效果不是很好。

由自由负重引起的疲劳酸痛

当健身者利用固定器械开始锻炼再转为用自由重量锻炼时，更容易破坏较多肌纤维。

事实上，自由重量锻炼提供的阻力，远不如器械提供的阻力具有线性和渐进性。但由自由重量锻炼提供的不对称阻力会产生强烈的疲劳酸痛，尽管是暂时性的，但其对肌肉发展还是很有效的。

由高强度离心收缩训练引起的疲劳酸痛

在进行离心收缩训练时，如果你的搭档紧压住负重或者在杠铃上加上橡皮带，在接下来的过程里你肯定会感到疲劳酸痛。此时，疲劳酸痛有可能落在肌肉和肌腱的连接点，也可能位于肌肉中心处，你需要很长时间才能消除疲劳酸痛。

由高强度主动发力训练引起的疲劳酸痛

进行收缩时肌肉会变形。肌肉变形越厉害，合成代谢就越强烈，我们称之为机械转导或由机械信号（收缩）转为化学信号（合成代谢）。我们用膀胱举例，以便更好地理解机械转导：膀胱充满时，膀胱壁会逐渐伸展（机械信号），通过神经系统（化学信号）这个媒介的传导，你感到有尿意。当产生的收缩（机械转导）很强烈时，就会引起疲劳酸痛，此训练对于发展肌肉就是很有效的。通常疲劳酸痛是位于肌肉中心处的，它的消失要比在离心收缩训练时产生的疲劳酸痛快。

由燃烧产生的疲劳酸痛

肌肉燃烧时会产生酸（来自于乳酸）。此时酸含量很大并会腐蚀肌肉纤维，是化学创伤也就是疲劳酸痛的根源。

由酸引起的疲劳酸痛出现得很快，消失的速度也比由离心收缩训练或进行大重量锻炼后产生的疲劳酸痛快，这种疲劳酸痛也同样位于肌肉中心处。肌肉燃烧在健身运动中是常见的手段。超级组锻炼（对同一块肌肉进行锻炼时，继续做多个练习动作而不休息）和递减组锻炼是产生燃烧的最佳方式。

恢复的原理

获得大块肌肉取决于一条悖论：一块肌肉得到锻炼越多，其得到刺激就越多；一块肌肉在两场锻炼间获得休息越多，其发展的可能性就越大。

进行恢复的最佳时期

肌肉运动时，首先刺激的是分解代谢，接着是合成代谢占主导地位，由锻炼破坏的肌肉开始恢复。如果给予时间，肌肉就会发展并变强壮。

不幸的是，经常是第一块肌肉还没完全恢复时我们就开始进行第二次、第三次……锻炼。新的锻炼促进分解代谢，却会限制合成代谢。换句话说它们会推迟恢复。

事实上，恢复在下面的时期进行时效果最佳：肌肉锻炼进行得越多，消耗的恢复时间就越多。为了促进薄弱肌肉的发展，就需要运用更多的恢复时间。

有以下两种进行恢复的方式：

1 休息一天，可以：
→ 有利于合成代谢。
→ 避免分解代谢。

2 减少锻炼发展较快的肌肉，以此来节省恢复的时间。例如，肱二头肌发展滞后，而背肌却很发达，要减少背部肌肉的锻炼次数。这些时间可以用来休息（为了获得肱二头肌的恢复时间）或者用来锻炼肱二头肌。

薄弱部分发展越滞后，你就要牺牲越多的锻炼其他肌肉的时间来改善它们。很多健身者担心如果他们锻炼不规律，肌肉就会消失。如果在一段时期内不进行锻炼，肌肉就会衰退，丧失力量，但是其大小却能得到维持。对发展迟缓的肌肉进行了几周的优先锻炼后，开始重新锻炼强壮的肌肉时，它们会得到爆发式发展。

在只针对胳膊进行锻炼的健身者中，重新分配恢复时间的效果显而易见。通常情况下，他们的臂肌非常强大。

在本书第三部分，你将会找到所有的为改善潜在弱点而制订的运动计划。

受伤的风险

当我们针对较弱肌肉提高锻炼的强度和频率时，即使肌肉、肌腱和关节所受压力更大，但恢复期却变得越来越不受重视。重新分配时间，增加了产生运动伤害的可能。这也是为什么对发展迟缓肌肉进行强化时间不会超过几周的原因。

加快恢复的方法

使我们的肌肉、关节、神经系统和内分泌系统衰弱的因素是各种各样的。我们可以进行更多的锻炼，但是恢复能力却是有限的。面对此困境和被无限制拖延的恢复期，我们要按自己的想法在锻炼中做出选择。

有两种方法：
> 进行恢复性训练。
> 提前恢复。

为什么恢复的进程如此缓慢？

锻炼后合成代谢迅速减少是造成恢复缓慢的原因。科学研究表明，锻炼后 8 小时内恢复的效率是最高的，但接着就会发展缓慢，恢复的速度就会快速下降。以下情况说明了为何锻炼后恢复需要 48 小时：

> 24 小时内会恢复身体能力的 85%。
> 恢复剩余的 15% 需要额外的 24 小时。

如果保持住第一时间的恢复速度，整个恢复只需要 28 小时即可，因此我们要抵抗恢复的倦怠期。

进行恢复性训练

要找到使身体完全恢复的训练方法，一种方案是要开发无肌肉破坏的恢复方法。

恢复训练组

这种训练组重复的次数很少，但是持续时间长且强度小，是刺激衰弱的合成代谢重新发展的最好方法。不是要等到肌肉完全恢复，而是在恢复期就开始慢慢地重新锻炼。此练习不会破坏肌肉，也不会有任何的负面影响。相反，如果肌肉又被破坏，恢复同样也会被延迟。

塞耶斯（2000）指出，对肱二头肌进行强度极大的锻炼后，每天进行一组训练量较小的、含有 50 次重复练习的训练，可以使恢复的速度提高 24%。

如果想在进行恢复训练时不破坏肌肉，要遵守以下几条简单的规则：

1 为了更好地确定肌肉发力的位置，选择孤立训练比复合训练更有效。

2 用自由重量进行锻炼，不能很好地孤立肌肉并且会带来更多运动伤害，为了避免这种情况我们选择固定器械进行锻炼。

3 为了给肌肉带来更多的充血，我们用较轻的负重进行重复训练。

4 保持严谨和正确的训练姿势。

5 不要进行超过 3 组的练习，要保持较轻微的练习强度。

拉伸恢复

拉伸练习同样也可以增强合成代谢，其优势在于它不像恢复练习组那样让人疲惫。为能达到最好的效果，理想的状态是将拉伸练习与恢复练习组结合起来。太多的恢复练习组只会使肌肉疲惫而不会有什么帮助。进行 2 ～ 4 组静态拉伸练习，并且持续 15 ～ 20 秒是完美的拉伸恢复。

如何整合恢复训练方法？

在对目标肌肉锻炼的 24 ～ 48 小时后，就可以进行成套的恢复训练了。

恢复组训练可以归并在传统训练的开始（如热身运动）或结尾（如缓和运动）进行。

拉伸运动可以在锻炼前或锻炼后进行。

提前恢复

这种方法允许我们以有效的方式对肌肉进行重新锻炼，此时肌肉没有得到完全恢复。对于同一块肌肉，为了避免过度锻炼，部分恢复方案允许我们增加锻炼频率。此方案通常是针对那些恢复有问题的、有经验的健身者。此方法让我们在一场锻炼中一块肌肉只用一种动作来进行锻炼，但是在每一次锻炼中，动作选择要交替进行。

在一次锻炼中需要多少种肌肉力量训练动作？

对一块肌肉进行锻炼时，可以有两种选择：

1️⃣ 进行 2 ～ 3 种不同的动作。
2️⃣ 只选择一种动作进行锻炼。

如果对每种锻炼方法的优势和缺点都有所了解的话，在这两种方法间进行选择便不再有困难。

选择多样性

进行了 3 ～ 5 组相同的练习后，如果感到疲倦且力量消耗太多，最好进行以下活动：

→ 改变训练动作。如果在进行第二个动作时，又重新找回了热情和力量，就说明这个动作是更合适的。

→ 停止出问题的肌肉锻炼。在进行第二个训练动作时，如果负重比进行此动作初期运用的负重要小很多，就表明最好保持这个负重进行锻炼。

肌肉感知能力较低

　　有些人只进行同一种练习便可获得肌肉的发展，另一些人则不具备这种能力。如果你属于后者，在此后的所有训练中都不会有正确的肌肉训练感觉。

　　如果总是一场锻炼接着一场锻炼地进行同样的训练动作（使用同一种神经的控制能力），会让你的肌肉习惯这种运动方式。此时应当采取更换新动作的方法，交替训练不同的神经控制能力。

1 划船

更喜欢进行单一练习

　　由于训练目的不同的原因，单一练习有很多优势，尤其是在恢复方面。对于有经验的健身者，不应当让神经系统养成惯性。采用不同练习交替进行的方法，会给不同的神经系统更多的恢复时间。

　　例如，针对背部肌肉，首次锻炼时只进行划船运动 1 。接下来的锻炼中，做引体向上练习 2 重复此循环。这种锻炼方式的优势在于，在进行划船时，用到的神经、肌肉不需要恢复到 100% 就可以进行引体向上。相反，在重新进行划船前，神经、肌肉可以获得完全的恢复。借助于这种训练方式，你能够更快地连续锻炼一块只完成了部分神经恢复的肌肉。

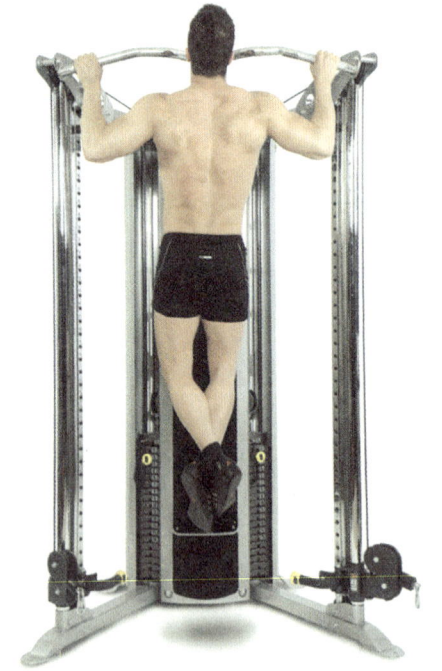

2 引体向上

如果在同一节训练课中既做引体向上也进行划船，为了重新锻炼背部肌肉，要等到这两个动作所用到的神经、肌肉都完全恢复。

单一练习的缺点就是某些练习很快会使人感到厌倦。

就像我们不能继续保持训练的热情一样，训练动力不可能长久持续下去。因此在做选择时，心理因素（对改变和新鲜事物的追寻）也要考虑在内。

何时改变训练动作

初学者即使是进行了几周的相同锻炼进步也很快。只要能够获得成效，他们便会坚持原有的训练安排。经常改变训练计划会产生消极作用，同时会放慢学习期，阻碍训练负重和强度的逐渐增长。

事实上，跨过必要强度的门槛实现迅速增长，对于还不习惯肌肉健身运动的初学者是困难的。对于新手健身者最好的强化技巧是，如果在上一次训练中进行 10 次 60 千克的深蹲练习，在这次训练中除非训练类型产生变化，否则要争取使用同样的负重完成至少 11 次的重复练习。

随着训练水平的提高，我们的肌肉就变得越来越难增长了。在同一训练安排中，健身者获得的收益就越来越少。甚至会出现这样的情况，对同一块肌肉，每一场训练都要进行彻底改变。目的就是不要过于频繁地重复同一种训练动作。最理想的情况是，让这种训练动作的改变合乎一定的逻辑。

肌肉的划分

对于每一块肌肉，知道它是多关节肌肉还是单关节肌肉是至关重要的。为了更好地了解这种不同，请看有关肱肌和肱二头肌的例子：

>肱肌是单关节肌肉，因为它附在上臂

肱骨上：它只与一个关节相连。

>肱二头肌是多关节肌肉，因为它附在肩膀和上臂上（不在肱骨上）：它骑跨两个关节。

为了区分多关节肌肉的不同作用，我们要利用张力和长度的关系来进行说明。

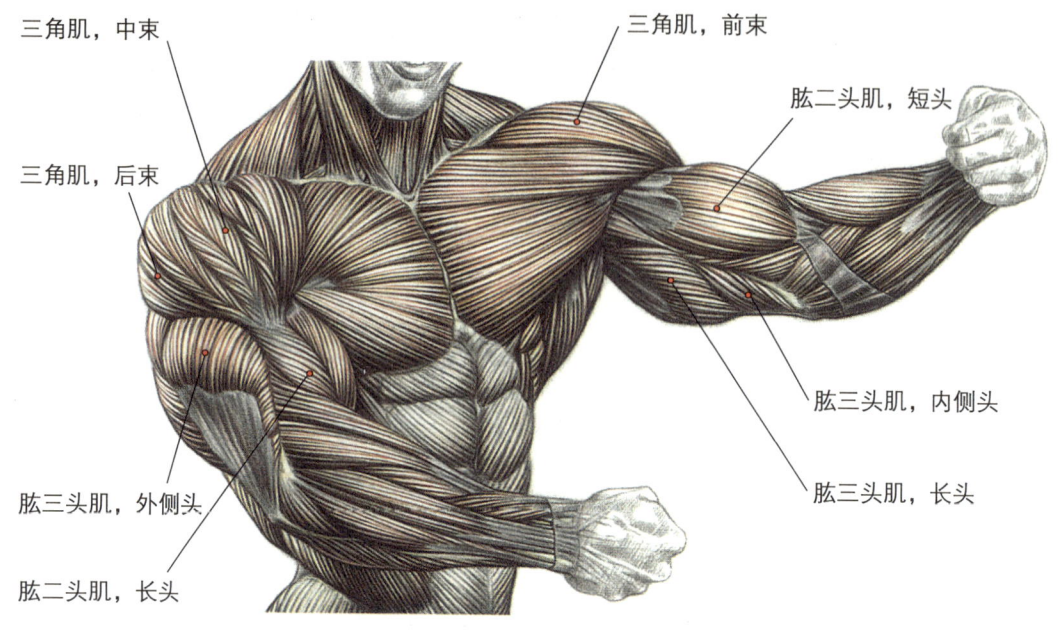

三角肌，中束

三角肌，前束

肱二头肌，短头

三角肌，后束

三角肌

肱三头肌，内侧头

肱三头肌，长头

肱三头肌，外侧头

肱二头肌，长头

肌肉长度与张力的关系

　　肌肉的张力（力量）不是不变的。在过分伸展时，肌肉只有很小的力量；当它收缩到最短的时候也会有同样的情况。因此，我们可以说当处在这两个位置之间时，肌肉可以释放最大力量。对于每一块肌肉，都有一个最佳长度，此时可以最大限度地发挥其力量。肌肉离其最佳长度（在拉伸肌肉时或者在收缩肌肉时）越远，力量就越小；因此肌肉不会直接被调用并且用力收缩。

　　有关张力和长度关系的概念可能比较抽象，但是对于锻炼肱二头肌肌群、肱三头肌肌群、腘绳肌肌群和小腿肌群等多关节肌肉是至关重要的。

肱二头肌肌群

　　肱二头肌肌群由两个头组成。最理想的是将每个头的锻炼分开进行；在一个头进行恢复时对另一个头进行锻炼，反之亦然。因此，即使恢复不完全，加快肱二头肌锻炼的频率也是可能的。

　　正握弯举时，当我们的前臂内旋时：

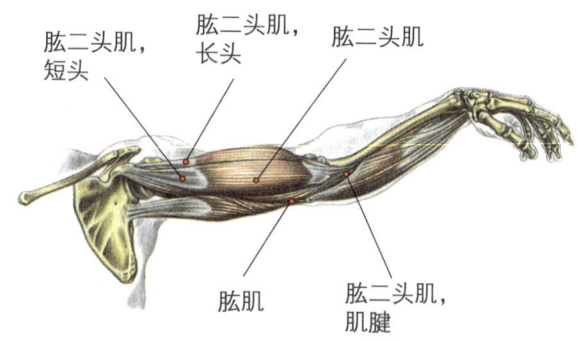

肱二头肌，短头

肱二头肌，长头

肱二头肌

肱肌

肱二头肌，肌腱

→ 肱二头肌的长头（外部）就会处在有利的张力和长度的关系中。

→ 短头（内部）就会处在不利的情况下。

结果：长头获得优势，而短头参与发力较少。

相反，当前臂外旋时：

→ 肱二头肌的短头优先运动；

→ 肱二头肌的长头很难参与到训练中。

因此，在调整肱二头肌伸展的同时，也要改变训练中每个头的参与程度。在锻炼中，会有以下选择：

→ 在两个角度下锻炼肱二头肌；

→ 或相反,只在一个角度下锻炼肱二头肌。

如果用第二种方式锻炼，第一次锻炼的目标是肱二头肌的短头。第二次锻炼的目标是肱二头肌的长头。进行第三次锻炼时，循环从头开始。

肱三头肌肌群

肱三头肌的长头是多关节肌肉，其他两个头是单关节肌肉。为了增加肱三头肌长头的收缩，只要进行伸展运动即可，这会将其置于有利的张力和长度的关系中。为了实现此目标，要选择手臂靠近头部的训练动作。接下来的锻炼中，我们要着重锻炼其他两个头，锻炼时要将胳膊沿身体放置，肘部尽可能向后。

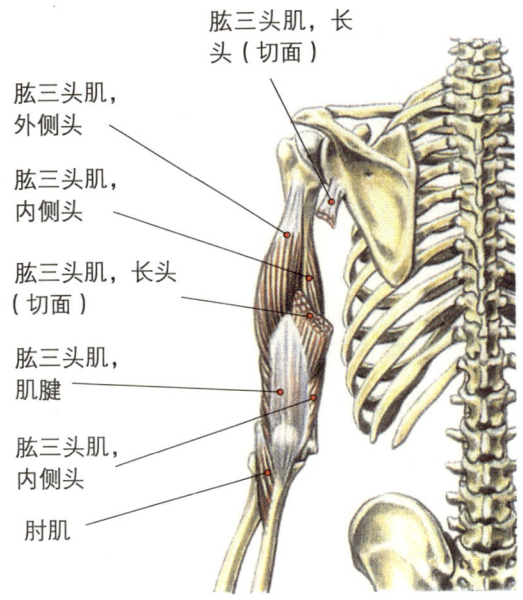

肱三头肌，长头（切面）
肱三头肌，外侧头
肱三头肌，内侧头
肱三头肌，长头（切面）
肱三头肌，肌腱
肱三头肌，内侧头
肘肌

肩部肌群

尽管三角肌是单关节肌肉，但它可以被人为地分为三部分：

→ 前束；

→ 中束；

→ 后束。

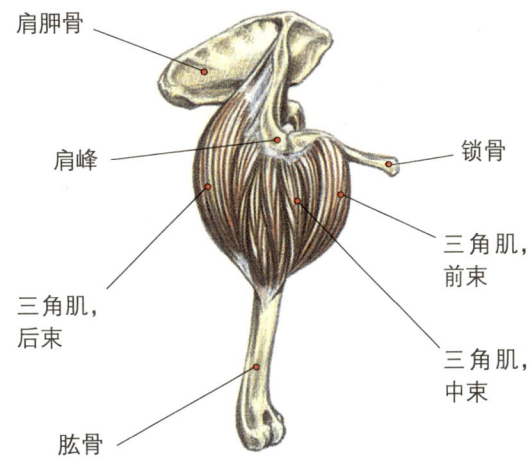

肩胛骨
肩峰
锁骨
三角肌，前束
三角肌，后束
三角肌，中束
肱骨

第一次的训练目标在于三角肌前束。第二次侧重三角肌后束的提高。第三次则是改善三角肌中束的训练，然后循环进行锻炼。

背部肌群

健身者认为，对背部肌群进行的练习分为以下两大类：

→ 提高背部宽度，主要是针对背阔肌进行的。

→ 提高背部厚度，主要是针对斜方肌和菱形肌进行的。

我们可以第一次进行引体向上训练（为了锻炼背部宽度），随后第二次训练中进行划船训练（为了锻炼背部厚度）。

胸部肌群

胸部肌肉可分为两部分：

→ 上部

→ 下部

在每次锻炼中我们都试图刺激这两部分，但在每次训练时我们只能够集中训练一部分肌肉。为了让训练更有效，我们需要学习如何孤立训练胸部肌肉上部。最简单的方法就是进行轻微的针对胸大肌锁骨束的飞鸟练习。

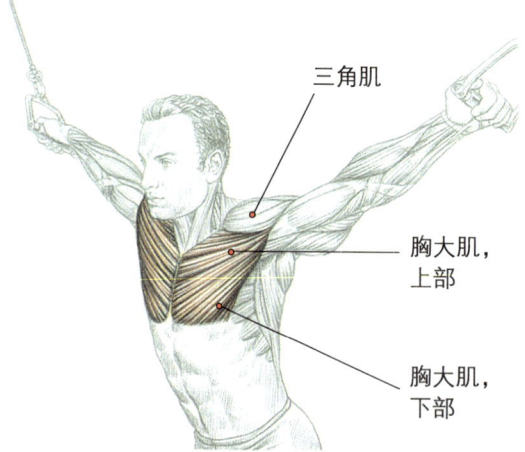

三角肌

胸大肌，上部

胸大肌，下部

腹部肌群

腹部肌肉的区分是很容易的。需要锻炼：

→ 上部

→ 下部

针对腹部肌肉的每一个区域进行交替练习是很简单的。

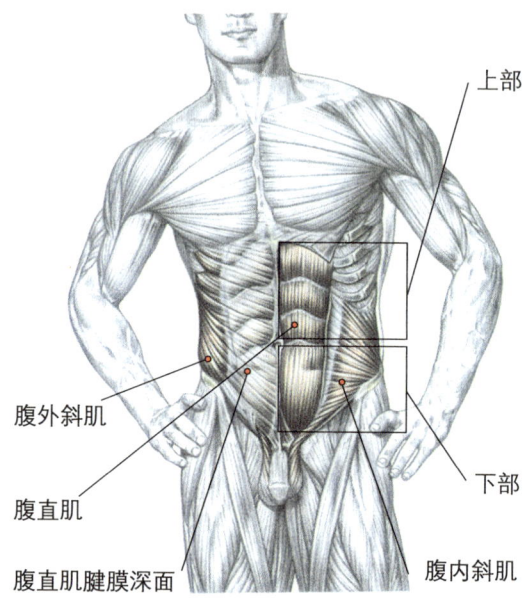

上部

腹外斜肌

腹直肌

腹直肌腱膜深面

下部

腹内斜肌

小腿肌群

腓肠肌是多关节肌肉，而比目鱼肌是单关节肌肉。在坐姿训练时，只能轻轻地锻炼腓肠肌，而比目鱼肌很难受到刺激。相反，腿部绷直得越紧后者受到的刺激就越大。为了让腓肠肌达到理想的张力和长度的关系，最理想的方式是向前俯身（如驴式提踵或腿举）。其中一个是腿部伸直时的训练动作，另外一个则是弯曲腿部的坐姿练习。

锻炼时我们优先考虑第一个作用，接着是第二个。

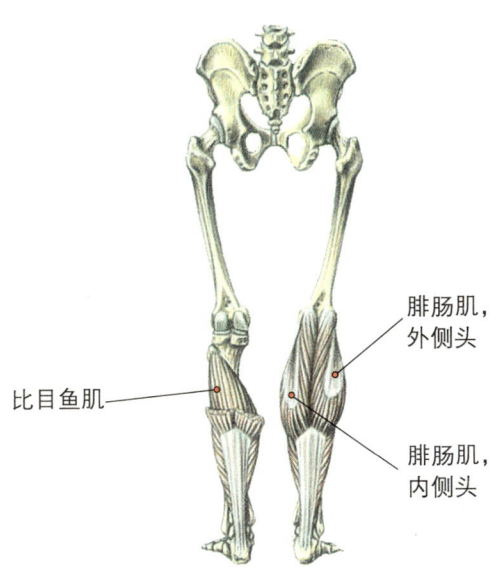

腓肠肌，外侧头

比目鱼肌

腓肠肌，内侧头

股四头肌肌群

此时我们的分离练习方法是有局限性的：很难真正区分股四头肌练习。我们建议交替使用固定器械和自由重量，这让我们围绕三个主要的练习进行锻炼：

→ 深蹲

→ 腿举

→ 哈克深蹲

每次训练只集中进行一个训练动作，而非采用两到三个训练动作。

腘绳肌肌群

腘绳肌肌群有双重作用：

→ 伸屈膝盖（如腿弯举）。

→ 抬起上半身（如硬拉）。

硬拉运动：
骨盆直立

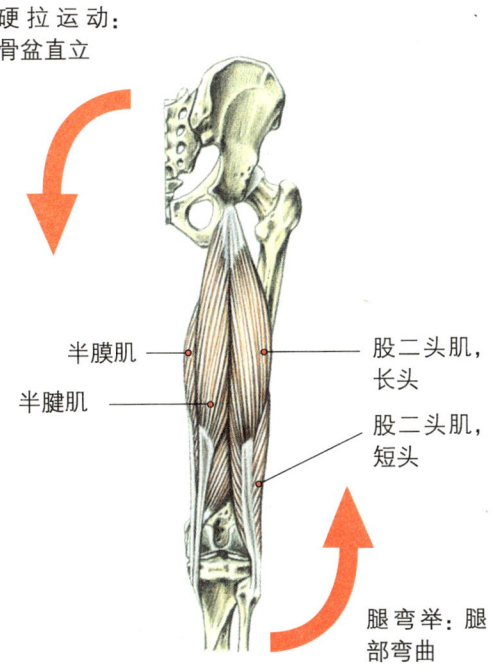

半膜肌

半腱肌

股二头肌，长头

股二头肌，短头

腿弯举：腿部弯曲

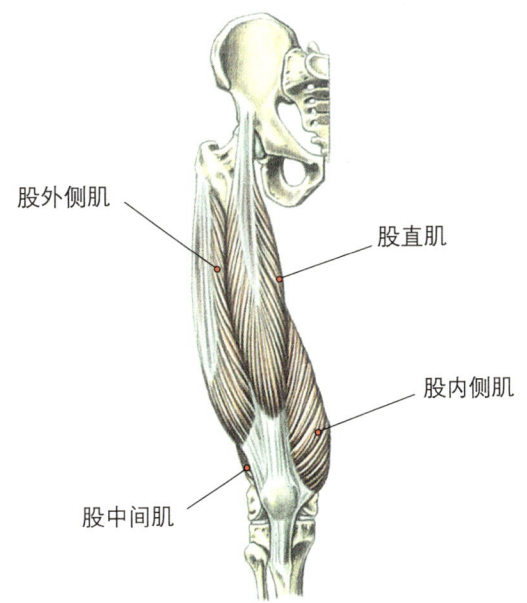

股外侧肌

股直肌

股内侧肌

股中间肌

面对伤病

不可否认，剧烈运动会增加受伤害的可能。将近 30% 的健身者会受伤，而运动伤害会影响锻炼（柯尔柏,2009）。医学统计显示，平均每进行 200 个小时的锻炼便会有一次伤病出现。因此，问题不是将来是否会受伤而是什么时候会受伤。

身体各部位的受伤比例：

→ 30% 位于肩部。

→ 14% 位于手臂。

→ 12% 位于膝部。

→ 11% 位于背部（格拉夫，2001）。

最常用的练习也是最受指责的练习：

→ 16% 的伤害发生在卧推训练时。

→ 14% 的伤害发生在推举训练时。

→ 10% 的伤害发生在深蹲训练时（艾伯哈特，2007）。

受伤的原因有以下几点：

→ 45% 的受伤是由不当的热身运动引起的。

→ 35% 的受伤是因为高估了自己的能力。

随着锻炼的进行，伤害以一种隐性的方式发展着，而过于频繁的训练使损伤得不到完全恢复，久而久之导致伤病的出现。

将手放在正在进行大重量卧推的训练者的肘部，可以感觉到其肌肉快速的膨胀。由锻炼引起的微弱损伤和肌肉得不到很好恢复同样让人烦恼。

训练不平衡性

肌肉力量的获得比关节力量的加强更明显。例如，与不运动的人相比，举重运动员的腿部：

→ 厚重 30%。

→ 强壮 26%。

→ 但是膝软骨仅厚 5%。

→ 腘绳肌仅强壮 11%，这突出了两组对抗肌肉间力量的不平衡性。

如果看到经过几年锻炼后软骨开始退化而不是加强这个事实，我们就能更好理解伤病带来的影响了。

结论

训练不平衡的现象，会使运动员遭到不同的伤病侵袭。在这种情况下，预防措施就成了较为理想的防御武器。我们要确保对抗肌的平衡发展，例如：

→ 三角肌前束与后束。

→ 斜方肌的上部和下部。

→ 背部肌肉和胸肌。

→ 前臂的屈肌和伸肌。

→ 股四头肌和腘绳肌。

改善关节再生能力

有两种技巧可以帮助关节再生。

营养角度

运用自然的饮食补充，增强软骨和软骨润滑液的恢复。例如，在 28 天内，膝盖疼痛的高水平运动员每天要：

→ 吃一片镇痛剂。

→ 或者补充 1.5 克的葡萄糖胺。

与服用镇痛剂相比，食用葡萄糖胺时大腿运动幅度的恢复速度要高 40%（奥斯托伊奇，2007）。

在《运动员的饮食辅助指南》和《抗老化饮食辅助指南》（由 Vigot 出版社出版）中，介绍了不同关节补充剂的功效。

减压训练法

减压技术是为美式足球队创造的。在进行会给关节较大压力的训练时，为了使受伤球员更快得到恢复，会放松其受压的关节。在一场锻炼结束时，为了放松腰部，我们会挂在单杠上，此技术已被部分运用。如果腰椎的放松很有效并能赢得恢复的时间，为何不将此技术系统运用到所有的关节恢复中去呢？

放松是锻炼后可使用的最快的恢复技术。关节的拉伸消除了作用在关节上的一部分压力，这会促进血液循环和组织再生。关节拉伸一般使用自身重力而不是因为外力或忽动忽止的运动。

腰椎减压技巧

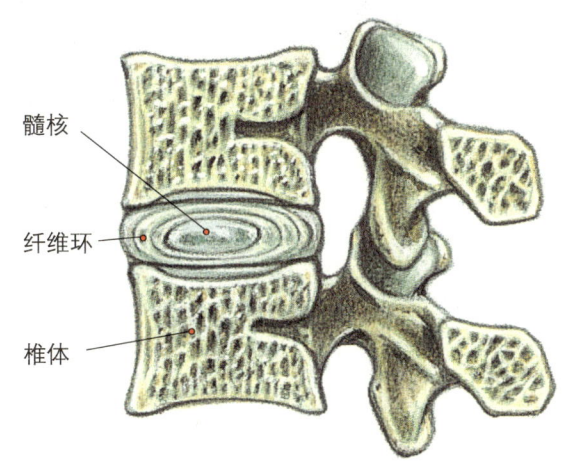

髓核

纤维环

椎体

椎间盘

晚上，我们要比白天矮 1 ~ 2 厘米，因为重力挤压了椎间盘，同时流失掉了其中的水分。事实上，椎间盘的构造和海绵很相似：当被挤压时水就排放出来。晚上当我们处于平躺状态时，腰椎的压力降低，就可补充水分了。

因为肌肉锻炼挤压了腰椎，所以锻炼后挂在单杠上至少 30 秒进行放松是不错的方法 [1]。

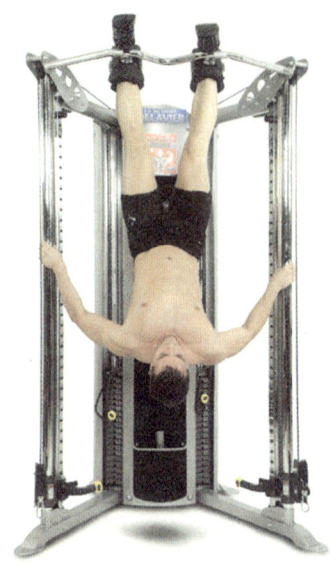

1   2   3

　　腰椎减压的比较根本的方法是，用脚钩住杠子并保持悬挂状态。将头置于下方而脚处于上方时，会在放松腰椎的同时减少腰部的疼痛（里士满，2009）2 3。淋巴循环因自然排水而加速，尤其是在进行大腿锻炼后更为显著（Cerniglia，2007）。

　　当第一次将头置于下方时，会有不适的感觉，你会感觉到脸和眼睛的强烈充血现象，这与宇航员在太空中生活时的体验相似。

　　心率加快、动脉压和眼压上升，这都说明身体不习惯头朝下的状态。因此：

　　→ 要以渐进的方式进行，直到上述现象消失。

　　→ 身体状态不好时不要头朝下。

　　→ 进行剧烈运动后，要先等几分钟，再倒转过来头朝下。

　　一旦习惯，头朝下待几分钟是没有问题的。然而，在进行重复训练时，需要先抬起身体十几秒钟，再重新进行倒挂拉伸。

　　脚朝上的放松方式对减轻背部的疼痛很有效，针对椎间盘，每拉伸1毫米可减痛30%（阿普费尔，2009）。我们可以用此方法减少有害影响：脊柱越弯就越疼痛。

⚠ **注意**

　　此项练习只适用于身体健康者。如果你有高血压或可能长有动脉瘤的话，就不可进行这种拉伸。

注释： 因为缺少重力压迫，椎间盘会极度肿胀，进而导致背部酸痛。为了避免这种情况，椎间盘最好是饱满的而不是扁平的。当椎间盘脱水时就更容易受伤，变的更脆弱，这就增加了受伤的可能。椎间盘脱水和椎间盘伤痛有时也会带来较为严重的脊髓灰质流失。

关节减压技巧

用手悬挂在单杠上，只会使脊柱得到放松。手腕关节、肘关节和肩关节也可以凭借同样的技巧得到放松。

如果用脚悬挂在单杠上，踝关节、膝关节和髋关节会得到更好放松，这就为腰椎恢复赢得了时间。头朝下的方式，只能在进行下肢锻炼后使用。

⚠ 注意

研究表明，腰椎拉伸会暂时减弱大腿的力量（普罗克斯，2010）。因此，要在锻炼后而不是锻炼前实施此拉伸。

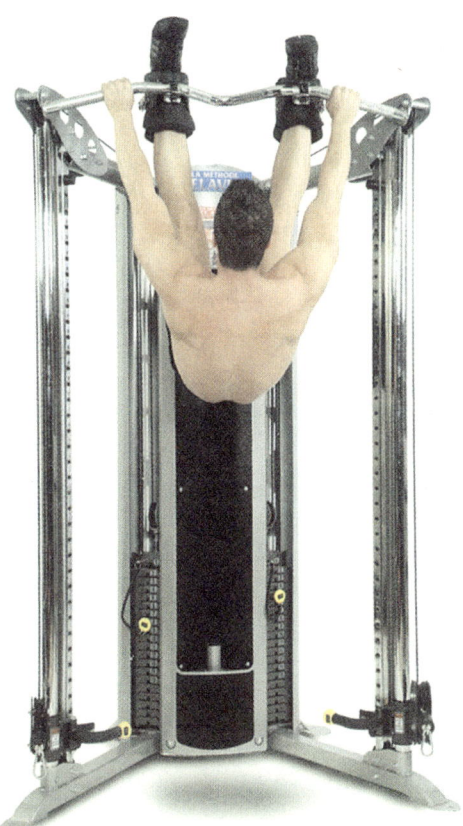

胎儿拉伸姿势

为了使脚悬挂在单杠上的姿势能放松所有的关节，而不仅仅是放松下半身关节，用脚钩住单杠后，不要放开手而是抓住单杠 ④。这种像胎儿的姿势，可以放松肌肉训练中刺激的所有关节。

首先，抬起头，这样就不会像头朝下那样产生太多的问题。然后，胳膊挂在单杠上能够拉伸冈上肌和冈下肌，如果这两块肌肉因为训练得到了猛烈刺激，拉伸它们可以预防痉挛和伤痛，同时可以加快其恢复速度。

为了加强拉伸，可以放开一只手，这样就会给另一只胳膊带来更大的张力。坚持十几秒后，换只胳膊进行拉伸。

④

受伤后的训练方法

如果你习惯用右手，用右手写字是没有问题的，而用左手写的字就不那么令人满意，即使是这样，你依然还是可以用左手写字的。虽然从来没有人教你如何用左手写字，但我们可以将右手的学习经验转移到左手上。我们称其为"本能迁移现象"。

这种迁移现象同时也出现在肌肉锻炼中。像写字一样，这种学习纯粹是由神经控制所决定的。如果只锻炼了右胳膊，左胳膊也会进步。这种进步程度是得到锻炼的肌肉的 10% ~ 15%。这个比例看起来比较低，但是当我们受伤或者不再有能力锻炼某一边的肌肉时，为了尽可能保存力量并且使不能动的肌肉更容易恢复锻炼，坚持锻炼另一边是明智的选择。

抑制呼吸以释放最大力量

生理学的两难选择题——是否必须抑制呼吸？

教条：抑制呼吸是指在声门关闭时呼气，这样可以阻止气流散出。早期的研究证明，不要抑制呼吸，呼吸暂停可能会因为鼻出血和心律不齐而引起头晕甚至昏迷。

事实：抑制呼吸确实可能导致各种危险，对于心血管有问题的人来说尤其危险。因此，在冒失地进行肌肉锻炼前，最好先要得到心脏科医生的许可。同时训练负重要逐步增加，这样身体才能慢慢适应抑制呼吸。

对于年轻且身体状况良好的运动员，重量越大，对利用呼吸能力的要求就越高。所以，从来没有进行过超负荷训练的人最好不要冒然尝试抑制呼吸。

对健身者，抑制呼吸是有益处的自然现象，这主要表现在以下几个方面：

→ 能够获得力量：屏住呼吸时肌肉的力量才能更好地表现出来（纳尔逊，2006）。

→ 防止变得脆弱：吸气时肌肉力量是最小的。

→ 屏住呼吸时能够提高运动的反应能力和动作的准确度。

与老说法相反，最近的研究表明，当我们将负重增加到接近最大值时，不抑制呼吸比抑制呼吸更危险（凯鼎，2003）。

我们能够直观地感觉到这一点，因为屏住呼吸是种自然的反应，而自然反应通常会引起很多现象。

抑制呼吸可以：

→ 增加用来保护脊柱的腹内压力。

→ 降低脑血管的压力。

→ 保护心脏。

因为这些原因，当进行大重量训练时，身体会产生抑制呼吸的反应。有些人是有意识地进行，而有些人则相反。这并不是说抑制呼吸没有危险，而是说不抑制呼吸同样也有危险。大重量训练危险系数较高，这需要健身者好好注意和处理这些问题。

抑制呼吸也并不只是只有优点：

→ 它加大了由大重量锻炼引起窒息现象的可能。

→ 加强了肌肉和大脑的疲劳感。

为了减少不适感，同时也是为了降低闭气的危险性，一定要学会呼吸，这样就可以保持最佳锻炼成效了。屏住呼吸的时间要尽可能短，为此，它要与动作中最难的阶段保持一致；然后，稍微呼出一点点气。

我们也经常这样说，在运动的某一阶段必须要进行呼吸，但这却与我们进行大重量锻炼时的要求不相符。在短暂的超负荷训练时，不一定必须要进行呼吸，在重压使呼吸肌麻痹时吸气并不是一件很容易的事情。就像我们前面提到的，需要容许肌肉力量暂时缩小。这并不是说要在进行轻度的热身运动时抑制呼吸。需要知道如何有分寸地利用闭气的优势。这样的锻炼是说起来容易做起来难。因此，好的呼吸方式需要在锻炼中进行长久地学习和训练。

注意头部的位置

头部的不同位置可通过调整肌肉收缩来影响平衡。即使收缩和放松不是很激烈，却也是不可避免的。站立时，如果抬头望向天空，就有向后跌倒的趋势。相反，当我们低头看地面时，会有向前跌倒的趋势。

对于练习中头部的位置，必须明确锻炼方法。下面是几个必须要遵守的基本规则：

> 首先不要侧向转头，这些无用的动作

会阻碍肌肉进行有效收缩，同时会给颈部带来问题。

> 避免头部上下剧烈晃动。

> 如有问题，头部要保持不动。

> 除了几个单侧动作外，不要将头部转向一边。

> 在练习变得困难时，频繁地晃动头部其实是完全无用的。

当我们用力时，身体要形成一个坚固的整体才好。

下面是几个实际应用的例子：

→ 腰肌：为了进行有效收缩，眼睛要稍微看向高处。

→ 腹肌：为了有效锻炼腹肌，眼睛要看下方的腹肌。

→ 胸肌：在双杠上做臂屈伸训练时，为了不妨碍神经循环，眼睛要看下方，否则手部会产生酸麻感。

→ 股四头肌：在做深蹲时，头部稍微上抬有利于保持平衡并保护脊柱。

护具

为了应对关节受到的压迫和伤害，你可以使用专业的护具，你需要知道怎样正确地使用它们。

戴腰带还是不戴腰带？

对于 19 ~ 46 岁的人：

→ 不常锻炼的人中有三分之一显示出腰椎的退化现象。

→ 在高水平运动员中这个现象攀升到了 75%（宏，2003）。

保护脊柱是很有必要的。

第一个保护装置就是腰带，将其捆束在腰间 1 。尽管很简单，但却一直有争议，因为它也不是没有缺点的。

腰带的优势

保护腰部和背部

例如，在进行了含有大重量复合动作（如硬拉、深蹲、划船等）的肌肉锻炼后，健身者的脊柱：

→ 无腰带时缩小 3.59 毫米。

→ 有腰带时缩小 2.87 毫米（布恩，1991）。

带来支撑

脊柱肌肉确保力量从大腿传到上半身。如果这些肌肉变弱，身体系统就会受到损害。

使用腰带只是一种保护脊柱的间接方式。通过阻止腹部向前运动，腹内压增加了 25% ~ 40%，这会给脊柱提供支撑（伦弗洛，2006）。这个特性要求腰带一定要宽大。

1 左边，用于力量举的腰带；右边，健美用的腰带

腰带同样可以降低运动时脊柱侧面所受的伤害（Giorcelli，2001），可以保证健身者的上半身不会左右摆动，保持垂直的状态。

提高运动能力

当重量加大时，其可以使腰部保持稳定状态。腰带能够保证在获得力量同时，协助肌肉支撑脊柱。例如，当高水平健身者在进行深蹲时，腰带能使锻炼成绩提高 8%（津克，2001）。

预防精索静脉曲张

精索静脉曲张是一种睾丸的静脉曲张，会导致男性不育，通常情况下左面睾丸更容易患精索静脉曲张。

→ 不经常运动的人中有 20% 会患此病。

→ 经常不带腰带做深蹲的健身者中有 67% 会患此病。

→ 带腰带进行深蹲的健身者中有 33% 会患此病（拉希米，2004）。

同样，腰带也可以对睾丸起到局部保护作用。

注释： 当用力抑制呼吸睾丸有疼痛感时，便是精索静脉曲张的征兆。

腰带的缺点

然而，很多高水平的举重运动员却放弃使用腰带。因为腰带也有其不利的方面。例如：

→ 增大了上半身的僵硬度而使运动变得不方便。

→ 阻碍呼吸。这个问题对于进行超过 12 次重复的训练组来说尤为突出。在此情况下，至少不要把腰带系得太紧。或者只在进行大重量且短训练组锻炼时系上腰带。

→ 不是所有的人都能使用腰带。理想的情况是在腹部和腰部系上结实的绷带，这样就不需要再使用腰带了。

腰带会隐藏真实训练水平

如果说腰带大大增加了你的力量，就会隐藏你的真实训练水平。腰带越是能够提高你的锻炼成绩，就越表明你的肌鞘不够强壮，需要补足腹肌力量的缺失，以便不依靠腰带来保护你的脊椎。

腰带＋抑制呼吸会对锻炼起好的作用吗？

我们已经解释过了，抑制呼吸是种自然反应。但是，这种自然反应不包括我们使用腰带人为加强腹内压力。当腰带系得很紧时，抑制呼吸就会变得较为危险；大脑和心脏的保护机制会因为腰带而变得不适。

学会如何适应腰带的松紧度

腰带的松紧度要和所配备的负重相适应。

→ 负重越大，就越需要系紧腰带。

→ 相反，热身时就无须系紧腰带。

→ 在训练组间，不要系紧腰带而是要解开它。

→ 在某些训练中，不需要运动到脊柱，如坐姿提踵，此时腰带就毫无用处。

→ 不要每天都系腰带。

因此，要用正确的方式使用腰带。

弹力护腕

　　我们用腰带勒紧躯干，也可以用弹力护腕来加固腕部 [1] [2]。当增加的负重直接作用在手腕上时，如在肱三头肌或肱二头肌训练中，弹力护腕就显得特别有用了。当训练组负荷重量极高时，护腕可以保护腕关节。

　　我们建议使用硬度最大的护腕（力量举比赛中禁止使用），但是长度不要太长。护腕不要系得太紧，这样手腕才可以得到更好保护。进行大重量训练组时，可以适当让护腕系的更紧，但过紧的护腕反而会限制我们的力量释放。

弹力绑膝

　　使用弹力绑膝的首要目的是保护膝盖同时稳定关节。健身者的腿越长，借助于绑膝取得的成绩提高就越大。在肌肉运用方面，绑膝减少了股四头肌的工作，相对增加了臀部肌群的发力。对于健身者，这不是理想的重新分配发力的方式。

助力带

　　在很多练习中，握力不足导致的手部肌肉疲劳会打断训练组的进行。这个问题在背部训练时显得尤为突出，比如，引体向上、划船、硬拉或耸肩。

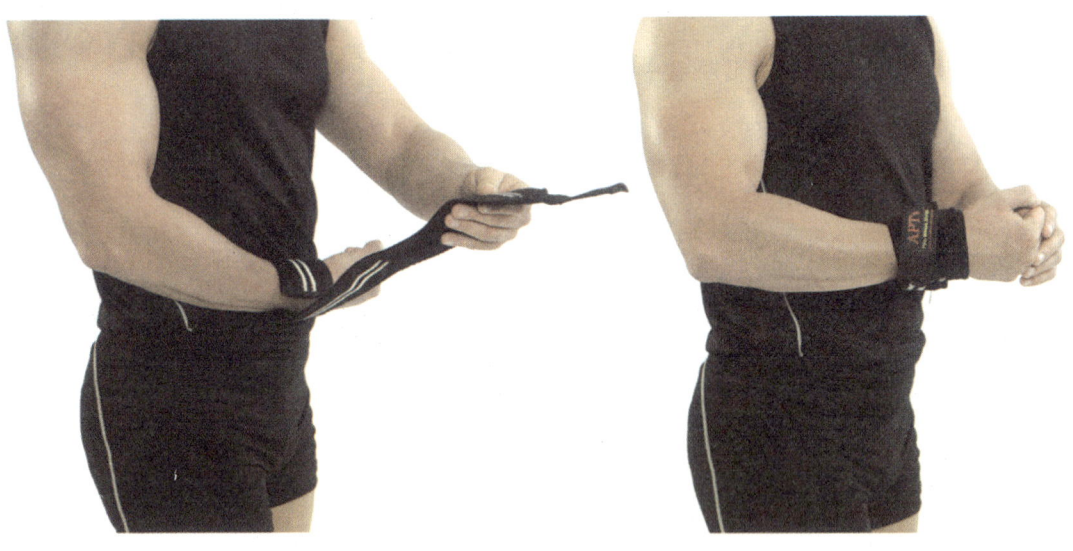

[1]

[2] 正确的弹力护腕使用方法

为了增加手的握力，可以使用如第三只手的助力带 ③ ④ ⑤ 。

尽管有效，但是助力带会限制你前臂的发展。

如果你有猴子一样强有力的手或弯曲的掌骨，便能很好地将杠子握在手中，助力带就变得毫无作用了。如果你的手很小并且力量也小，助力带就会提供辅助。

正确使用助力带是很重要的。如果手在杠铃前，就要从杠铃后面开始缠助力带。经常会犯的错误是，与手在同一侧开始缠助力带。

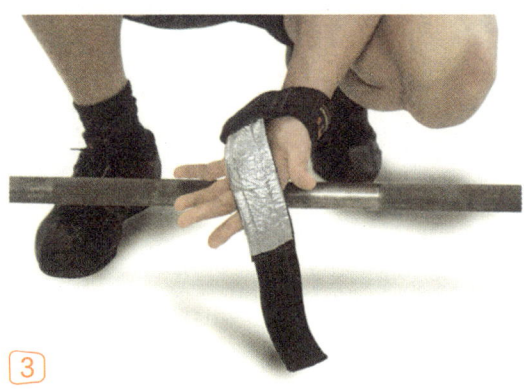

③

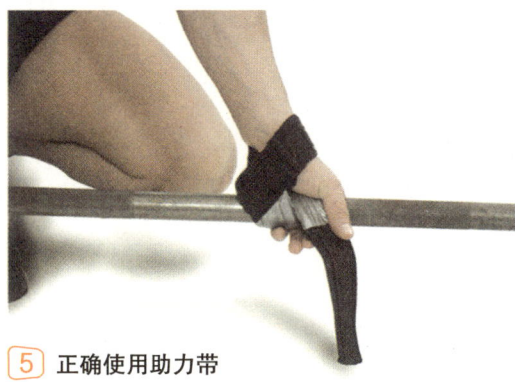

⑤ 正确使用助力带

④

第二部分

针对大肌群
的训练动作

增加肩宽

解剖学论述

三角肌是单关节肌肉，它可以使胳膊朝各个方向运动。

我们将其分成三部分：

1 三角肌前束，可以使胳膊向前抬起。

2 三角肌中束，由多羽状肌肉纤维束构成，可以使胳膊向两侧抬起。

3 三角肌后束，可以使胳膊向后伸。

拥有宽厚和发展良好的肩部是运动员的基本特征。

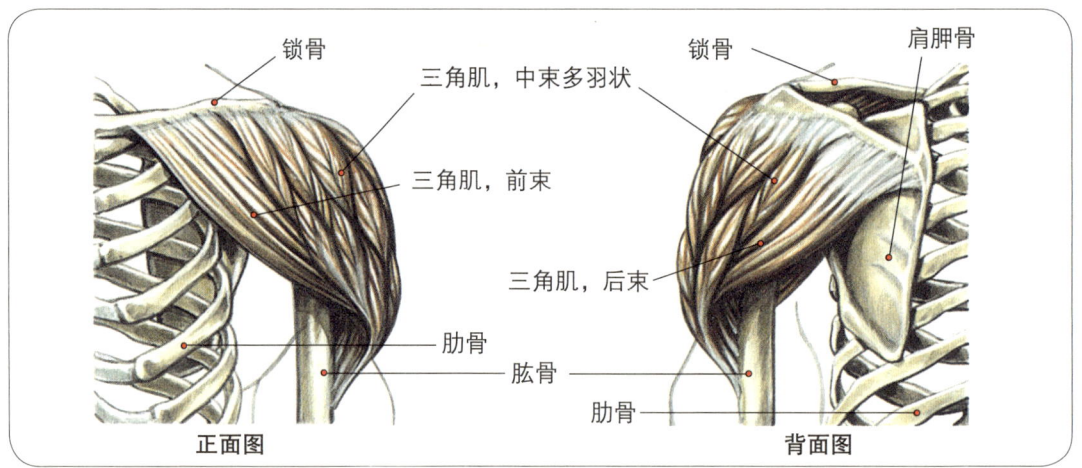

正面图　　　　　　　　　　　　　　　背面图

锻炼肩部的5个困难

有5个常见的困难会影响健身者肩部的锻炼。

肩部过窄

锁骨越长，肩就越宽。因为不可能拉长锁骨，所以对肩部过窄的健身者，唯一的选择就是尽可能的发展三角肌。

肌肉体积小

肌肉的体积小是所有肌肉都会面临的问题。如果你肩部过窄或者身材过大，三角肌的围度大小便显得十分重要了。

前后束失衡

三角肌很少会以一种均衡的方式得到发展。最典型现象是：肩前部得到了大量锻炼，侧面稍微得到了一点锻炼，而肩后部没有得到任何锻炼。这是典型的不对称现象，这被耶罗施（1989）以科学的方式进行了阐述。相对于不常运动的人，健身者的三角肌：

→ 前束要大 5 倍。

→ 中束会大 3 倍。

→ 后束只大 10% ~ 15%。

错误的训练目标不是引起失衡的必然原因。耶罗施指出，在为了锻炼肩后部进行的每组重复训练次数和肌肉发展之间缺少相关性。换句话说，三角肌后束更难得到发展。影响三角肌后束发展的主要障碍之一就是我们很难单独调配其参与到训练中。

肩部肌肉与斜方肌相互阻碍

当锁骨较窄的健身者，进行肩部练习时，斜方肌的运用就会妨碍到三角肌的运用。这两块肌肉间的失衡越大，肌肉运用不良现象就越严重。碰到这种情况，要尽早地限制斜方肌的运用，以便肩部肌肉可以得到发展。

肩部伤痛

相对于其他所有关节，肩部会受到各种不同的伤痛，这些伤痛在妨碍锻炼的同时也会损伤我们的力量。导致肩部易受伤的原因有以下 4 个：

> 为了能让胳膊向所有的方向运动，肩关节较灵活且很少受到保护。

> 三角肌极容易被刺激，几乎所有身体上部的练习和某些下肢训练中，都会使用到三角肌（如深蹲、硬拉等）。因此，在两次锻炼间肩部很少有时间得到休息恢复。

> 在进行像卧推、推举和高位下拉等训练时，会毫不犹豫地将肩部置于危险位置，以便能够举起更重的负重。

> 两侧三角肌力量的失衡。

受伤时请注意两侧肌肉

当一侧肩部受伤后，在进行如卧推或推举等需要两侧同时发力的训练时，力量的不对称性会过多地刺激到健康一侧的肌肉，从而使健康的肌肉受到影响。

肌肉发展失衡会引发肩部伤痛

根据耶罗施（1989）的调查表明，超过三分之一的健身者的肩部关节受到过伤害，其大都与肌肉发展失衡有关。相对于一般人，健身者的：

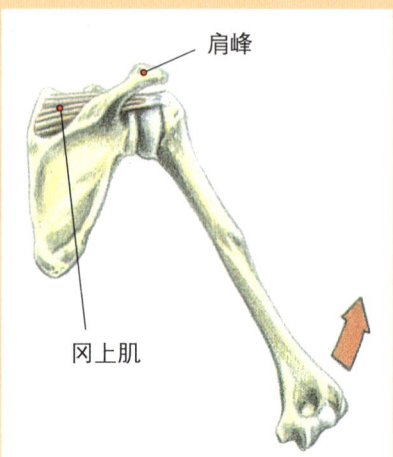

> 冈上肌腱要大 2 倍（耶罗施，1989）。肌腱的增大反映了肌肉的强大，可是它却几乎没有移动的空间。冈上肌越强大就越有可能挤压肩峰，这就会产生疼痛与炎症，并且限制肩关节的运动。

> 肩部其他两个稳定器：冈下肌和肩胛下肌的肌腱的周边情况也是如此。

肩部回旋肌群

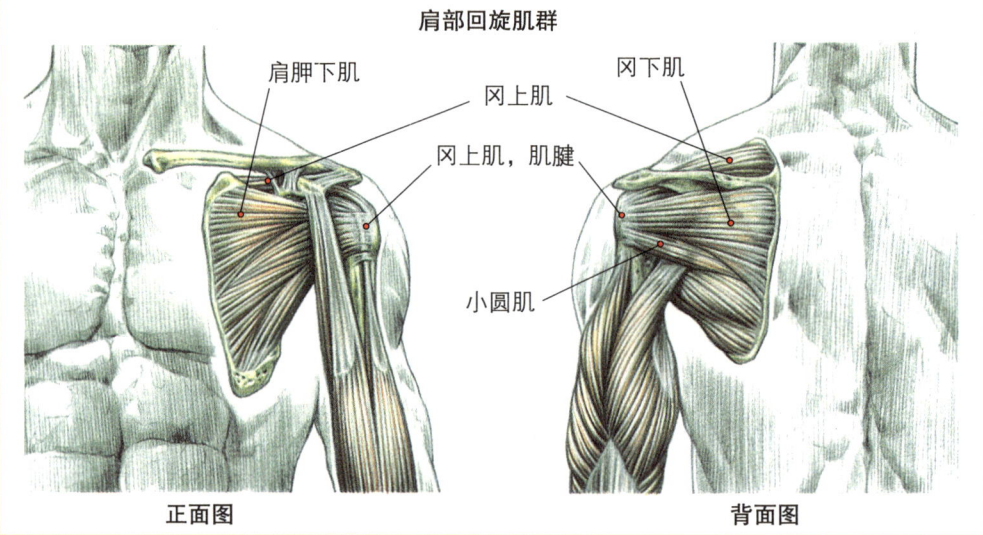

正面图   背面图

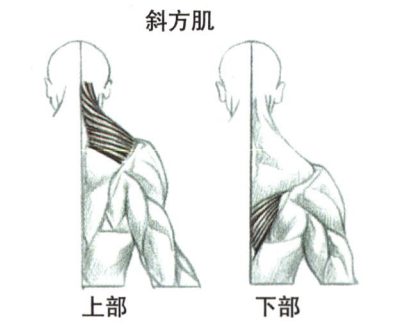

斜方肌

上部   下部

> 力量分布显示在斜方肌上部有 27% 的力量；在斜方肌下部则只有 10%（克鲁勃，2009）。与上部相反，斜方肌下部对稳定肩胛骨来说是必不可少的。

> 肩部运动幅度减少了 15%（克鲁勃，2009）。

运动幅度减少会导致运动伤害风险增加。

结论

三角肌前束肌肉较多，但是如果：

→ 三角肌后束肌肉量不足；

→ 冈下肌肌肉量不足；

→ 斜方肌下部肌肉量不足；

→ 柔韧度不足；

则肩关节会有断裂的风险。如果在如此脆弱的关节上积聚了所有的肌肉失衡现象，会增加发生运动伤害的风险。不要再耽搁，必须要调整肌肉失衡现象。

肩部锻炼给冈上肌和冈下肌造成的影响

肩部的运动将会给冈上肌和冈下肌都带来影响：

1　当肱骨内旋时：当抬起胳膊并且肱骨内旋时，例如，进行侧平举或站姿划船时，冈下肌会摩擦肩峰。这种摩擦会引起裂伤。

2　当肱骨外旋时：当抬起胳膊并且肱骨外旋时，例如，进行推举时，当肘部朝外，冈上肌会摩擦肩峰。这种摩擦会诱发裂伤。

当冈上肌受伤时（此时你会感到斜方肌上部的痛感更强烈），应该尝试进行肘部朝外的推举（见第 73 页）。冈上肌受到的压力将会减弱，同时也就会减少受伤的机会。

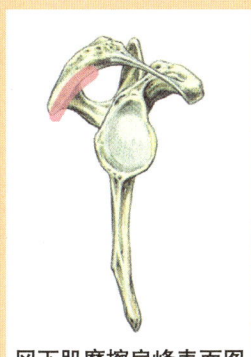

冈下肌摩擦肩峰表面图

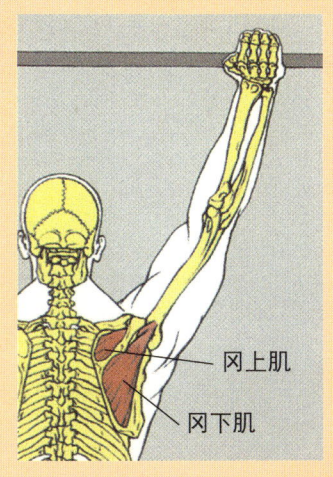

冈上肌

冈下肌

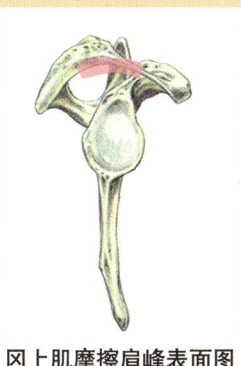

冈上肌摩擦肩峰表面图

肩部锻炼给肱二头肌造成的影响

当进行颈后推举或侧平举运动时，肱二头肌的长头会贴在结节间沟上（肱二头肌腱沟），这会引起肌腱的损伤（见第 189 页）。为了增强肌腱的抵抗力和润滑性，在进行肩部运动前要针对肱二头肌进行热身运动。

⚠️ **注意**

不要将肱二头肌长头肌腱的炎症与肩部受伤混淆，因为引起这两种病痛的原因是不同的（见第 189 页）。

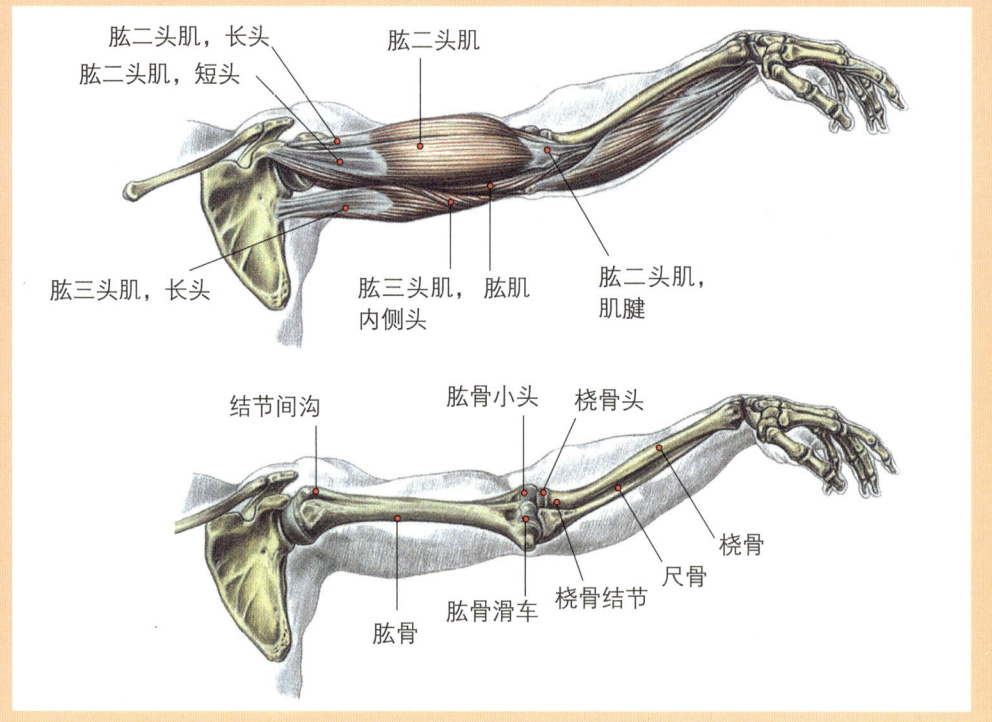

锻炼三角肌的方法

如何增宽肩部?

因为不可能增宽锁骨，为了使肩部变强壮，唯一的解决方式就是增宽三角肌的中束。以下四个方法可以帮助你：

优先权

对于发展三角肌中束并不存在真正的困难，只需要在锻炼中给予其优先权就好。

优先将训练重点放在侧平举训练上，然后你只需要做到持之以恒，便可以很容易地发展三角肌中束。

孤立刺激三角肌中束

侧平举的目的是为了锻炼三角肌中束，但并不是说只要举起负重就可以。应该用三角肌中束的力量举起负重，而不是使用斜方肌或三角肌前束进行借力。

单侧训练

对于所有的薄弱部位，单侧训练是占优势地位的训练方法。如果只用一只胳膊进行侧平举，从斜方肌借力就比较困难。因此，单侧训练对于孤立训练是更合适的，对于集中注意力和力量是十分有帮助的。

递减训练法

对于肩部锻炼，递减训练组可能是种最普遍使用的强化技巧。递减训练法可以：

→ 半程或借力训练时使用更大重量。

→ 全程或标准训练时使用较轻重量。

它适用于三角肌的中束与后束。

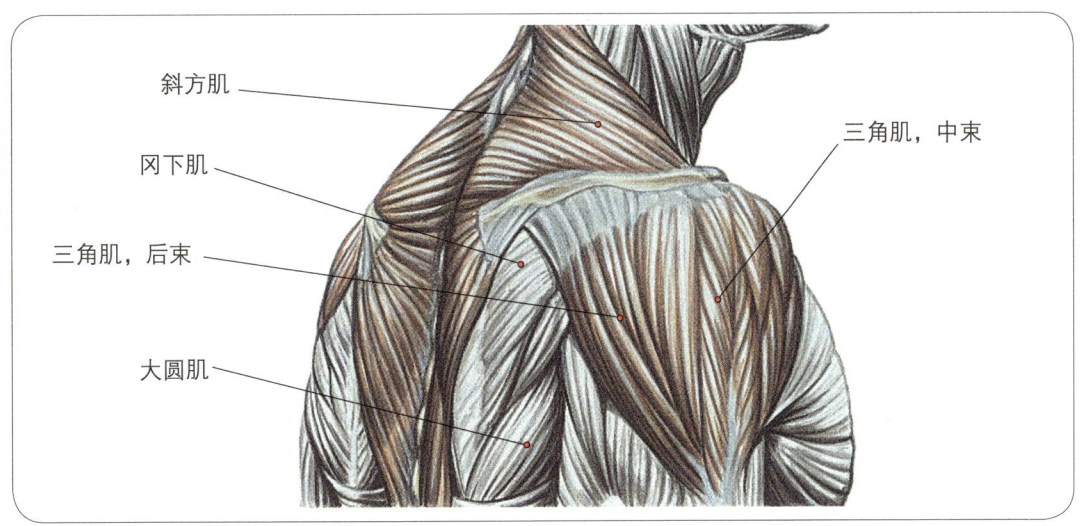

如何强化三角肌后束肌肉？

三角肌后束孤立发力较困难是造成此肌肉较弱的原因，因为：

→ 为了举起更重的重量，我们总是试图借力。

→ 在进行锻炼时，常常会用其他肌肉发力而不是用三角肌后束肌肉发力，尤其是会用到肱三头肌、斜方肌或背部肌肉。

通常情况下，拥有强壮背部肌肉的健身者训练三角肌后束肌肉难度较高，因为他们的背部肌肉是发力的主要来源。每当重复训练靠近肩胛骨时，即使三角肌轻微运动也会对三角肌后束产生刺激。

对于很难锻炼到的薄弱部位，盲目使用大重量是十分忌讳的。锻炼重点应该放在肌肉收缩上，使肌肉学会如何参与到具体的训练动作中。

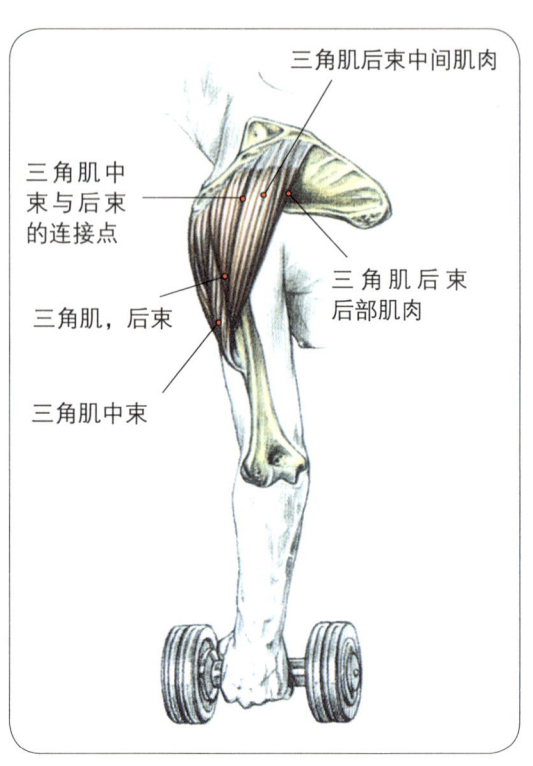

三角肌后束中间肌肉

三角肌中束与后束的连接点

三角肌后束后部肌肉

三角肌，后束

三角肌中束

划分不同区域以便提高掌控力

为了更容易取得进步，三角肌后束可以被分成三部分。这种划分提供了三种不同的锻炼方法，在锻炼时可以交替使用从而更频繁地训练三角肌后束肌肉。

三角肌中束与三角肌后束的连接点

肩部的发展始于对三角肌中束前部肌肉的破坏，越向后发展肌肉越疲惫。因此，要在中束完全疲惫前采取措施。这种失衡性是因为：

→ 三角肌中束前部在所有推举动作中受到了强烈刺激。

→ 在进行侧平举时，为了举起更重的重量，我们更愿意刺激三角肌中束的前部肌肉（前部肌肉更有力量）而不是后部肌肉（后部肌肉力量弱）。

为了将重点放在后束与中束的结合处，侧平举训练应该：

>上半身前倾斜 10 ～ 20 度，而不是保持笔直状态。使用哑铃或滑轮绳索会使向前倾斜变得更容易，见图 1 。

>刚开始进行锻炼时，要让小指朝上而不是使所有的手指都与地面平行。因此，在进行收缩时小指要比大拇指高。这种姿势避免了当我们逐步向前倾斜哑铃时，三角肌产生无用的旋转。

1 侧平举，上半身向前倾斜

虽然这种独特的姿势减少了力量，但是对于三角肌中束和后束连接点的孤立刺激却比传统的做法要好。

三角肌后束中间肌肉

三角肌后束中间肌肉是十分重要的。首选的训练动作便是侧平举，我们将在第 79 页详细介绍此练习。

三角肌后束后部肌肉

训练三角肌后束后部肌肉可以直接强健三角肌。不幸的是，进行传统练习时这些肌纤维很难被锻炼到。但在进行冈下肌训练时，这一部分却能被很好地刺激 ②（见第 128 页）。为了更好地强调三角肌后束后部肌肉的运动，要优先考虑练习中的肌肉收缩部位而不是伸展部分。

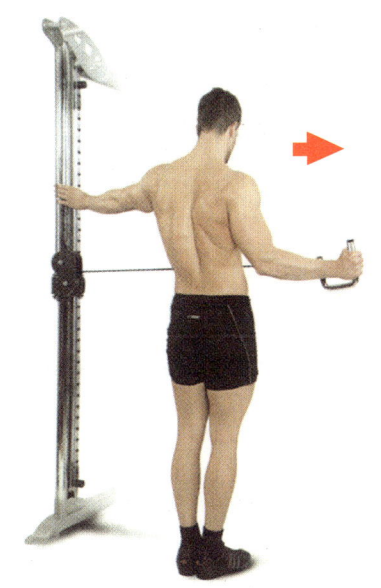

② 用滑轮进行"自动织布机"旋转训练

合理安排三角肌后束三部分肌肉的锻炼

为了锻炼所有的薄弱部位，我们需要经常锻炼三角肌后束肌肉。

这并不是说要永远使用最大重量的训练组练习。即使每天都进行练习，如果能将大重量的练习和恢复期练习交替进行，同样可以避免过度锻炼。

为了让肌肉完全恢复，每次训练时进行 5 ~ 10 组的大重量训练组即可。但是，采用较少的高强度训练组，对于改善肌肉调配能力是没有太大帮助的。

缓解局部疲劳

理想的状态是在大重量练习后的第二天出现疲劳感。此时，对于疲劳酸痛的部位重新进行锻炼是提高肌肉调配能力的有效方法。疲劳大大增强了肌肉的感觉能力，这就提高了目标肌肉的感知力并能更好地进行发力。这时：

→ 如果有足够的力量，重新进行大重量锻炼，但是要比上一次锻炼更有针对性。

→ 如果没有足够力量，就只进行几个长训练组的恢复练习。

在进行大重量的锻炼 48 小时后，肌肉被破坏的程度达到顶峰。此时：

→ 如果肌肉感到疲劳，就不要再进行训练。

→ 如果肌肉未感到疲劳，进行 2 ~ 3 组的恢复练习以便加快恢复。

在循环训练的其他日子里也要遵循上述方案。相反，在进行大重量训练的前一天，要进行全面休息再开始新一次的循环训练。

周期的构成

对后束三个区域的循环训练构成了完整的锻炼周期。如果交替训练这三个区域，那么：

→ 肩部后束不会过度锻炼。

→ 锻炼很快就会见效。

第一周期

大重量训练：侧平举训练，上半身略微前倾，以便更好地刺激三角肌中束与后束。

在恢复锻炼时进行针对三角肌后束中间部分的俯身侧平举和针对肩后束后部的冈下肌练习。

第二周期，3 ~ 5 天后进行

大重量训练：针对三角肌后束中间的俯身侧平举。

在恢复锻炼时，采用上半身略微前倾的侧平举和"自动织布机"训练。

第三周期，3 ~ 5 天后进行

大重量训练：针对三角肌后束的冈下肌练习。

恢复锻炼时采用俯身侧平举和身体略微前倾的侧平举，此后进行同样的循环锻炼。

三角肌后束的训练技巧

预疲劳

对于像三角肌后束这种小块肌肉进行预疲劳的方法训练是非常适合的，预疲劳可以是针对背部肌肉的练习。如果我们重视的是肩后部的锻炼，就会牺牲一点对背部的锻炼，这也是一种锻炼方法。但这种牺牲仅仅是暂时的，时间会改变你调配肌肉的能力。

以下是两种较为有效的预疲劳方案：

> 进行针对背阔肌的引体向上 ① 前，先进行针对三角肌后束的练习，例如，俯身侧平举。

> 进行划船 ② 前，先进行针对肩后部的冈下肌练习。

① 引体向上

2 划船

对于背部锻炼一天进行 5 组预疲劳练习即可。然后，以传统的方式结束背部锻炼。

短期碰撞

在训练肩后部时，需要让其充分力竭，理想的状态是得到强烈的肌肉燃烧。为了实现这个目标，我们可以采用递减训练法，然后迅速过渡到针对背部的练习。背部和胳膊支持了肩后部的训练，此时会加剧充血和燃烧。三角肌后束稍作运动同样也会强健肌肉。

⚠ 注意

在进行针对背部预疲劳练习时，力量的流失比我们想象的要更厉害。

长期的训练改变

超级组训练可以在提高肌肉调配能力的过程中产生重要作用。进行了几周预疲劳练习后，当重新进行传统锻炼时，伴随着背部肌肉的锻炼，三角肌后束会产生强烈的疲劳感，如果不进行预疲劳练习，这种现象就不会产生。

这种改变很容易解释。如果进行预疲劳练习，就像在进行背部练习时一样，三角肌后束会试图参与运动。因为三角肌后束肌肉感到疲劳，所以其便无法参与运动。当没有预疲劳练习时，肌肉调配会受到阻碍，其能力相对预疲劳练习时会下降不少。进行过几周预疲劳练习后，紧跟着的是针对三角肌后束调配能力的练习。

在开始背部训练后，健身者对于三角肌后束的调配能力要比训练之前强大许多，这对健身者未来的发展有着重要促进作用。

肩部训练动作

✖ 诀窍

> 锻炼肩膀之前，先要好好地针对冈下肌、肱二头肌和肱三头肌进行热身。

> 锻炼中，当肩部肌肉燃烧时，为了尽快地消除肩部乳酸，在每两组训练间悬挂在单杠上或做几下引体向上，重力会很快地清空三角肌中的代谢物。

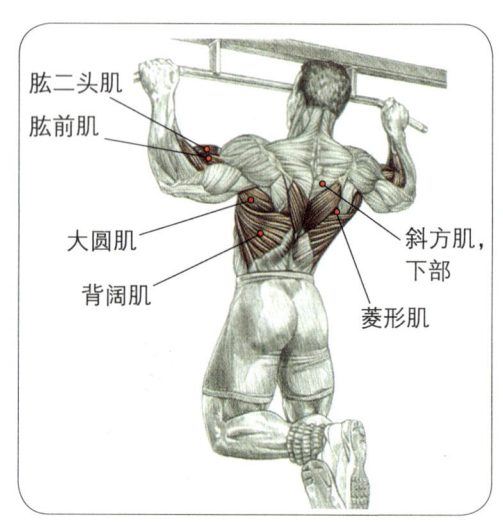

肱二头肌
肱前肌
大圆肌
背阔肌
斜方肌，下部
菱形肌

三角肌前束的训练动作

推举

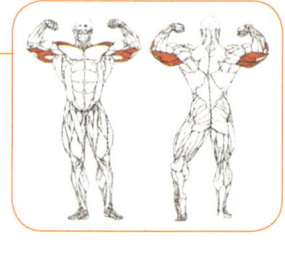

此项复合训练的侧重点在于三角肌前束、肱三头肌和胸肌上部。单侧推举可使用哑铃或固定器械进行。

杠铃、哑铃、固定器械或史密斯机

推举可以使用杠铃、哑铃、固定器械或史密斯机进行 ①。健身者应分析过每种健身器材的优缺点后再进行选择，这样可以确定最符合自身需要的健身器材。当然也可以同时用几种健身器材进行锻炼。但是，在一次训练课内不要使用多种健身器材，这样可以避免神经系统过度疲劳。

[2] 宽握，肘部分开

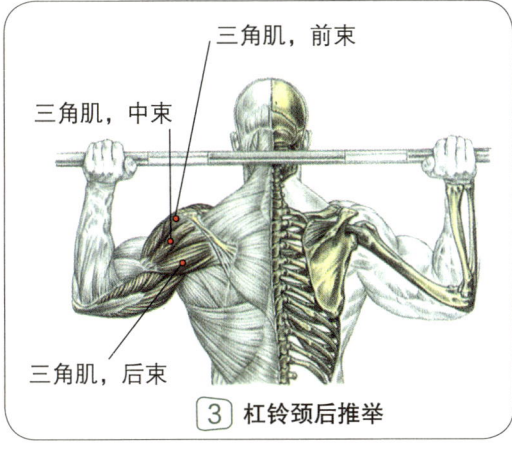

三角肌，前束

三角肌，中束

三角肌，后束

[3] 杠铃颈后推举

杠铃推举

在几乎所有的健身房或健身者家中，用杠铃进行推举都是很简单方便的。除了负重可随意调节的优点外，杠铃的缺点也很多。

以下两大推举姿势，没有一个是适合用杠铃进行的：

> **颈前推举**：杠铃位于颈前部，运动轨迹会让脸部感到不适，尤其是下巴和鼻子。为了避免这种不适，你要尽可能地弯曲背部 [2]。

> **颈后推举**：杠铃位于颈后部，这会过度拉伸三角肌。

另外，因为健身者的手要固定在杠铃上，在进行收缩时双手不能像用哑铃训练时那样灵活，所以动作幅度就很有限 [3]。

哑铃推举

相对于杠铃，哑铃 [4] 有更多的优势。当健身者的手位于锁骨延长线上时：

→ 不会重压肩部关节。

→ 不会使脸部感到不适。

→ 可以使三角肌前束处于最佳运动轨迹上。

在训练动作上半段进行收缩时，肌肉收缩幅度会更大，因为当胳膊伸直时双手会彼此更靠近。

健身者手的方向是完全自由的，这就使一切更自然了。通常，拇指或多或少总会转向头部，但是同样也可以朝向后部或外部。

在健身训练中只有哑铃能允许多种不同的握法。

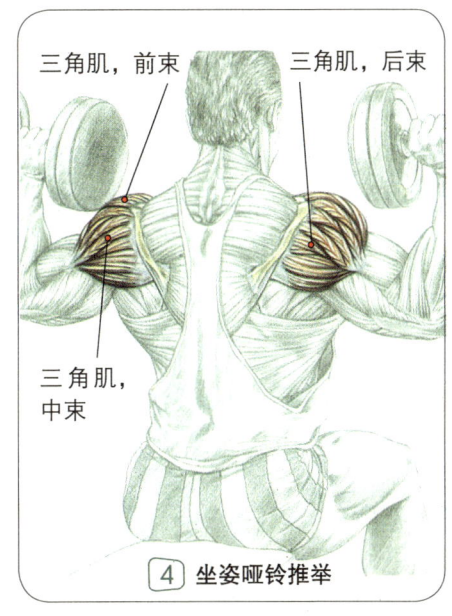

三角肌，前束

三角肌，后束

三角肌，中束

[4] 坐姿哑铃推举

哑铃的不足之处在于：

→ 重量过大。

→ 如果将大重量哑铃从地上举起并准备好进行训练，过程是十分危险的。

→ 要特别注意平衡性，因为胳膊伸直并在头顶举起两个很重的哑铃是危险的。由于疲劳的缘故，在每组最后几次重复训练时，失去平衡是很常见的现象。

哑铃推举，双手正握

双手对握

固定器械推举

固定器械推举是比较理想的，因为：

→ 它们直接作用于健身者的肩膀上方，几乎不存在使器械就位和放回的动作。

→ 可复制使用哑铃训练时的动作幅度。

→ 通常（在使用性能良好的器械时），可以使动作处于肩部最好的运动轨迹上。

→ 不会有失去平衡的现象出现。

→ 可以使用很大的重量，而不必像使用哑铃时负重有所限制。

但是也存在性能不好的肩部锻炼器械。

某些锻炼者会抱怨，运动轨迹被完全引导，其实这种现象反而能够预防很多的运动伤害和运动创伤，而这种运动伤害和运动创伤在用杠铃或哑铃进行锻炼时则很难避免。

史密斯推举

如果没有好的训练器械，使用史密斯机则是一种折中的办法。在器械导轨的帮助下，推举训练可以经过头前方或头后方。你可以使杠铃落到头顶中部 [1]。不过这意味着运动幅度减小，但是却不会让杠铃剧烈地压迫头部，这样会：

→ 使动作保持在肩部最好的运动轨迹。

① ② ③

→ 使用很大的重量。

→ 不会损伤肩部关节。

当你很好地掌握了推举训练时，三角肌就能获得迅速的提高。

⚠️ **注意**

某些史密斯机带有护杠，这就允许你控制动作幅度并可以安全锻炼。

注意事项：不需要最大限度地放下杠铃或哑铃。

很多健身者更喜欢将手停在耳朵的高度 ②，下放超过这一高度就会出现关节疼痛 ③ 。由健身者自己决定手下降的高度：

→ 柔韧度：柔韧度越差，手下降高度越小。

→ 锁骨的宽度：锁骨越窄，手下降高度越小。

→ 肩胛骨活动的自由度：自由度越小，手下降高度越小 ④ 。

→ 前臂的长度：前臂越长，手越下降就越容易带来危险 ⑤ 。

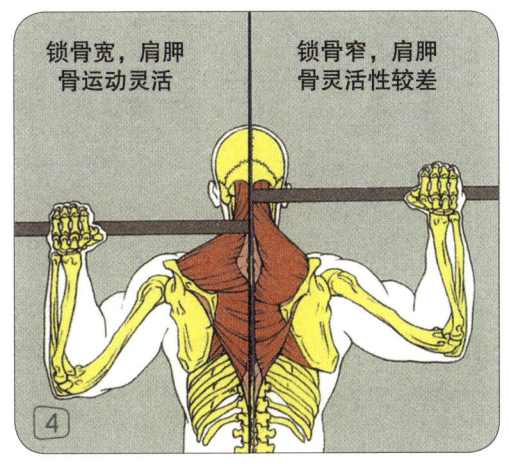

锁骨宽，肩胛 | 锁骨窄，肩胛
骨运动灵活 | 骨灵活性较差
④

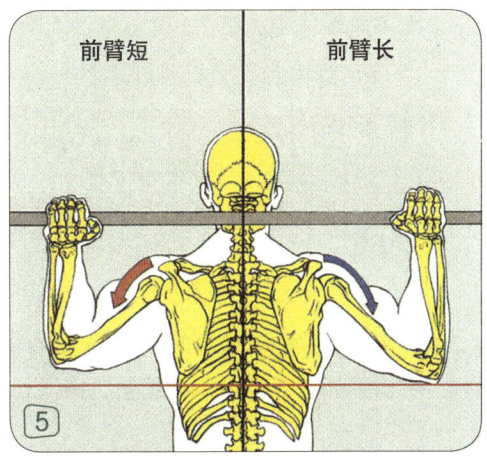

前臂短 | 前臂长
⑤

肩峰问题

不是所有的健身者都能将胳膊抬得很高直到正上方。40% 的人胳膊抬起的高度受到限制，因为：

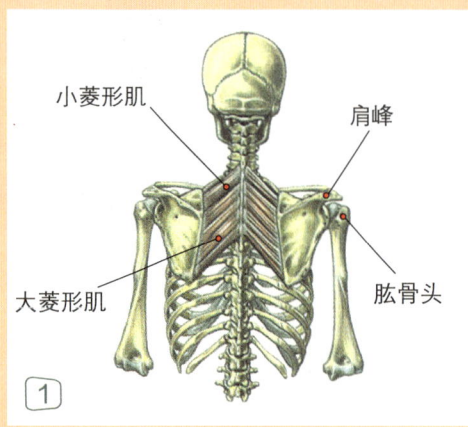

小菱形肌
肩峰
大菱形肌
肱骨头

①

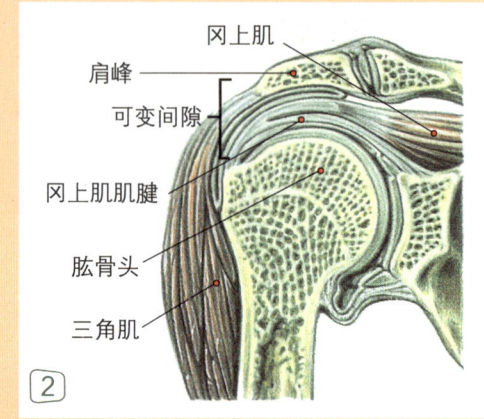

冈上肌
肩峰
可变间隙
冈上肌肌腱
肱骨头
三角肌

②

→ 肩峰被很严密地覆盖 ① 。

→ 肩峰与肱骨头之间的空隙很有限 ② 。

同样，在进行推举训练肘部朝外时，健身者会有动作好像过早停止的感觉。不要试图用完全伸直胳膊的方式来强迫自己超出这一感觉。夹紧肱骨与肩峰之间的冈上肌会引起运动伤害。在这种情况下进行推举训练，你需要注意：

→ 在用哑铃进行锻炼时，使肘部朝前而不是朝外（见第 73 页）。

→ 当身体容易倾斜时，只用一个哑铃进行锻炼 ③ 。

→ 保持肌肉持续紧张的状态 ④ 。

③

④

动作变化

1 坐姿或站姿进行锻炼都是可行的。为了更好地保持平衡性，健身者更喜欢坐着进行锻炼。

2 在动作的上半阶段时，为了保持持续紧张的状态，不能完全伸直胳膊。当感到疲劳的时候，将胳膊伸直几秒钟，以便使肌肉得到休息并且能够进行几次额外的重复锻炼。

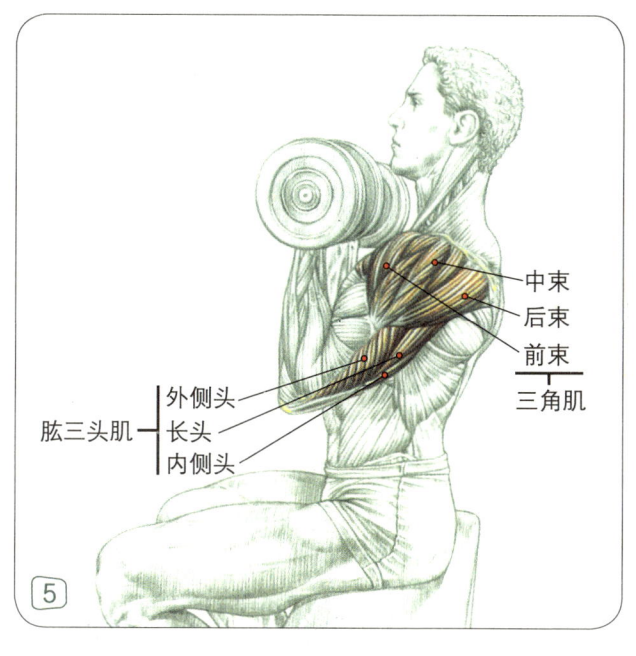

中束
后束
前束

三角肌

肱三头肌 — 外侧头
长头
内侧头

⑤

3 在进行颈前推举时，可以改变肘部的朝向。将肘部朝前可以更多地调配肱三头肌，会降低冈上肌受伤的风险。

优点：只进行颈前推举练习就可以刺激到很多的肌肉；推举练习也可以锻炼到三角肌中束的前部。

缺点：推举练习存在肌肉发展迟缓的现象，对三角肌前束的锻炼不是很有效，尤其是在进行过较多胸部练习时。此时，最好专心锻炼三角肌的中束和后束而不是三角肌前束。

风险：当我们在头上方用不受引导的重量进行训练且伸直胳膊时，就会使自己处于一种易受伤的状态。如果此重量将胳膊带往后方，会引起严重的运动伤害。健身者要确保稳定性并选择合适重量。

在推举训练时，上半身会自然向后仰，会使背部弯曲。这会使胸肌上部参与发力，获得力量，但是肩部参与程度较低，同时还可能引起腰部损伤。

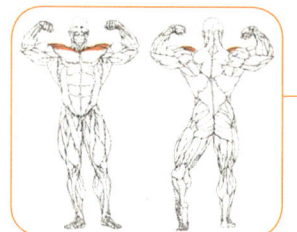

前平举

此项孤立训练目的是为了锻炼三角肌前束和胸肌上部。单臂前平举亦可。

说明：站姿或坐姿，手拿两个哑铃或一个杠铃片。可以选择传统的正握姿势，也可以选择对握姿势。要选择你比较舒服的持握姿势进行训练，用肩部的力量举起胳膊，至少要将杠铃片抬到眼睛的高度⑥。

如果觉得你训练很轻松，可以将胳膊抬得更高⑦（稍微超过头部，甚至完全在头部之上）。抬得越高，杠铃片带来的阻力就会变得越小。

⑥　　　　⑦

　　肌肉收缩的感觉可以帮助你确定胳膊抬起的最佳高度，要知道没有一个固定高度可以适用于所有的健身者。

注意事项

　　健身者很难将三角肌前束孤立出来（通常，肩部窄的人胸部会比较强健），锤式握姿相对更加实用。拇指朝上，肱骨向外旋转，这就使前束处于最佳的运动轨迹上。训练者会借助上半身从前向后的运动，获得惯性力辅助。为了孤立训练肩部前束，要保持标准的训练姿势。为了避免惯性辅助，进行练习时可以靠着墙或者坐在 90 度的训练椅上。

① ② ③ ④ ⑤

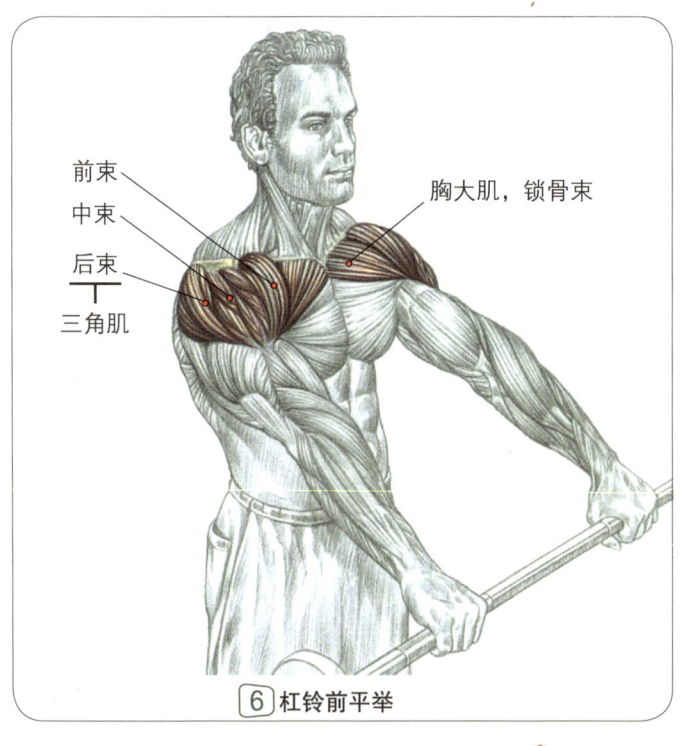

前束
中束
后束
三角肌

胸大肌，锁骨束

⑥ 杠铃前平举

动作变化

① 此项练习：

→ 为了获得更加稳定的阻力并减少对关节的损害，可以用低位绳索进行单侧训练 ①②或双侧训练③④⑤；

→ 为了用更平衡的方式锻炼肩膀，可以用长杠铃进行双侧训练⑥。但此练习优势较少，不便之处较多，因为手部运动不是很自由，这只会使肩关节、肘关节和腕关节受到损伤。

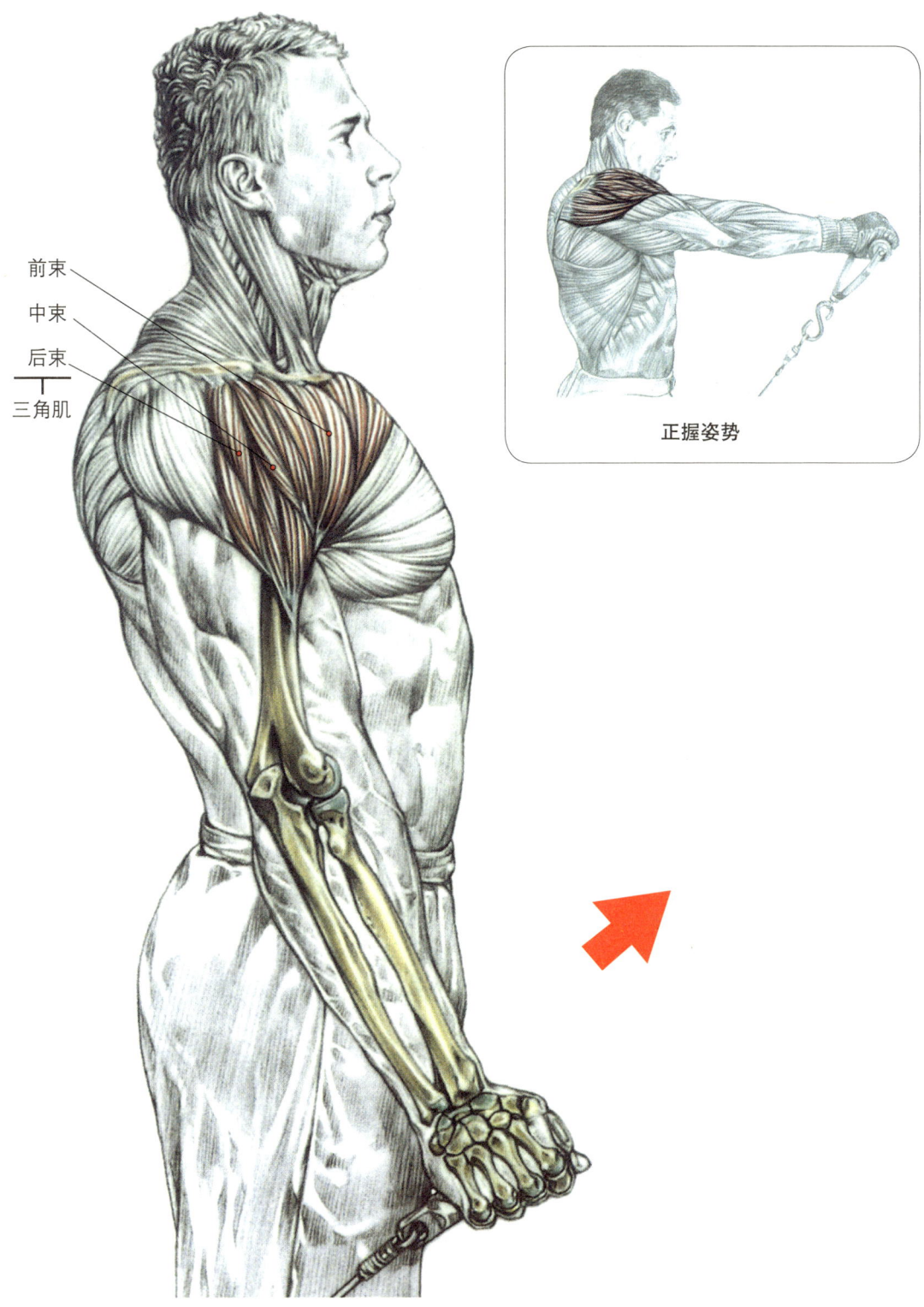

前束

中束

后束

三角肌

正握姿势

低位绳索前平举

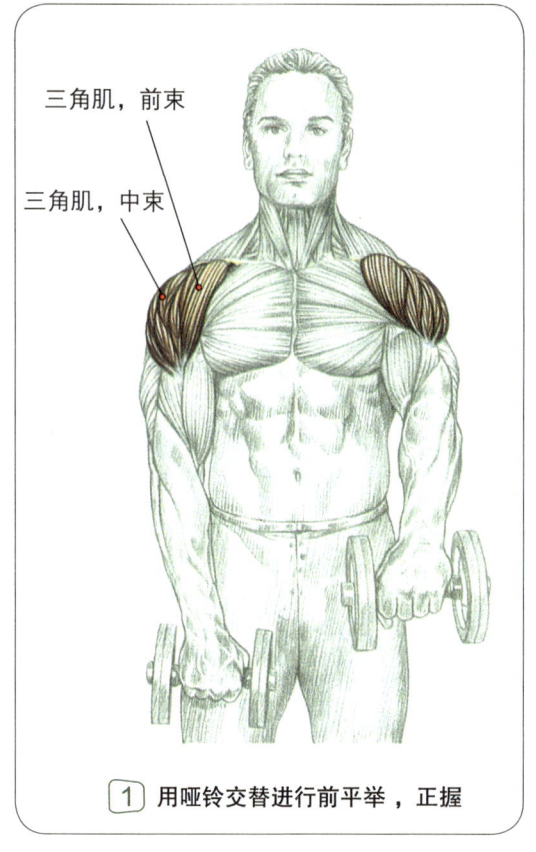

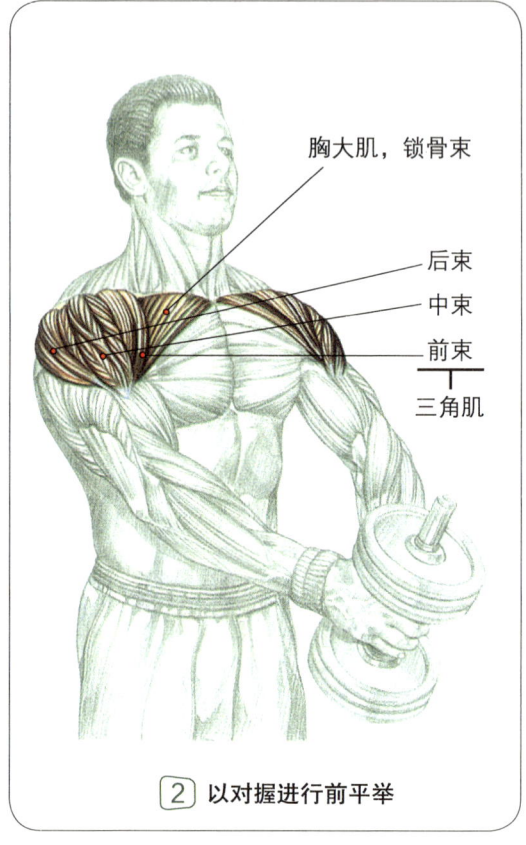

① 用哑铃交替进行前平举，正握

② 以对握进行前平举

② 用哑铃进行锻炼，可以选择同时举起两只胳膊或是在进行重复训练时左右胳膊交替举起 ①，后一种形式的锻炼允许使用稍微重一点的哑铃。也可以只使用一只哑铃，此时采用双手对握握法 ②，此种形式的练习对于初学者比较合适。

优点： 能够有效地对肩前部进行孤立训练，而不会涉及肱三头肌。与推举训练不同，这项训练可以更好地调配三角肌发力。

缺点： 如果想同时对胸部和肩部进行锻炼，前平举未免有些多余。除非因为肘部的疼痛而不能进行推举训练，此项练习就可以成为锻炼三角肌的基础练习。

风险： 为了举起更大的重量，你会企图弯腰。最好只是轻微向前俯身并使背部保持笔直的状态。在这种情况下，健身者不可能举起太重的哑铃，采用孤立训练效果会更好，并且受伤风险也会降低。

肱二头肌的一个功能就是抬起胳膊，这就说明了它在前平举中的作用。理想的情况是，在增大负重前最好进行一组肱二头肌的热身训练。

注释： 与所有针对肩部的练习一样，这项练习非常适合进行递减训练组。例如，用两个哑铃开始锻炼，一旦身体力竭就只用一个哑铃进行锻炼。

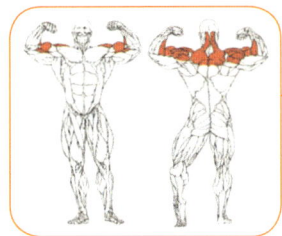

直立划船

　　此项复合训练锻炼了三角肌的前束和中束，同时也刺激了肱二头肌和斜方肌。此项训练不适合单侧进行。

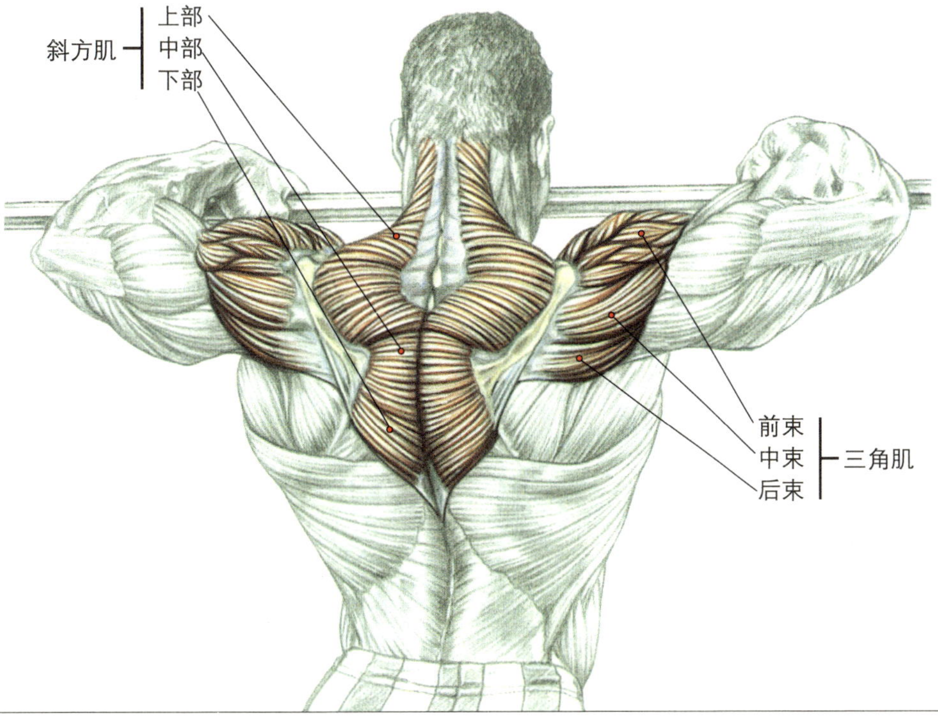

斜方肌 — 上部
　　　　中部
　　　　下部

前束
中束 — 三角肌
后束

　　说明：站姿，用杠铃 ③、哑铃 ④ 或手握滑轮绳索把手，双手正握。抬起胳膊同时使肘部关节弯曲，确保双手尽可能地靠近身体。

　　站姿划船可以使用杠铃、哑铃或低位滑轮绳索进行。其动作姿势是相同的。双手间的间隔是关键因素。间隔越大，斜方肌收缩幅度就越小。

③　　　　　　④

注意事项

不需要把手举到头部。某些人的肩部并不适合使三角肌过度旋转的训练姿势。举起得越高，旋转程度越明显。为了减少疼痛，某些健身者只能将杠铃举到胸肌下部；另一些人则可以轻松地将杠铃举过头部。

动作变化

1 用直杠进行锻炼，手腕所受到的扭力通常情况下会妨碍健身者使用更大的重量；曲杠将会避免这个问题 1 。

2 较为温和的锻炼方式是用低位绳索进行直立划船运动，躺在地上用曲杠进行仰卧划船运动。仰卧划船的优势是肘部着地，可以帮助你孤立刺激三角肌中束与后束的连接点，同时还可以减轻作用于脊柱上的压力 2 。

3 调整肘部位置的同时，健身者也可以改变训练部位。

→ 肘部向后，可以孤立锻炼三角肌后束肌肉；

→ 肘部向前，则可以锻炼三角肌前束肌肉 3 。

4 用史密斯机进行锻炼，可以避免杠铃或哑铃摇晃，这样会使三角肌充分发力 4 。

优点：这是唯一不依赖于肱三头肌而只针对肩部的复合训练动作。如果感觉肱三头肌发力较多，可以使用直立划船进行练习。用推举和直立划船组合成为一个超级组进行训练（二者顺序可根据个人意愿调整）。

缺点：不是所有的人都可以进行此项练习。某些人的肩关节和腕关节无法承受此练习。如果是这样，不要强行进行锻炼！

风险：为了减少作用于腕部的扭力，应选择哑铃进行锻炼。健身者可以选择最适合自己的方式进行锻炼，如果不适应这项练习或感到不舒服，就不要勉强进行锻炼。

三角肌中束的训练动作

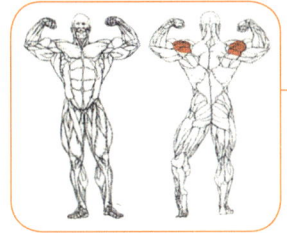

侧平举

此项训练侧重于锻炼三角肌中束肌肉，是提高肩宽的首选动作。单臂侧平举亦可。

哑铃，绳索还是固定器械？

侧平举可以用哑铃、绳索或固定器械进行。我们将对其优缺点进行分析，以便你可以选择适合自己的锻炼方式。

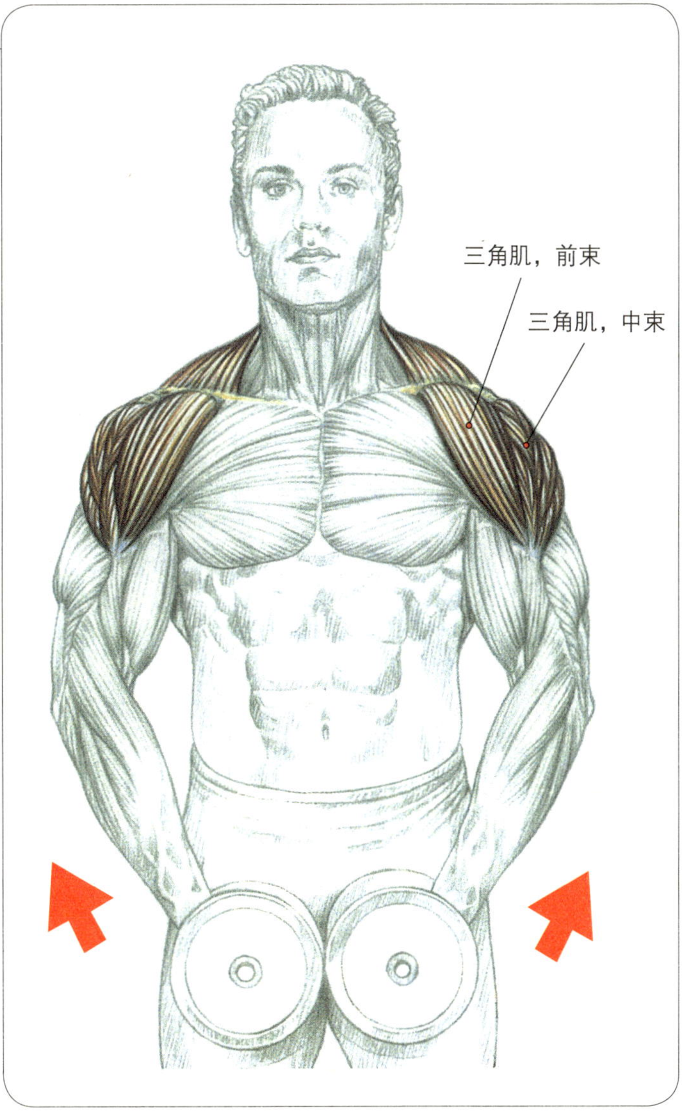

哑铃的不足之处

使用哑铃是传统的锻炼方式，但是对于侧平举训练却不是最佳锻炼手段。这是因为：

1 动作幅度不稳定：当抗力来自于哑铃时，最先开始的十几厘米的动作幅度是由冈上肌发起的而不是由三角肌。这之后，肩膀开始以一种比较生硬的方式进行运动，直到胳膊与地面平行才会停止，肩部外侧部分肌肉开始等距收缩。

2 冈上肌会过度收缩：因为产生阻力的部位不正确，冈上肌不得不代替三角肌进行收缩。对于增肌，这并不是

三角肌，前束

三角肌，中束

一件好事，因为冈上肌越粗壮，对肩峰的摩擦就越厉害（见第60页），这样肌肉就容易发炎并容易被撕裂。

3 阻力的结构不好：胳膊抬得越高，肩膀的力量就越小。哑铃离上半身越远，带来的阻力就越大。也就是说：用哑铃进行锻炼，阻力的增加与肌肉力量的降低相平衡，对于肌肉锻炼来说这不是理想的阻力。

4 三角肌只进行了轻微预伸展：当胳膊收回时，哑铃的阻力很快消失，三角肌几乎没得到伸展，对三角肌中束的伸展就更加困难了。对于侧平举的三种训练方法，使用哑铃产生的阻力最少，同时会降低无意识力量的使用。

5 不是所有人都适合此项运动：体型不同（锁骨的长短、肩关节的灵活度、肩峰的覆盖度）所感受到的运动体验是不同的。如果健身者感到不适或者很难孤立发力，就应试着用绳索进行锻炼。

绳索的优势

1   2   3

相对于哑铃，绳索有四个优势：

1 阻力的方向更适合三角肌的运动：绳索的产生就是为了使阻力更适合某些肌肉的运动。用哑铃进行训练，阻力方向垂直于地面。为了更好地锻炼肩膀的外侧，阻力最好向着侧面而不是向下。

理想的状态是使用可调节高度的绳索进行训练。在这种情况下，将滑轮放在膝盖高度上面一点的位置，以便让由绳索产生的阻力可以处在使三角肌受力的最佳位置上 1 2 。

当滑轮位置靠近地面时，阻力就不是来自于侧面了，这就减少了三角肌的受力。此时相对于哑铃，改善就不是太明显了 3 。

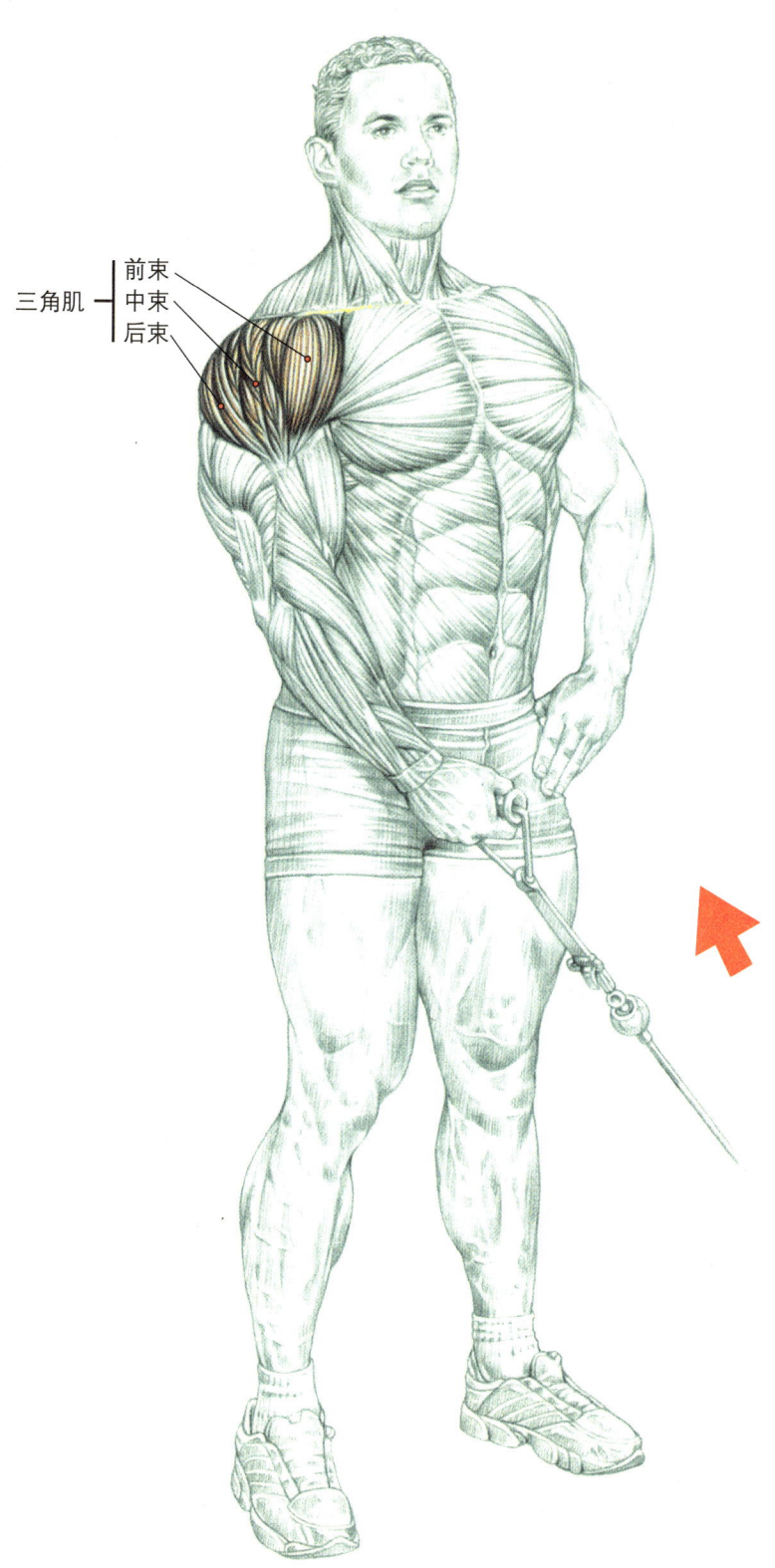

三角肌 前束
中束
后束

2 冈上肌参与较少：因为阻力来自于正确的方向，相对于用哑铃，冈上肌的参与就会较少，同时也不会让肌肉发展过度，这样就降低了肌肉发炎和撕裂的可能。

3 运动幅度增大：由于置于半高位置的绳索产生阻力的方向适合，训练侧的胳膊在回落时可以向对侧伸展。相对于哑铃训练，我们获得了大约 45 度的额外动作幅度。这种预伸展可以更好地刺激三角肌中束后部的肌肉。

4 阻力方向会获得更好改变：随着绳索角度的变化，动作的最后阶段比较容易进行，但是阻力却几乎不变。相对于哑铃训练，阻力方向可以更好地随着肌肉的收缩来调整。

缺点：运用绳索进行锻炼，虽然可以两只胳膊同时训练，但这并不是很方便。为了获得单侧运动的所有优势（力量的增大、最大的动作幅度、最好的孤立训练和肌肉收缩），最好只用一只胳膊进行这项训练。

固定器械侧平举的优缺点

三个特点说明了固定器械侧平举的有效性：

1 阻力完全来自正确的方向：向侧面挤压产生抗力，这也正是锻炼三角肌中束所要求的最佳抗力方向。

2 由于使用了凸轮能够导致抗力改变：因为三角肌处于释放力量的位置，固定器械可以立即向它作用强大的阻力。此阻力随着胳膊举起的高度升高而降低，最后结束时阻力很小，以便你的肌肉可以进行良好收缩。

3 动作被引导：在此情况下，胳膊几乎不会前后摆动。当肩膀很健康的时候，小幅度的前后摆动不会产生很大影响。但是，当肩膀受伤的时候，胳膊的前后摆动会加剧疼痛感。此时，固定器械带来的严格动作姿势就显得十分有益了。借助于合适的固定器械，有时即使是关节处于不良状态，你也可以进行锻炼。

不是所有的固定器械都是完美的：

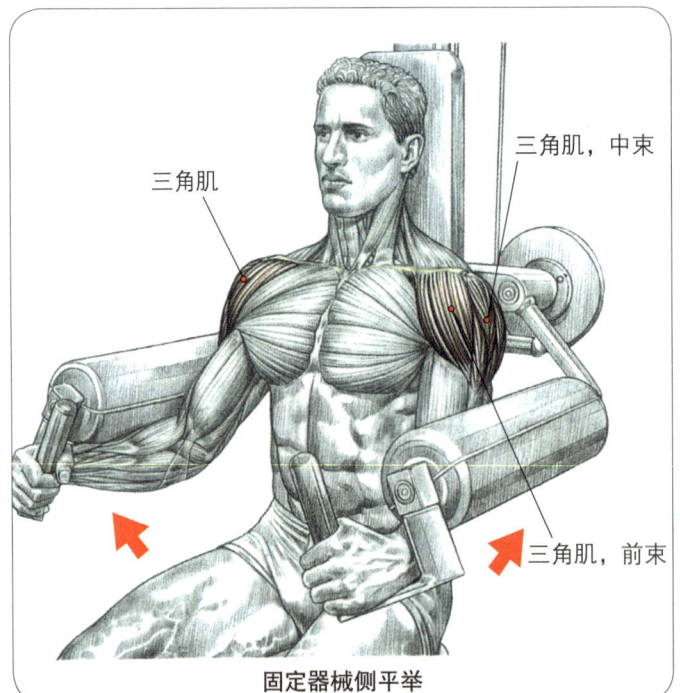

三角肌

三角肌，中束

三角肌，前束

固定器械侧平举

>适用于侧平举的固定器械是很少的。

>相对于绳索来说，固定器械只拉伸了很小一部分三角肌。

>动作幅度不大。

>通常情况下，向前俯身不能孤立三角肌后束与中束的连接点。

>凸轮很难与任何运动相适应。

>固定器械上旋转臂的两轴之间的轴距是固定的。因为要符合多数使用者锁骨的宽度，所以不可能适合所有的人。

→ 当使用者身材高大时,固定器械因为轴距太窄未免显得拘束。训练会过多使用到斜方肌。

→ 当使用者比较矮小而器械又太大时，就会在器械里晃动，并且随着胳膊的抬升必须要伸长胳膊。

结论

为了适应固定器械，最好进行单臂侧平举。以这种方式，可以将肩膀最大限度地放置在器械旋转臂的轴上，这样就不会有轴距的问题了。

应付不同的创伤

由哑铃产生的阻力和由绳索或器械产生的阻力之间存在着根本的不同：

>用绳索或固定器械时，阻力以线性方式逐步升高或降低，此类阻力对肌肉和关节都不会产生运动伤害，我们称之为"软"阻力。

>哑铃产生的阻力风险性较大，它以一种很激烈的方式进行变化。这些变化会对肌肉和关节产生伤害，我们称之为"硬"阻力。

对于肌肉，硬阻力更符合增肌所需。但是对于肌腱、韧带和关节，硬阻力是更容易带来创

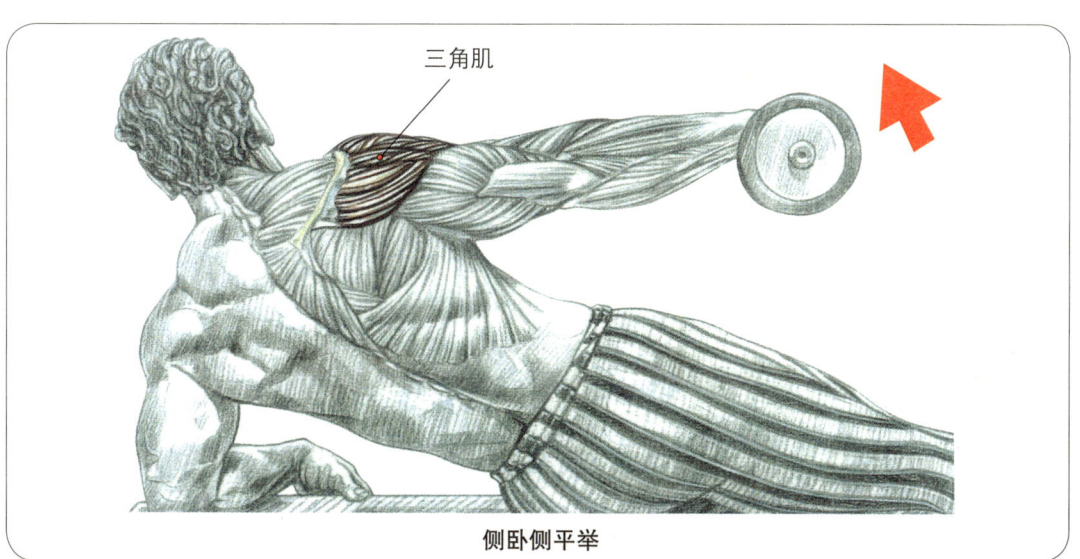

三角肌

侧卧侧平举

伤并导致运动伤害的。为了避免加剧已经存在的病痛，软阻力是更合适的。对于针对同一块肌肉训练间的恢复训练，也要使用软阻力，这样伤害会较小。

结论

这三种锻炼工具都不是完美的，为了得到最理想的锻炼效果，应该交替使用这些工具。

注意事项

侧平举训练也可以以侧卧、坐姿或站姿进行。以坐姿或侧卧进行侧平举时，姿势要求会比以站姿进行时更严格。一组训练可以以坐姿开始，一旦力竭就站起来，以便能进行几次额外的重复练习。

动作变化

1 单侧训练还是双侧训练？如果能很好地感受此项练习，就两只胳膊同时进行锻炼；如果更容易感受斜方肌而不是三角肌，就进行单侧训练。此项变化能：

→ 避免骨结构问题。

→ 更好地感受目标肌肉收缩。

→ 使用更高的负重。

→ 轻微侧向倾斜身体，找到最佳倾斜度，以便更好地改善肌肉的感觉。

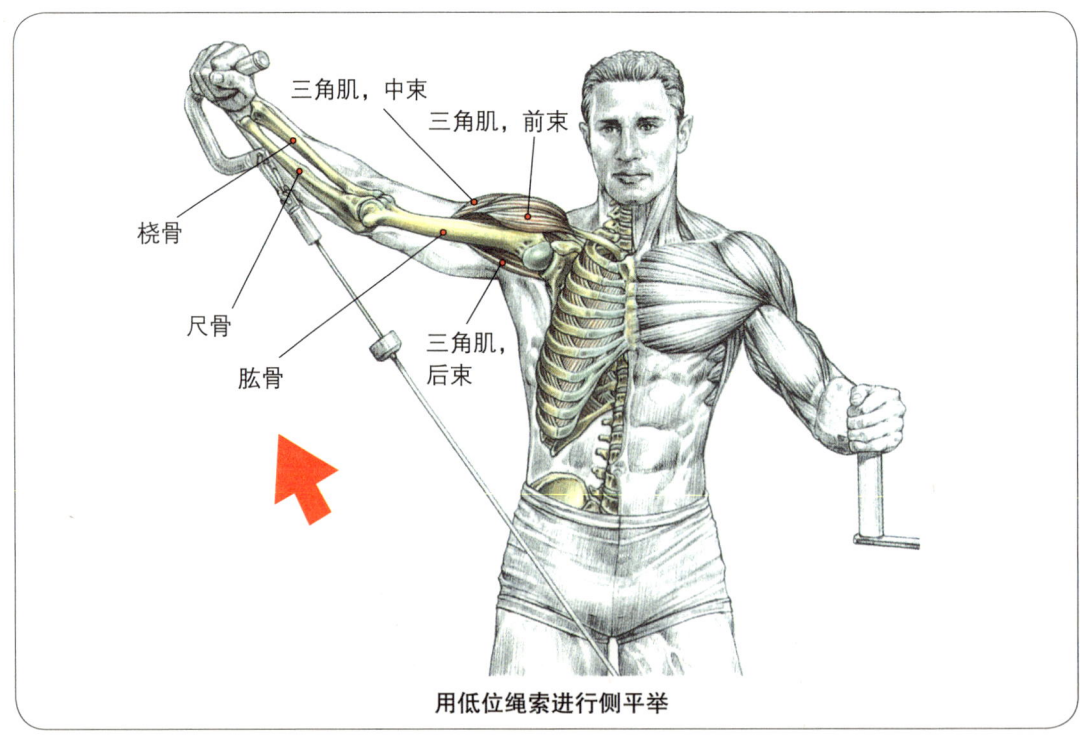

用低位绳索进行侧平举

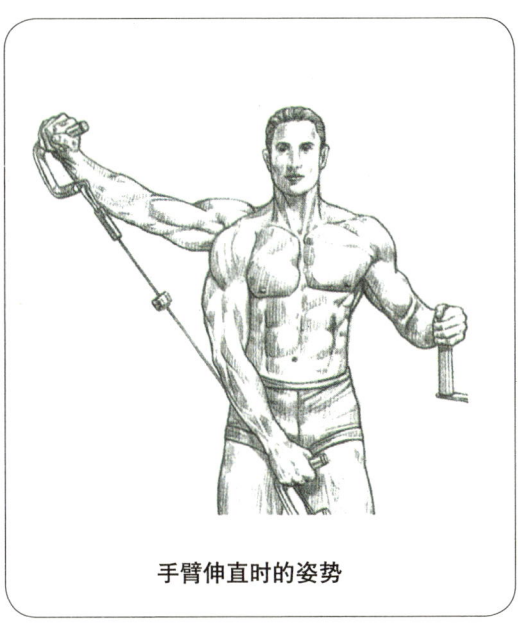

手臂伸直时的姿势

2 进行侧平举时是伸直还是弯曲胳膊? 应该使胳膊保持伸直状态还是稍微将其弯曲一点? 弯曲胳膊:

→ 可以举起更重的重量。

→ 三角肌前束的介入会影响三角肌中束的孤立训练效果。

在锁骨轴上胳膊保持笔直状态:

→ 可以更好孤立三角肌中束。

→ 但是力量较小。

你可以选择:

→ 以胳膊弯曲的姿势,使用较重的重量开始训练。一旦力竭,就逐步减少负重并以伸直胳膊和较小的重量结束练习。

→ 开始运动时重量较小,胳膊伸直。一旦力竭就稍微弯曲胳膊,以便进行几次额外的重复训练。

要找到适合自己的训练组合。

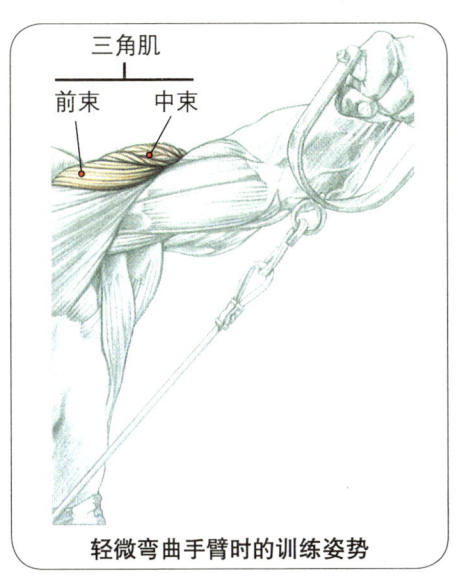

轻微弯曲手臂时的训练姿势

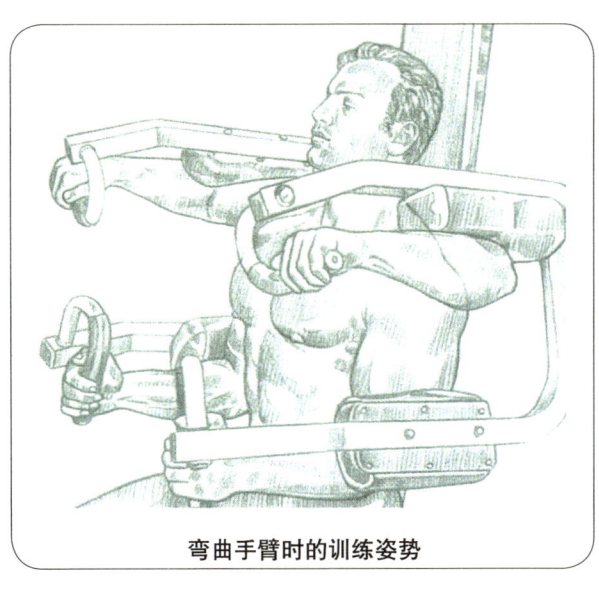

弯曲手臂时的训练姿势

⚠️ **注意**

某些健身者不能完全伸直胳膊,在这种情况下,尽力而为,不要强迫肘关节。

大部分固定器械要求弯曲胳膊,只有少部分器械允许伸直胳膊。在固定器械上,手臂弯曲角度并不是那么重要,重要的是使上臂保持水平,以便获得更好的孤立训练效果。

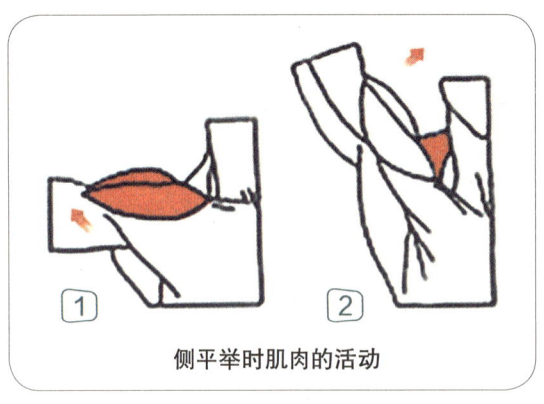

侧平举时肌肉的活动

③ 胳膊要抬到何种高度？用哑铃还是绳索做练习？胳膊与地面平行 ①，还是要尽可能地抬高？当胳膊抬高时，从与地面平行到与地面垂直之间的动作幅度，都要借助于三角肌的前部和斜方肌来完成 ②。肩膀的中束要保持等距收缩，这就解释了它为何可以迅速燃烧肌肉。

此练习与传统的侧平举练习不同，传统的侧平举练习会在达到水平位置时停止。完全侧平举的最大不便之处，在于不得不使用较轻的重量。但当胳膊从高处下落时，较轻的重量可以训练离心收缩，尤其是当运动搭档用力压你的手时。

 注意

超过水平位置后，需要逐渐将拇指向后转，以便在动作结束时双手手掌处在相对的位置。随着胳膊的下落，手腕进行相反的旋转。

结论

> 如果试图拉宽三角肌，至少要使 80% 的侧平举训练组是达到平行位置的，少于 20% 的训练组是达到高处的。

> 如果主要的问题是发展肩膀三角肌前束和中束的连接处，最好进行完全侧平举训练。

> 对于肩部锻炼，完全侧平举可以带来完美的热身。

> 为了避免回旋肌膜运动损伤，如果你属于下面三类情况，运动时就不要超过水平位置：

→ 锁骨很窄（见第 71 页）。

→ 肩胛骨不太灵活（见第 71 页）。

→ 肩峰被严密掩盖（见第 72 页）。

④ 坐姿还是站姿进行运动？用哑铃进行训练时，是以坐姿进行好还是以站姿进行好？

> 以站姿进行时力量较大，因为我们能够更好地利用身体进行借力。

> 以坐姿进行时不太容易借力，我们会更加严格地进行锻炼，这就要求我们使用较小的负重。坐着比站着更容易感受到发展迟缓的肌肉。另一种解决方法是以坐姿开始练习，一旦身体力竭，站起来并且越来越多地摆动身体，以便获得几次额外的重复训练。

⑤ 倾斜身体。身体越向前倾斜 ③，就越容易孤立训练三角肌中束与后束的连接处。

在进行第一组重复训练时，要有能力在胳膊与地面平行时停止动作 ④。如果停不下来，是因为你使用的重量太大，以致借助身体惯性发力。

③　　　　　　④

优点：进行一组有效的三角肌孤立训练时，为了能更好地锻炼肌肉，你可以使用递减训练法练习。肱三头肌或其他肌肉会先于肩部感受到疲劳。

缺点：此动作的孤立训练特点决定了运动时不能使用太大重量。为了对抗重力，我们总是试图借力，这是危险和不利于运动效果的。

风险：为了举起胳膊，越想借力就越会：

→ 弯曲下背部。

→ 运动冈上肌。

这两种情况都不是我们所希望的。

肱二头肌的功能之一是抬起胳膊，这就解释了它为何会参与到侧平举训练中来。理想的情况是，在使用较重负重之前至少要进行一组针对肱二头肌的热身。

三角肌后束的训练动作

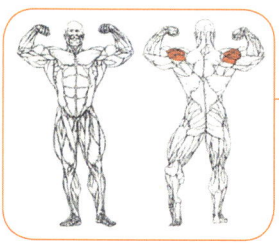

俯身侧平举

此项孤立练习主要针对三角肌后束，同时也刺激了斜方肌、一部分的背肌和肱三头肌。单臂俯身侧平举亦可。

用哑铃、绳索还是固定器械来锻炼三角肌后束肌肉？

俯身哑铃侧平举

哑铃俯身侧平举具有三个缺陷。

1 缺少拉伸：与三角肌中束肌肉相反，三角肌的后束很容易被拉伸，但在哑铃俯身侧平举训练时却不好实现。做这项练习需要右手握哑铃向左肩膀运动，反之亦然。但是这种交叉现象不会自动出现，需要特意为之，因为当手臂与地面垂直时动作便会自然停止。

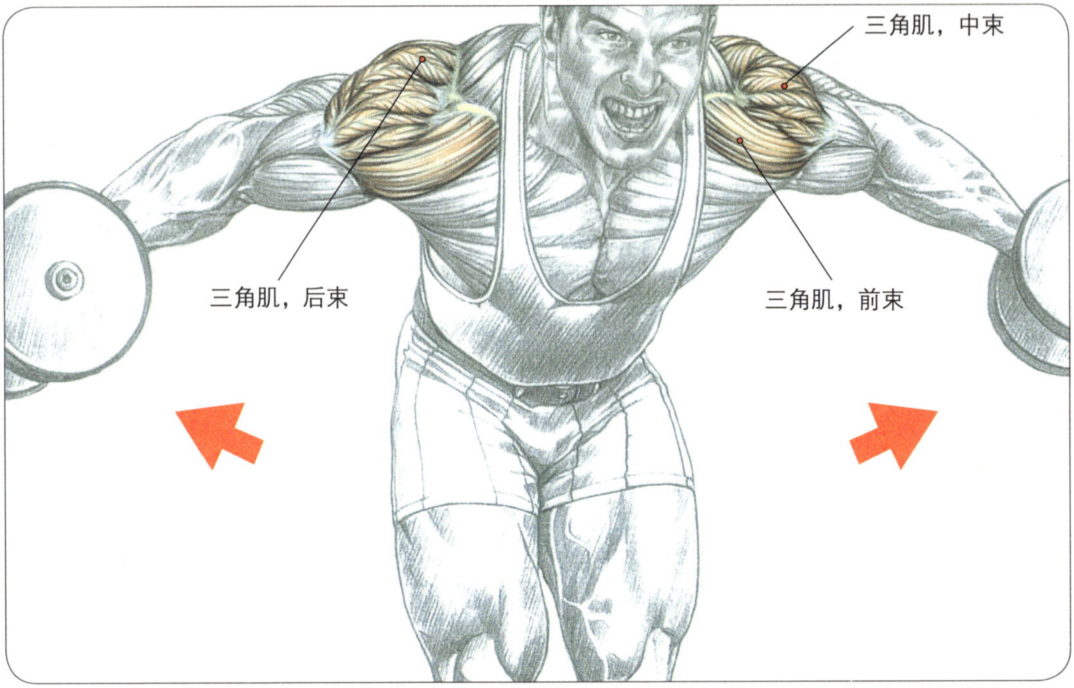

三角肌，中束

三角肌，后束

三角肌，前束

动作结束阶段

2 肌肉力量与哑铃阻力之间的不一致：在动作最后阶段不存在任何肌肉中束的伸展。哑铃举得越高，阻力就越大，而肌肉的力量却降低。因此，举起最后的几厘米就很困难，此时只有进行肌肉收缩是最有益的。

3 动作幅度较小：在拉伸阶段缺少阻力，抬起胳膊的困难减小了侧平举的幅度。另外，关于较难发展的肌肉，以较大动作幅度来进行锻炼是很重要的。在针对三角肌后束的半程动作中，背部已经承受了较大的负荷重量。

俯身绳索侧平举

① ②

用绳索进行俯身侧平举可以更好地强化发展迟缓的三角肌后束肌肉。

与用哑铃锻炼的三个弱点相比用绳索训练具有三个优势。

1 有利的拉伸：拥有一个可调节高度的滑轮，是获取有利拉伸的理想方法。

③ ④

⑤ ⑥

将滑轮放在膝盖上方一点的地方。滑轮将拉伸三角肌，同时胳膊几乎与身体贴平 ① ②。如果使用不可调节的滑轮，就会丧失一部分侧面拉伸的能力 ③ ④。

如果跪在地上进行锻炼，可以不用可调节的滑轮。将不训练的手放在地上，以便更好地固定上半身 ⑤ ⑥。

固定上半身的好处是可以避免借力，改善肩膀后部的孤立训练。一旦出现力竭，改为站姿结束训练。

由传统训练姿势产生的惯性力，可以使你进行几次额外的重复锻炼。

2 训练期间阻力保持不变：与用哑铃进行锻炼相比，用绳索进行训练时最后的收缩阶段更容易进行，此时可以尽可能高地抬起胳膊。

3 动作幅度较大：用绳索比用哑铃锻炼的动作幅度更大，此时会产生比较明显的拉伸和更好地收缩。

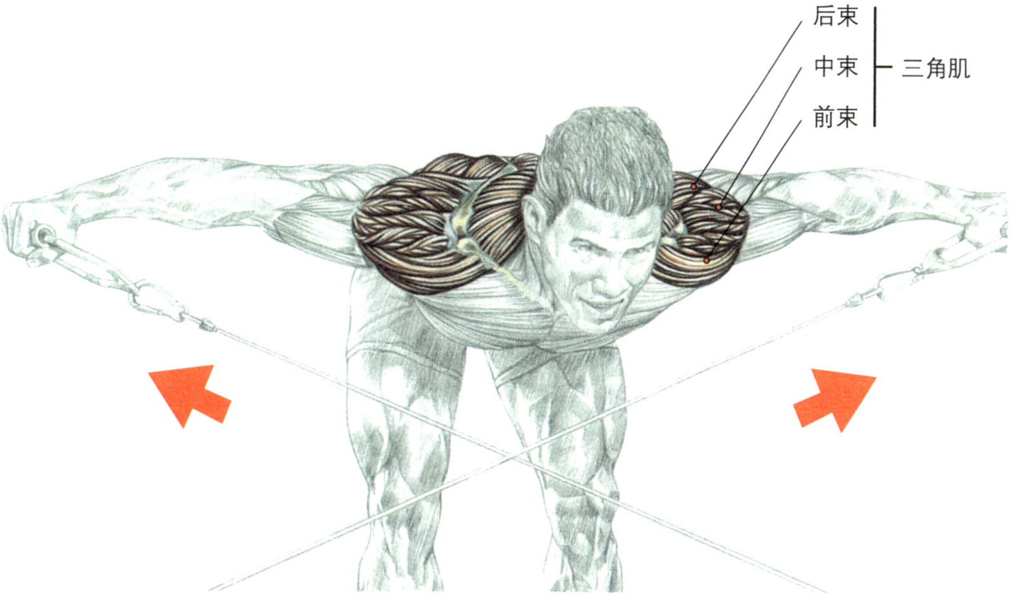

后束
中束 — 三角肌
前束

低位绳索俯身侧平举，双臂同时训练

固定器械

合适的固定器械看起来比绳索和哑铃都要有效。

1 可以避免前倾的姿势：并不是所有的固定器械都会产生这样的效果，对于锻炼肩膀后部的大部分器械，训练姿势为坐姿，这种姿势比身体弯曲 90 度时要稳固。在使用哑铃进行锻炼时，如果举起的重量太重，身体向前倾斜的姿势是有问题的，当胃部被挤压时，脊柱会出现僵化现象，用滑轮进行锻炼时，不运动的胳膊还需要靠在大腿或地板上来支撑着脊柱。

2 用凸轮进行锻炼更有利于肌肉收缩：在增长最快的区域可能会多增长几厘米的肌肉围度。

3 动作幅度增大：相对于用哑铃锻炼，带来更好收缩和有效拉伸可以增大动作幅度。

当然，不是所有的固定器械都是完美的：

> 锻炼三角肌后束肌肉的合适器械较少。

> 凸轮常常不适用于常见的肌肉运动。

> 相对于可调节高度的滑轮，固定器械拉伸三角肌的幅度并不大。

> 我们原来所说的进行器械侧平举时所产生的问题，此处也会出现。当然，也可以通过单侧训练得到缓解。

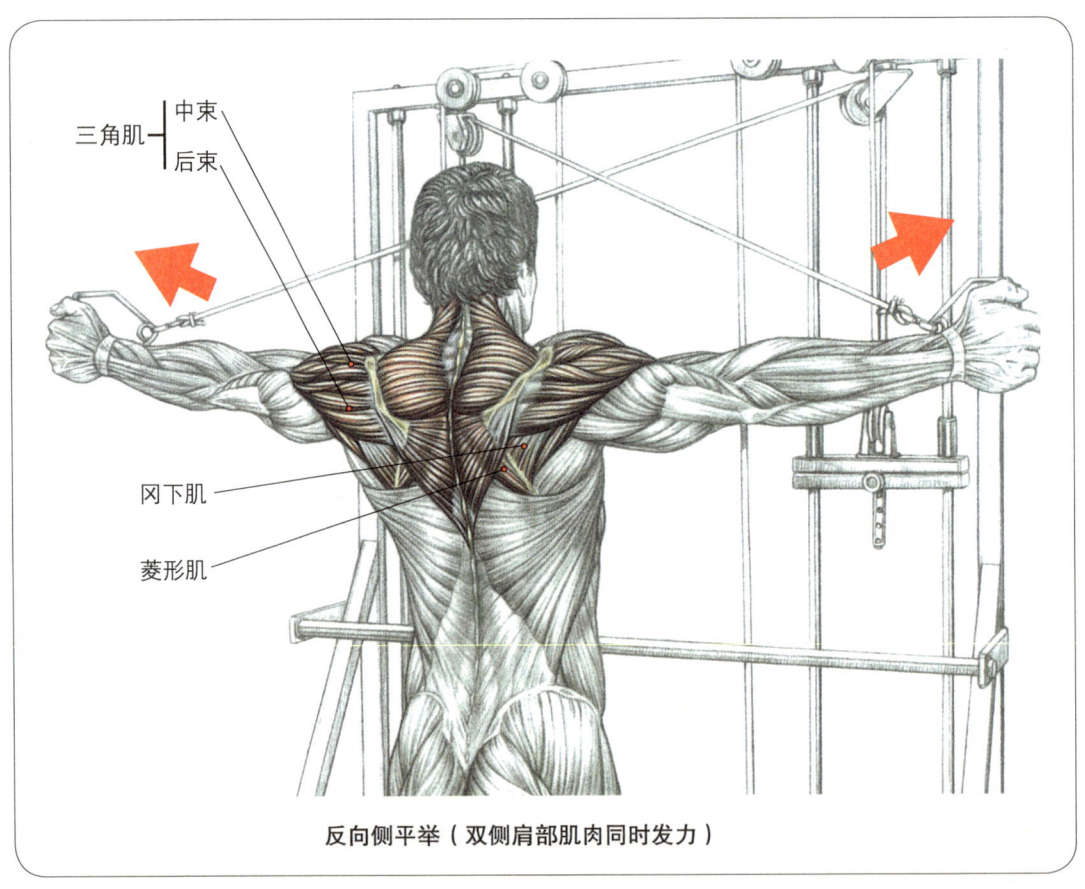

反向侧平举（双侧肩部肌肉同时发力）

动作变化

1 是否应该伸直胳膊？在锻炼三角肌后束时这是个很重要的问题。三角肌后束的肌肉从不会单独运动，它总是与肱三头肌的长头联合运动。比较糟糕的情况是，强壮的肱三头肌和不够强壮的三角肌后束肌肉一起运动时，完成侧平举所需的力量大部分来自于肱三头肌，进而忽视了三角肌的使用，这是三角肌后束肌肉发展迟缓的原因所在。

你需要降低肱三头肌的运动，以便充分调动三角肌后束肌肉。按一般规律讲，胳膊弯曲得越厉害，肱三头肌就越会参与到练习中。

长头是肱三头肌中唯一能够介入到侧平举中的肌肉纤维束。当你在一头（此处指靠近肩部的部分）收缩多关节肌肉而在另一头（此处指在肘的部位）拉伸它时，其力量是很大的。因为这个原因，在动作结束时胳膊弯曲得越厉害，肱三头肌的参与就越多，而三角肌后束肌肉则不太能参与发力。肱三头肌的问题同样也出现在背部肌肉训练中，也就是这个原因，强壮的肱三头肌会减慢背阔肌的进步速度。

使用某些固定器械进行运动时，会不得不在胳膊伸直的状态下收缩三角肌后束肌肉。用这些器械时，你要紧紧抓住把手。对于那些肘关节挤压垫子的器械而言，要选择是否让胳膊保持伸直状态。

如果选择带靠垫的器械来锻炼肩膀后束肌肉，很容易就能发现肱三头肌的干扰作用。练习时胳膊要伸直，因为此时肱三头肌的长头两端缩短，所以力量较弱，肱三头肌处于虚弱的状态时，就不太能介入到动作中来。此时是三角肌后束肌肉提供了大部分的力量。

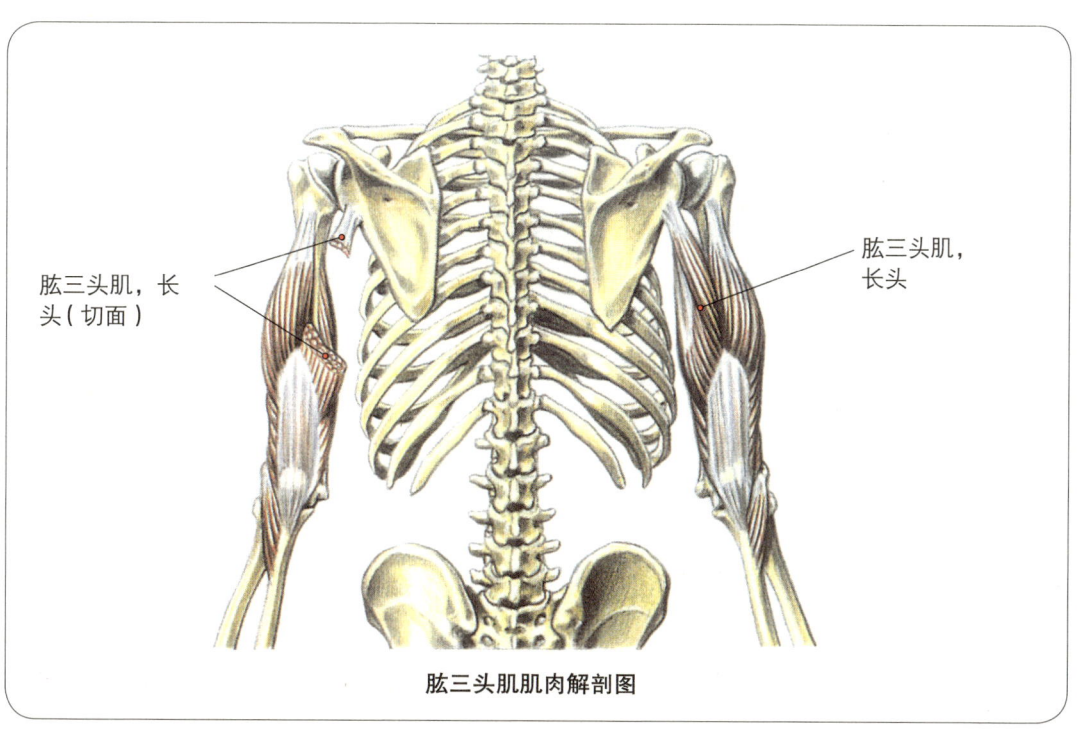

肱三头肌，长头（切面）

肱三头肌，长头

肱三头肌肌肉解剖图

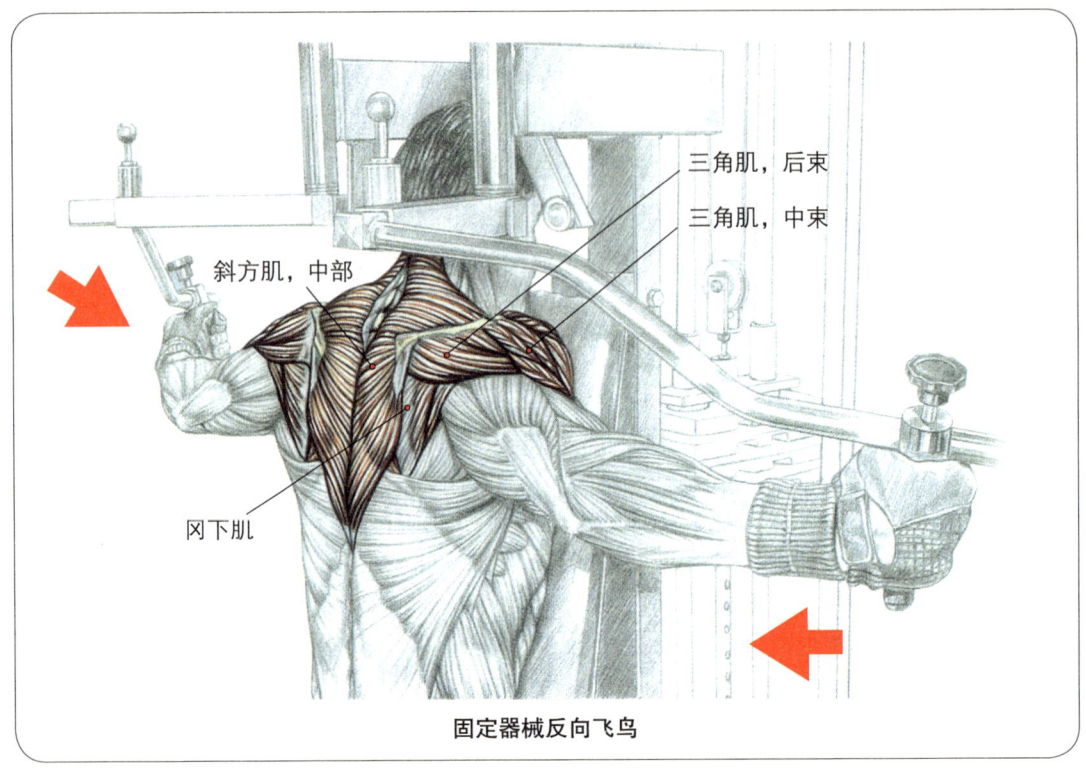

三角肌，后束

三角肌，中束

斜方肌，中部

冈下肌

固定器械反向飞鸟

胳膊弯曲时做同样的动作，因为肱三头肌介入，所以力量较大，但此时通常会损伤三角肌后束肌肉，力量几乎不会提高。力量大的肌肉会影响其他肌肉，此问题经常出现在肌肉调配的薄弱点上。

2 如何利用此特性？以胳膊伸直的状态开始侧平举训练。训练中一旦力竭，就一点点弯曲胳膊，以便使肱三头肌能补偿三角肌后束肌肉失掉的力量。相比停止练习，此时三角肌会受到或多或少地刺激。如果以胳膊弯曲的状态开始练习，后束肌肉就几乎得不到锻炼。

用哑铃进行锻炼，以胳膊伸直的状态开始锻炼而后慢慢弯曲胳膊，直到以肘关节成 90 度时结束。

注意事项

以十字形拉伸胳膊，当靠近上半身时如果胳膊比较容易抬起，三角肌后束的孤立锻炼效果则相对较差。

头部保持直立状态，眼睛向前看稍微向上一点，以便使背部保持笔直状态。如果手部出现酸麻，将头部向前倾斜同时下巴抵在胸部。

⚠ 注意

在进行大重量三角肌后束肌肉锻炼时，突然运动肱三头肌会对肘部造成伤害。所以，在使用大重量进行锻炼前，最好先进行至少一组的热身运动。

①

三角肌后束肌肉经常被忽视。如果在每次锻炼三角肌时不训练肩部前束肌肉，就必须训练后束肌肉。在锻炼背部肌肉后，可以进行几组俯身侧平举的恢复训练来结束当日的训练课。

优点：对于三角肌后束肌肉这是关键练习，但经常会进行得很困难。因为你肩膀后束肌肉并不多，所以需要使用递减训练组进行锻炼。

缺点：当你开始用力时，前倾的姿势使动作变得困难，此时健身者不要吃得过饱。

风险：身体前倾使背部处于易受伤害的姿势。在整个锻炼期间，你要保持下背部呈笔直状态。为了减轻腰部所受到的刺激，可以：

→ 趴在一张倾斜成30度角的凳子上，脸朝下 ①。

→ 将胸廓靠紧大腿 ②。为了更容易地进行这个动作，可以坐在椅子上 ③。

这样，运动姿势会更加标准，而作用于脊柱上的压力则会变小。

②

③

肩部拉伸训练

拉伸三角肌前束

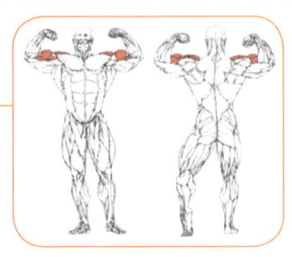

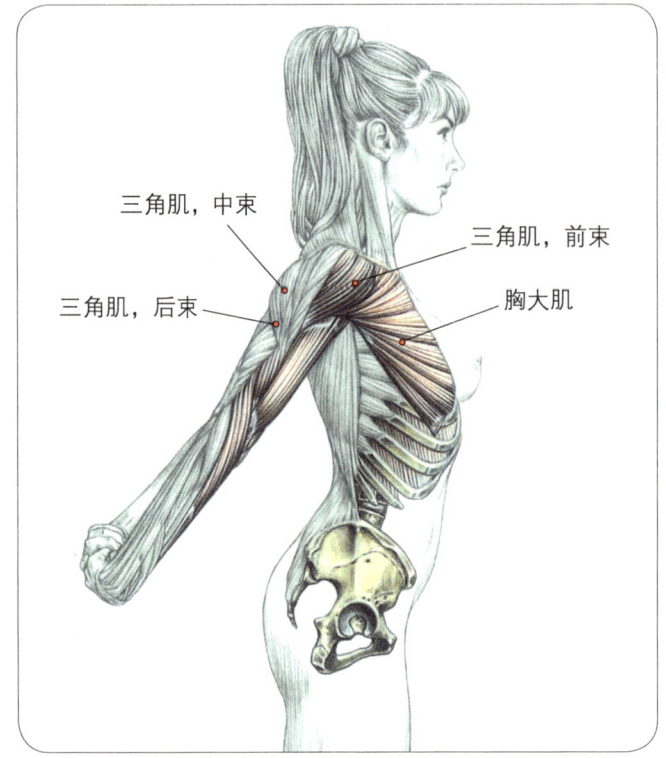

三角肌，中束

三角肌，前束

三角肌，后束

胸大肌

站姿，手放在背后由搭档拉住 ①，或者放在置于身后倾斜的椅子靠背上。下蹲，胳膊向后举起。蹲得越低拉伸越强烈。

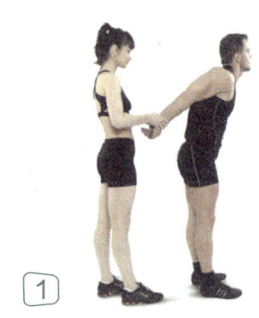

拉伸三角肌后束

站姿，右胳膊弯曲成 90 度，举高至脖子的位置，手放在左肩。用左手抓住右肘部，尽可能地将右胳膊靠近脖子。保持这个姿势，然后换另一只胳膊进行同样的动作。

动作变化

将肘部抵在墙上，使用身体的重量进行拉伸。也可以让搭档帮助按压产生阻力 ②。

因为胳膊受到上半身的束缚，所以很难拉伸三角肌中束。

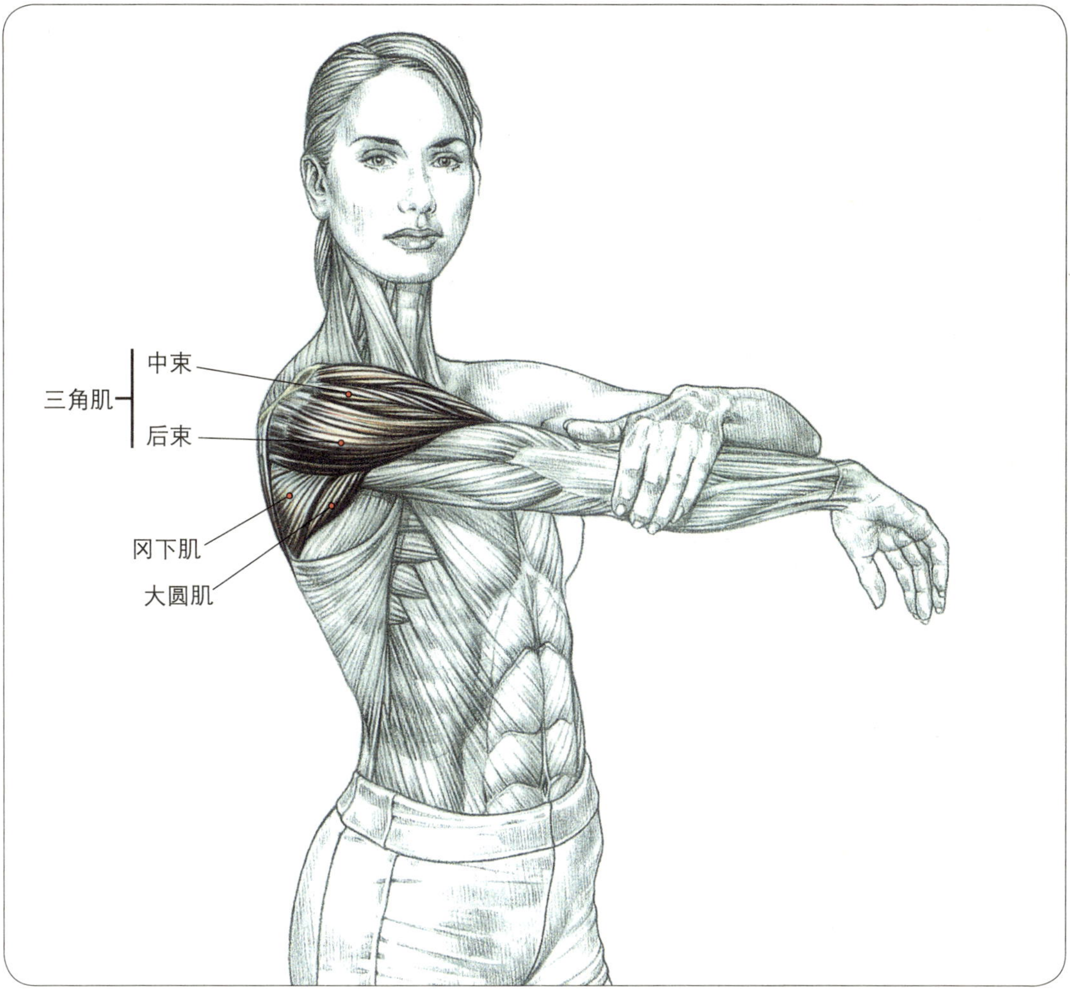

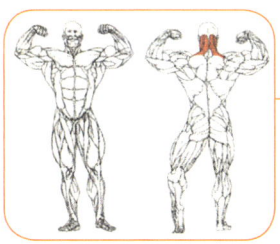

三角肌 ┤ 中束

后束

冈下肌

大圆肌

冈上肌与颈部拉伸训练

如果肌肉痉挛或者感到疼痛，就改用哑铃来进行冈上肌的拉伸练习。站姿，一手拿哑铃，将另一只手放在骨盆处，头向无哑铃一侧倾斜 ③ 。

为了增强拉伸，可以用空闲的手轻轻地推动头部 ④ 。

③　④

保证背部全面发展

解剖学论述

背部由许多交错的肌肉组成，这种复杂性使背部很难全面发展。

背部主要由五大块肌肉组成：

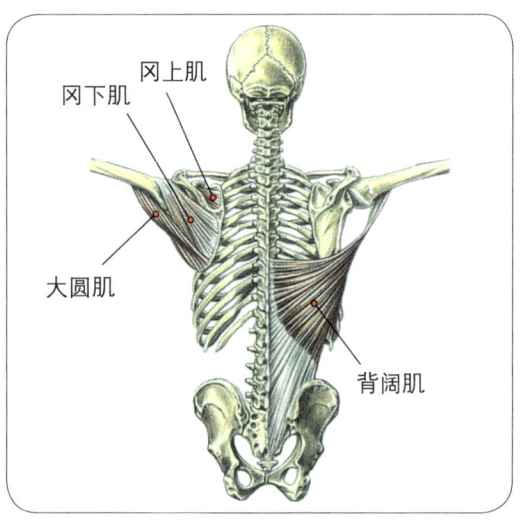

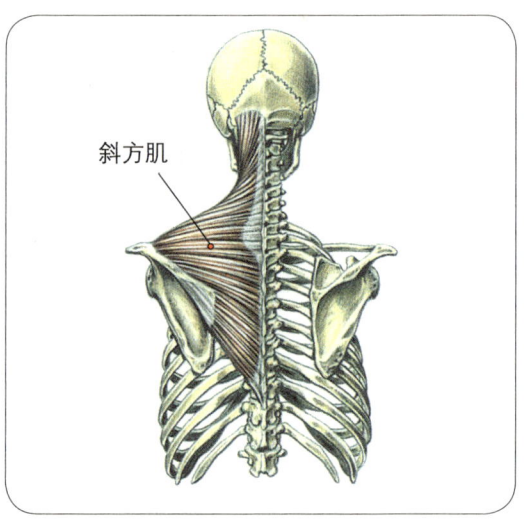

→ 背阔肌

→ 大圆肌

→ 冈下肌

→ 斜方肌

→ 竖脊肌

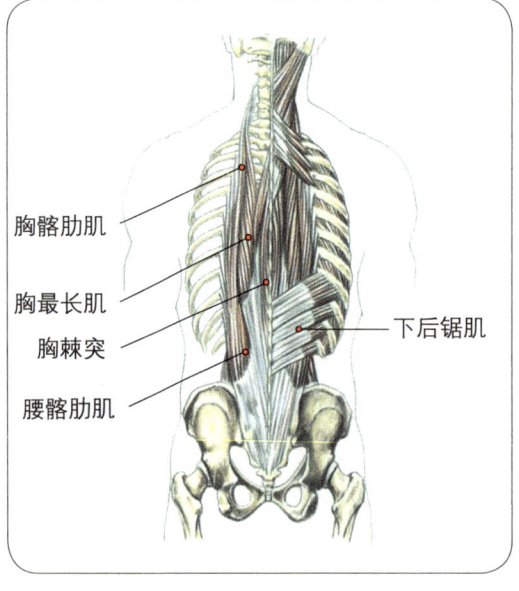

发展背部的8个困难

背部基础薄弱

这是个比较明显的问题。相对于其他肌肉来说背肌发展相对滞后，但却很少能得到合理的解释。与其说是构成背部的肌群发展迟缓，不如说是在背部的某些区域很可能存在着一定的缺陷。

如果不能准确定位背部的薄弱区域，就不可能优先改善它们。为了更好地发展背部，首先要正确了解背部的构造。

完美背部的四大平衡要素

除了发展不足，背部的问题表现在四大平衡要素间的不和谐性。这四大平衡关系是：

> 厚度和宽度的关系：背阔肌和大圆肌的发展要与冈下肌、腰骶部肌肉和斜方肌的发展成比例。

> 背阔肌与大圆肌的关系：在通常情况下，两者要均衡发展。

> 上斜方肌和下斜方肌的关系：通常情况下在斜方肌下半部分不能与上半部分相差太多。

> 腰部与背部的关系：腰沟处的肌肉要与背部肌肉（背阔肌、大圆肌和斜方肌）相平衡。

背部在硬拉时的作用

进行硬拉训练时，背部中间部分肌肉会变厚。在背部训练时，超强的中间部分肌肉与背阔肌边缘肌肉被优先使用。这是一个典型的运动神经的使用问题，其他背部肌肉发展想要与之平衡，就要让发展迟缓的部位重新得到刺激。

背阔肌过度发展

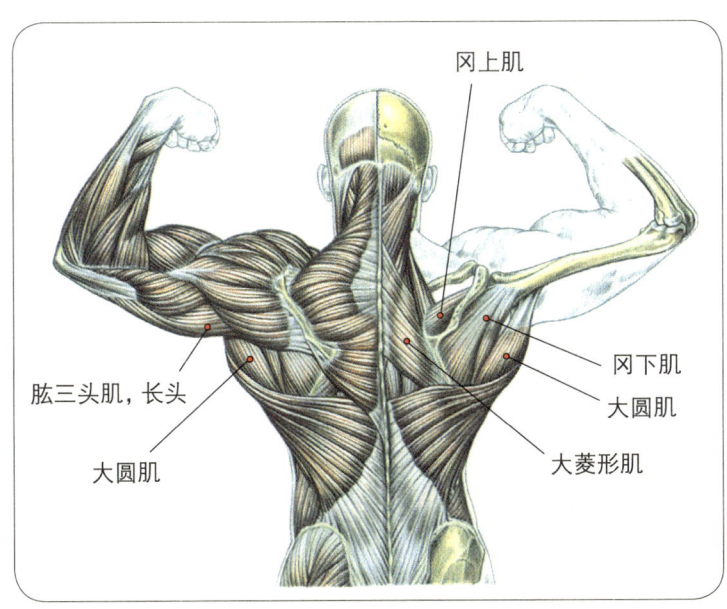

冈上肌

肱三头肌，长头

大圆肌

冈下肌

大圆肌

大菱形肌

与大圆肌和斜方肌相比较，背阔肌得到了更好的发展。此不对称性是由运动神经的保护机制引起的。最强壮的肌肉，此处是指背阔肌，挡住了大圆肌的运动，使后者在锻炼中只能在某些阶段得到锻炼。解决方法是大圆肌的孤立训练，以便使其在锻炼中更早得到收缩。

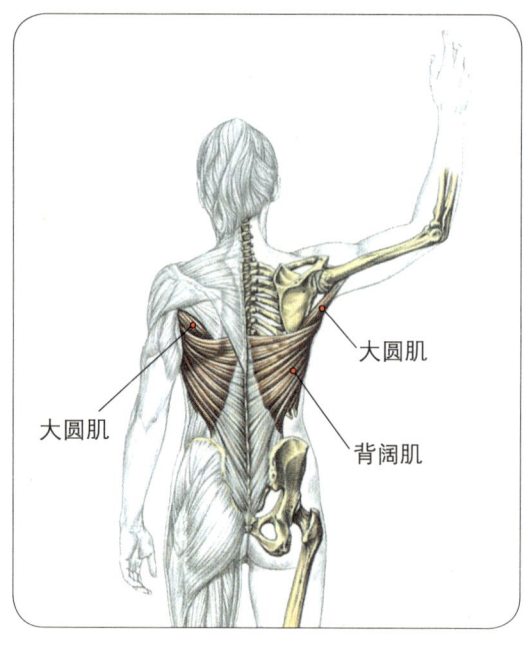

大圆肌　大圆肌　背阔肌

大圆肌过度发展

此时情况正好完全相反。当进行背部练习时，大圆肌是过度发展且无处不在的。背阔肌的运动不足是其原因所在。

背肌过高

如果背阔肌较短且腹肌较长，这就说明背肌位置过高。因为无法缩短腹肌的长度，唯一的解决方法是尽可能"降低"背阔肌的位置。

斜方肌下部较差

我们称此为斜方肌的中部 ②和下部 ③，相对于上部 ①来说，这两部分发展不足。柯尔柏（2009）指出，健身者斜方肌上部肌肉和下部肌肉发展不均衡的现象表现在：

→ 与不健身者相比，健身者的力量分布显示斜方肌上部肌肉有 27% 的力量。

→ 而斜方肌下部肌肉的力量则只有 10%。

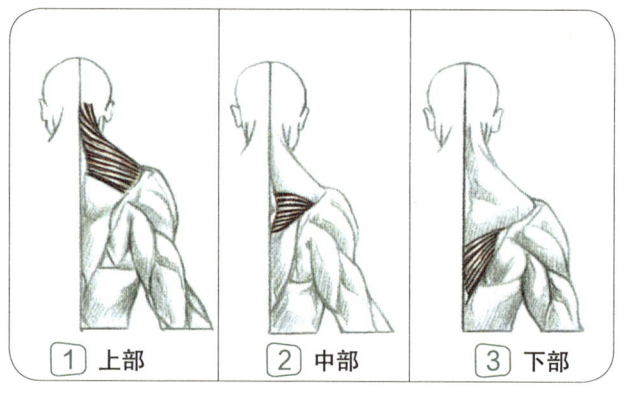

① 上部　② 中部　③ 下部

除非是从来不锻炼，斜方肌上部肌肉缺少的现象很少见。但是，斜方肌中部肌肉和下部肌肉不发达的现象却很常见。锁骨窄的健身者此类问题较少，因为他们会更倾向于使用斜方肌。肩膀宽大的健身者，则不太倾向于使用斜方肌；如果他们使用斜方肌也只仅仅是下意识的，而不是必要的收缩。

可以通过划船和俯身侧平举尽早地修正这种不平衡性。

对于健身者，除了美观以外，斜方肌下部肌肉可以对肩关节起保护作用。前者较薄弱以及上部肌肉与下部肌肉发展的不平衡性，会使三角肌受损（史密斯，2009）。因此，斜方肌下部肌肉发展比上部肌肉发展更重要。

冈下肌缺失

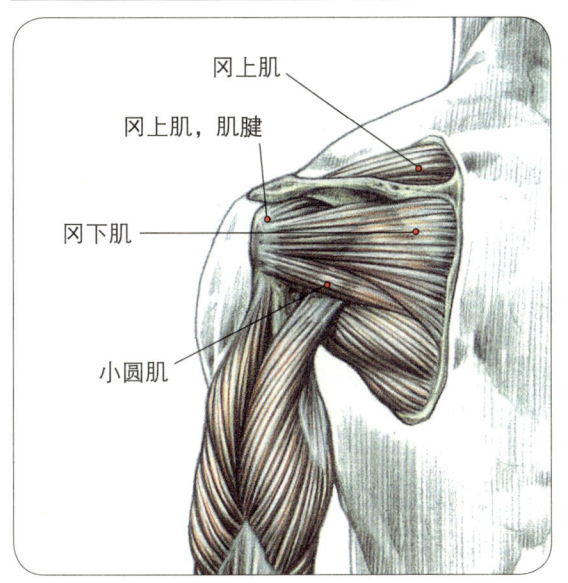

冈上肌

冈上肌，肌腱

冈下肌

小圆肌

冈下肌是半球形肌肉，位于背肌两边。但是，没有一种很好的背部练习可以使冈下肌得到充分刺激，因为它很少可以得到专门锻炼，所以很多健身者的斜方肌与大圆肌中间都会有个"洞"。

相对于普通人而言，健身者的力量分布：

→ 冈下肌中有 5% 的力量；

→ 冈下肌对抗肌有 30% 的力量（柯尔柏，2009）。

这种力量的失衡性会使肩膀受伤，因为冈下肌的作用是稳固肩关节（见第 128 页）。

腰肌的不足

很多的健身者在进行硬拉训练时会损伤脊柱，健身者一定要非常小心，训练的高效与损伤的风险是并存的。如果身体没有准备好，就尽可能用风险较小的动作来锻炼。

生理学的两难选择题——能够通过锻炼使背部变宽或者变厚吗？

教条：针对背部进行的练习可以被分成两大类：使背部变厚的练习和使背部变宽的练习。为了全方位的锻炼背肌，应该将这两种练习联合进行。

事实：背部肌肉是一组呈扇形的角状的肌群。这点与肱二头肌正好相反，肱二头肌没有真正的角（见第 190 页）。角状的含义、变宽的练习和变厚的练习，这几个概念应该分清楚。

增加宽度的练习首先锻炼背阔肌和大圆肌。在发展宽度的同时，肌肉也将会变厚，但却是向外部扩大的。

断言某些针对背阔肌的练习只能锻炼此肌肉的宽度或厚度是有误区的。背阔肌的发展，要根据解剖学因素而不是按人为规定的增宽或增厚来区分的。

使肌肉变厚的练习通常是针对腰部肌肉、斜方肌和菱形肌进行的。这三组肌肉都只会变厚或向后发展；不会向侧面发展。

背部宽大的健身者的背阔肌宽而厚。如果肌肉厚度不足，那是因为斜方肌下部肌肉、冈下肌和竖脊肌锻炼不足引起的。

肌肉粗壮的健身者，因为其腰沟和斜方肌发达，会使其背部的宽度不足，而此不足是由其背阔肌和大圆肌的发展相对较弱引起的。这使得宽度和厚度间的关系更加密切。

⚠ **注意**

在背部肌肉中，只有背阔肌、斜方肌和腰骶部肌肉是能够真正呈角状运动的。冈下肌和大圆肌不是能成角状运动的肌肉。

帮助记忆

为了使背部复杂的练习更容易被理解，记住两种主要的训练姿势即可：

1 肘部同时向下向外的训练动作。此类练习有利于背阔肌和大圆肌的发展，也就是发展背部的宽度 1 。

2 肘部向后的训练动作，有利于斜方肌和竖脊肌的发展，也就是发展背部的厚度 2 。

在肘部的这两个位置间，有很多重要的、起过渡作用的练习，这些练习也只是上述两大类动作的变化发展。

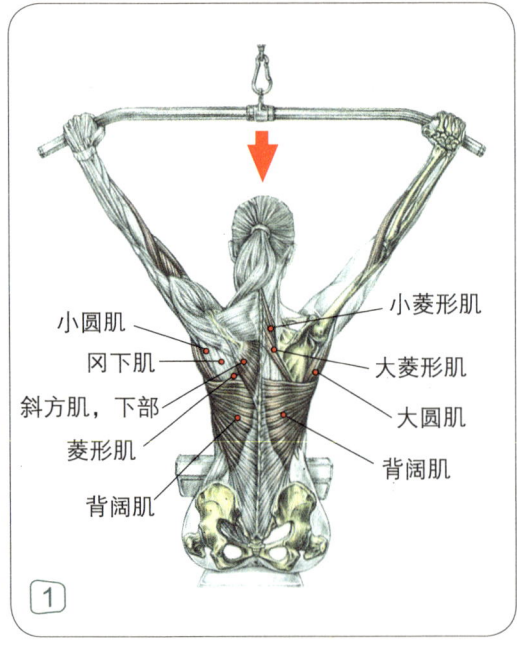

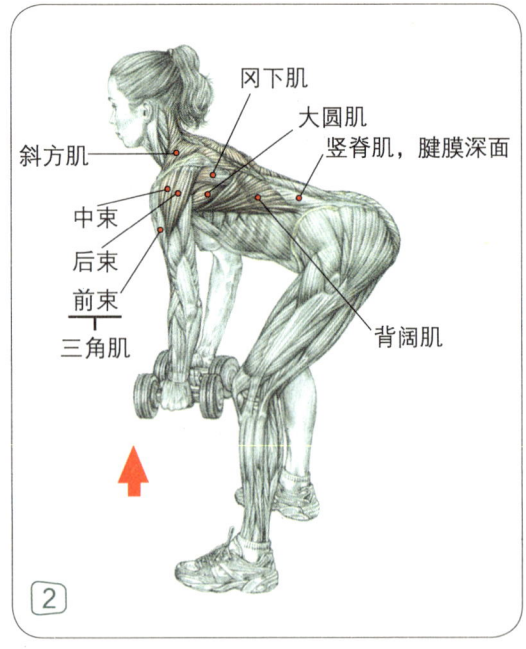

多余肌肉间的相互作用

运动神经的调配能力可以解释背部肌肉缺乏的现象。除了背部肌肉外，其他肌肉组介入的不对称性干扰了背部肌肉的运作。例如，强壮的手臂肌群和肩后束肌肉可能会代替背部肌肉运动。有些人认为，拥有完美的手臂肌肉对背部的发展是有利的，但事实却并非如此。相反，如果手臂肌肉发展不足，锻炼负重就会从胳膊转移到背部，这样也就有利于背部的发展了。

有些人在训练背部的过程中经常想要更多地使用斜方肌，结果提高了竖脊肌的水平，但是背部肌肉却没有发展。背部厚度的改善要比宽度的改善更明显。

理想的状况是，背阔肌和斜方肌平衡训练，以便产生最大的力量。由于不协调的神经机能，此平衡训练会被打破。背阔肌和斜方肌不会同时收缩，而是相互间产生一种竞争。由于比较容易收缩斜方肌，它就会发展比较快，并使背阔肌的发力变少。因为肌肉调配能力较差，所以背阔肌发展滞后的现象就更加突出。

如果不平衡现象很轻微，就要注意背阔肌的收缩，并且在一定程度上优先锻炼背阔肌。如果差别明显，首先要停止针对斜方肌的所有训练，以便专一地锻炼背阔肌。这种优先权的分配有时很难被接受，但却是唯一可行的解决方式。

要明白，每一个针对斜方肌的锻炼都能改善神经系统对其的调配能力。不是停止斜方肌收缩，而是通过暂时忽略的方式阻止其介入到训练中来。否则，背阔肌会一直处于比较弱势的地位。要消除神经系统调配肌肉的不平衡现象需要很长的时间。如果不注意并且继续使用错误方式进行锻炼，肌肉不平衡现象将会更加突出。

改变

为了不使背部发展滞后，第一反应是使用传统的解决办法：

→ 进行大重量练习。

→ 进行更多的复合动作练习。

如果这两种方法可以改善其他肌肉的发展状况，对背部肌肉也同样适用。

流行的说法是，为了使背部发展强壮，需要使用大重量的硬拉训练。但是，使用这种方法的结果是使肌肉更容易受到伤害，而不是得到发展。

肌肉薄弱部分的情况与强壮部分的情况是不同的，有时甚至是完全相反的。对于很难发展的薄弱部分，肌肉更希望得到良好的训练感觉。虽然大重量与良好的肌肉训练感觉并不是完全相互矛盾的，但这种矛盾在发展肌肉薄弱部分的过程中却经常出现。

分区域锻炼

初学者可以进行背部全区域的初步锻炼，也就是大重量的复合练习。在进行了几个月这种练习之后，需要对其背部的发展变化情况进行分析：

> 如果背部肌肉发展协调，就不要进行改变。

> 如果有发展失衡的现象或者背部没有得到发展，就要进行更有针对性的练习。

如果要使用这种分区域的锻炼方法，需要明确肌肉发展滞后的区域，每项练习都针对背部的某个特定区域。为了更加明确，最好使用中等和较轻的重量练习，而不采用大重量练习。

每次训练针对一个区域还是几个区域？

所有的锻炼方法都是可行的，分区域的锻炼方法却有三个优势：

1 专注地针对背部某一区域进行高强度锻炼，可以如愿以偿地刺激到区域内的肌肉。理想的状态是在每次训练中尽可能重复进行一种动作，一般是重复进行 4 ~ 8 组。

2 单一的练习是比较容易进行的。以较轻的负重开始锻炼，以便更好地感受特定区域的发力状况。然后逐步提高负重，同时要保持对肌肉的最好感觉。负重较轻的练习更容易感受肌肉的状况，这是确保成功完成大重量训练组的"王牌"。

3 针对背部的两次训练之间的恢复时间会缩短。每次训练针对背部不同的区域，这种区域交叉进行锻炼的情况，可以使背部保持高频率的训练节奏（对于薄弱点这是件好事），因为不需要等第一个得到锻炼的区域完全恢复就可以进行锻炼。例如，进行针对斜方肌下部的锻炼。紧跟着的训练就会针对大圆肌产生刺激……在第二次训练前斜方肌是否得到 100% 的恢复并不重要，因为在进行对大圆肌的锻炼时它们不会过多参与进来。当进行第三次训练时，可以进行重复锻炼，也可以重新设定新的锻炼区域。

了解其神经反应

训练计划很大一部分要依据神经反应来设定。训练动作的改变会带来神经调配能力的完全改变，这时身体会出现以下两种情况：

→ 某些健身者通过这种改变在进行第二次训练时重新得到了力量。

→ 另一些人如果在锻炼中改变动作则会反常地丧失掉力量。在这种情况下，不要试图反抗身体，不要重新安排进程，要按照感觉集中进行单一训练动作。

每个锻炼者都会以适合自己的方式进行锻炼；不同个体的神经反应决定了训练计划的组成部分。

背部训练动作

强化大圆肌

  背部的发展要求背阔肌与大圆肌平衡发展。影响此平衡发展的因素是神经系统调配肌肉的能力，背阔肌和大圆肌都在胳膊的下方，这两块肌肉应该共同协调发力。但不幸的是，一块肌肉的发力常常会优于另一块，比较常见的情况是大圆肌发展滞后。因为大圆肌比较弱小，所以背阔肌几乎承担了所有发力。如果不进行调节，这种不对称性就会加重。解决方法是大圆肌的孤立训练，以便在对背部进行传统练习时使其更容易参与发力。

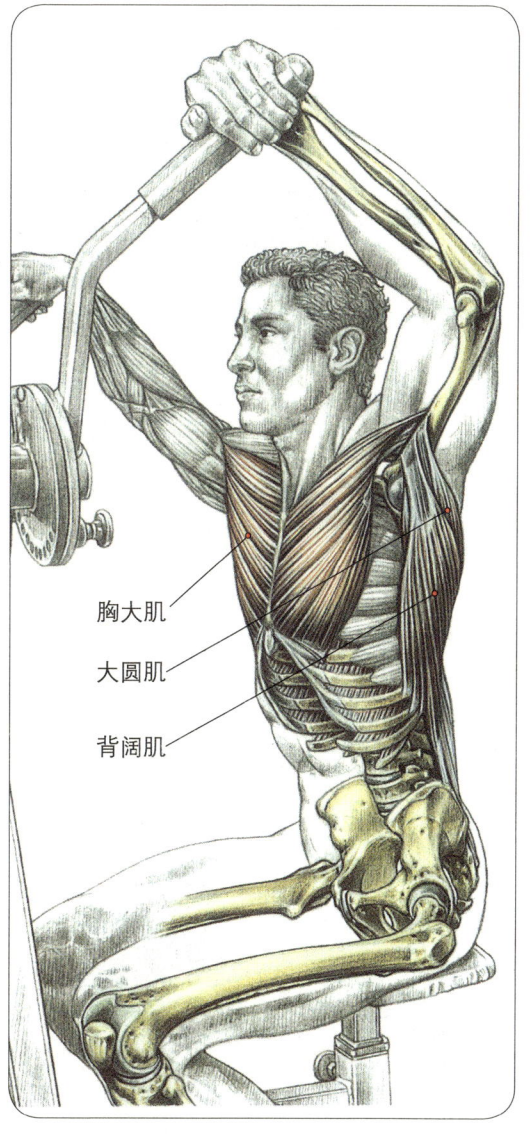

胸大肌

大圆肌

背阔肌

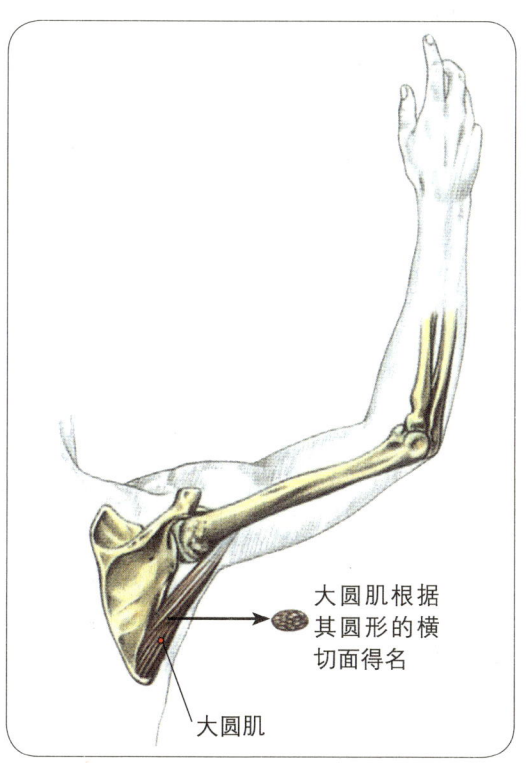

大圆肌根据其圆形的横切面得名

大圆肌

大圆肌孤立训练动作

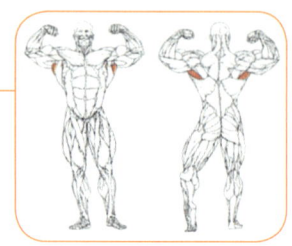

为了孤立训练大圆肌，可以使用绳索进行手臂内旋训练。

使用中高位置的绳索进行练习

站立，双脚分开，滑轮位于身体右侧。将胳膊弯曲成 90 度握住位于中部高度的把手 ①。对握（拇指朝上），肘部外旋使拳头朝向身体 ②。大圆肌发力，右手向右侧背阔肌靠近 ③。肘部上抬，保持顶峰收缩 1 ~ 2 秒。

使用低位绳索进行练习

如果没有可调节位置高低的滑轮，此项练习可以躺在地上进行，此时身体与绳索成直角。用右手握住位于你右侧的绳索把手 ④，然后进行练习 ⑤。

进行多少组训练以及每组重复多少次？

进行了 20 ~ 25 次重复练习后，肩膀后部肌肉会有灼热感，这证明已经唤醒了沉睡的大圆肌。

在感到大圆肌收缩之后，最好再去寻求局部强烈的灼热感。如果运动中使用的负重使你不能完成 15 次重复练习，就说明负重相对太高。采用递减训练法不失为一种可以长时间保持灼热感的训练技巧之一。

训练量要以大圆肌发展迟缓度为依据，最少进行 3 组锻炼，以便其中至少有两组可以作用于疲劳的大圆肌上。

何时对大圆肌进行锻炼？

> 首先，要尽可能频繁地进行此项练习，以便更快唤醒大圆肌。训练频率过高不会对恢复产生影响。

> 随着水平提高，训练频率可以减少。因为在所有针对背部的复合动作中，大圆肌都可以得到刺激。

如何使手臂内旋训练加入到训练计划中？你可以：

1 在每场锻炼开始时进行内旋训练。好处是可以用来对肩部进行热身。

2 锻炼结束时进行内旋训练。因为此刻我们更希望得到准确的肌肉感受。

3 在开始与结束时都进行内旋训练。

背部训练时针对大圆肌的训练方法

当针对背部进行锻炼时，几种选择可以帮助你的大圆肌得到刺激。

后疲劳

为了得到很好的肌肉感受，需要在背部训练后进行手臂内旋练习。因此，在新的训练动作开始前需要优先进行后疲劳训练。理想的状态是与针对大圆肌的复合训练动作结合进行，例如，进行高位下拉训练时，尽可能多地进行重复训练。一旦力竭，接着进行右大圆肌的内旋训练，然后进行左大圆肌的内旋训练。当进行接下来的训练组时，先对左大圆肌进行锻炼，然后对右大圆肌进行锻炼。

预疲劳

当很好地掌握了内旋训练时，就采用预疲劳方法进行练习吧！在进行复合训练动作前，首先进行内旋训练。训练组的目标是在进行复合训练时继续感受大圆肌的灼热感，如果没有良好的肌肉感受，就说明预疲劳方法没有成功。

强化背阔肌

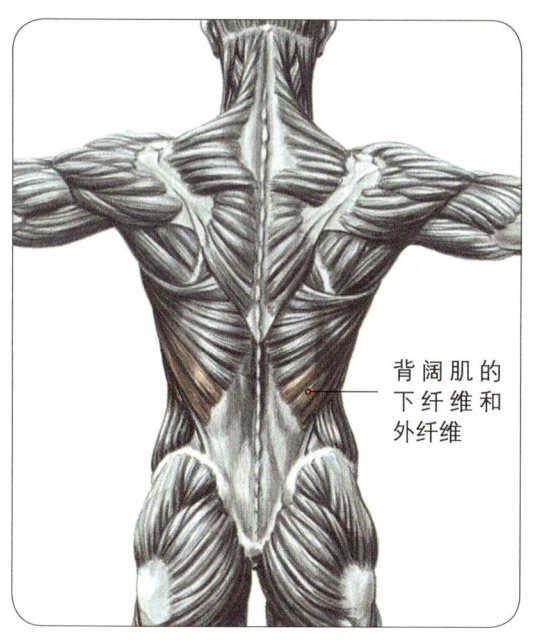

背阔肌的
下纤维和
外纤维

如果某些健身者大圆肌不发达，另一些肌肉特别发达，这会妨碍他们背阔肌的发展。通常，这些健身者的背阔肌都很短。

最理想的方式是，尽可能发展背阔肌的下部，但这并不意味着要拉长一块较短的背阔肌。所以我们会采用很多传统训练方法，针对目标部位从不同角度进行锻炼。

向后旋转手臂训练

直臂下拉

单侧练习会自动训练背阔肌的侧部，肘关节最大限度地向后拉伸，可以使背阔肌下部肌肉得到更好地收缩，这是在进行双侧练习时无法获得的。

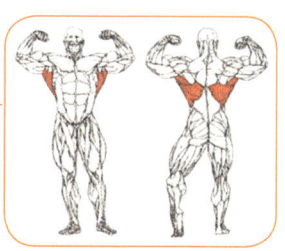

① ②

固定器械或绳索划船

此动作可以借助于别的方法来完成，例如，用固定器械或低位绳索进行 ①②单侧划船。为了进一步增大动作幅度，可以在动作末段轻轻地摇摆一侧上半身。

哑铃单臂划船

用哑铃（见第 118 页）可以进行划船动作，但是危险系数极高，此时脊柱极易受损。

我们的目的是，为背阔肌下部寻求最大限度的动作幅度。为了使目标区域的肌肉能尽可能长时间地保持燃烧状态，可进行以下超级组练习：

→ 预疲劳：用绳索进行划船后进行直臂下拉。

→ 后疲劳：直臂下拉后用绳索进行划船。

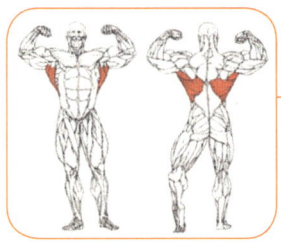

侧弯举

坐姿腹部器械训练

侧坐：为了锻炼右背阔肌，将左背阔肌抵在椅背上。右手抓住右把手并将肘部抵在挡板上，使用背阔肌的力量向右倾斜上半身。虽然此时会用到腹斜肌的力量，但腹斜肌却不是锻炼的目标。为了最大限度地刺激背阔肌，要在轻轻挺胸的同时使胸腔膨胀。

高位绳索侧弯举

站姿，双脚稍微分开，滑轮位于身体左侧。右手高过头顶抓住绳索把手 ③，进行侧弯举时，稍微向后倾斜，同时避免腹斜肌发力 ④。

为了更好地感受背阔肌的收缩，将手指放在与收缩的背阔肌相反的身体一侧。

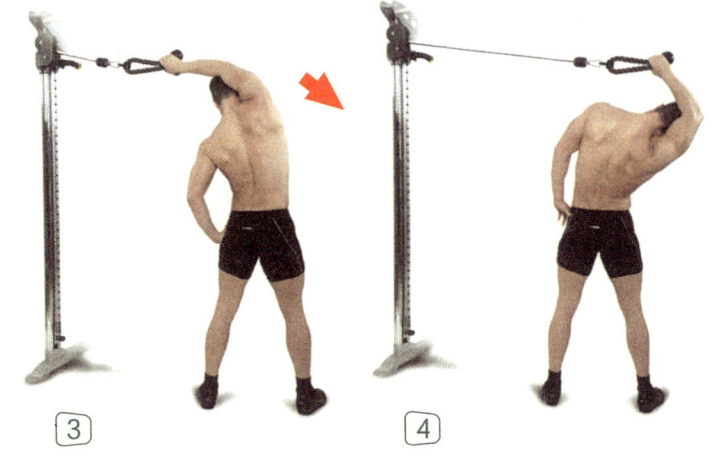

③　④

① ② ③ ④

单杠侧弯举

吊在单杠上，屈腿并将骨盆向右弯曲 ① ②。虽然其同样可以锻炼腹斜肌，但此时却应尽量避免腹斜肌发力。左右侧身体单独分开训练，而不是双侧交替进行。

因为这个动作训练难度极高，所以最好有个搭档在锻炼时帮你撑住腿部，此项练习就可以变得容易一些了 ③ ④。

背部肌群训练动作

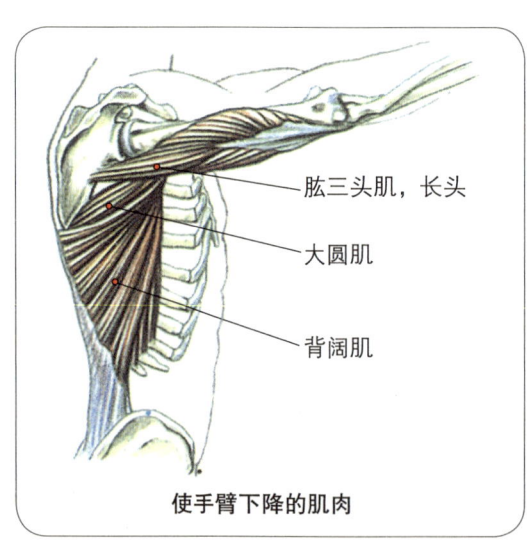

肱三头肌，长头

大圆肌

背阔肌

使手臂下降的肌肉

⚠ 注意

在训练时，肱三头肌的长头会协助背部肌肉发力。在背部训练前，一定要提前热身肘关节。不过在进行大重量的背部练习时，即使肘部没有进行热身，你也不会感到特别疼痛，但是疼痛会在肱三头肌训练时才出现。这就是你无法找到伤病根源的原因所在。

除了肱三头肌，同样也要对肱二头肌、前臂肌肉和冈下肌进行热身。

位于肩膀之间的背肌的秘密

　　针对背部进行锻炼时，主要的错误是过度地伸展手臂。训练时要尽可能根据肩膀的位置进行控制。如果健身者的背部肌肉很强壮，肩膀的运动轨迹是最重要的。这也同样适用于下拉和划船训练。如果健身者的肩胛骨很灵活，对于同侧的其他肌肉是有利的（见第71页插图 $\boxed{4}$ ）。在增加训练负重前，你需要完全掌握标准的训练姿势。

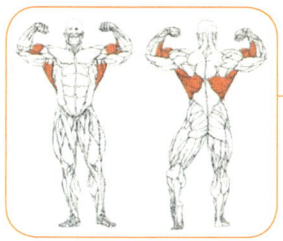

引体向上

　　此项复合练习是针对背部肌肉、肱二头肌、一部分肱三头肌和前臂肌肉的。单侧训练几乎是不可能的，除非健身者身体很轻或者很强壮。

　　双手反握（小指相对）单杠。握距至少要和肩宽相等，抬起腿部并互相交叉 $\boxed{5}$ 。用背部的力量拉升身体，使前额达到单杠的高度。如果有能力，继续上升直到下巴位于单杠上方，同时头部后仰 $\boxed{6}$ 。如果你很强壮，可以将胸肌下部抬升到单杠上方，头部保持后仰，在缓慢下降前，保持1秒钟。为了保持紧绷状态并预防伤害（见第113页），不要完全伸直胳膊。

动作变化

　　$\boxed{1}$ 也可以采用双手正握（拇指相对）$\boxed{7}$ $\boxed{8}$ 或者对握（掌心相对），使用互相平行的把手，以便改变训练对肌肉的刺激角度。

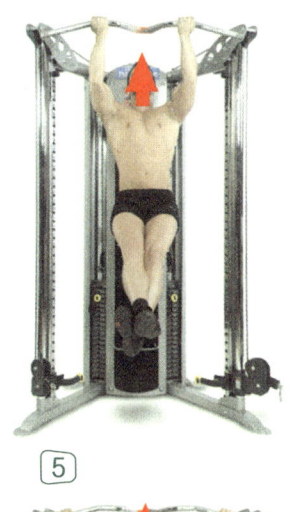

$\boxed{5}$

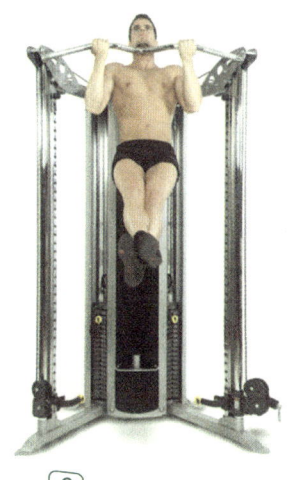

$\boxed{6}$

$\boxed{7}$

$\boxed{8}$

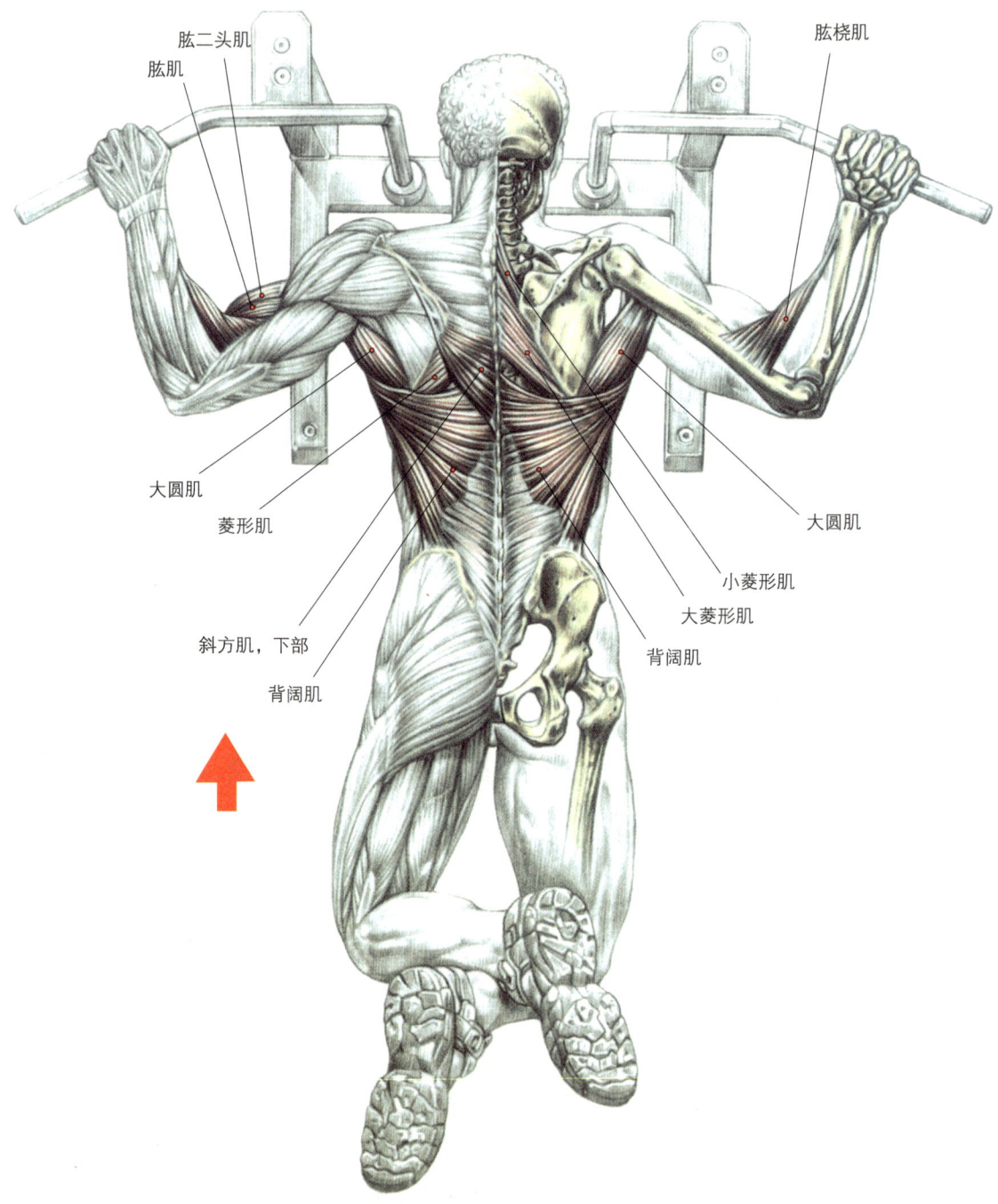

肱二头肌
肱肌
肱桡肌
大圆肌
菱形肌
大圆肌
小菱形肌
大菱形肌
斜方肌，下部
背阔肌
背阔肌

引体向上

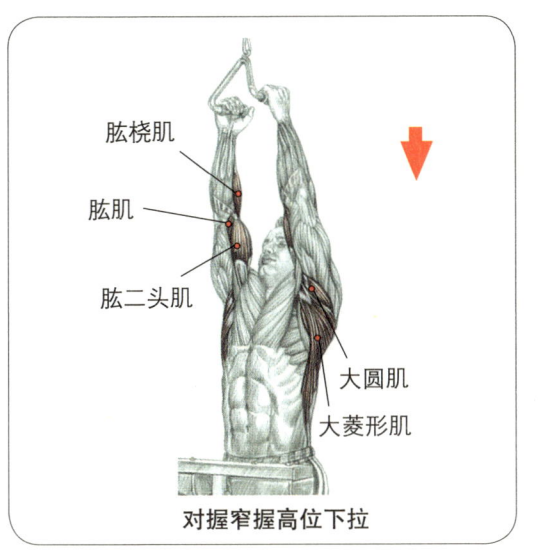

对握窄握高位下拉

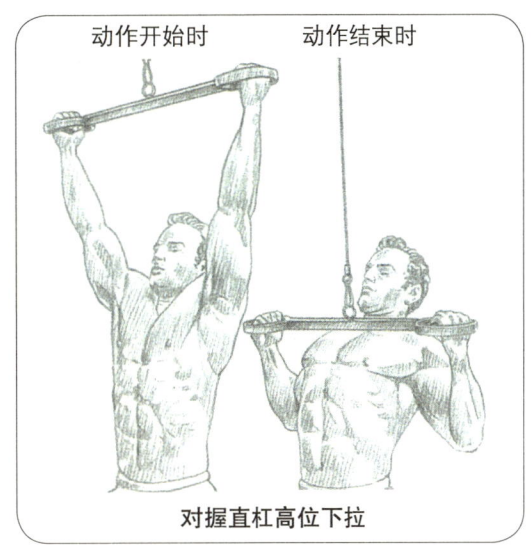

对握直杠高位下拉

2 变化握距以便找到最适合自己的锻炼位置。握距越窄拉伸越明显,同时动作幅度就越大。

3 正握时,可以选择使单杠位于颈前或颈后。杠铃位于颈后部时,锻炼更加困难并且肩关节受伤的概率也较大。

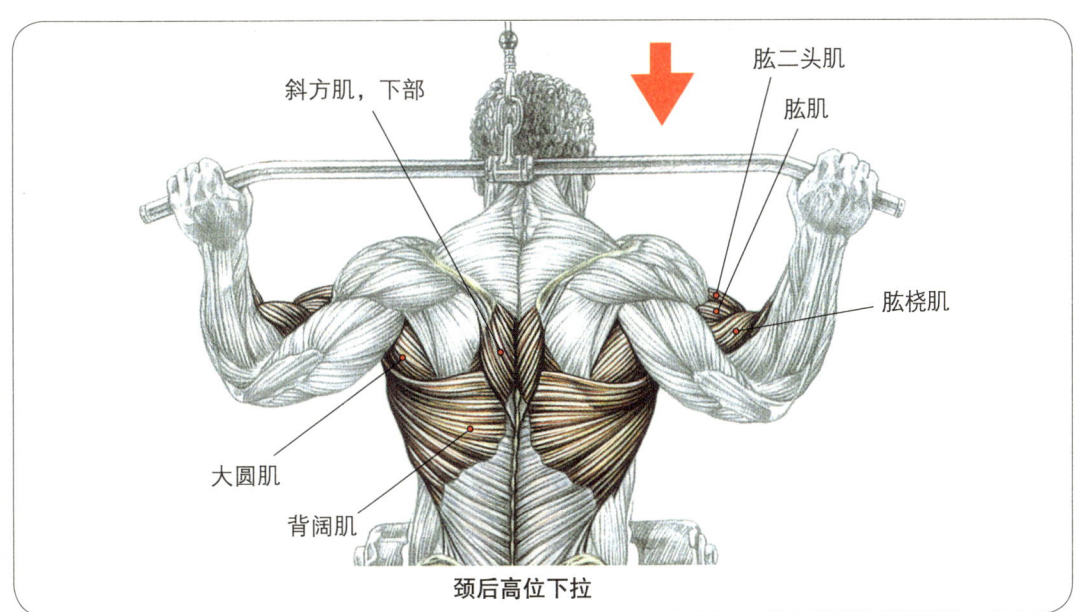

颈后高位下拉

肌肉的影响

>上半身越保持笔直状态,背阔肌下部和外部及大圆肌受刺激程度越明显(增加宽度)。

>上半身越往后倾,练习效果就越与划船动作相近并且能锻炼到斜方肌的下部肌肉、背部深层的肌群(增加厚度)和背阔肌的上部肌肉。

注意事项

确保手握单杠时的舒适感，这样可以避免因为手指疲劳而不得不停止训练。如果力量不足，可以用助力带来解决此问题（见第 54 页）。

在整个动作过程中，要确保身体保持笔直状态同时绷紧臀部，使右腿靠紧左踝骨，由此可以避免不必要的晃动。

固定器械的优势

传统训练有时不太容易感受到背部肌肉的收缩，使用合适的固定器械 ①可以更好地感受肌肉收缩。

>使用固定器械时，背部肌群的感受相对使用杠铃时更自然。固定器械使调配肌肉变得更加简单。

>使用固定器械可以同时进行较完美的拉伸和收缩。

>使用合适的固定器械可以得更大的动作幅度。

>训练轨迹被很好地固定，这对于初级训练者是十分有帮助的。

>如果需要提高肌肉感受，那就使用固定器械进行单侧训练（一次针对一只胳膊进行锻炼）。用哑铃可以进行单侧训练，用单杠进行单侧训练则是不太可能的；如果没有针对性的固定器械，可以用绳索来代替 ②③④⑤⑥⑦项训练。

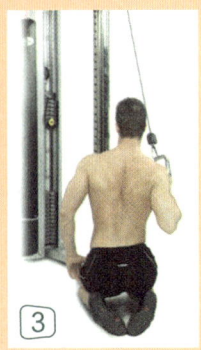

优势： 引体向上可以在短时间内刺激极多的上半身肌肉。

缺点： 训练难度极高。此时，可以使用固定器械或者高位绳索进行替代训练（见第 111 页）。用直杠铃时，双手反握并不适合肘部过度内翻者（见第 112 页）。如果腕关节柔韧性较差，应使用稍微弯曲的杠铃（见第 110 页）。

风险： 像其他所有的下拉训练一样，要避免完全伸直胳膊。胳膊伸直会使肩膀和肱二头肌处于容易受伤的位置，容易诱发运动伤害。如果在两次重复练习间从来没有伸直胳膊，就不要突然伸直。这会给肩膀的韧带、肱三头肌长头或肱二头肌肌腱带来危险，使其位于不稳定状态。理想的引体向上，是在练习的拉伸阶段总是保持持续紧张的状态。

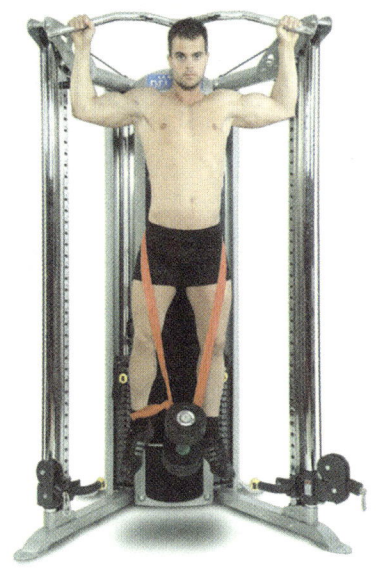

反握且握距较窄的引体向上，可能会更容易被初学者所接受。

当比较容易地进行了 12 ～ 15 次重复练习后，可以马上开始增加负重，在小腿或大腿间加上个哑铃 ⑧。当身体力竭后，可以放弃此负重并且进行几次额外的重复练习。

⑧ **负重引体向上**

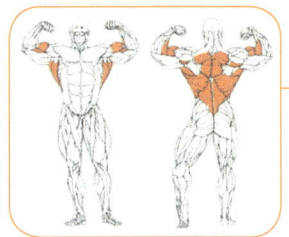

划船

此项复合训练动作主要是针对背部肌肉、肱二头肌和前臂肌肉进行的。单臂划船很常见，目的是为了增加动作幅度。

说明： 身体前倾，与地面成 90 ～ 145 度角。抓住杠铃，双手正握。胳膊伸直于身体两侧并用背部肌肉发力拉起胳膊，以便将负重拉直最高的位置。在顶峰处保持 1 ～ 2 秒收缩，同时在下降前要很好地收缩肩胛骨。

注意事项

按照一般规则，要将杠铃拉至接近肚脐的高度。也有人更喜欢将杠铃拉至胸部的高度，还有人则习惯将杠铃拉到大腿略靠下的位置。

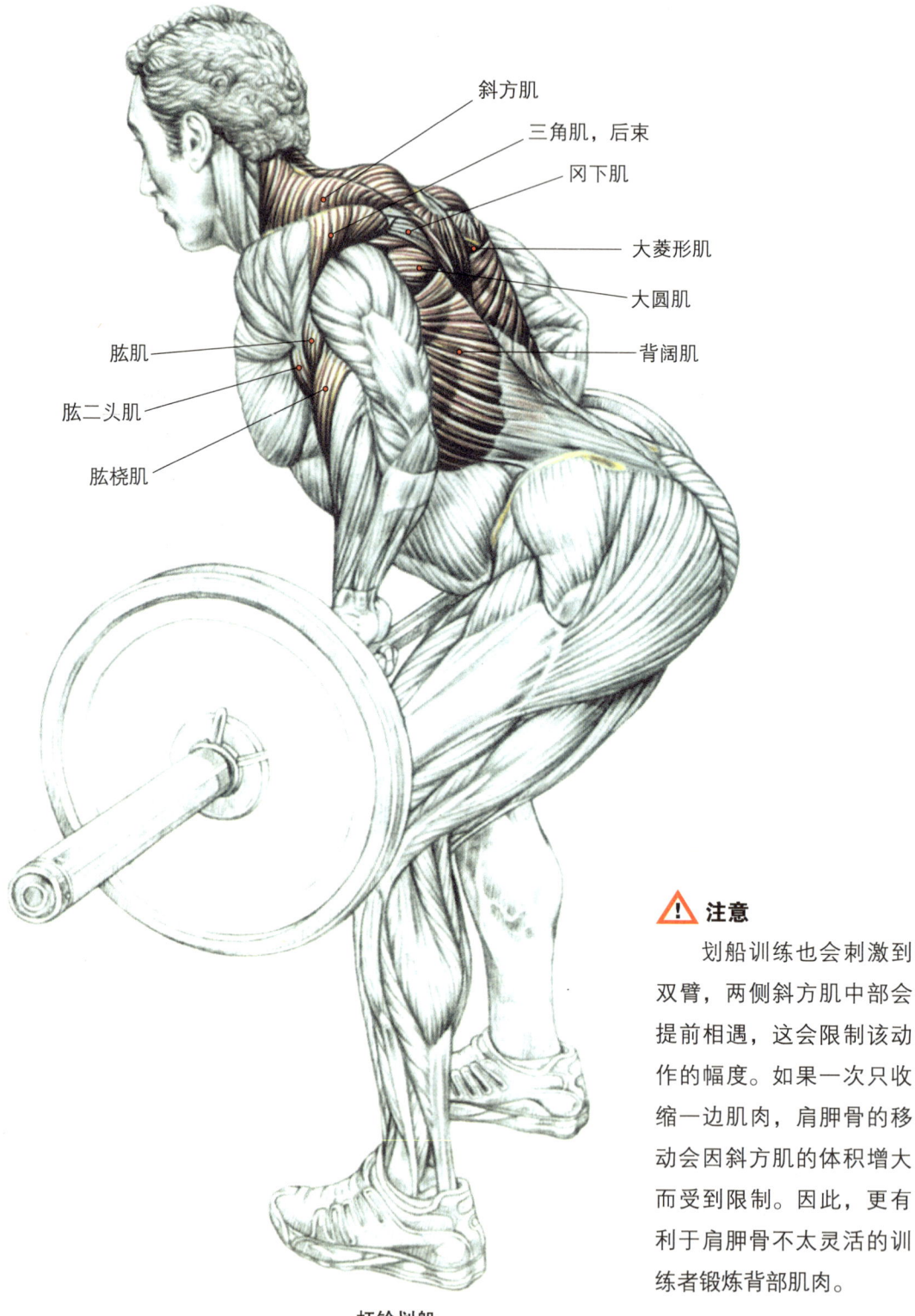

斜方肌

三角肌，后束

冈下肌

大菱形肌

大圆肌

背阔肌

肱肌

肱二头肌

肱桡肌

⚠ 注意

划船训练也会刺激到双臂，两侧斜方肌中部会提前相遇，这会限制该动作的幅度。如果一次只收缩一边肌肉，肩胛骨的移动会因斜方肌的体积增大而受到限制。因此，更有利于肩胛骨不太灵活的训练者锻炼背部肌肉。

杠铃划船

肩部的拉伸现象

斜方肌中部的发展很大程度上依赖于肩胛骨的收缩程度。某些健身者有能力大幅度运动肩部，划船训练可以向前运动三角肌，这就拉伸了斜方肌中间部分的肌肉。在进行收缩时，他们的肩膀能大幅度向后运动，以便对其斜方肌的中部进行最大限度地收缩。

另一些健身者则不能将肩部从前到后大幅度运动，在做划船时会有这样的感觉，他们仅仅是胳膊进行了运动而肩膀则几乎保持不动。肩膀的运动能力由下面的因素决定：

→ 解剖学因素：如果锁骨较窄且肩胛骨运动不灵活，则会降低肩膀运动幅度。如果过度运动，尤其是过度向后移动，就会产生疼痛。

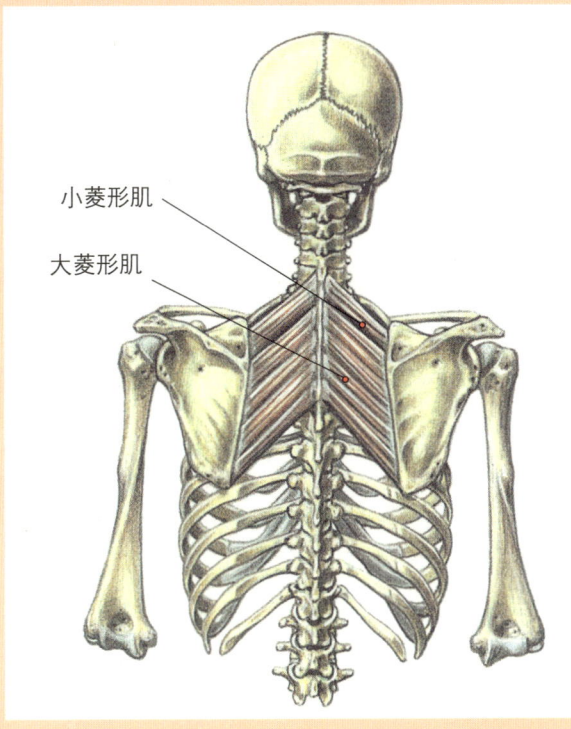

小菱形肌

大菱形肌

→ 负重：杠铃的负重越大，肩部运动就越小，训练动作会优先调动手臂肌肉。另外，在进行划船时，用胳膊发力所使用的负重要比用背部发力时大。如果斜方肌中间部分没能很好地收缩，训练效果就会降低。

1

2

动作变化

1 上身的倾斜度是多少？

在进行划船时，健身者习惯使其背部与地面尽量保持平行 ①。但是相对于与地面保持平行，如果上半身与地面呈 145 度 ② 的话，能够更有效地锻炼斜方肌中间部分。

进行以下练习：无负重，背部与地面保持平行，同时胳膊垂向地面。

向后牵引肩胛骨以收缩斜方肌中部。然后使背部与地面成 145 度，进行同样的运动。背部与地面成 145 度比背部与地面保持平行状态时肌肉更容易进行收缩。如果在无负重时进行锻炼的差别很明显，就要增加负重。另外，因为背部弯曲不明显，所以会对脊柱起保护作用；如果上半身与地面平行，脊柱就会处于不稳定状态。

2 如何握住杠铃？

习惯上，在杠铃划船时，健身者都喜欢使用正握姿势 ①②，这会引起三个问题：

> 胳膊处于力量小的位置。事实上，相对于正握，反握时胳膊的弯曲力量会更大。力量的差别是很重要的。在进行划船时，动作幅度的最后几厘米是很难进行的，此时需要让胳膊处于最有力的姿势 ③④。

> 为了使肩胛骨进行更好地收缩，肩膀的位置便不太重要。此时双手反握更容易进行练习。

> 在双手正握时，不太容易使杠铃顺着股四头肌滑动。反握就可以让杠铃顺着股四头肌滑动了。史密斯机使练习变得简单，可以更好地集中锻炼斜方肌。

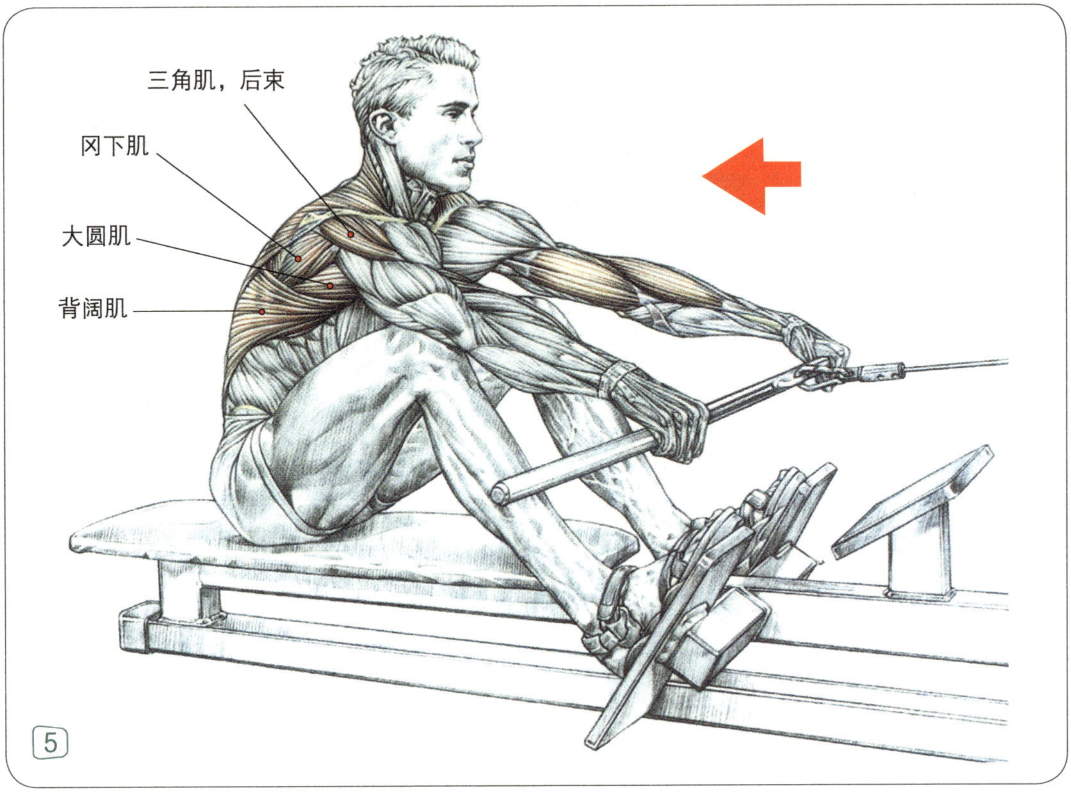

三角肌，后束

冈下肌

大圆肌

背阔肌

⑤

用 T 杠进行低位滑轮绳索划船训练 ⑤，某些器械 ⑥ 或哑铃可以使用对握姿势。

杠铃的大小限制了手部位置的自由。将拇指略微朝外或朝内都是可行的。

使用低位绳索训练运动，可以有多种姿势：正握、反握、对握或由正握开始（手臂伸直时）再变为反握（肌肉收缩阶段）的旋转握法皆可，而最后这种旋转握法是更加理想的。

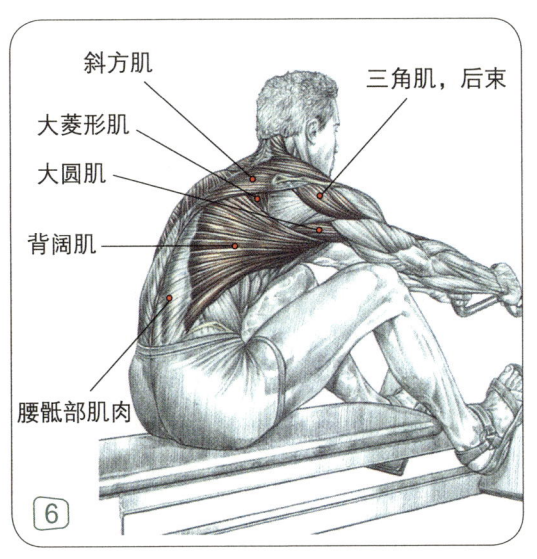

斜方肌

大菱形肌

大圆肌

背阔肌

腰骶部肌肉

三角肌，后束

⑥

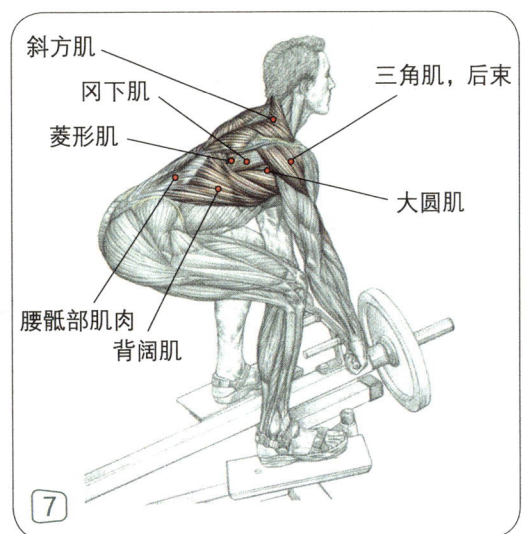

斜方肌

冈下肌

菱形肌

三角肌，后束

大圆肌

腰骶部肌肉

背阔肌

⑦

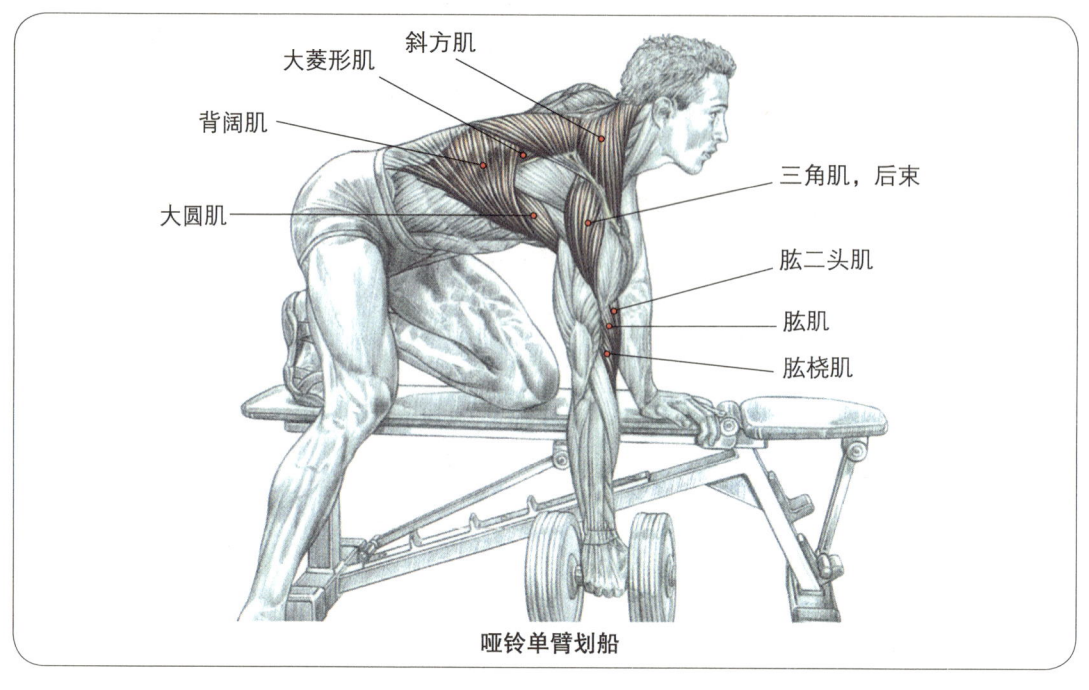

斜方肌

大菱形肌

背阔肌

大圆肌

三角肌，后束

肱二头肌

肱肌

肱桡肌

哑铃单臂划船

错误观点

　　有这样一个错误的观点认为，在进行背部练习时，需要使用反握姿势，因为此时肱二头肌最有力。此观点忽视了背部肌肉的作用，当你进行下拉训练时，整个胳膊都进行运动而不仅仅是依靠肱二头肌。另外，胳膊在对握时比反握时更有力。采用正握时力量最弱，反握时的力量介于对握与正握之间。

　　在针对背部的训练中，握法要由你感到最自然的角度和对背肌感受最良好的位置来决定，而不是由那些错误的建议来决定。另外，如果需要，可改变握法以改变背部不同区域受到的刺激程度。

3 怎样选择杠铃？

　　如果想要在反握时使用直杠，肘部一定不能有外翻现象（见第192页）。反握直杠也不适合旋后肌发达的训练者（见第193页）。这两个条件都符合的情况很少见，所以这也是为什么直杠对大部分健身者不是太合适的原因。

为了不与形态学相左，并且避免手腕、前臂、肘部、肱二头肌和肩膀受伤，你可以选择 EZ 杆进行训练。对于大部分健身者，这是相对更合适的 ①②。

④ 双手分开，握距根据自身的喜好调整。

> 握距越窄，拉伸越明显，而肌肉收缩的幅度则会减少。这就是为什么在使用 T 杠（此时双手紧靠）进行运动时很难将肘部提至较高位置的原因。

> 握距越宽，拉伸幅度越小。相反，就可以尽可能地抬高位于身后的肘关节，这对肌肉收缩是有利的。

反握的危险

当胳膊伸直时，反握的姿势对于肱二头肌有较大危险。此时肱二头肌不足以拉伸已经伸直的胳膊。如果负重很大，其肌纤维更容易放弃而不是进行收缩。在反握时，不要将杠铃放在地上，因为如果要将其重新拿起来，就必须要使用反握硬拉。在这个过程中有多少肱二头肌肌纤维会被撕裂呢？

更为严重的是，在每组训练结束时，当你试图将杠铃放在地上时，较大的负荷会拉伸已经疲惫的胳膊，从而引起破坏性的肌肉伤害。

因此不要将杠铃放回地上，而是将其放在高处，例如，放在架子上。在适宜的高度，放置杠铃时只需轻轻抬高大腿。这样，在避免硬拉产生撕裂的同时，也节省了力量并保护了腰部。

同样，在重复练习过程中，不要完全伸直胳膊。否则，你将处在危险且虚弱的位置。你要保持持续的紧张状态。

③

⑤ 单侧训练还是双侧训练？如果两只胳膊同时进行划船会使你感觉不好，进行单侧训练可以解决这个问题 ③。为了扩大动作幅度，使用单侧训练进行拉伸与收缩比双侧训练更有效。采用固定器械或低位绳索进行训练，轻轻地旋转与运动胳膊同侧的身体，以便增大动作幅度。将不运动的那只手放在大腿上或者训练椅上，以便支撑下背部。

如果没有特殊器械，应改为使用哑铃进行练习。上半身倾斜 145 度而不是 90 度；使用成 45 度的上斜训练椅比水平训练椅更合适，这样可以更好地获得力量，更利于收缩斜方肌并保护腰部。

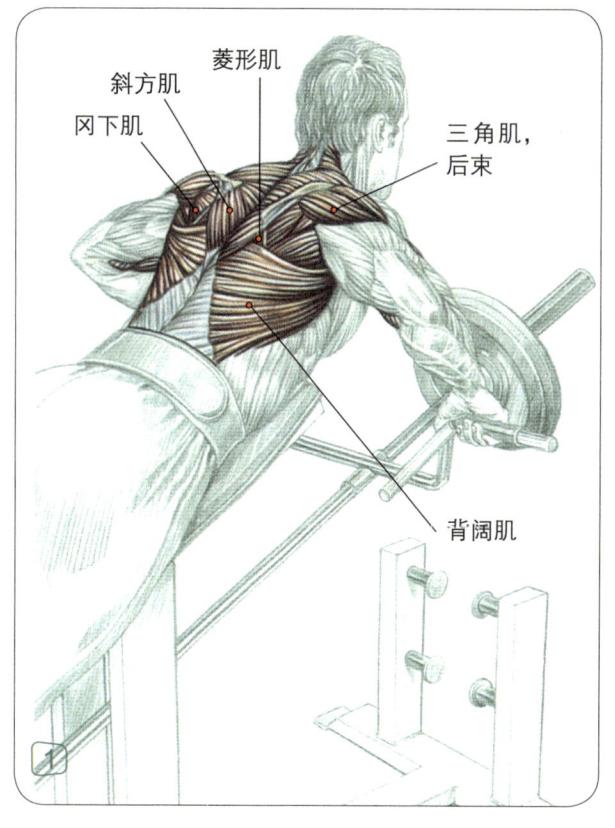

斜方肌
菱形肌
冈下肌
三角肌，后束
背阔肌

优点：划船训练优先针对后背中部肌肉进行锻炼。相对于在单杠上进行引体向上，此项训练更多的是锻炼背部厚度而不是宽度。同样，划船和单杠引体向上构成了针对背部肌肉的互补练习。

缺点：身体前倾的姿势不利于进行大重量训练，因为这种姿势会阻碍呼吸。某些固定器械和绳索可以让你坐着进行锻炼，这就可以避免这种前倾姿势的缺点了。

风险：即使倾斜 145 度角比 90 度危险性要小，划船训练依然会对背部造成威胁，尤其是运用大重量进行锻炼时更加危险。很多固定器械因为有胸部支架，所以能够保护脊柱 ①。但是支架越大，胸廓就越容易被挤压，呼吸越困难。

用某些固定器械进行坐姿划船，能够解决这个问题，这样可以降低背部压力，也不会阻碍呼吸 ②。

头部保持抬高状态，尤其是在收缩状态时。不要将头左右摆动。

超级组：使用划船与俯身侧平举的组合，目的是为了锻炼斜方肌的中间部分。为了获得最大的锻炼效果，这两种动作可以组合成一个超级组：

→ 后疲劳：以划船开始锻炼，然后进行俯身侧平举运动。

→ 预疲劳：以俯身侧平举开始锻炼，然后进行划船。

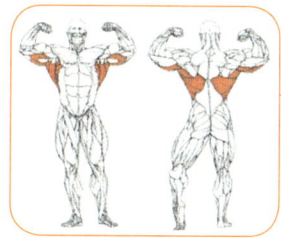

直臂下拉或屈臂上拉

　　此项孤立训练动作的目的在于锻炼背部肌肉，而且最小化胸肌和肱三头肌的参与程度。单臂直臂下拉亦可，但需要对姿势进行细微调整，我们将在后面章节进行介绍。

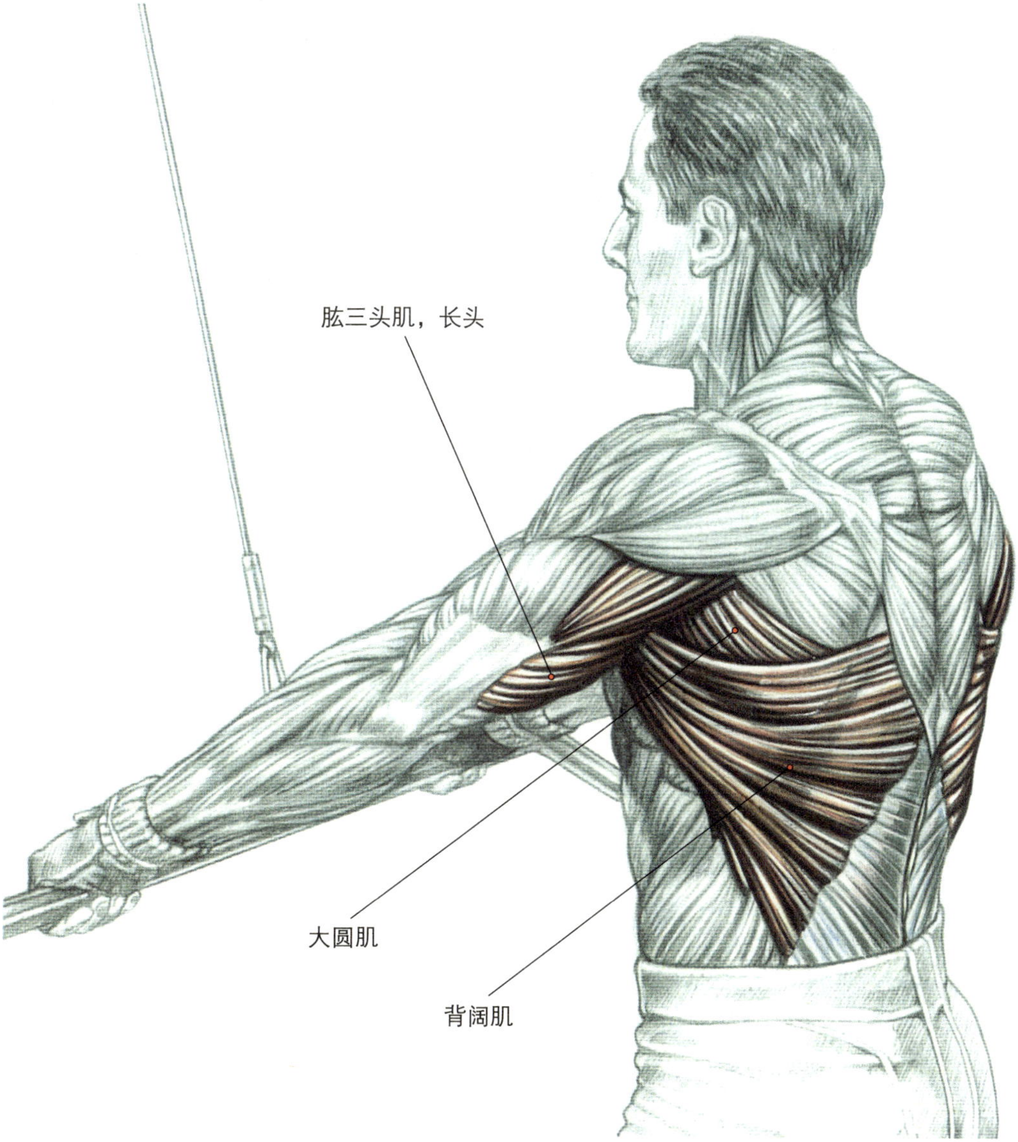

肱三头肌，长头

大圆肌

背阔肌

说明： 此动作为仰卧屈臂上拉。躺在训练椅边缘，背部与地面平行，这种姿势可以保证得到较为理想的动作幅度，同时比完全躺在训练椅上训练更有效。双手对握哑铃，将胳膊置于头上方。双手保持半伸直状态，并且下降至头后方 ⬚1 。当胳膊降至最低位的时候，利用背部肌肉的力量将哑铃重新举起 ⬚2 。当哑铃到达前额上方时，停止动作然后再重新落下。

⬚1

⬚2

改善调配肌肉能力的循环训练

⬚3

仰卧屈臂上拉之所以可以提高肌肉调配能力，源于其充分的拉伸。仰卧屈臂上拉时可进行良好的拉伸并不等于可以很好地锻炼肩部肌肉，因为最后可能会带来运动伤害。在比较合适的位置放下胳膊，此时臀部依然位于凳子的高度，这时，既不要晃动胳膊也不要晃动哑铃，慢慢放下臀部，以便使身体呈弓形 ⬚1 。

在重新进行拉伸前，重新抬升哑铃（抬升几厘米）。在每次重复动作时，回到拉伸位置前都要额外抬升几厘米。除非身体力竭，否则不要将哑铃置于头上方 ⬚2 ，以免丧失肌肉拉伸力。不要过多关注训练的重复次数，训练的目的是感受背阔肌的紧张度。

在做完这组训练后，休息一下然后进行引体向上的循环训练 ⬚3 。握住单杠时双手握距较宽，肘部略微向后。用仰卧屈臂上拉培养对肌肉的感觉，以便更好地感受背阔肌的紧张度。重复几次循环训练，以便提高肌肉调配能力。

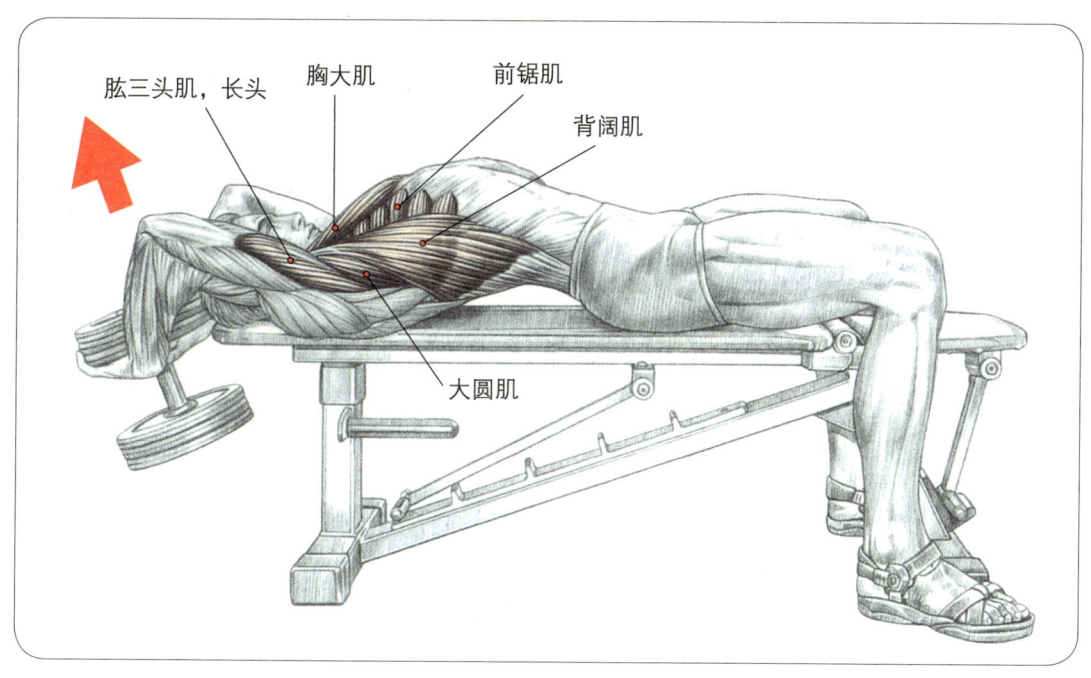

肱三头肌，长头　胸大肌　前锯肌

背阔肌

大圆肌

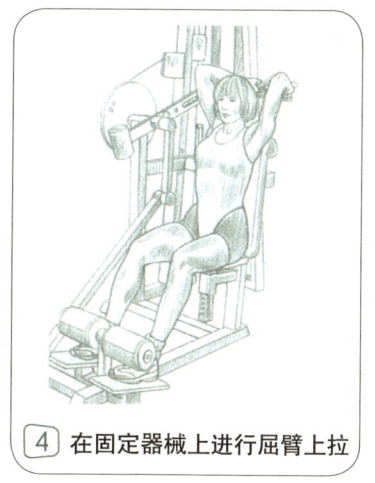

④ 在固定器械上进行屈臂上拉

⑤　　　⑥

动作变化

1 有专门针对屈臂上拉的器械 ④ ，但却不是完全合理的器械。
理想的状态是能够更好地感受到肌肉收缩，最好使用反握进行训练。

2 用高位绳索进行直臂下拉运动：面向滑轮，站姿，握住小杠铃（最好是曲杠），双手正握 ⑤ 。双手握距越窄，拉伸效果越好。胳膊保持伸直状态，将杠铃拉向大腿处 ⑥ ，保持收缩1秒钟。

　　如果是用可调节滑轮进行锻炼，最好跪在地上进行练习。在此情况下，将滑轮置于头部上方的高度 ①②③。稍微向后退一点，找到舒适并合适的角度。跪姿的优势在于增大拉伸幅度，能将胳膊抬高至头上方。一旦身体力竭，站起身并继续进行练习。站姿进行锻炼时我们很容易借力，用跪姿进行练习时姿势则相对标准。这种劳逸结合的锻炼，可使背阔肌尽可能长时间保持燃烧状态。如果肱三头肌感觉特别强烈，可能是因为胳膊过度弯曲所致。

　　绳索不能完全代替用哑铃进行的仰卧屈臂上拉训练。这两个练习很相像，它们也是有不同并且互补的。用哑铃进行锻炼时，收缩效果较好，但是对肩部会有伤害。用绳索则可以让我们在收缩期内保持持续紧张状态，这是用哑铃锻炼所不能达到的。

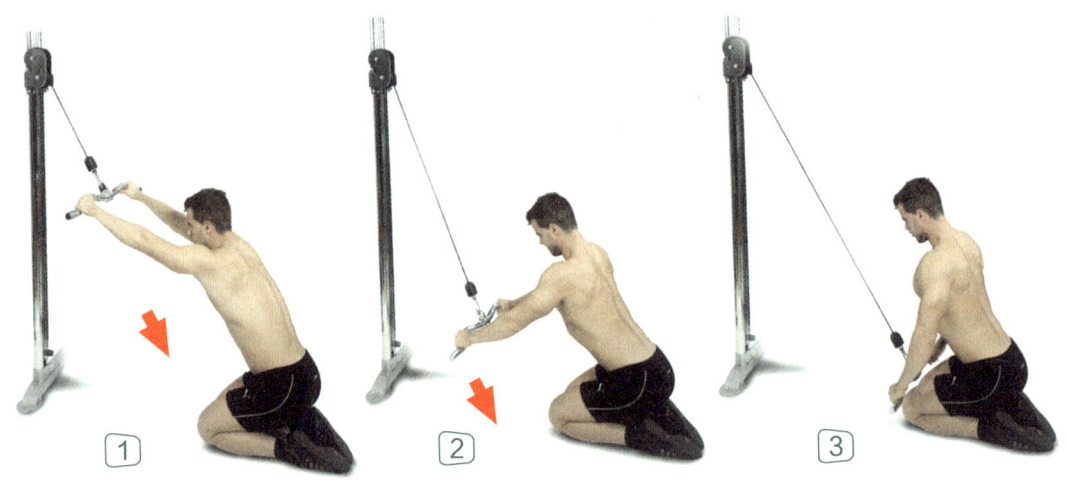

试着用100训练法提高背部肌肉

　　100训练法对用绳索进行直臂下拉是很适合的。背部肌肉保持紧张状态，前臂和肱二头肌不会过多参与到训练中来。100训练法：

　　→ 有利于提高调配肌肉的能力；

　　→ 使肌肉更好地充血；

　　→ 有利于在两次背部训练间进行恢复。

3 如果不能很好地感受到屈臂上拉的训练效果，进行单侧训练是可行的。不要平躺在训练椅上而是采用侧卧的姿势，靠在椅子上。手拿哑铃，沿身体方向拉伸胳膊 **4**。臀部向地面拉伸，以便更好地拉伸背阔肌。不要将哑铃举得太高，以便可以保持持续紧张状态 **5**。可将空闲的手放在运动的背阔肌上，以便更好地感受其收缩与拉伸。

4

5

优点： 在进行屈臂上拉或直臂下拉运动时，肱二头肌是不会进行参与的。如果在进行引体向上或划船时，能感受肱二头肌的发力但却感受不到背部肌肉发力，屈臂上拉或直臂下拉则能对你起到帮助作用。可以以屈臂上拉或直臂下拉开始所有或部分背部锻炼，以便在进行复合训练动作前将背部肌肉孤立出来。

缺点： 某些人能很强烈地感受到肱三头肌的发力，这是令人很不舒服的。因此，在进行屈臂上拉或直臂下拉运动前，确保不要进行针对肩部或肱三头肌的训练。

风险： 屈臂上拉或直臂下拉运动将肩关节置于不稳定状态，理想的训练状态是使用不太高的训练椅。这样在拉伸时，三角肌可以在训练椅上得到完全休息。

我们的目的是增加重复次数而不是增加负重，用比较缓慢的方式进行锻炼，尽量寻找肌肉的感觉而不是追求负重的大小。

用哑铃进行锻炼时，需要确保哑铃的牢固性，因为它会经过健身者的头部上方。

背部拉伸训练

伸展背阔肌

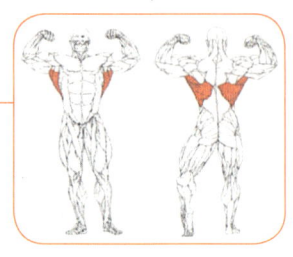

[1]

[2]

悬垂单杠，正握 [1]。

为了得到更强的拉伸度，可以只用一只手进行练习 [2]。

⚠ **注意**

单侧训练时要谨慎，以避免肌肉（尤其是肱二头肌）和关节拉伤。

伸展斜方肌下部和冈下肌

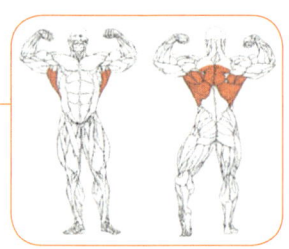

[3]

坐在地上，腿部微曲，上半身与地面成 90 度，右手抓住左脚。如果较困难，可以弯曲腿部 [3]。慢慢伸直腿部，以便更好地伸展肌肉。然后换左胳膊进行同样的练习。

伸展背阔肌和大圆肌

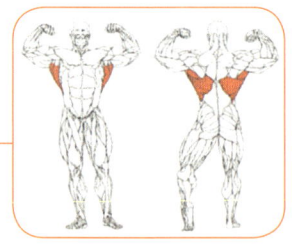

站姿，身体前倾，抓住支点（竖柱），一手在上一手在下，顺着支点靠上手的方向向一侧转体。手臂伸直，用力推支点，以便加强旋转强度 [4]。

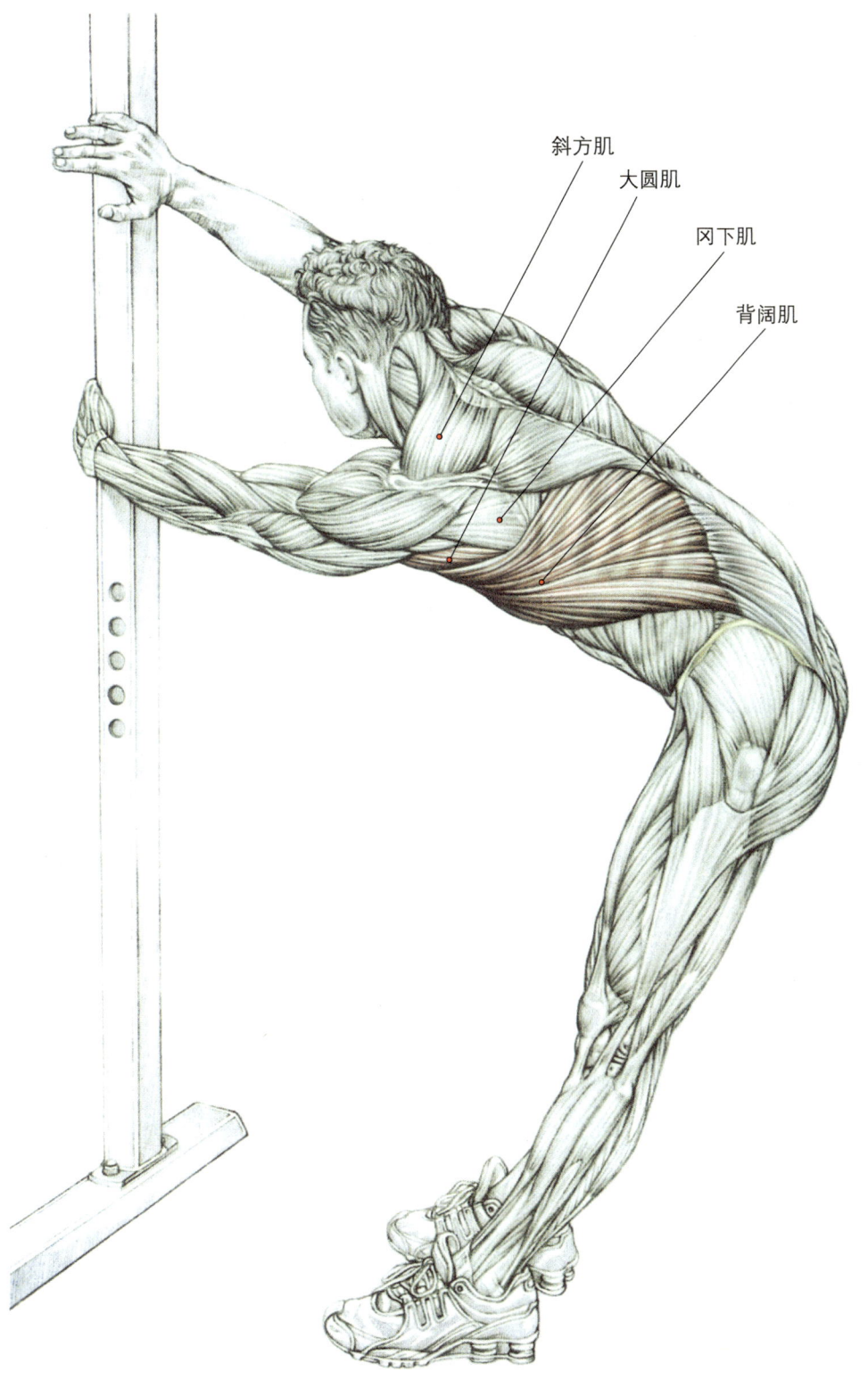

斜方肌

大圆肌

冈下肌

背阔肌

4

不要忽视冈下肌

冈下肌的作用

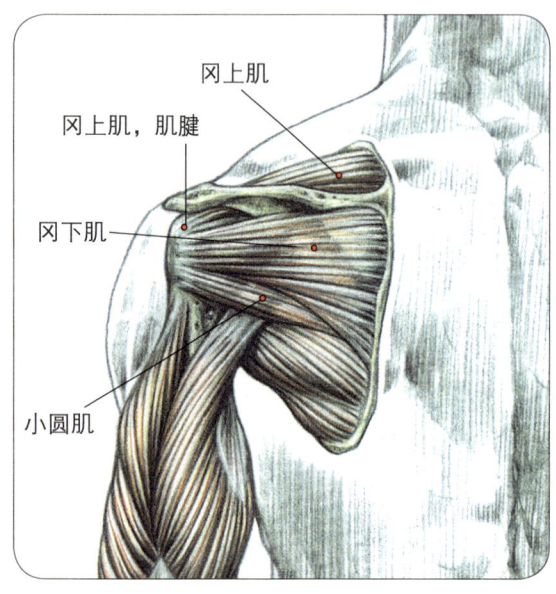

冈上肌

冈上肌，肌腱

冈下肌

小圆肌

冈下肌是构成肩部回旋肌群的四块肌肉之一，这些肌肉紧紧包裹着肩的关节。没有这些肌肉，手臂的运动随时会导致肩关节脱臼。

对于健身者，冈下肌有三个作用：

1 使手臂旋转。

2 保护关节，在进行卧推运动时可避免肱骨从关节窝内滑出。

3 使背部肌群上半部更加美观。

冈下肌是背部肌肉吗？

虽然冈下肌是位于背部的肌肉，但是却不能把它看成是背肌。在引体向上或划船训练时，肩膀会做小幅度的旋转，此时冈下肌也轻微运动，但训练量却远远不足。尽管很多健身者认为，背部的复合训练动作都会对冈下肌进行刺激，但事实并非如此！唯一可以对其进行锻炼的方法是进行孤立训练。

状态不佳的肌肉

如果说肌肉训练会虐待某块肌肉，那这块肌肉就是冈下肌。即使冈下肌体积很小，肌肉训练中也会在它没有准备好的情况下对其进行摩擦，发生伤痛，这就解释了为何很多健身者的冈下肌都很脆弱的原因。不过这种痛感一般不太明显，有时候用手指使劲压才能感到疼痛。冈下肌的损伤：

→ 会使肩膀变得脆弱。

→ 在进行不同的推举训练时，很难保持良好的动作轨迹。

→ 导致力量减小。

→ 会使肩部疼痛。

冈下肌的悖论

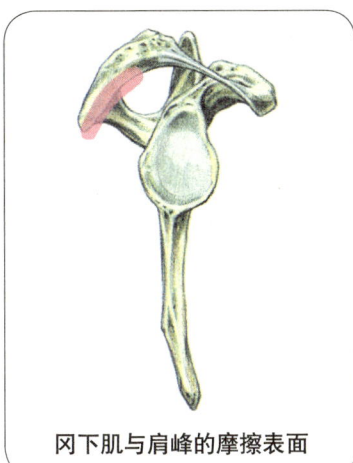

冈下肌与肩峰的摩擦表面

在训练时我们很少用到冈下肌，为什么它却容易受损呢？因为：

→ 胳膊的每次运动都会对肩峰造成摩擦，当进行卧推或站姿侧平举时，肱骨会进行内旋运动。

→ 在针对上半身肌肉训练前，没有对冈下肌进行热身。

→ 在进行某些特殊训练动作时，缺少稳定性。

→ 过度借力。

→ 在手臂伸直时（卧推运动时胳膊伸直），运动的刺激作用会增大冈下肌的受伤风险，甚至会引起炎症或肌腱过早衰退。

→ 饱受剪切力。

总之，冈下肌会慢慢损伤而不是慢慢变强壮。

冈下肌不易被感觉到

当你第一次进行训练时，很难有良好的冈下肌训练感受，有时甚至完全感觉不到。这就是为什么采用较长的训练组（大概进行 20 次重复练习，甚至更多）、负重较轻的方法，更适合锻炼冈下肌的原因所在。肌肉燃烧可以使你更好地感受到冈下肌，这会在肌肉调配能力训练和肌肉孤立训练中起重要作用。用大重量进行锻炼：

→ 会很快丧失感觉。

→ 动作幅度会减小。

→ 手臂拉伸会带来危险。

→ 肩膀处于不稳定的状态。

相对于用绳索进行锻炼，用哑铃进行锻炼时上述情况会更明显。

进行强化锻炼的技巧

三种方法可以使冈下肌产生强烈燃烧。

单侧训练

当我们讲到身体的薄弱点或肌肉欠缺训练感觉时，不要忘了单侧训练的作用。一次只收缩一边冈下肌比同时收缩两边的冈下肌更容易感受其收缩。另外,空着的那只手可以用来进行辅助。

递减训练法

递减训练组可以在增加负重的同时继续感受到肌肉燃烧。虽然在进行大重量训练的时候会影响动作幅度，但是采用递减训练法，很快就可以使健身者重新恢复正常的动作幅度。同时，采用轻重量和大重量交替训练，比单纯进行轻重量训练能更好地感受到肌肉的燃烧。

1 划船运动

预疲劳

想要尽可能长时间地保持肌肉燃烧，可将递减训练和预疲劳结合进行。当乳酸堆积时，即使最轻的负重也能加剧肌肉燃烧。在进行划船训练 1 后，对冈下肌进行轻重量训练，以便形成循环训练组。

三角肌后束肌肉受到刺激

当对冈下肌进行锻炼时，三角肌后束也会得到发展。针对冈下肌的练习并不像传统训练动作一样全部作用于整个三角肌后束，却更多地针对很靠后的肌纤维束，即那些平时很难运动到的肌肉（见第 62 页）。

什么时候要锻炼冈下肌？

锻炼冈下肌的好处是提高人体耐力。即使肌肉燃烧很强烈，也不会有特殊的神经流刺激。此特殊性质可被四个特殊方法所利用。

意识训练

有些日子我们的训练感觉会很差，此时我们完全可以多增加一天休息时间。但是，强制休息会使人心灰意懒的。在这种情况下，可以加入一次意识训练。意识训练可以以随时的、不规律的方式加入，目的是针对某一肌肉薄弱点进行锻炼，使其能够在其他肌肉休息时继续接受刺激。在意识训练时，其他肌肉以有效的方式进行休息，只有冈下肌或某一小块我们会忽视的肌肉继续进行锻炼。

交替训练

当进行锻炼时，在第二组或第三组练习后发现想要锻炼的肌肉没有得到充分的刺激。在此情况下可以：

→ 继续坚持锻炼，但效果不好。

→ 离开健身房。

→ 进行一场针对冈下肌（或一块不会影响第二天锻炼的发展迟缓的小肌肉）的交替锻炼。

热身训练

为了保护肩部健康并且提供更好的肌肉训练感觉，在针对胸肌、肩部肌肉、背部肌肉、手臂肌肉进行锻炼前，先做 2 ~ 3 组针对冈下肌的热身训练。这可以有效地保护肩关节。

训练结束时

如果你感觉只做热身是不够的或者感觉肩膀不够稳定，就要采用更大的训练量。通常，如果肩膀已经很疼痛，就需要对冈下肌进行强化。此时可以进行 3 ~ 5 组针对冈下肌的练习，来结束针对上半身肌肉的训练。切记，不能省略热身组训练。

结论

冈下肌的脆弱性要求我们不要对它进行过多锻炼，要避免过大的负重与借力以及不好的拉伸姿势。训练的目的是要强化没有受损的肌肉，要尽可能早地开始保护冈下肌。当然，如果我们不增加负重，针对冈下肌的训练就是无效的。健身是需要长时间坚持的，为了坚持下来，要避免运动伤害，尤其要避免关节受到伤害，并且要对肩部进行强化训练。

冈下肌训练动作

冈下肌孤立训练动作

自动织布机训练

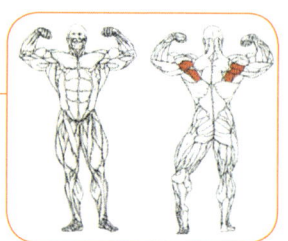

此项孤立训练动作针对的是冈下肌。单臂自动织布机训练亦可。

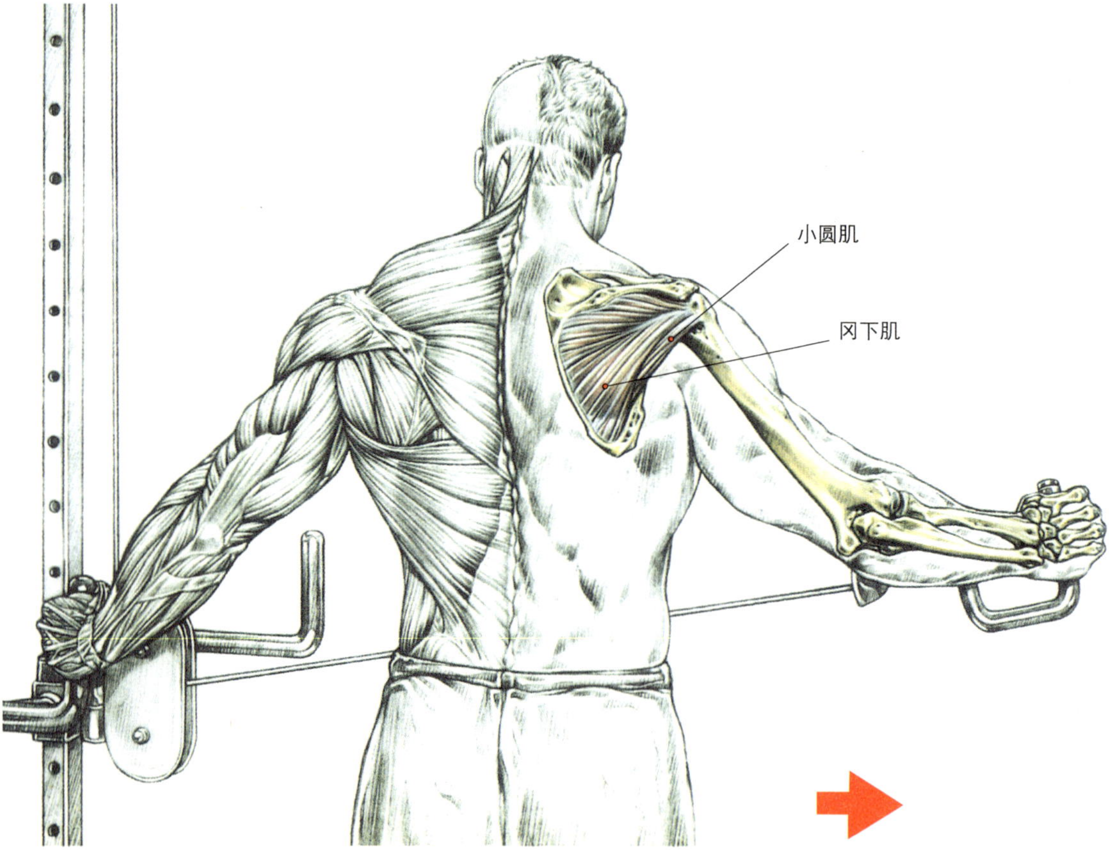

小圆肌

冈下肌

用可调节滑轮训练

站姿，双脚微微分开。左手拉住置于中间高度的绳索把手，滑轮在你身体右侧，对握 ① 。前臂进行旋转运动，好像在织布一样，尽可能地向左边拉伸 ② 。在前臂向右伸展之前，保持此动作 1 ~ 2 秒钟，一旦感觉肘部要抬起来就停止拉伸运动。左胳膊进行完一组重复训练后，换右胳膊进行同样的锻炼 ③ 。

用传统滑轮训练

如果没有可调节高度的滑轮绳索，此练习可以躺在地上进行，身体与绳索保持垂直状态。用右手抓住位于底部的绳索把手，滑轮位于身体左边 ④ 。前臂放在肚子上，上臂贴紧上半身，前臂与上臂之间保持 90 度，然后向侧面旋转手臂，将手尽可能地拉向右侧 ⑤ ，然后再返回。

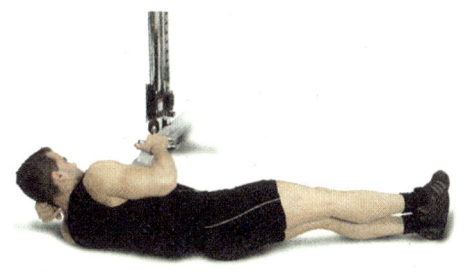

注意事项

至少进行 12 次重复练习。尽量不要晃动肘部。为了使肩部进行大约 180 度的旋转，要尽可能地向外伸手，但是不要弯曲胳膊。

动作变化

试着改变手的方向，以便感受一下是用反握还是用正握锻炼更加舒适。

✖ 诀窍

> 为了更好地感受到冈下肌，要尽可能地膨胀胸廓。这样可以在弓起背部同时轻轻地向后倾斜。通常，我们是不建议弓背的。但因为此时负重较轻，所以不会对脊柱造成伤害。

> 用尽可能轻的把手进行练习，以便限制肱二头肌发力可以最大限度地收缩冈下肌。

> 先在滑轮上用一半的重量开始练习，然后逐步增加负重；负重的增加对冈下肌很重要。

优点：热身和强化训练对于稳定冈下肌很有效。

缺点：冈下肌训练所获得的效果并不明显。

风险：一定要避免过猛地拉伸发力，否则冈下肌容易受到伤害。

⚠ 注意

不要采用站姿用哑铃进行锻炼，这是完全无用的，因为阻力需要来自于侧面而不是垂直于地面的。

哑铃自动织布机训练

此孤立训练针对冈下肌。只有单侧训练一种方式。

说明：躺在训练椅上或地上，左侧卧，将胳膊弯曲成 90 度，肱二头肌的内侧靠紧上半身。对握哑铃，前臂进行旋转运动，好像自动织布机的动作一样。在前臂与地面呈垂直状态前保持几秒，然后慢慢下降。

注意事项

不要用大重量进行锻炼，要用让你能更好地感受冈下肌发力的重量进行练习。

✖ 诀窍

>至少进行 20 次重复练习，借助长训练组可以产生肌肉燃烧，能够让你更好地感受冈下肌收缩。

动作变化

试着改变握法，以便感受一下是用反握还是用正握锻炼更加舒适。

优点：即使这种方法有一定局限性，但还是可以利用的。你需要寻找肌肉持续收缩的感觉而不是追求负重的重量。

缺点：由哑铃产生的阻力不容易被冈下肌所接受。因为动作幅度减小并且阻力类型不规则，所以对于已经很脆弱的肌肉存在一定危险。

风险：如果胳膊下降得太低或在拉伸阶段发力过猛，会有可能损伤你的冈下肌。为了避免伤害，要用比较缓慢的方式进行练习。

用训练量（进行大量训练组）来补偿训练强度。

用滑轮绳索还是哑铃进行锻炼？

对于冈下肌来说用滑轮绳索锻炼比用哑铃锻炼更适合，因为：

>在风险性方面，用哑铃进行锻炼更容易受伤，尤其是当冈下肌已经濒临受伤时。

>由哑铃产生的阻力并不符合冈下肌的力量结构：

→ 开始旋转动作时，阻力上升的太剧烈。

→ 在接近顶峰收缩位置时，阻力会忽然消失。

>对于肩膀，用哑铃进行训练会将胳膊置于较为危险的伸展位置。

>用滑轮绳索训练，能尽可能地避免上述问题。另外，用滑轮绳索进行锻炼更容易逐组增加负重。

冈下肌拉伸训练

伸展冈下肌

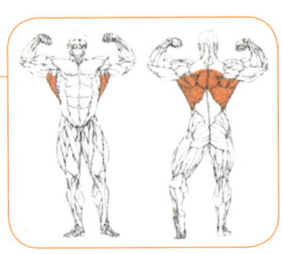

为了使冈下肌变得柔软，可以进行以下三种伸展练习（任选其一即可）：

1 坐在地上，腿微曲，上半身与地面成 90 度。用右手抓住左脚 ①，然后慢慢伸直腿部，以便更好地拉伸肌肉。接着换左手进行同样的练习。

2 用脚倒挂在单杠上并用手抓住单杠 ②。此姿势被称为"胎儿拉伸姿势"（见第 49 页），这可以使受到锻炼刺激的肌肉、关节得到放松，当然也包括冈上肌和冈下肌。为了加强其伸展度，可以（小心地）松开一只手，这可以使仍然抓住单杠的胳膊得到更大拉伸。十几秒钟后，双手握住单杠，然后再松开另一只手。

3 如果产生了抽筋现象或者感到不适，就用哑铃对冈下肌进行拉伸练习。手臂保持放松状态，上半身靠在支点上，以便得到休息 ③。这种方法对冈上肌同样有效。

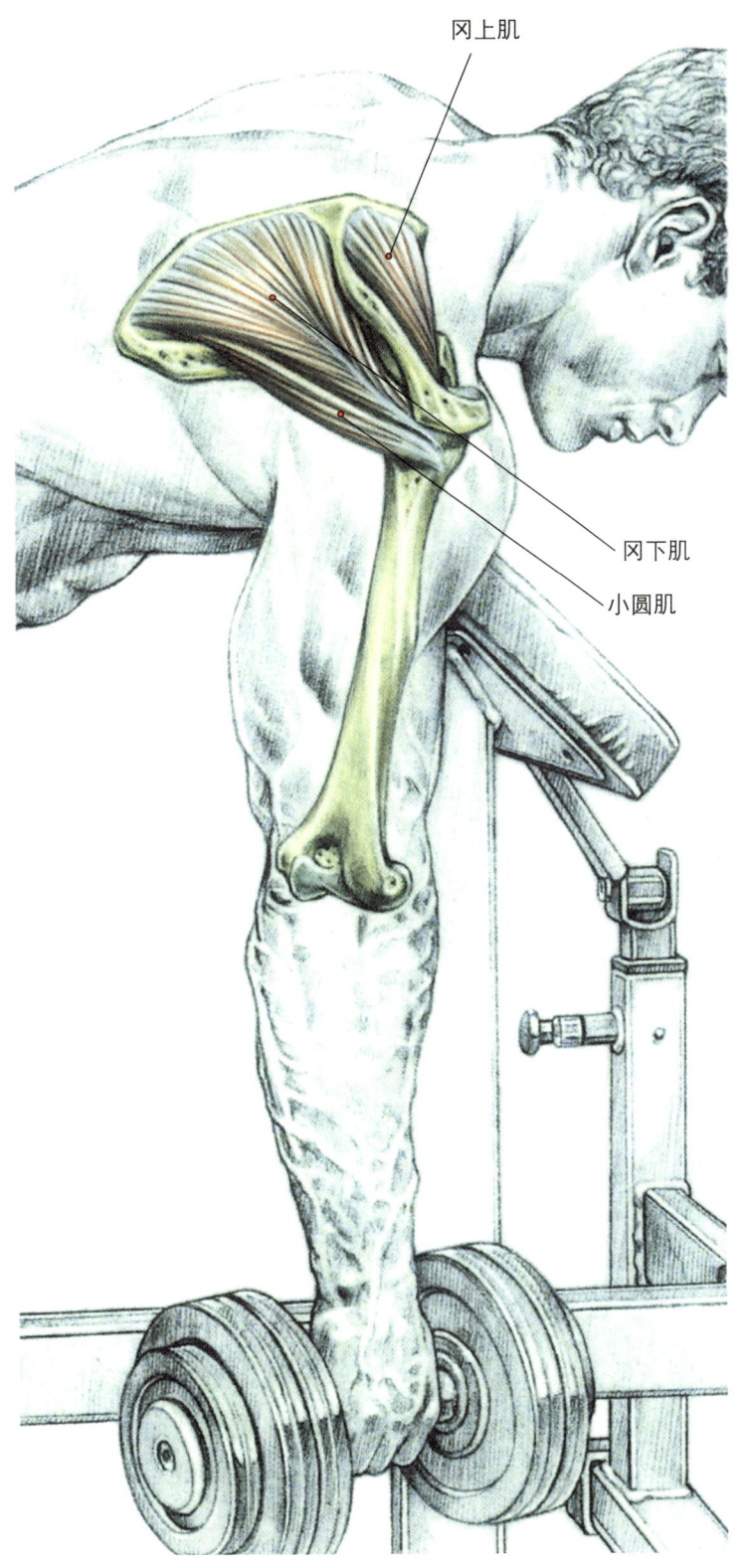

冈上肌

冈下肌

小圆肌

感受斜方肌

斜方肌分成三部分：

1 用来抬升胳膊的上部 ①。

2 在放下肩膀时用于对抗斜方肌上部运动的下部 ②。

3 与菱形肌一起使肩胛骨后缩的中部 ③。

从外观上来说，强壮的斜方肌上部可以带来比较强烈的视觉效果，即使穿着衣服也能看得出来。但是过度强健的斜方肌

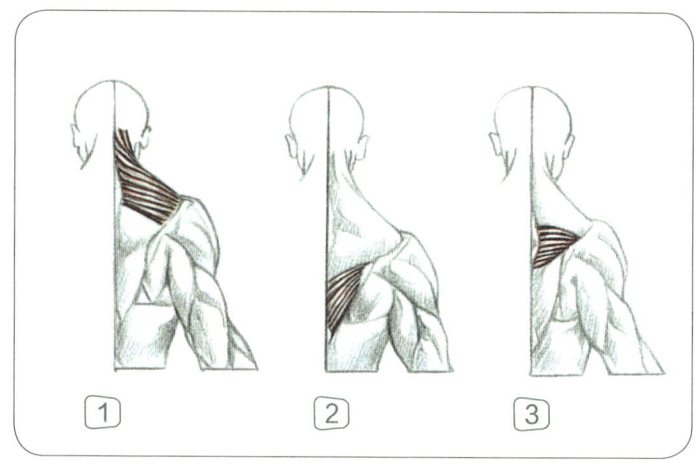

上部，会使较窄的肩部显得更窄，也会对肩部训练产生消极影响。因此，根据不同的需要，调整针对斜方肌的锻炼是很重要的。

注意失衡现象

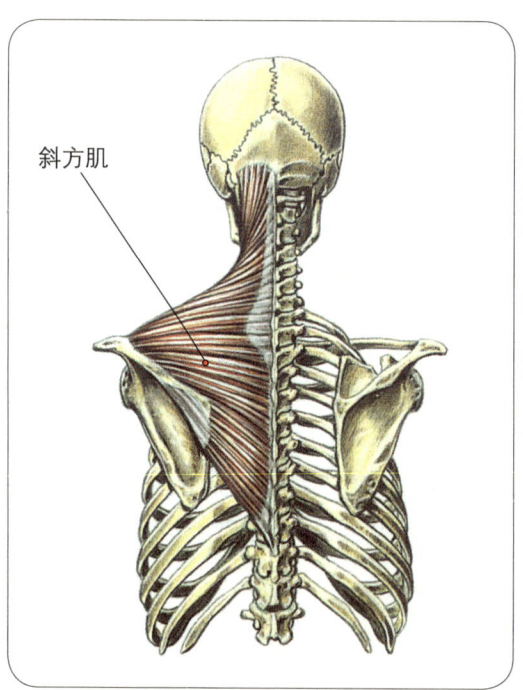

斜方肌

需要避免斜方肌上部和下部之间的失衡现象。斜方肌下部用来固定和保护肩关节。脆弱的斜方肌下部，即上下斜方肌的失衡会使三角肌受伤（史密斯，2009）。因此，相对于斜方肌上部，锻炼发展斜方肌下部更为重要。

当我们耸肩时，是斜方肌上部在收缩。硬拉（见第150页）同样刺激了斜方肌上部，但是其方式属于静态发力。

我们还可以用站姿窄握直立划船来锻炼斜方肌。

4 直立划船

后疲劳的超级组训练以直立划船开始 4 。一旦身体力竭，立即进行耸肩。

预疲劳的超级组训练在进行直立划船前先进行耸肩。

斜方肌何时会工作？

在锻炼中有两种斜方肌的练习方法：

1 传统方式，将斜方肌的锻炼混入肩膀或背部的锻炼中。除了简单的发展斜方肌外，大重量的耸肩训练能够加速上半身肌肉的发展，因为它起到了强化训练的作用（见第 26 页）。站姿，用大重量的耸肩训练开始锻炼，神经流被暂时推进，这也增加了肩膀、胸部、背部和胳膊的力量，目的是通过借力并控制动作幅度来增加杠铃训练重量，由此发现的训练技巧是十分重要的。然而，注意不要让这种训练技巧在训练中产生消极影响，例如，因为斜方肌的燃烧或过度充血而阻止力量的增加。这也是为何只进行 1 ~ 2 组强化训练的原因（除了热身组训练外）。

2 对于受斜方肌困扰的初级健身者，耸肩可以放在肩部训练结束时进行。

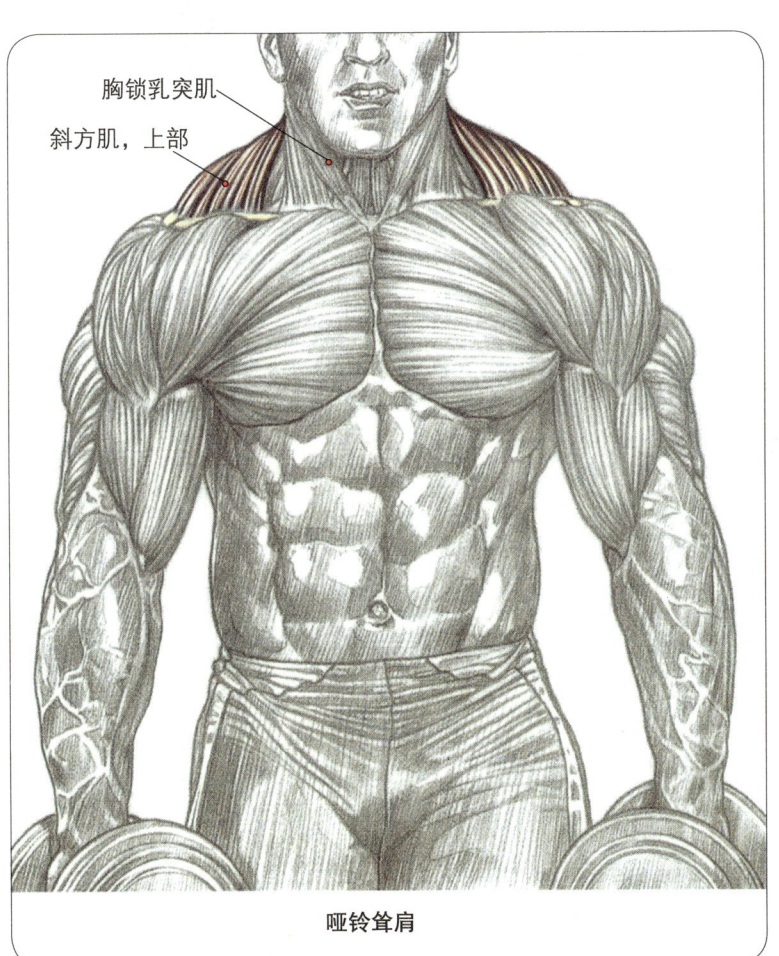

胸锁乳突肌

斜方肌，上部

哑铃耸肩

斜方肌训练动作

耸肩训练

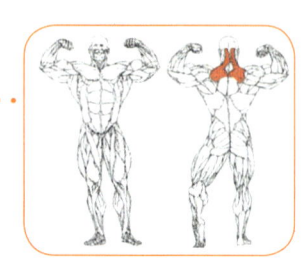

此项孤立练习针对斜方肌上部。用哑铃或固定器械进行单臂耸肩也是可行的。

说明：站姿，胳膊沿身体伸直，握住长杠铃、两个哑铃或者可进行耸肩训练的固定器械 。尽可能抬高肩膀，使斜方肌尽可能去碰耳朵 ②，放下前保持收缩 1 秒钟。要尽可能地进行拉伸运动，不要让脖子产生弹响（这些弹响说明了颈椎在轻微移动）。

注意事项

动作开始时不要弯曲胳膊。相反在胳膊位于高处时，为了能够再抬高肩膀，可以轻轻地拉动肱二头肌。

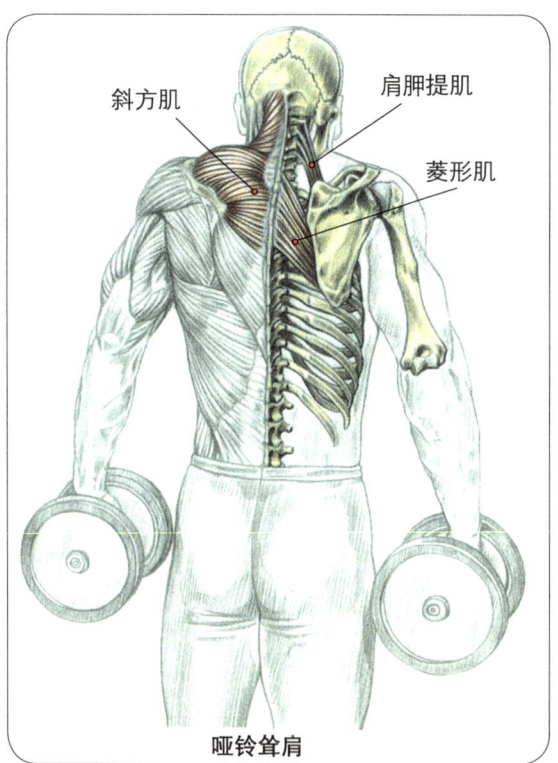

斜方肌　　肩胛提肌

菱形肌

哑铃耸肩

①

②

动作变化

1 用哑铃进行训练时，可以将其置于身前或身后，当然也可以沿身体两侧进行训练，以便改变对斜方肌的刺激角度。接下来的锻炼可以使斜方肌在最短的时间内变厚。胳膊略微向后开始练习，正握。力竭后，改从侧面进行练习（拇指向前），以便以比较简单的方式继续进行练习。

③ ④

体前耸肩

⑤ ⑥

体后耸肩

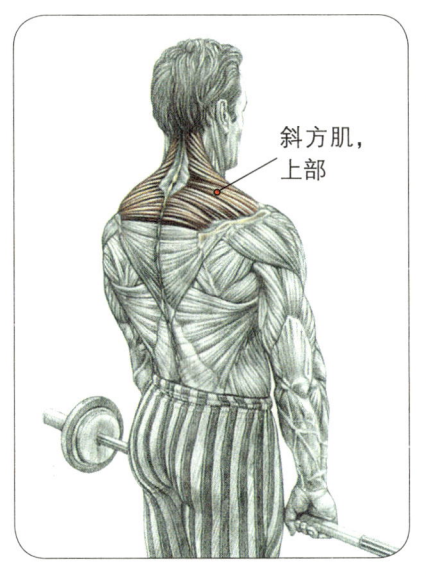

斜方肌，
上部

再次力竭时，将胳膊置于身前（正握）轻微借力，以便更多地完成几次重复训练。剧烈的燃烧感觉会很快地蔓延至斜方肌的整个上半部分。

2 用长杠铃进行锻炼，可以将胳膊置于身前（正握）③④或者将胳膊置于身后（反握）⑥⑦。

3 用固定用器械或杠铃进行锻炼，双手间的距离可以改变，以便使斜方肌接受非常规角度的刺激：

> 窄握能确保最好的肌肉收缩，但会减小收缩阶段的幅度。

> 宽握：

→ 确保最好的肌肉收缩，但会减小伸展阶段的幅度。

→ 刺激目标更集中于斜方肌上后部。

4 为了防止杠铃的摆动，耸肩训练可以在史密斯机上进行。

优点：刺激直接作用于斜方肌上。唯一的干扰是在进行特别大重量练习组时，双手很难坚持不松手；助力带的使用能很好地解决这个问题（见第54页）。

缺点：斜方肌上部的发展会更容易些；斜方肌的下部则不容易锻炼发展。因此，就会在对抗肌肉区域产生失衡现象。不要对斜方肌上部进行猛烈地锻炼，而应该花时间对斜方肌下部进行锻炼。

风险：因为斜方肌与颈部肌肉相邻，斜方肌上部肌肉的重复收缩会使头部产生不适。要谨慎地进行此练习，避免过高地抬起下巴，避免挤压到颈部神经。要完成大重量训练，腰部就有可能受到挤压。注意，不要因为过度增加重量而损伤腰部。

用器械锻炼斜方肌的优势

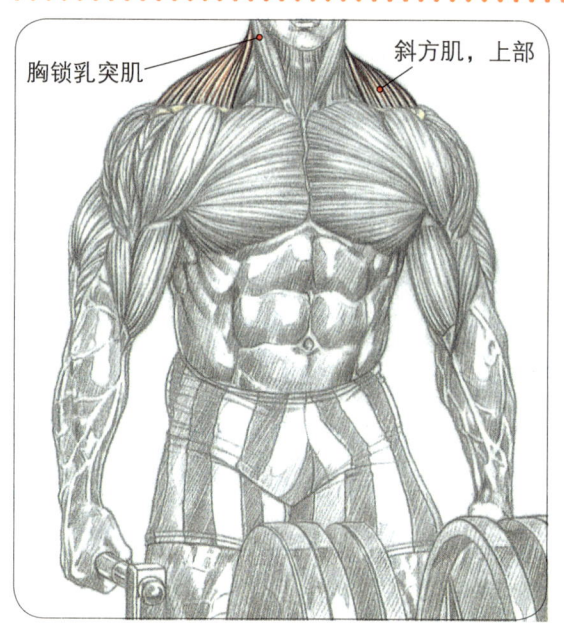

胸锁乳突肌

斜方肌，上部

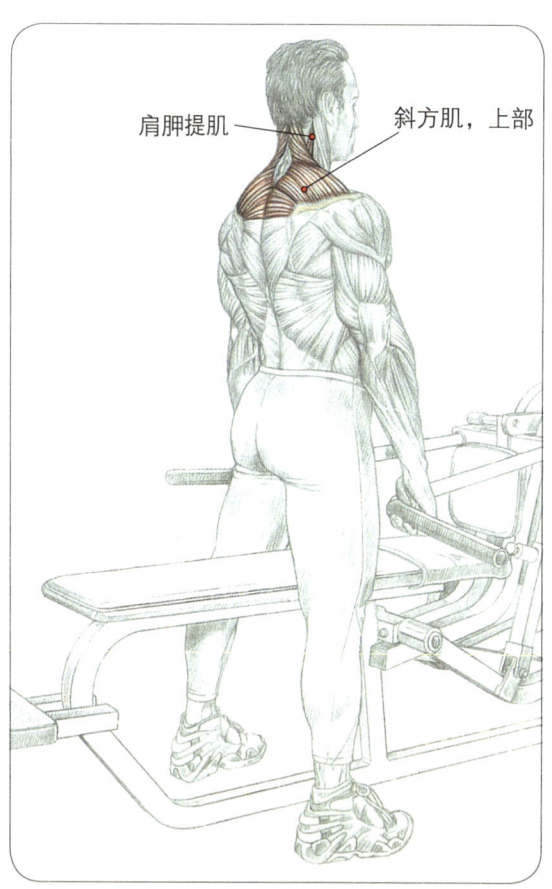

肩胛提肌

斜方肌，上部

固定器械结合了杠铃和哑铃的优势，并且没有显示出不足之处，表现在可以：

> 使胳膊完美地沿身体进行运动，这会让斜方肌处于最好的运动轨迹之上。用长杠铃进行锻炼时，必须将其放在身前或者置于身后。虽然在锻炼斜方肌上部时使用哑铃，可以进行完美的拉伸运动，但是会对大腿肌肉产生摩擦，这会使其非常不适。

> 可以使用大重量进行锻炼。用杠铃进行锻炼时，重量不受限制，但是用哑铃进行锻炼时，为了得到合适的阻力就不能使用过重的重量了。

> 改变手的方向。在用杠铃进行锻炼时，手不同方向的可能性会受到限制，但是用哑铃做锻炼时手的方向受到的限制较小。

> 使用简单方便。把手几乎能到达最合适的高度，并且不需要把它们重新放回地上，但是用哑铃进行锻炼时，需要重新将其放回地面；当用杠铃进行锻炼时，为了将其从架子上取出来你需要后退几步。

> 使用固定器械时，可以得到最佳的动作幅度，此时斜方肌下部进行着明显的拉伸而上部则进行着最好的收缩。

如果没有可以进行耸肩训练的固定器械，针对胸肌进行卧推训练的卧式器械可以是很好的替代品。

腿、背部训练器六角杠铃吸收了哑铃的很多优点，并且没有不足之处。

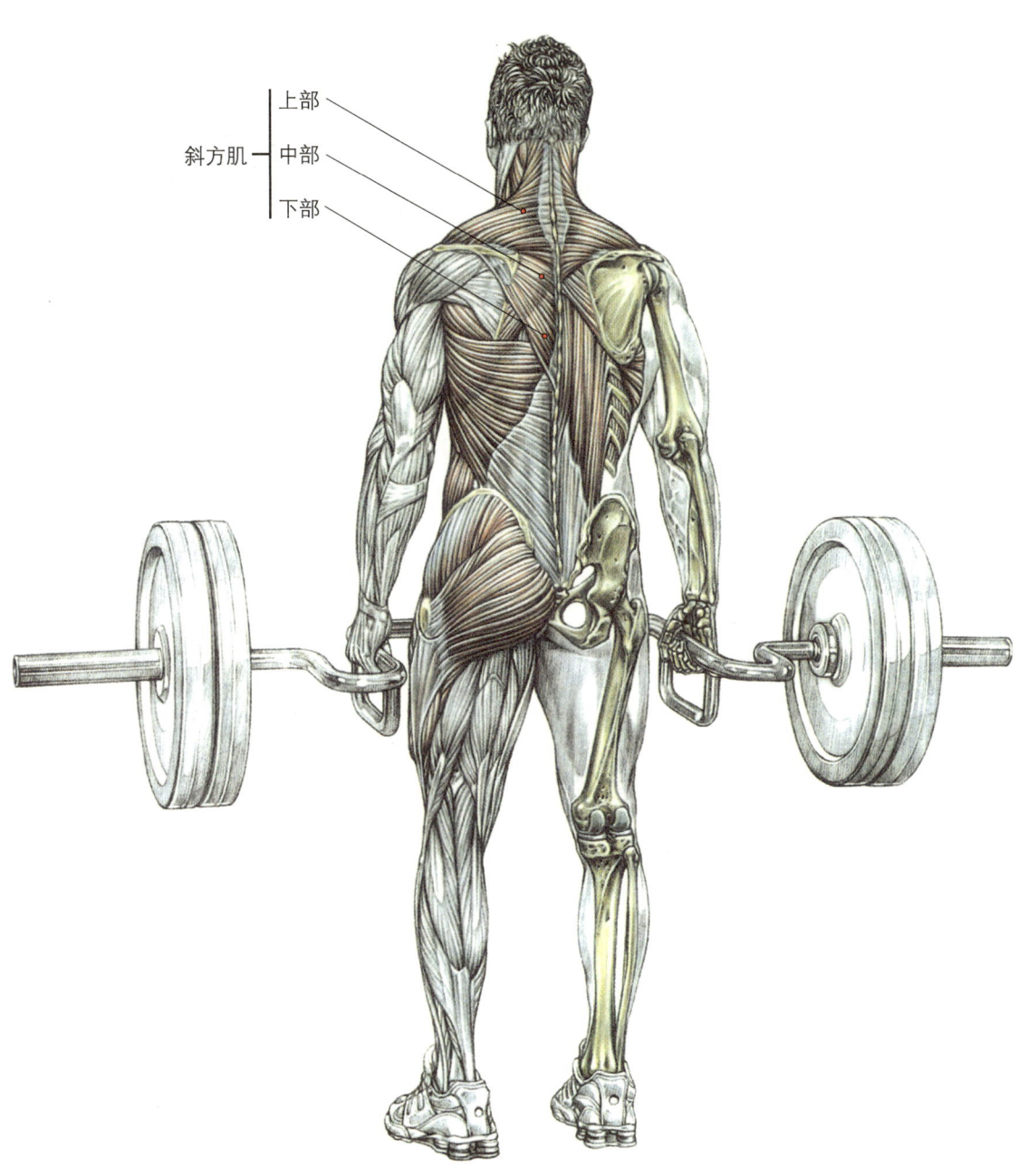

斜方肌 上部
中部
下部

六角杠铃耸肩

借助腰部肌肉力量保护背部

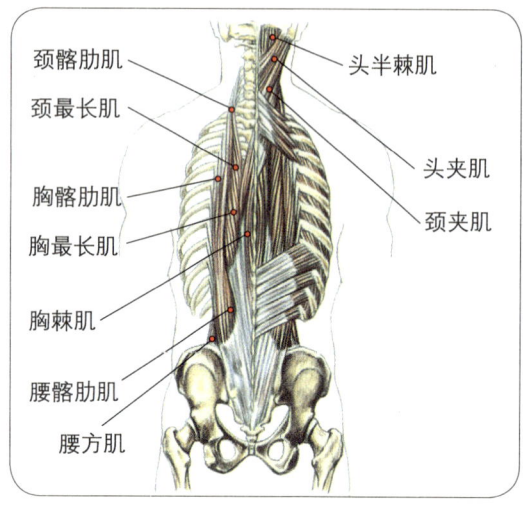

颈髂肋肌
颈最长肌
胸髂肋肌
胸最长肌
胸棘肌
腰髂肋肌
腰方肌
头半棘肌
头夹肌
颈夹肌

腰骶部肌肉的作用

腰骶部肌肉有双重作用：

1 用来支持脊椎下部；当腰骶部肌肉得到充分发展时，它们可以承担作用于背部脊柱上的压力。

2 当向前倾斜身体时，腰骶部肌肉可帮助我们挺起上半身。当进行此动作练习时，腰骶部肌肉与臀肌和腘绳肌肌群一起受到刺激。

⚠ 注意

以下几点要尽早注意：

1 脊柱很脆弱。

2 即使从来没有进行过训练，很大一部分人的背部也会感到不适。

3 肌肉锻炼会过分刺激椎间盘。

4 我们只有一个脊柱。一旦它受损，就要控制锻炼力度，让它尽可能小地受到伤害。

复合练习——针对椎间盘突出的练习

我们经常会在有关健身的书籍中看到这样的观点，对于肌肉发展没有什么比复合动作更有效的。深蹲、俯身划船、硬拉、推举等，有时所有的动作会在同一个训练日中出现。如果采用这种锻炼方式，困扰我们的不是腰部是否会受损，而是什么时候会出现问题。

面对这样的警告我们要知道，如果按照正确的锻炼方法进行锻炼，就不会有危险：

> 仅仅一小部分健身者的脊柱会受到伤害。

> 强化腰部肌肉并不意味着脊柱受损。

> 某些健身者在做复合训练动作时很轻松，但大部分人却需要拱起背部进行训练。以硬拉和深蹲（见第 150 页和第 245 页）为例，部分健身者的体型并不适合这些练习。

>不幸的是，拱起的背部要比挺直的背部更有力。通常，在训练组开始时脊柱的形态是很好的。但是随着重复练习的进行，我们会拱起脊柱，以便补充肌肉流失的力量。

>拱起的背部究竟有多大力量并且这种技巧有多么危险？这当然要比挺直背部更有力也更危险。

合理锻炼腰部

不可否认硬拉是很有效的，但也存在着一定的危险。例如，8 组 20 次的硬拉重复练习会导致腰椎间盘：

→ 提升 4 毫米，不戴力量举腰带。

→ 提升 2 毫米，使用力量举腰带（赖利，1995）。

如果只是看别人训练，你一定会对这个训练动作大加赞扬！相比锻炼其余所有的肌肉，锻炼腰部肌肉要更加聪明合理。要在不损伤脊柱的情况下，选择最好的方式来锻炼腰部。

腰椎的运动

多种训练法让硬拉训练更有效

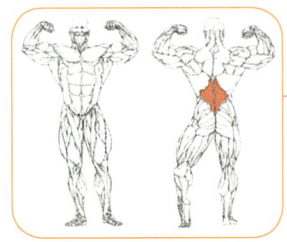

山羊挺身

此项孤立训练动作锻炼了脊柱肌肉、臀肌和腘绳肌肌群。用单腿进行单侧训练也是可行的。

说明：用固定器械进行锻炼，踝骨固定在架子下，放松上半身使其与地面呈垂直状态，用腰部力量抬起上半身。为了使力量集中在腰骶部肌肉上，要有控制地卷起和展开脊柱。为了达到目标，要慢慢地进行这个动作。

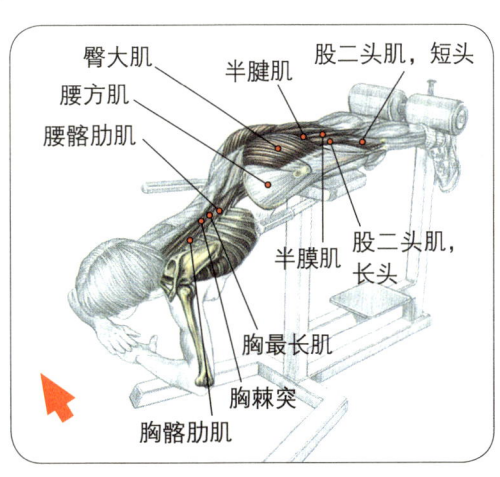

臀大肌
半腱肌
股二头肌，短头
腰方肌
腰髂肋肌
股二头肌，长头
半膜肌
胸最长肌
胸棘突
胸髂肋肌

上半身抬起的高度

有时我们会被劝告，身体抬升的高度不要超过与地面的平行线。除非是为了使背部免受伤害或者为了避免进行粗暴运动，身体抬升高度超过平行线并不会带来太多问题。最有利的动作高度其实是位于平行线之上的，我们称之为过度屈伸。站立时应避免出现过度屈伸现象。但是在俯卧的时候，重力不会使腰间盘增压。这不是说为了使上半身与地面呈垂直状态要把背部弯曲成两部分。当腰部肌肉不能再进一步收缩时，是能够很自然地被感受到的。此时保持 1 ~ 2 秒的静力收缩，再重新下降身体至动作初始阶段。

动作变化

有两大类的山羊挺身运动：

1 最常见的方式是动作开始于骨盆的位置。此动作人部分情况下是由人腿后部肌肉发力，有时也会由臀部肌肉发力，极个别情况下是由腰骶部肌肉发力。保持静力收缩的肌肉同时会引起燃烧和充血，这会让你有它们正在进行收缩的感觉。

这种形式的静力收缩并不一定是消极的，因为腰骶部肌肉正需要静力收缩的训练。例如，在深蹲的任何一个阶段内，腰部肌肉都不会得到休息，而总是处于静力收缩的状态下。

但是我们知道，为了发展肌肉围度，没有什么比得上收缩和伸展锻炼的。对于增大肌肉围度，因为缺少离心收缩阶段，所以静力训练效果并不理想。

2 为了真正锻炼腰部肌肉，可以使用更灵活的罗马椅进行罗马椅挺身，需要以蜗形方式卷起和展开背部。脚在椅子上的位置越往后（因为底座阻止骨盆向前伸展的缘故）坐姿就会越固定。腰骶部肌肉发力，随着身体抬升，脊柱会逐步展开。

此运动也可用架子固定住一条腿，单腿进行。另一条腿也放在架子上，但是处于悬空状态。单侧的过度屈伸，增加了训练腿时臀部与腘绳肌肌群所受到的张力，腰部肌肉没有真正被改变。此动作主要针对大腿肌肉而不是脊柱肌肉。

优点：过度屈伸可以锻炼腰骶肌肉，不会损害脊柱。

缺点：进行更高负重的锻炼是很困难的。通常，一旦在头后部或在下巴下增加一个重量，重量中心就会转移。此时练习就会不那么合适，并且更难使用到腰部肌肉。

增加上半身负重的较为合适的方式是，使用小杠铃或者胳膊伸直状态下提起一定重量的负重 1 2 。此练习与某种硬拉训练比较相似。如果在胳膊处挂上杠铃，就更容易进行过度屈伸训练。这种姿势使你在动作下半段的拉伸过程时更加有力，同时在动作上半段可以更好地进行肌肉收缩。

风险：如果发力较猛烈会给脊柱带来危险。因此，要慢慢地抬起上半身，将缓慢发力与静力收缩的方法相结合来锻炼脊柱肌肉。

① 开始运动时 ② 结束时进行过度屈伸

注释：头部的位置是极其重要的。为了更好地收缩脊柱肌肉，训练时头部要向后向高处倾斜（见第51页）。在整个训练过程中，都要保持这个姿势。

也可以将头部置于与上半身平行的位置。在拉伸的状态下，头部向前倾斜，这样可以更好的伸展腰部肌肉。从前往后晃动头部会使人头晕。

⚠️ **注意**

不要在收缩位置低头。

水平训练椅还是成45度角的训练椅？

上斜山羊挺身

对于腰部运动有两大类的传统训练椅，水平训练椅或是成45度角的训练椅。选择依据是：

→ 健身房的设备；

→ 你个人的训练习惯。

成45度角的训练椅会有不便之处，就是在训练时不能有效伸展脊柱和脊柱下部。至于它们特殊的阻力，比起腰部肌肉，成45度的训练椅对腘绳肌肌群的刺激更明显。

先进的训练动作

对于腰部肌肉有两种全新的练习，早安式体前屈（glute-ham raise）和反向山羊挺身（reverse hyper）。这两种练习都需要特殊的训练椅。

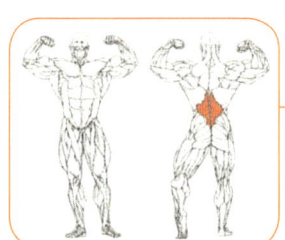

早安式体前屈

早安式体前屈所用的训练椅与传统的训练椅有所不同：

1 脚掌会被金属板固定住，有个支座可用来增加小腿肌肉和大腿后部肌肉的运动。当脚不固定的时候，例如，在传统训练椅上进行练习时，不可能有效使用腿部肌肉。

2 椅背可以支撑住骨盆，使其呈驼峰状而不是平直的。这种体态更有利于上半身进行旋转。

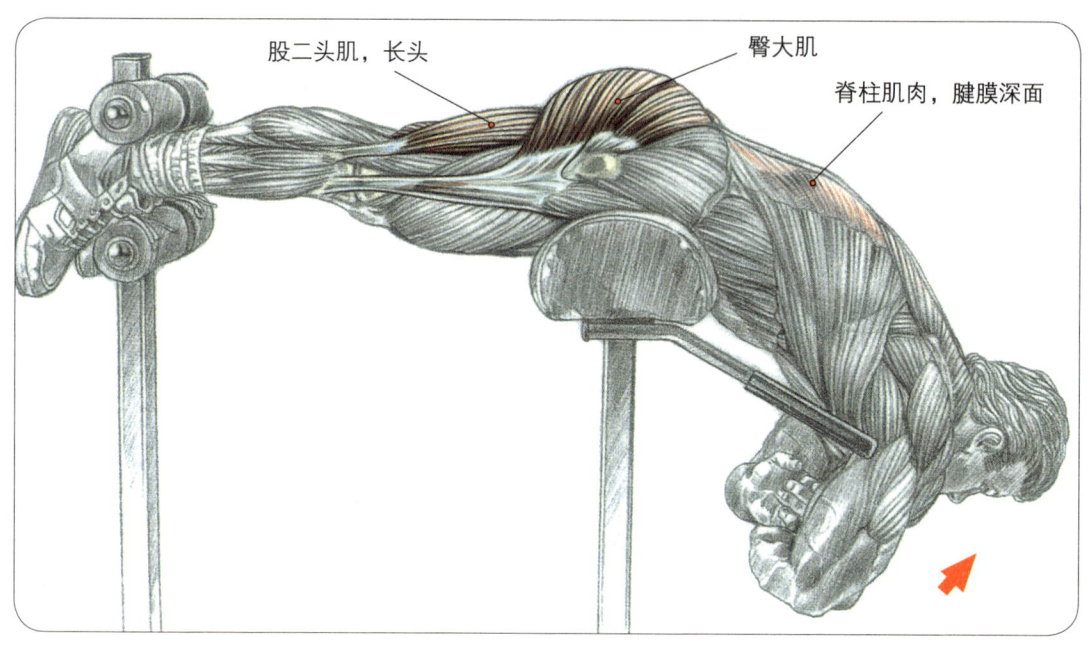

股二头肌，长头

臀大肌

脊柱肌肉，腱膜深面

早安式体前屈训练从动作开始一直到达到平行状态时，都与传统的山羊挺身是一样的。运动到了平行状态后，要用腘绳肌的力量卷起双腿同时用力将身体抬得更高，使上半身与地面呈垂直状态。

除了能更好地收缩腘绳肌肌群外，更重要的是还可以使动作幅度加倍。静力收缩与动态收缩会让训练持续更长的时间。早安式体前屈同时锻炼了位于脚部和颈部之间的所有肌肉，是硬拉和深蹲前的非常重要的准备训练。

反向山羊挺身

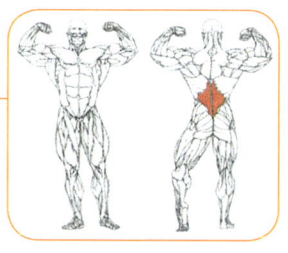

反向山羊挺身是早安式体前屈的反向训练动作。不是在腿部固定的情况下运动上半身，而是在上半身固定的情况下抬起双腿。此练习可以在没有器械的情况下进行，但是使用器械进行锻炼会更有效。事实上，最好使用负重以迫使腿部至少回到肚脐下方的位置，这样可以伸展脊柱和腘绳肌肌群。没有预拉伸，练习会缺少肌肉感觉和减小动作幅度。如果没有器械，用橡皮筋缠住脚部也可以带来阻力。山羊挺身的好处是强制腰部肌肉进行减压。

如何看待针对腰部肌肉进行锻炼的固定器械？

大部分针对腰部锻炼的固定器械都不适合锻炼脊柱，原因如下：

→ 坐姿对于收缩腰骶部肌肉并不是很有利。

→ 上半身笔直的姿势并不适合进行过度屈伸，尤其是当脊柱受到压力的情况下。

→ 这些器械有挤压脊椎的倾向。

→ 过度合拢双腿，会使大重量的练习变得更困难。

→ 缺少支撑点会降低训练效率。

当然也有合适的固定器械。

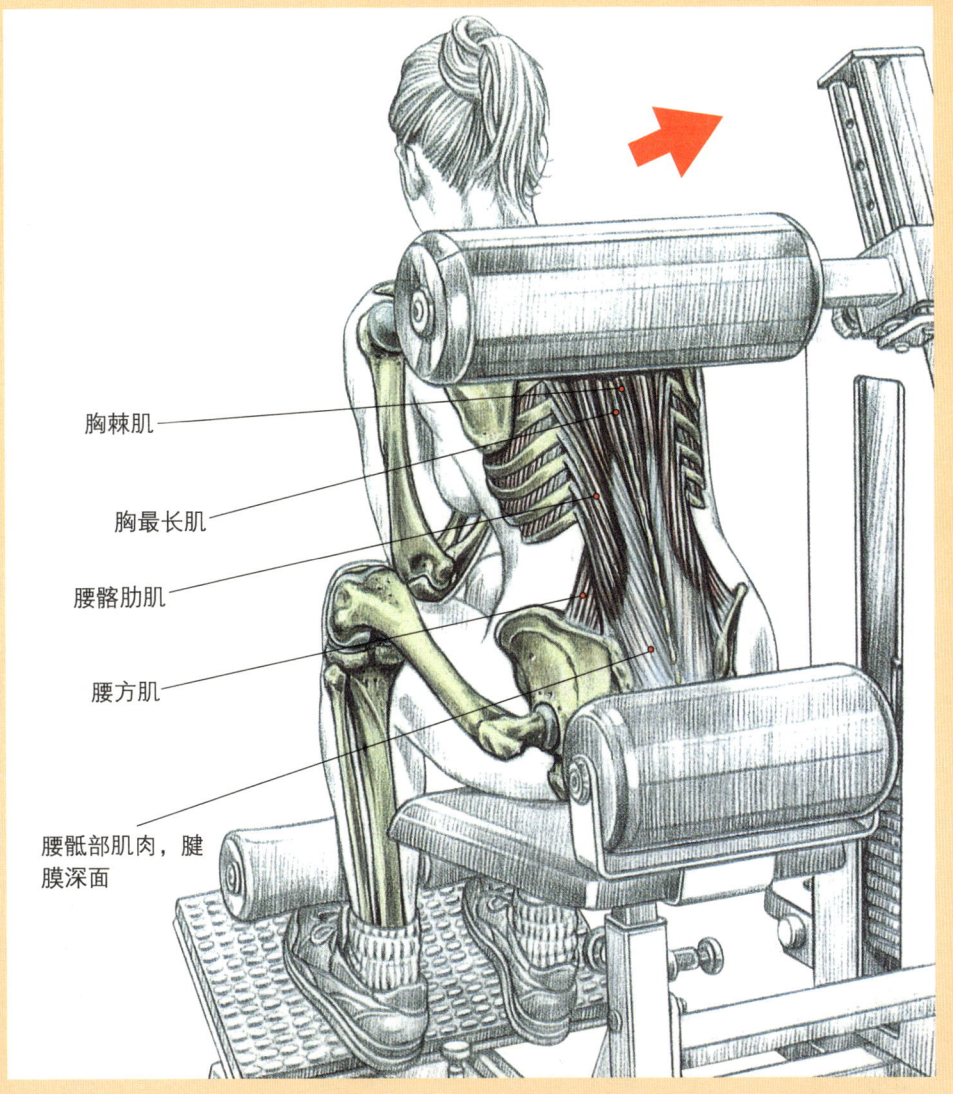

胸棘肌

胸最长肌

腰髂肋肌

腰方肌

腰骶部肌肉，腱膜深面

锻炼腰方肌

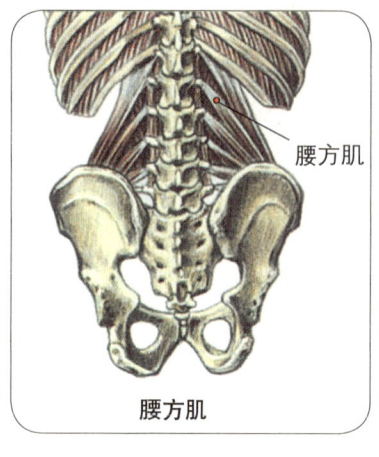

腰方肌

腰方肌

虽然腰方肌是深层肌肉（也就是看不见的肌肉），但是也不能忽视它，因为它对脊柱起到重要的支撑作用。在每次训练结束时，挂在单杠上进行侧弯举来锻炼腰方肌，可以使背部得到放松 ①。挂在单杠上，像锻炼腹肌下部时那样弯曲双腿。不要将膝盖向前抬起，而是将其向侧面抬升。

屈腿硬拉

此项复合训练动作不仅锻炼腰部，同时也锻炼背部、臀部和大腿肌肉。单腿硬拉亦可，但会有点困难。

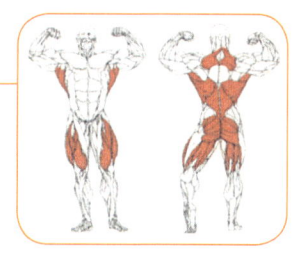

说明：双脚分开与锁骨等宽，或略微窄一点，蹲下拿起杠铃，杠铃位置尽可能靠近双脚 ②。背部保持挺直，略微向后弯。腿部与背部共同发力拉起杠铃，以便直起身子 ③。腿部和腰部的运动一定要尽量同步，并且杠铃要沿小腿和大腿滑动 ④。一定不要先腿部发力，然后再用背部力量拉起杠铃。站起来后 ⑤，向前倾斜身体同时弯曲双腿，以便下降身体还原至训练开始时的姿势。

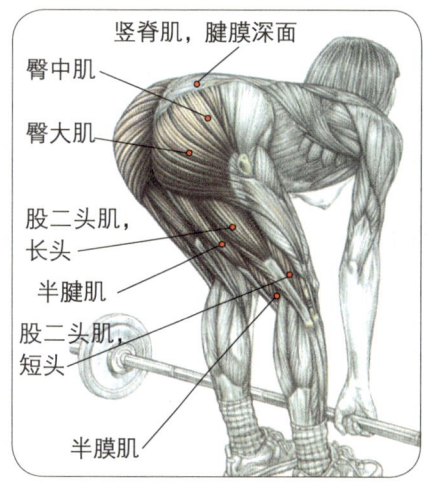

竖脊肌，腱膜深面
臀中肌
臀大肌
股二头肌，长头
半腱肌
股二头肌，短头
半膜肌

②

③

④

⑤

正反握硬拉训练

注意事项

当腰部感到疲劳时，背部就会越来越难以保持自然弯曲度，脊柱开始拱起，这会使练习更容易进行并且可以获得额外的重复训练次数。这也是为何即使背部的姿势很不舒服，健身者也不会停止练习的原因。当腰椎间盘因疲劳处于不佳位置时，依然坚持继续训练并不是好主意，最好在背部开始拱起时就停止练习。

动作变化

1 手的姿势可以是相反的，也就是说一只手反握，另一只手正握。这种握姿可以使我们更好地握住杠铃，同时会阻止杠铃滑动，但是在反握时，肱二头肌极其容易受伤，肌肉撕裂现象十分常见。双手正握可以保护肱二头肌，但是这种姿势却不容易握住杠铃，助力带能够解决这个问题（见第54页）。

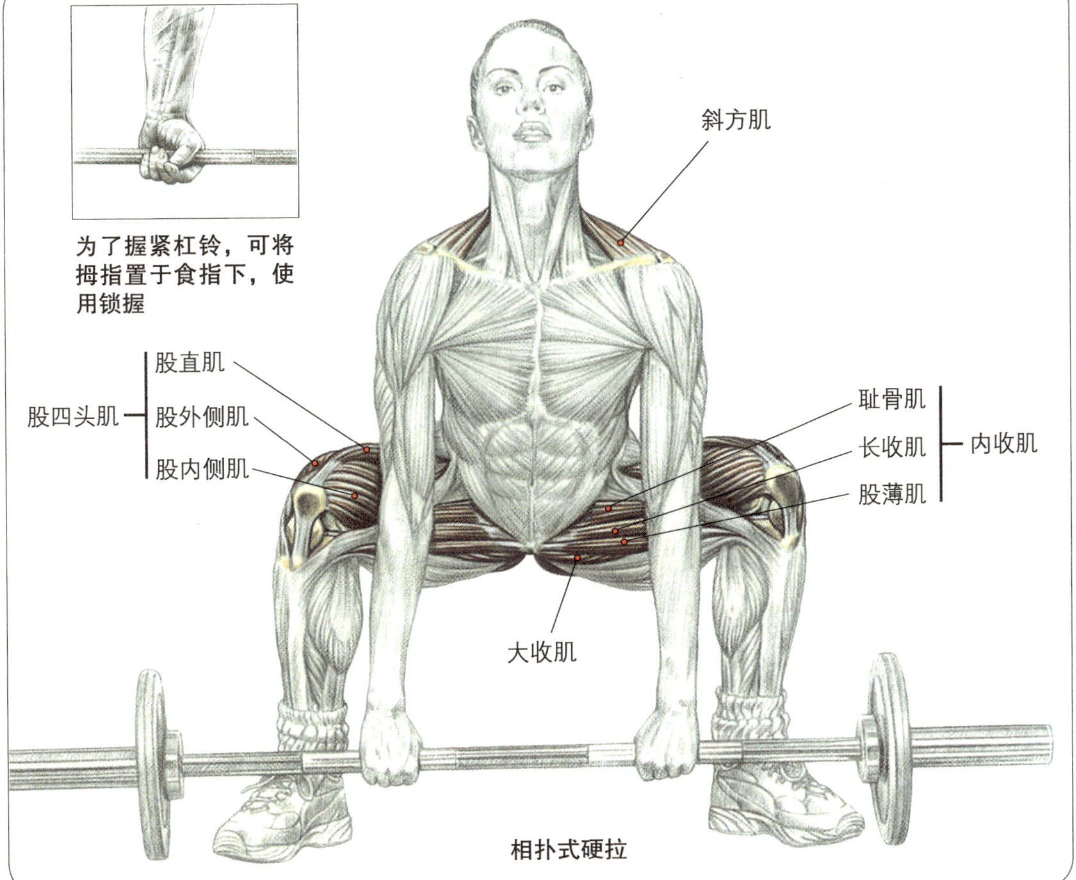

为了握紧杠铃，可将拇指置于食指下，使用锁握

斜方肌

股四头肌
股直肌
股外侧肌
股内侧肌

耻骨肌
长收肌
股薄肌
内收肌

大收肌

相扑式硬拉

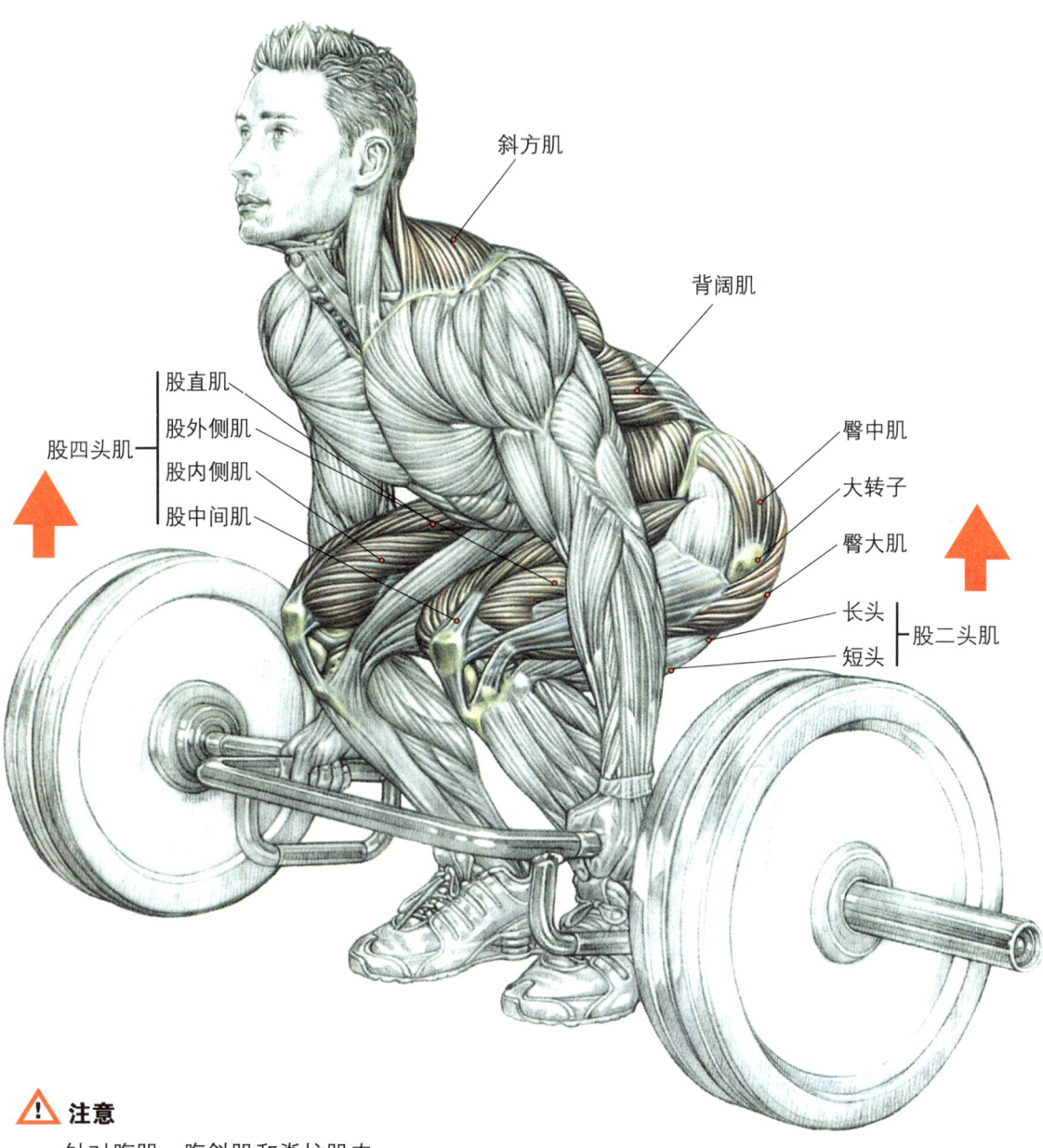

斜方肌

背阔肌

股直肌

股外侧肌

股四头肌

股内侧肌

股中间肌

臀中肌

大转子

臀大肌

长头

短头

股二头肌

⚠ **注意**

　　针对腹肌、腹斜肌和脊柱肌肉
进行热身，以便让腰部处于最理想
的保护状态。

六角杠铃硬拉

① 哑铃硬拉

② 六角杆杠铃硬拉

2 双腿间的距离可进行调整，双脚可以靠得很近也可以分得很开。

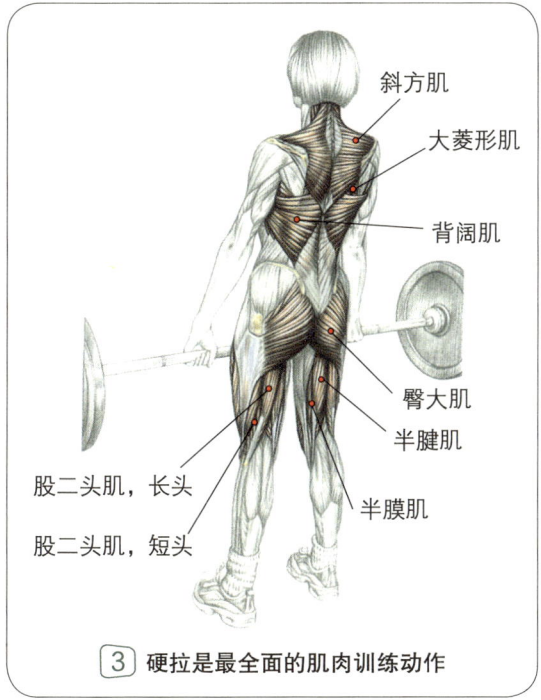

斜方肌

大菱形肌

背阔肌

臀大肌

半腱肌

股二头肌，长头

半膜肌

股二头肌，短头

③ 硬拉是最全面的肌肉训练动作

采用史密斯机硬拉可以避免过度拱起背部

3 使用哑铃 **①** 或六角杆杠铃 **②** 而不是用杠铃进行锻炼，可以使动作更自然，可以减少身体的倾斜度，降低腰部受伤的可能性。

优点：这是最全面的肌肉训练动作；可以在最短的时间内刺激尽可能多的肌肉 **③**。

缺点：因为大量的肌肉参与训练，所以会让人感到十分疲惫。另外，由于此项练习是由主动发力开始的，所以在下降阶段并不能在肌肉中储存弹性势能。

风险：脊柱受到很大刺激。即使背部姿势正确，椎间盘也会有被压碎的危险。在锻炼结束时，要用单杠进行长时间拉伸放松。

注释：如果你的腿很长，胳膊很短，就不得不拱起背部，以便将杠铃放在地上，但是我们并不建议这样做。在此情况下，减小动作幅度，只将杠铃下降到膝盖的位置即可。

早安式深蹲

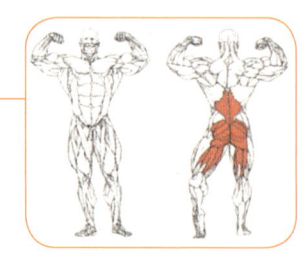

此项复合训练动作不仅锻炼腰部肌肉，还锻炼臀部肌肉和腘绳肌肌群。单侧训练亦可，但十分少见。

说明：双脚分开与锁骨同宽，将杠铃放在肩膀后部（不要放在脖子上）①。背部保持挺直状态，可以稍微往后弯曲一点点。向后退1～2步，以便将杠铃从架子上取下来，双腿略微弯曲。一定要让背部尽可能地保持笔直状态，当拉伸阶段感觉较舒适时，可以将身体向前倾斜②。一旦到达了拉伸的姿势，就用腰部的力量重新站立起来。为了保持肌肉持续紧张，不要完全抬起上半身。

注意事项

虽然拱起背部可以使练习变得更容易进行，但是却使脊椎处于危险的境地。

动作变化

1 双腿可以保持微曲。腰骶部肌肉同样受到很大刺激。

2 站距可以进行调节，双腿可以靠得很近 ③（为了更好地将力量集中于背上），也可以分得很开 ④（为了更好地收缩腘绳肌群和大收肌）。

3 上半身的倾斜度可以改变。负重越大，倾斜得就越小。双腿保持伸直状态，身体倾斜度不要与双腿微曲时一样大，否则你就会拱起背部。

胸棘肌
胸最长肌
髂肋肌
腰方肌
脊柱肌肉，腱膜深面
臀大肌
股二头肌 ┤ 长头
　　　　　 短头
半膜肌
半腱肌

优点：这是为深蹲和硬拉所做的准备运动，可以在最短时间内锻炼大量的肌肉。

缺点：在进行此项练习时，并不容易保持平衡。任何动作轨迹的偏差，都会使你丧失稳定性并且容易带来伤害。

风险：脊柱受到很大刺激，腰椎间盘很容易被压碎。在锻炼结束时，要在单杠上拉伸一段时间进行放松。

注释：第一次进行此练习时，用不带杠铃片的杠铃就可以产生足够的阻力，并且能使你慢慢适应此项练习。

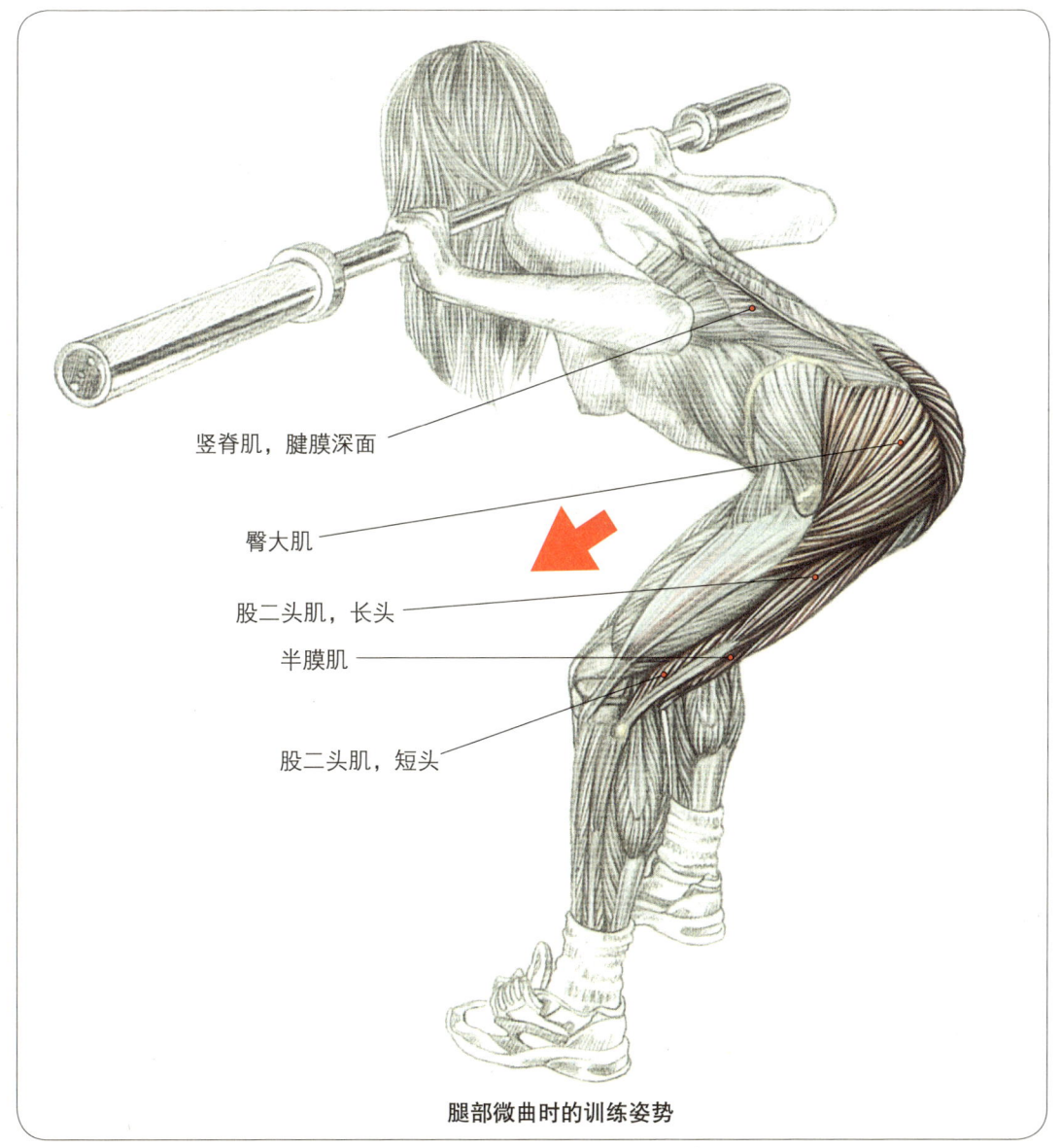

竖脊肌，腱膜深面

臀大肌

股二头肌，长头

半膜肌

股二头肌，短头

腿部微曲时的训练姿势

平衡胸肌训练

解剖学论述

胸大肌由一块大肌肉构成，这块肌肉可以分成几部分：

→ 锁骨部或胸肌上部。

→ 胸肋部，此部分位于胸肌中部。

→ 腹部，此部分指的是胸肌下部。

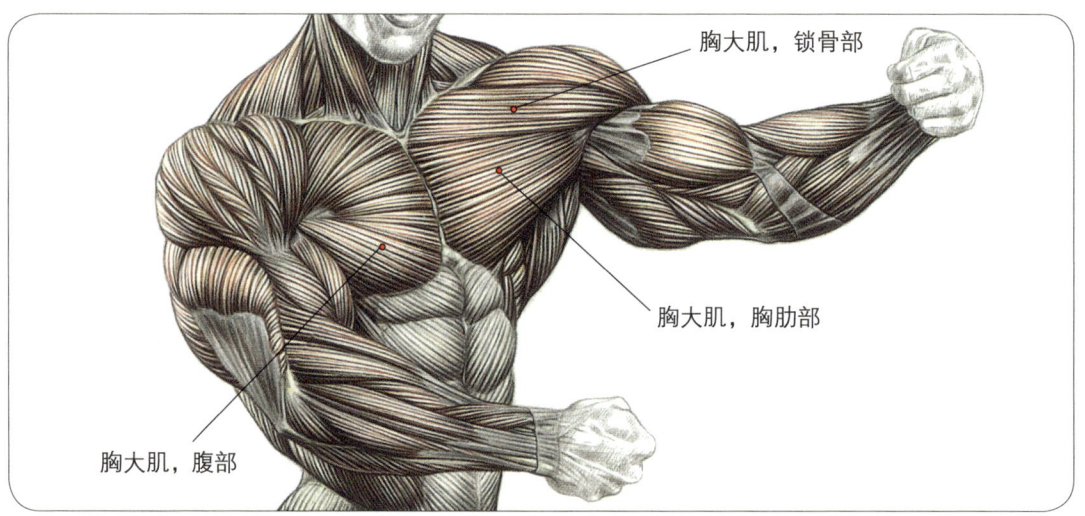

胸大肌，锁骨部

胸大肌，胸肋部

胸大肌，腹部

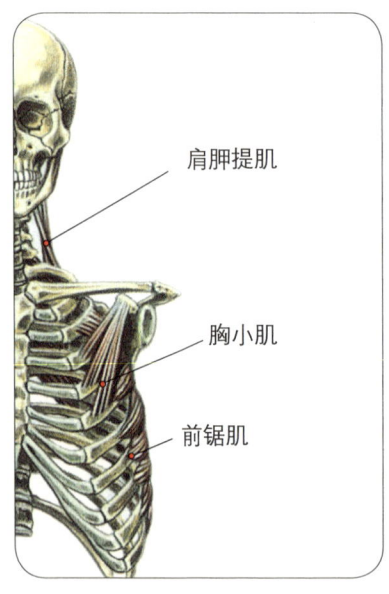

肩胛提肌

胸小肌

前锯肌

胸大肌下有一块藏起来的胸小肌，它对于肩膀的稳定性起一定的作用。因为它体积很小，所以没能引起健身者的注意。然而胸小肌却能给精通卧推的健身者带来伤痛（巴提亚，2007）。胸小肌上的肌腱炎很容易与肩膀的伤痛混淆起来，因此为了正确的判断疼痛属于何种问题，确定胸小肌的位置就很重要了。压力产生的疼痛表明肌肉正在燃烧，此时需要进行休息并且要控制对胸肌的锻炼。

胸肌的作用

在进行投掷运动时，胸肌可以使胳膊向前伸展。

胸肌上部与肩膀前部协同作用，可以使胳膊向上抬起。

形态特点——胸大肌是呈角状的肌肉

① ②

胸肌因为其形状呈扇形，所以是角状肌肉：

→ 它一边附着于胳膊上一点。

→ 另一边附着在从第六肋骨直到锁骨部分的多点上，同时会穿过胸骨，因此就会存在多种训练角度。胳膊的位置会使不同的胸肌纤维束参与运动。

这些不同的位置有：

→ 为了锻炼胸肌上部，胳膊位于头上部 ①。

→ 为了锻炼胸肌下部，手部到达大腿处 ②。

如果只在一个角度下训练，可能会锻炼不到胸肌的上部、中部或者下部。

生理学的两难选择题——卧推是胸肌训练的首选动作？

教条： 对于胸肌，卧推是最好的练习。为了增加胸肌的围度，只要不断使用大负重训练即可。

事实： 对于发展完美胸肌，开始时卧推训练确实是有效的。但是对于某些健身者，卧推训练实际上会使胸肌缺少锻炼并且可能使肩膀受到严重的伤害。事实上，没有人可以系统说明卧推的好处。科学研究很好地显示出，在仰卧姿势时个体使用肌肉的差别性。例如，罗恰（2007）指出，胸大肌的收缩要比肩膀前部肌肉的收缩多30%。相反，维尔什科（2005）却指出，三角肌的活跃性要比胸大肌略高。

当然，不正确的胸大肌的发力方式，可能是由不正确的姿势引起的。但是，一个不适合卧推的体型，会在训练时很难有良好的肌肉感受。如果你不太适应卧推，就需要：

1 进行肌肉调配能力的训练。这样可以在改善胸肌发力的同时，最大限度地获取卧推训练的好处。

2 找出最适合你体型的训练动作。

锻炼胸肌的4个困难

缺少肌肉围度

在日常生活中很少会用到胸肌，这也可以说明为何：

→ 初学者的胸肌一般都不发达。

→ 初学者很难感受到胸肌的收缩。

当肩膀或胳膊比较强壮时，在进行不同方式的卧推训练时，可能会很难刺激到胸肌。当不能很好确定胸肌是否进行了锻炼时，便会试图推起更大的重量，但是这只会增加问题而不会解决问题。事实上，负重越重，训练姿势被破坏的程度越明显，健身者会强制让肩膀或胳膊参与训练，进而损伤胸肌，这会直接影响健身者的运动能力。

健身者必须学会如何更好地感受胸肌的运动，这只有孤立训练才可以办到。特殊器械也能使我们更好地感受到胸肌，尤其是使用它们进行单侧训练的时候。如果已经有了较好的肌肉感觉，那就试着将其转移到卧推训练中。健身者要使用适度的重量，以便胸大肌可以最大限度地保持紧张。

力竭时应该改变训练感觉。不应该在无法推起杠铃即传统力竭时停止训练，而应该在不能再有效感受胸肌收缩时停止运动，这种可感知的力竭发生在传统力竭之前。事实上，疲劳不利于肌肉发展，胸肌越来越少地参与到训练中去，这是不利于锻炼效果的。随着训练经验的增长，可感知的力竭就越来越靠近传统力竭了。锻炼的重要一步就是要跨过可感知力竭和传统力竭相重合的阶段。

在第 8 页上我们提到过，年轻时进行的体育锻炼能增加未来肌肉发展的潜力。另外，即使年轻时做了很多锻炼，但是极少有运动可以锻炼到胸肌。每天进行锻炼可以填补运动不足。我们比较偏爱的是滑轮绳索飞鸟练习，做此练习的条件是不要用肩膀的力量来进行锻炼。如果用肩膀的力量进行锻炼，不会解决胸部存在的任何问题。

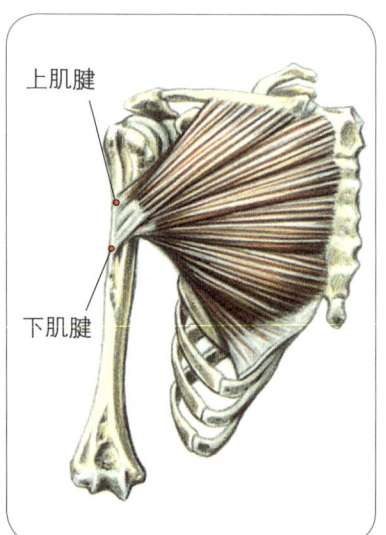

上肌腱

下肌腱

胸肌上部肌肉缺乏锻炼

健身者通常可以有比较强壮的下部胸肌，但是上部胸肌却不怎么发达。这种不对称性很好地说明了肌肉锻炼的划分现象。从理论上讲，胸大肌应该整体收缩而不是局部收缩。但是胸肌上部却并非如此，我们可以在运动胸大肌下部肌肉的同时却不收缩上部肌肉。

对于缺乏胸肌上部训练感觉的健身者，其胸大肌肌腱会位于胳膊很往上的地方。由于肌腱很靠近肩膀，所以很难伸展胸肌上部。没有锁骨束的预伸展运动，卧推时会优先运用胸肌下部或肩部。另外，杠铃会让人感到不适，健身者很难自由地调整负重。因为胸肌上部很难用力拉伸，所以出现损伤的概率也相对较低。

对于胸大肌肌腱处于胳膊下部的健身者，选择杠铃锻炼是比较有优势的，在做卧推时可以给予其充足力量。胸大肌上纤维束的预拉伸运动十分明显。如果要将大重量训练与充分的拉伸联合起来进行训练，还是很容易撕裂胸肌上部肌肉的，并且受伤现象也会越来越频繁。

由此可以说明，这些解剖学上的不同，不是因为在上斜训练椅上锻炼而引起的，采用此训练椅练习会自动针对胸肌上部进行锻炼。问题在于肌腱的不同位置而不是训练椅的倾斜度，如果肌腱真的处于很高的位置，就很难用复合训练动作来调配锁骨部分的肌肉。

医学研究很好地说明了上斜卧推的不同效果。即使有某些研究证明，在上斜卧推时胸肌上部肌肉会更容易受到刺激，但是大部分研究表明，上斜卧推并不能锻炼胸肌上部，事实上是肩部肌肉进行了收缩。同样，巴奈特（1995）指出，相对于平板卧推，在倾斜成 40 度的训练椅上锻炼会：

→ 减少 10% 的力量。

→ 降低 30% 的胸大肌激活率。

→ 增加 75% 的三角肌前束的收缩。

在上斜训练椅上进行卧推的健身者，如果其胸肌上部是不适合此项锻炼，将会：

→ 保持其胸肌上部发展迟缓状态。

→ 相对于肩部肌肉整个胸大肌都发展迟缓。

盲目遵循上斜卧推可以提高胸肌上部的教条，会给胸大肌的发展带来双倍的消极作用。

为了孤立胸肌上部而进行单侧锻炼

像针对所有的训练薄弱点一样，单侧训练对于孤立胸肌是有好处的，尤其是针对胸肌上部肌肉。进行双侧训练时，三角肌会自然的向前伸出，在这种情况下，肩膀就自觉地承担了胸肌上部的上升动作。这解释了为何在双侧训练时胸肌上部会发展迟缓的原因。进行单侧训练，更容易使健身者的肩部处于放松状态，从而更容易刺激到胸大肌。

胸肌上部肌肉的另一个作用是举起胳膊。当肌腱远离肩膀时，此作用显现得更为突出。当肌腱贴近肩膀时，胸肌上部肌肉就几乎不会介入到举起胳膊的训练中来了。

此时是三角肌发挥了此项功能，当胸肌上部发展不足时，需要大量减少自由训练动作。如前所述，使用绳索训练更容易练习胸肌上部。

胸肌中部扁平

经常出现胸肌外轮廓虽然线条优美，但是肌肉中间部分体积很小的现象。此问题经常与前面的问题一起出现。不仅胸肌上部发展不好，就锁骨内部也仅仅是骨头上有点肉而已，这也是调配肌肉运动的区域划分问题。位于胸大肌外部的肌纤维优先进行运动，而位于中部的则比较被动。按照生理学的理论，这个问题是不存在的。然而，事实证明这个问题会对大部分的健身者产生影响。

卧推会优先针对位于胸大肌外部的肌纤维进行锻炼，很好地解释了这个问题。胸肌收缩越厉害，就越能够锻炼胸肌中部的肌肉。但问题是在进行杠铃卧推时，双手从来都不能靠得很近，这样就不能用有效的方式对肌肉中部进行锻炼。进行平板卧推 ①或上斜卧推时，手是固定的，在刺激到肌肉中部位置前，收缩早已停止。在飞鸟训练时，肌肉收缩的阻力缺失现象会在中部肌肉收缩之前就发生。在哑铃卧推训练时，为了解决问题双手会相碰。

为了针对胸肌中部进行锻炼，需要运用窄握的姿势，如果可能要在特殊器械上进行锻炼。用飞鸟机训练，一次只运动一只胳膊或者将双手在身前交叉 ②，此时动作幅度会增大，这有利于发展胸肌中间肌肉。

也可以使用超级组来锻炼胸肌中部：

→ 进行预疲劳运动：器械飞鸟（双手在身前交叉）+ 卧推。

→ 进行后疲劳运动：卧推 + 器械飞鸟（双手在身前交叉）。

胸大肌撕裂

因为胸大肌的形状呈扇形，胸大肌肌腱在胳膊上的附着点相对脆弱。从这一点上来看：

→ 锁骨束附着点向身体外侧伸展。

→ 胸大肌下部附着点更加靠里面，平坦覆盖了胸大肌上部的附着点。

在进行平板卧推或上斜卧推时，肌腱最外部（也就是胸大肌上部）拉伸程度最明显。因此，它也最容易被撕裂。

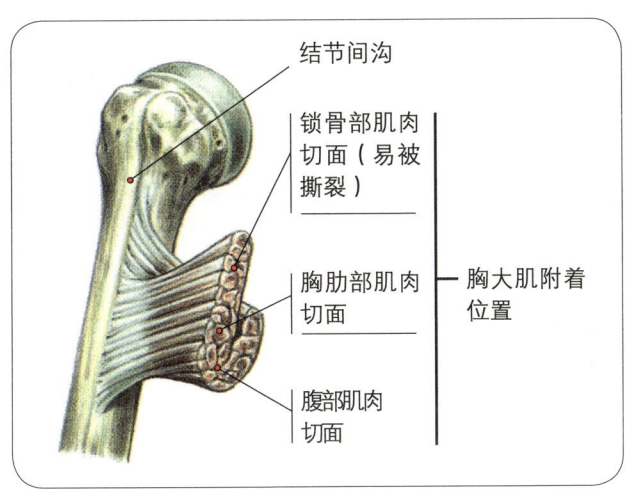

结节间沟

锁骨部肌肉切面（易被撕裂）

胸肋部肌肉切面

腹部肌肉切面

胸大肌附着位置

上斜卧推比平板卧推更容易撕裂肌肉，因为此时胸大肌上部拉伸更厉害。拉伸越有力，这两个练习就对胸大肌的锁骨部分刺激越大，就越容易撕裂肌肉。

撕裂并不意味着胸大肌上部完全断裂。可能只是部分撕裂，但会逐步加重。在这两种情况下，撕裂现象将会妨碍胸肌、肩部肌肉和臂肌的进步。

正如我们看到的，如果健身者的胸大肌附着在离肩膀很近的地方，比较不容易受伤，但是代价是很难运动到胸大肌上部。另外，胳膊较长或胸廓较厚的健身者，在卧姿时肘部降得更低，这会更激烈地拉伸胸大肌，增加受伤危险。

卧推对肩部的病理影响

不同方式的卧推训练会让某些起固定三角肌作用的肌肉对肩峰产生摩擦，过多的重复摩擦会引起炎症或撕裂。

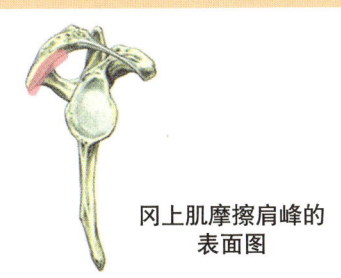

冈上肌摩擦肩峰的表面图

1 平板卧推训练的病理影响：

当肱骨内转推动胳膊时，类似平板卧推或下斜卧推，冈下肌会摩擦肩峰。

2 上斜卧推训练的病理影响：

当肱骨外转抬起胳膊时，类似上斜卧推或推举，冈上肌会摩擦肩峰。

与肩部回旋肌群的不同创伤对比，可以使我们明白为何健身者：

→ 在进行上斜卧推时会对冈上肌造成伤害。

→ 在进行平板卧推时会对冈下肌造成伤害。

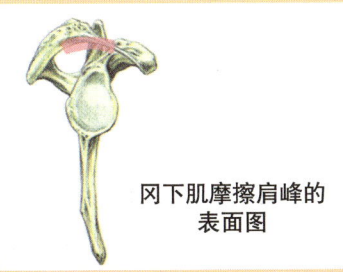

冈下肌摩擦肩峰的表面图

锻炼胸肌的练习对肱二头肌的病理影响

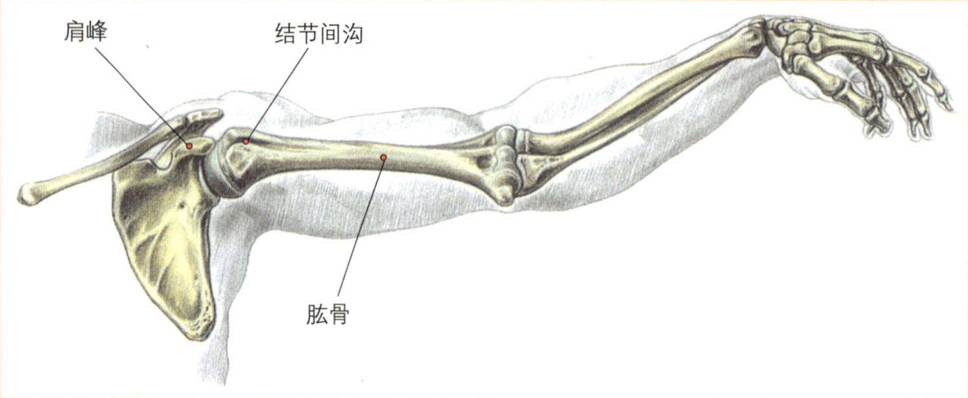

在进行锻炼胸肌的练习中，在拉伸阶段，肱二头肌长头的肌腱会平贴肱二头肌沟（结节间沟）。肘部朝外时带来的压力增强，会损害肌腱（见第 189 页）。为了改善此压力和肌腱的润滑度，在对胸肌进行锻炼前，要针对肱二头肌进行很好的热身运动（可以将锤式弯举 1 与拉伸运动 2 联合起来进行热身）。

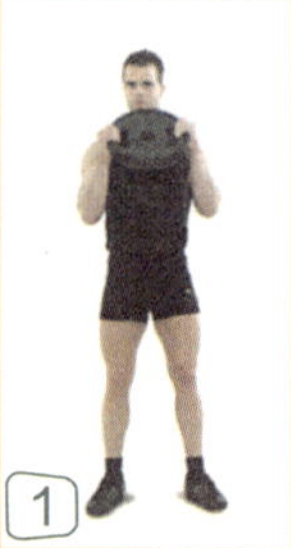

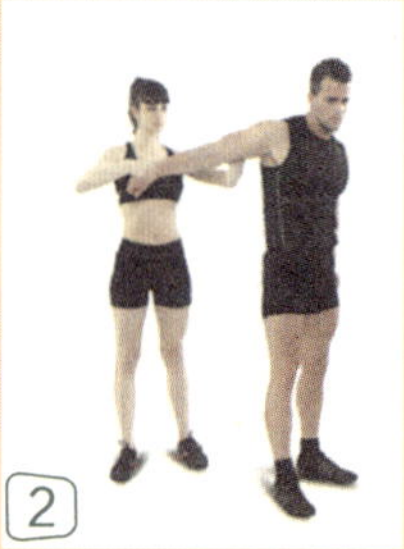

如果肩膀前部肌肉经常有不适的感觉，就要通过降低哑铃或杠铃的高度来减小胸肌运动的幅度，以便限制肌肉的摩擦。

胸肌训练动作

⚠ 注意

肱二头肌、肱三头肌、冈下肌和背部肌肉在胸肌练习中会受到很大的刺激，运动胸肌前健身者不要忘记对它们进行热身。

诀窍

一个快速提高复合训练动作中力量的方法：在两组卧推或双杠臂屈伸训练组之间进行一组不太强烈的、针对肱二头肌的训练。适度的肱二头肌运动可以加速肱三头肌的恢复，同时防止过早的疲劳。

胸肌复合训练动作

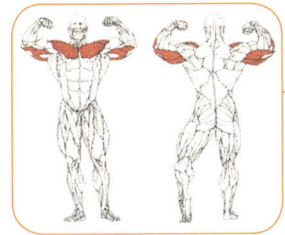

卧推

此项复合训练动作针对的是胸肌、肩部肌肉和肱三头肌。单侧训练是可行的，尤其是在固定器械上进行训练时。

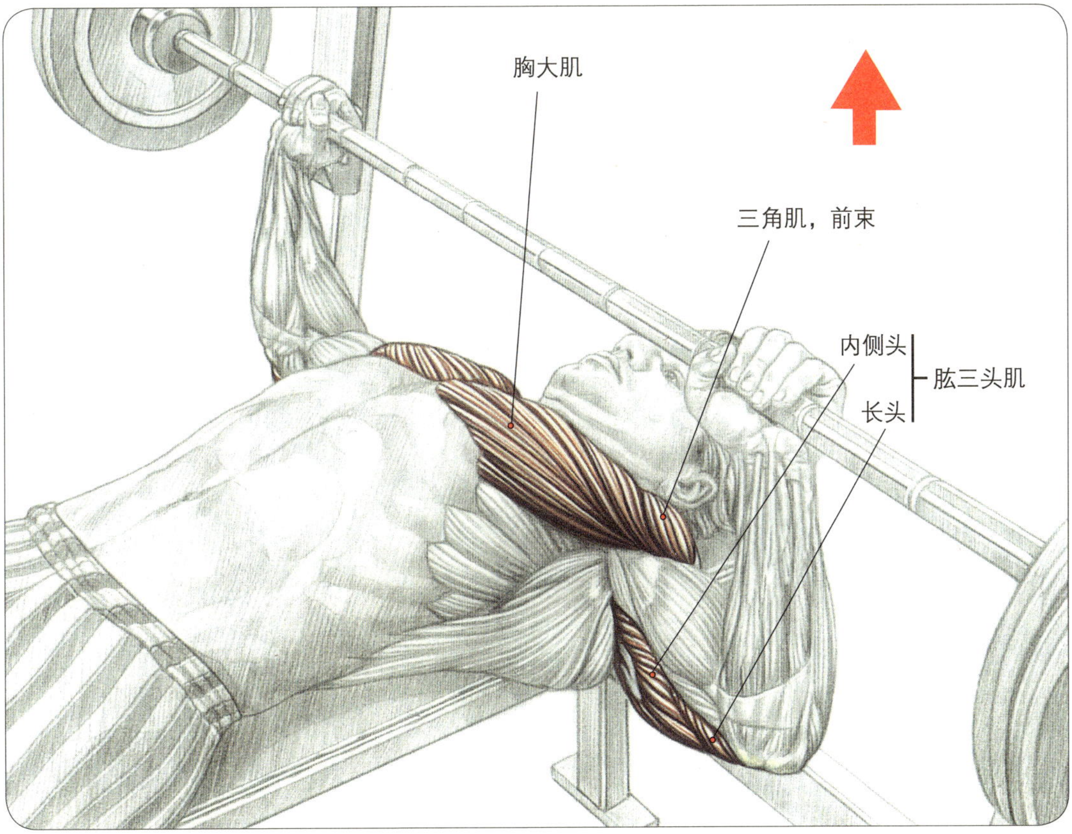

胸大肌

三角肌，前束

内侧头 ┐
        ├ 肱三头肌
长头   ┘

说明： 平躺在训练椅上，脚放在地上，抓住位于你身体上方的杠铃，双手正握。取下杠铃，如果可能请搭档帮助你取下杠铃。使用胸肌的力量伸直手臂，将其置于胸部上方。

选用杠铃、哑铃、固定器械还是史密斯机？

针对胸肌的卧推练习可用杠铃、哑铃、固定器械或是史密斯机进行。健身者需要分析每种器材的优缺点然后进行选择，以便确定何种器材或动作更加适合自己。

杠铃卧推

几乎在所有的健身房或自己家里都可以用杠铃进行卧推训练。

除了随意性这个优点外，杠铃的不足之处要更多：

> 胳膊和胸廓的尺寸限定了动作幅度，不符合锻炼胸肌的最佳动作幅度。

> 双手固定在杠铃上，收缩时双手不能像用哑铃或特殊器械锻炼时那样相交，这种收缩度的限制，制约了胸肌中部肌肉的发展。

> 取下和挂上杠铃会带来危险。当杠铃重量很大时，需要搭档帮忙取下和挂上杠铃。

哑铃卧推

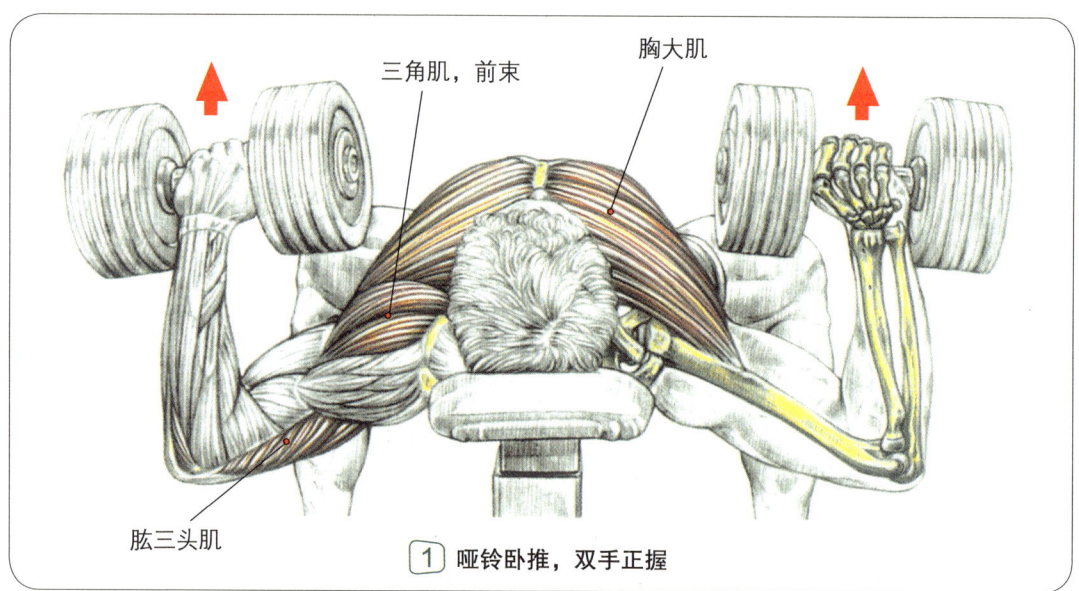

三角肌，前束

胸大肌

肱三头肌

1 哑铃卧推，双手正握

相对于杠铃，哑铃具有更多的优势：

> 因为双手可以很靠近，所以收缩程度会更好。

> 因为双手处于胸肌下方时没有任何阻碍可以使动作停止，所以胸肌会受到充分拉伸。但是要避免拉伸幅度过大，因为这可能同时对肩膀、胸肌肌腱附着点和肱二头肌造成伤害。

> 双手和肘部的方向是自由的。只有哑铃可以允许锻炼姿势的多样性。

1 最自然的姿势是双手正握且半握（五指在一侧）。

[2] 平板哑铃卧推，此姿势下即使肩膀不适也可训练。

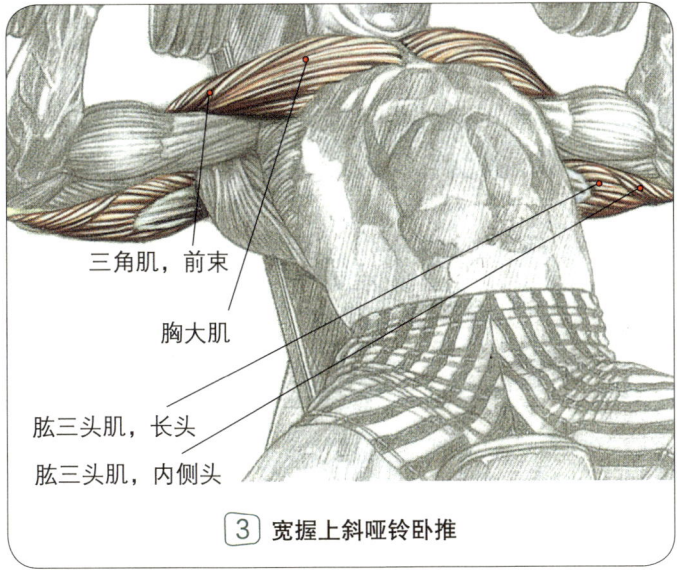

三角肌，前束

胸大肌

肱三头肌，长头

肱三头肌，内侧头

[3] 宽握上斜哑铃卧推

[2] 肘部沿身体两侧放置同时双手对握，此时胸大肌拉伸度较小，三角肌运动较多。在这种姿势下即使肩膀不适也可以继续进行运动。

[3] 最大限度地分开肘部 [1]，由于双手正握，在运动到下部时胸肌可以得到充分拉伸。肌肉被强烈刺激，撕裂的危险也相应增加。

使用哑铃固有的问题是：

> 训练时需要将它们从地上拿起来置于相应的位置，然后再重新放到地上，因为哑铃的重量很大，所以有一定的危险性。

> 要特别注意，不要摇晃。因为健身者的头顶上有两个很重的物体，这是很危险的。在每组的最后几次重复训练时，会有因为疲劳而失去平衡的风险。

> 双臂的独立性增加了运动的难度。对于某些初学者，保持平衡可能是比较困难的。

> 负重越大，动作幅度就越小，因为哑铃的重量会同时限制拉伸和收缩。

拿起哑铃的方法

1　2　3　4　5

6　7　8

重新放下哑铃的技巧

1　2　3

4　5　6

⚠ **注意**

　　当重新放下哑铃时，健身者要收缩身体，以便使上半身可以比较容易地向前晃动（以摇摆的方式）。

器械卧推

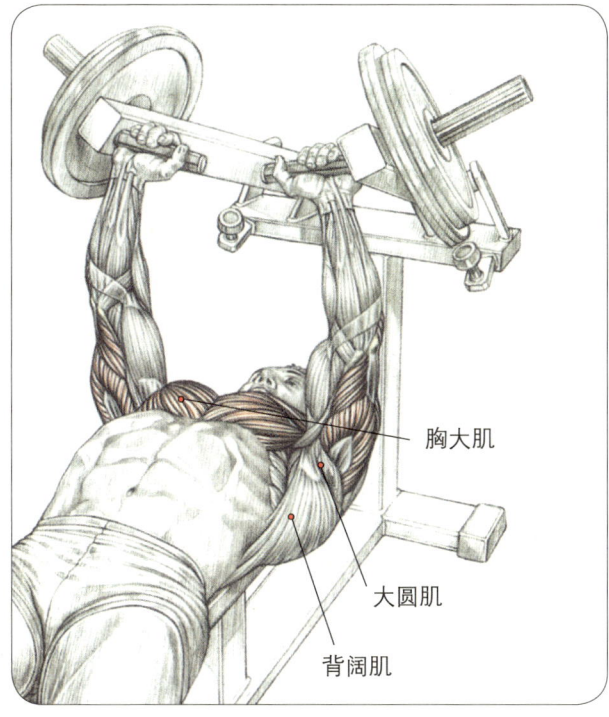

胸大肌

大圆肌

背阔肌

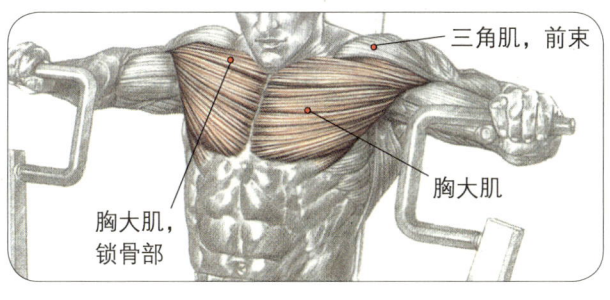

三角肌，前束

胸大肌

胸大肌，
锁骨部

好的卧推训练器是很理想的，因为：

> 几乎不用任何的操作技巧就可以握住和放回把手。

> 拥有与哑铃相同的动作幅度，但是当重量变大时动作却不受任何限制。

> 在通常情况下，能使肌肉处于正确的运动轨迹上。

> 不会出现失衡现象。

> 不会像哑铃那样限制负重。

然而，固定器械也不是完美的：

> 不合适的固定器械要比合适的固定器械多得多。

> 用固定器械训练是从主动发力阶段开始的，这会使第一次重复练习变得更困难。

> 有些人会抱怨用固定器械锻炼，动作路线已经完全被规定好了，训练会变得十分刻板。但是，这种刻板性却能够避免很多运动伤害。

史密斯机卧推

如果没有合适的固定器械，选用史密斯机是个折中的方法。史密斯机的优势是锻炼时不再需要搭档，因为：

> 抓起和放下杠铃会变得更加简单。

> 感到疲劳时，将杠铃放在架子上会更安全。

史密斯机最主要的不足之处在于：

> 动作轨迹是呈直线状而不是呈圆弧状的，这会使肩膀感到不适。

> 当肌肉开始疲劳时，质量不好的史密斯机会在槽内滑动不畅或者开始振动。

上斜弹力带史密斯机卧推

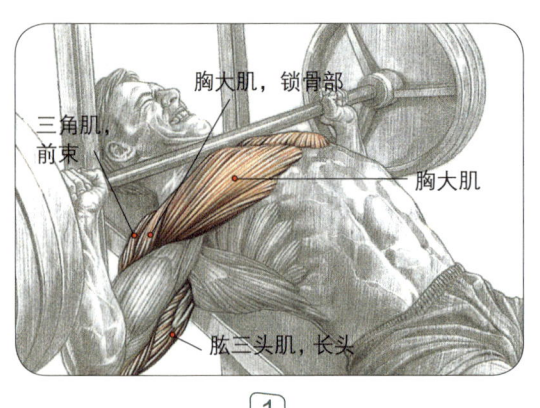

胸大肌，锁骨部

三角肌，
前束

胸大肌

肱三头肌，长头

1

动作变化

可以在训练椅上进行卧推：

→ 平板（可以锻炼整个胸大肌）。

→ 上斜（针对胸肌上部）1。

→ 下斜（为了针对胸肌下部）2。

下斜卧推时的力量要比平板卧推时略大，但是动作幅度要小。上斜卧推时力量最小，因为：

→ 胸肌的训练角度不太合适。

→ 肱三头肌参与最少（巴奈特，1995）。

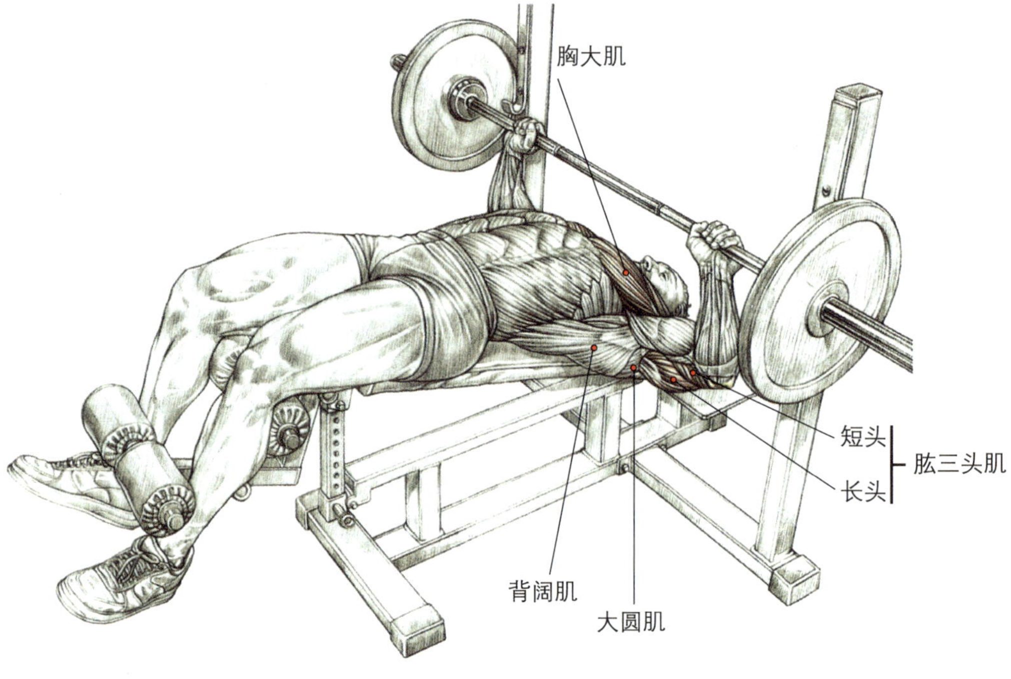

胸大肌

短头
肱三头肌
长头

背阔肌

大圆肌

2 下斜卧推

使卧推的幅度适应自身体型

卧推训练是会给肩膀、肱二头肌和胸肌带来最大伤害的训练动作之一。这种训练的风险来自于其动作幅度。从理论上讲，需要将杠铃降低到胸部的位置，然后再将其重新抬起，以便使胳膊伸直。

许多水平较高的力量举运动员胳膊短并且胸廓厚实，这可以在进行卧推时让他们的动作幅度减少至少 20 厘米。胳膊长的要比胳膊短的健身者动作幅度大。除了能否很好地鼓起胸廓，健身者的前臂长度也决定了其动作幅度。另外，动作幅度越大，就越容易受伤害。因此，在进行卧推时，健身者在困难程度和受伤风险上存在着不平等性。动作幅度大，尤其是负重大时，

前臂长的健身者要格外小心。在此情况下，不要犹豫，减小动作幅度：将毛巾卷几圈放在胸部，这样杠铃在下落结束时就可以暂停了。因为动作幅度相比平时较小，所以训练效率相对较高。另一种降低伤害的方法，是使用较窄的握距。

这也同样适用于上斜卧推。可以将杠铃下落在下巴高度上 ③，在此停止比放在胸肌上部要好。动作幅度的减小除了可以降低运动伤害外，还可以使胸肌上部保持紧张。如果动作幅度过大，胸肌就无法保持紧张。

③

肩胛骨灵活性的不同

某些健身者，尤其是其肩膀较窄的健身者，肩胛骨相对固定，在练习中这种固定性可以带来稳定性。由于肩胛骨灵活性较差，健身者可以：

→ 使胸廓保持较高位置，同时减小动作幅度。

→ 在适合自身的动作轨迹上对胸肌进行刺激。

→ 肩膀回收，阻止其参与胸肌训练。

相反，健身者如果在推举训练时将杠铃下降至颈部后面，就会因为肩部压力而感到比较难受，这样胸肌有机会获得较好的发展，但是肩膀的发展会较差。

拥有运动灵活的肩胛骨的健身者，在卧推时就不太灵活了，他们的胳膊不太能过早地碰到肩峰。这种动作的自由性让杠铃更容易下降到颈部后面，以便锻炼三角肌。因此，他们更有机会获得强壮的肩膀，但是胸肌却得不到更好的锻炼。

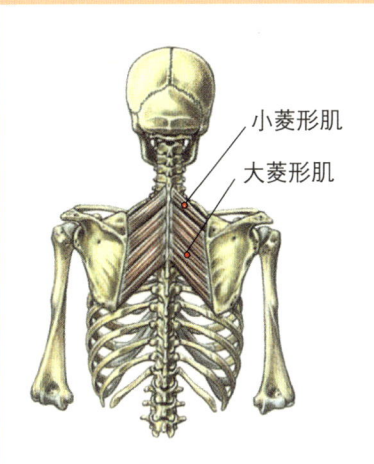

小菱形肌
大菱形肌

卧推

桥式卧推

为了降低卧推的动作幅度，最常见的办法是起桥，也就将腰部弯成弧形，只有臀部和背部上部与训练椅有接触。这种姿势与下斜卧推很相似，可以带给胸肌下部更多的张力。弯起背部会使脊柱有受伤的危险。因此，不建议腰部有问题的健身者进行此项训练。起桥也说明了在进行卧推时使用腰带的必要性。

在进行上斜卧推时，起桥法会降低训练椅的倾斜度。健身者可以使用更大的负重，但这会使训练效果降低，将胸肌力量向胳膊转移，减弱了胸肌上部的压力。起桥姿势进行上斜卧推比进行平板卧推时更危险，因为倾斜时有更多的压力作用于脊柱上。如果用起桥姿势进行锻炼，最好使用腰带来承担一部分作用于腰椎间盘上的压力，也要减小训练椅的倾斜度。

双脚位于地面、训练椅上还是悬空？

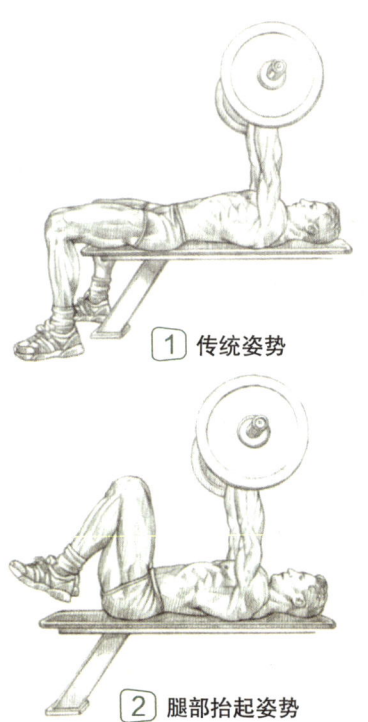

① 传统姿势

② 腿部抬起姿势

进行卧推训练时，双脚起着稳定器的作用。

＞双脚着地时，锻炼效果最好 ①。如果训练椅过高，就必须弓起腰部（起桥），以便双脚可以放在地面上。

＞为了减轻脊柱要承受的压力，可以将双脚放在训练椅上。这种姿势会降低训练动作的稳定性，但是却可以使背部处于训练椅上。

＞也可以将双脚悬空 ②，双腿交叉。这样训练动作的稳定性会变差，而且用这种姿势进行锻炼时，腰部的支撑力会比双脚在凳子上时小。

是否要进行间歇式卧推?

当杠铃下落到胸部上时,有三种可能性:

借助胸部反弹借力

当我们觉得不能用单独一块肌肉的力量重新举起杠铃时,这是最常见的技巧,尤其是在训练组结束时使用,能够很快使胸肌最大限度地调配无意识力量。这一技巧可以保证将杠铃向上推起几厘米。

这种方法的危险性在于会失去对杠铃的控制,并且会损伤肋骨、软骨,或者使肋骨与脊柱断开。

间歇式卧推

这是种与反弹借力相反的技巧。将杠铃下落后放在胸部上休息一下,在离心收缩阶段,会放弃一部分积累在肌肉中的弹性势能。重新推起杠铃会更困难,这就必须要用比反弹借力时更小一点的重量进行锻炼。但是,休息一下可以帮助我们更好地刺激胸肌。

轻微触胸

一旦杠铃碰到胸部,立刻将其重新举起,既不要休息也不要进行反弹借力。

可以使用间歇式卧推的方法开始训练。当力量减少时,使用轻微触胸的方法进行训练,以便多完成几次重复训练。当接近力竭时,可以进行反弹借力(要适度)。

握距扮演的角色

对于胸肌和肱三头肌之间的力量分配的问题,双手握距的作用很大。相对于宽握距(两倍于锁骨),中等握距(与锁骨间宽度相同)会:

→ 降低胸大肌 20% 的收缩。

→ 增加肱三头肌 60% 的收缩。

(雷曼,2005)。

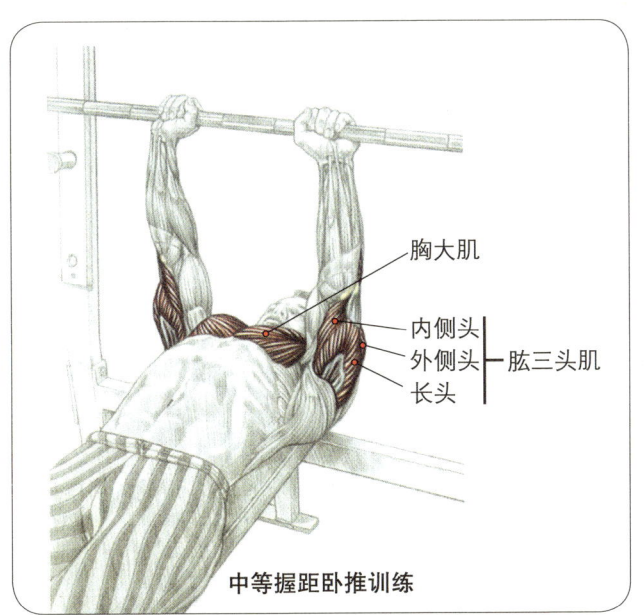

胸大肌

内侧头
外侧头 肱三头肌
长头

中等握距卧推训练

相对于宽握距，窄握距（双手间距离 10 厘米）会：

→ 降低胸大肌 30% 的收缩。

→ 加倍肱三头肌的收缩。

有些训练者会在进行每个训练组时都要改变握距，以便改变训练角度。每次握距改变所带来的神经反应改变对训练效果是不利的。某些健身者能够忍受这些改变；另一些健身者则不能够忍受这些改变。

杠铃的降落位置

可以变化杠铃在胸部上的降落位置。通常，杠铃会落在乳头稍微往上一点的位置。

> 杠铃越接近腹部，动作幅度就越小。压力更多地作用于胸肌下部位置。

> 杠铃越接近颈部，动作幅度就越大，对于胸肌与肩膀的拉伸就更强烈。压力更多地作用于胸肌上部或肩膀上。

弹力带的优势

弹力带杠铃卧推比传统杠铃卧推更加方便 ①。例如，在 11 周的锻炼中，健身者已经进行了 3 周的卧推训练。极限卧推力量：

→ 在使用传统阻力时增加了 4%。

→ 如果 20% 的阻力来自于弹力带，就可以增加 8% 以上的卧推力量（安德森，2008）。

杠铃与弹力带相结合的优势表现在对离心收缩阶段的加强上 ②。事实上，像所有的运动一样，当离心收缩阶段发力比主动发力小时，胸肌更容易进行休息而不是运动。研究表明，胸大肌的活跃度在离心收缩时要降低 30%（格拉斯，1997）。

双杠臂屈伸

此项复合训练动作，针对的是胸肌、肱三头肌和肩部肌肉。在器械上进行单侧训练是可行的。

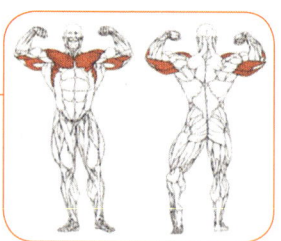

说明：双手放在双杠上，对握，向后弯曲双腿。弯曲胳膊以便将身体下落，然后用胸肌的力量重新让身体上升。

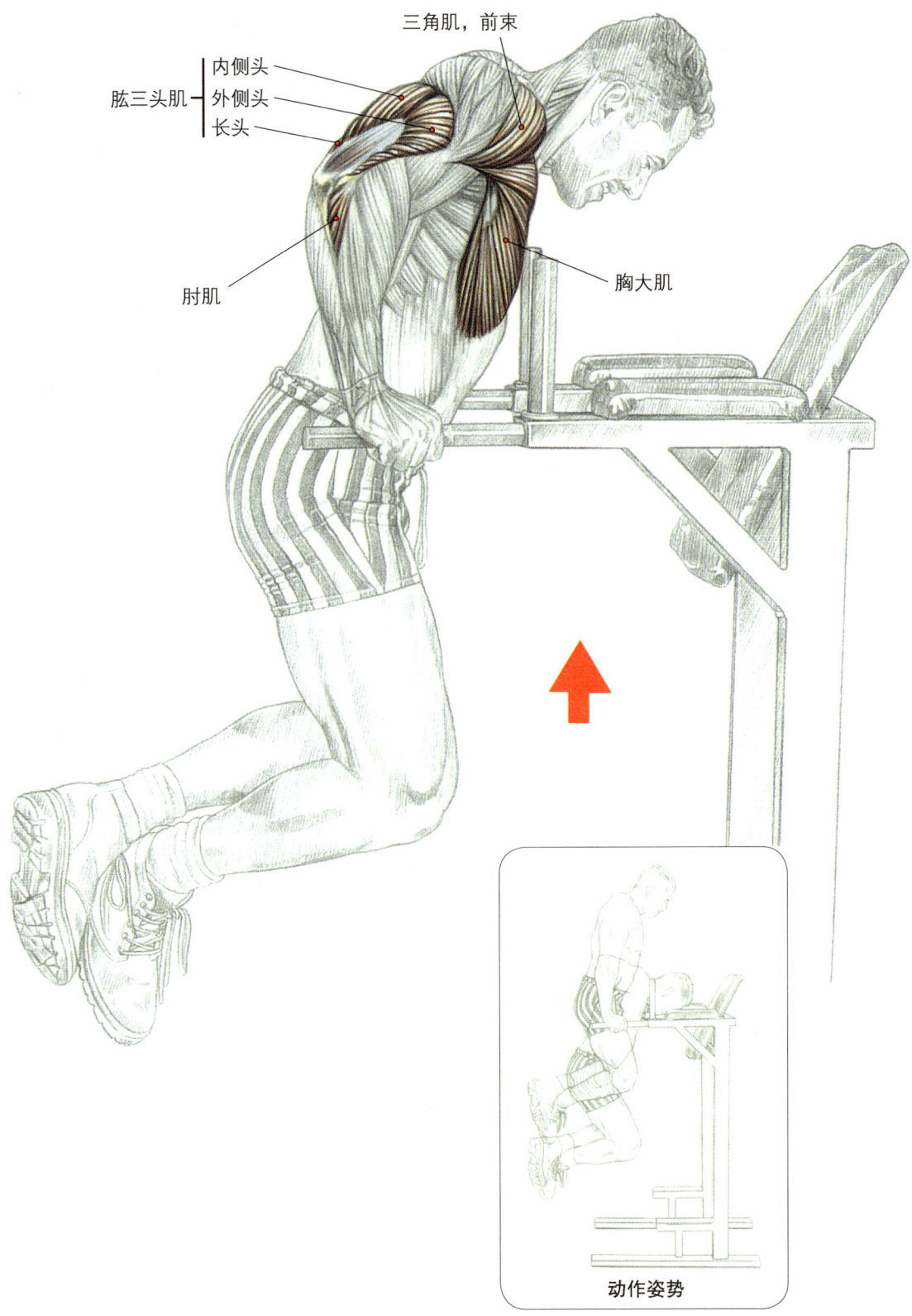

三角肌，前束

肱三头肌 ┤ 内侧头
　　　　　 外侧头
　　　　　 长头

肘肌

胸大肌

动作姿势

注意事项

头部的位置起关键作用。将下巴贴在胸部上。此姿势使胸肌运动处于最理想的状态，能降低肱三头肌的参与，同时还可以避免出现双手发麻的现象（见第 175 页方框内容）。

注释： 为了增加阻力，将哑铃夹在两小腿之间 ⬜1 或者用带子拉住哑铃 ⬜2 。用弹力带固定在身体周围也可以增加练习的阻力 ⬜3 。一旦力竭，松开负重或者弹力带，以便多完成几次重复练习。

动作变化

🟩1 如果双杠分开呈 V 形，可以调整双手间的距离。双手间距离越大，对胸肌的刺激就越充分，而肱三头肌就越少参与。因为胸肌会很大程度拉伸，肌肉撕裂的风险也相应增大了。

🟩2 手臂伸得越直，肱三头肌越容易受到刺激。最好保持胸肌的持续紧张，不要伸直胳膊。一旦身体力竭，可以伸直胳膊让肌肉得到休息，并且能够多进行几次重复练习。

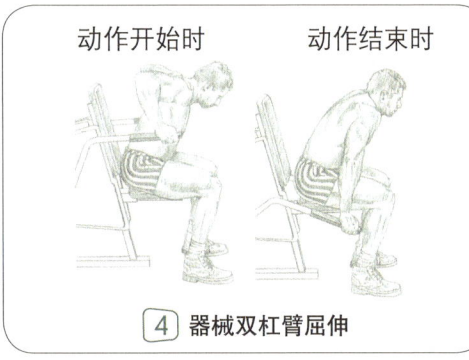

动作开始时　　　动作结束时

⬜4 **器械双杠臂屈伸**

🟩3 有专门针对双杠臂屈伸的固定器械，使用这种固定器械的优势是可以自由控制阻力的大小。问题是，如果使用过大的负重，很难保持坐姿进行锻炼，身体有从器械上弹起的趋势 ⬜4 。最好在器械上进行单侧训练。

🟩4 如果不能抬起身体或者希望在力竭时进行几次额外的重复练习，可以用脚踩在地上或者训练椅上，以便使重量减轻。

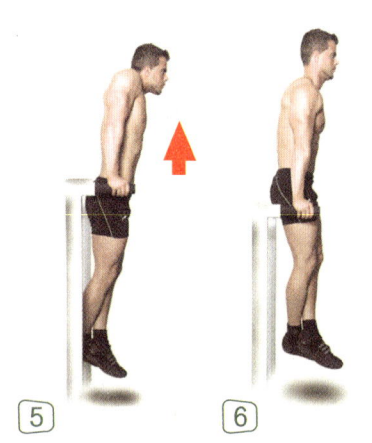

🟩5 胳膊保持伸直状态，可以使颈部缩入三角肌中 ⬜5 并且用胸小肌的力量使其再伸出来 ⬜6 。

优点：此项练习会带来充分的拉伸，所以胸肌很容易充血。

缺点：由于肱三头肌和肩部肌肉的干扰，不容易对胸肌进行孤立刺激。

风险：当负重影响训练姿势时，此练习就变得十分危险。注意，不要下降得太快太低，因为没有东西可以阻止你跌落下来。如果控制不好，会引起肌肉撕裂，发生肘部或者肩膀疼痛。

避免手部发麻现象

某些锻炼身体上部的练习会引起胳膊或手指刺痛、发麻或者失去感觉。在进行双杠臂屈伸训练时，极易出现这种情况，头部的位置不当是引起这些不适的主要原因。在进行此练习时，头部保持悬空状态 [7]，会阻碍臂丛神经。因为这些神经穿过整个胳膊，辐射作用会影响胳膊、肘部或者手部。为了不阻碍神经传导，只要将下巴靠近身体即可 [8]。此建议也同样适用于其他引起发麻现象的练习。

了解胸骨的病痛

胸骨与胸椎、肋骨一起构成了胸廓结构，可以轻微移动，对于呼吸，此结构是必不可少的，它也会产生伤痛。在进行卧推时，当杠铃猛烈碰撞胸廓时便会造成胸痛。在进行双杠臂屈伸时，会更容易引起伤痛。为了预防伤害，可以做呼吸扩胸练习，对胸廓进行热身 [9][10]。如果已经存在伤痛，最好避免会引起胸骨疼痛的练习。

吸气　　　呼气

拉伸胸廓

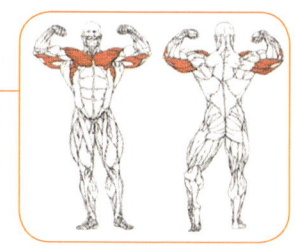

俯卧撑

此项复合训练动作针对的是胸肌、肩部肌肉和肱三头肌。体重特别轻的人可以进行单侧训练。

说明：面向地面伸展开身体，双手撑地；双手至少要与肩膀同宽。伸直胳膊，最大限度地收缩胸肌，以便抬起身体。胳膊一旦伸直，就可以缓慢下降了。

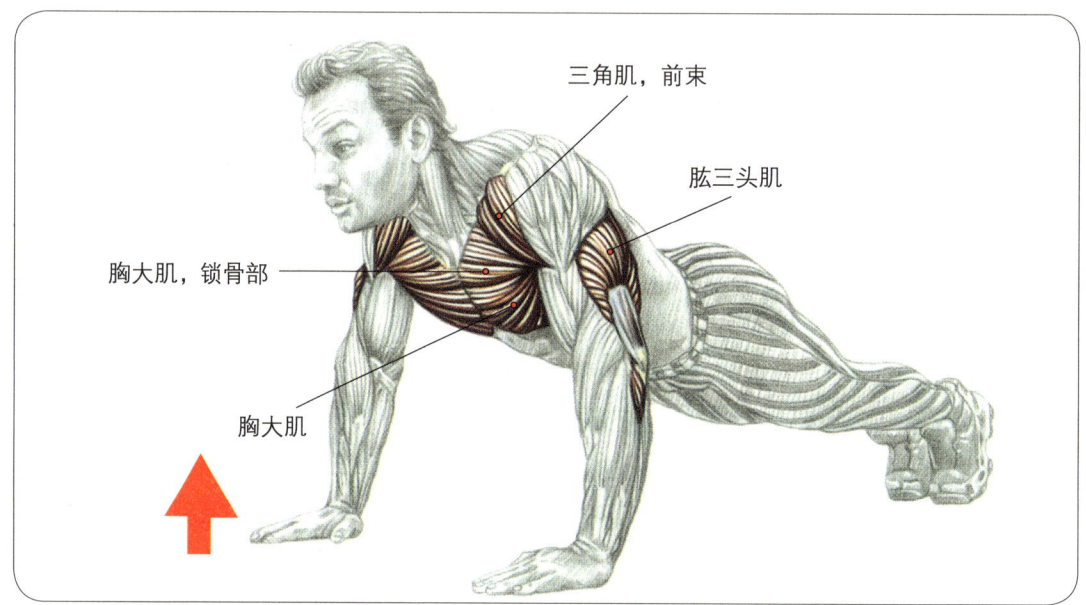

三角肌，前束

肱三头肌

胸大肌，锁骨部

胸大肌

注意事项

选择对于你来说最自然的手的朝向。对于锻炼胸肌，通常情况下双手会转向前或者向外；双手向内转时更容易刺激肱三头肌。

双脚间的距离也要尽可能地使自己感到舒服。

动作变化

1 宽握：双手分开得越大，胸肌拉伸就越大；收缩主要针对胸肌外部进行。

2 窄握：双手间距离越小，胸肌拉伸就越小。收缩主要针对胸肌中部进行。窄握时会对肱三头肌进行刺激，这样会分散一部分胸肌的力量。

3 上半身与胳膊之间形成的角度可以改变。双手在肩轴或胸轴之间运动时，要选择一个最舒服的位置。

4 为了增加阻力，将一根弹力带绕过背部并用手拉紧。刚开始时弹力带只用一圈就可以 ①。

当力量足够大时，可以绕两圈 ②。

优点：阻力很容易变化。如果体重很大，可以用跪姿进行俯卧撑训练，这样可以降低难度。同样，在每组训练力竭时，可以改用跪姿继续进行，这样可以多做些重复练习。跪姿俯卧撑主要是刺激前锯肌，并且可以稳定肩胛骨与胸腔。

缺点：俯卧撑并不能很好地针对胸肌进行锻炼。另外，并不是所有的健身者都适合做这项训练。如果胳膊很长，进行此训练就会很痛苦，锻炼结果却并不是很好。

风险：弯曲背部可以使某些练习变得简单，但会让腰部承受无意义的压力。

并不是所有健身者的手腕都可以忍受被折成 90 度。为了不折磨前臂，运动器材店会卖专门针对俯卧撑的把手；把手可以在不给手腕施加较大扭力的情况下增大动作幅度。

胸肌孤立训练动作

哑铃飞鸟

这是针对胸肌和肩部肌肉的孤立训练动作。单侧训练可行，但是不稳定，除非是在固定器械上进行。

说明：坐在训练椅上，双手握紧哑铃并将其置于大腿两侧。躺在训练椅上，哑铃置于肩膀正上方，双臂伸直，双手对握 ③。一旦达到位置，双臂向两侧落下，同时保持半伸直状态，直到感觉胸肌进行了良好的拉伸为止（但是不要过分拉伸）④。用胸肌的力量将哑铃再举起来。

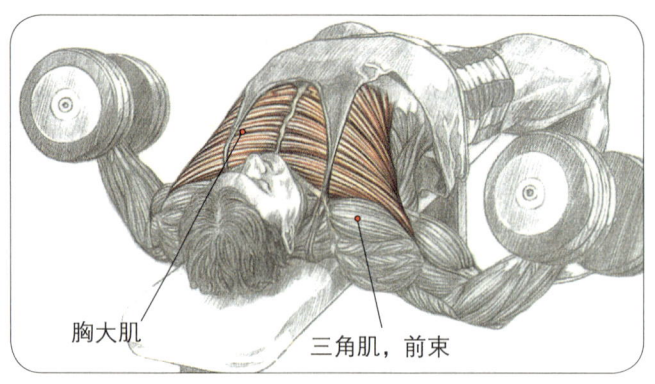

胸大肌

三角肌，前束

注意事项

　　哑铃提供的阻力并不能一直保持不变。事实上，在此动作到达高处时，阻力是很小的。研究表明，作用在胸肌上的阻力在超过 25% 的动作过程中是毫无意义的（维尔什科，2005）。为了让胸肌保持收缩，最好在动作进行到四分之三时停止。

动作变化

1 可以在训练椅上进行飞鸟训练：

→ 平板（以便刺激整个胸大肌）；

→ 上斜（针对胸肌上部）；

→ 下斜（针对胸肌下部）。

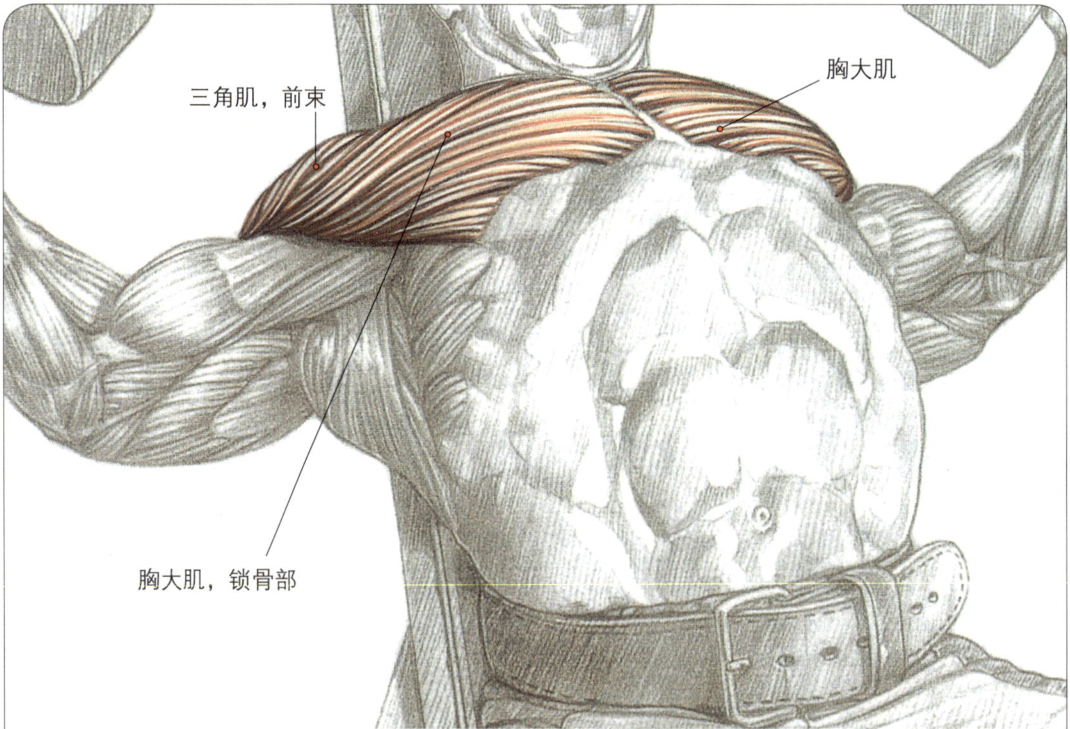

三角肌，前束

胸大肌

胸大肌，锁骨部

上斜哑铃飞鸟

2 可以进行两种形式的手腕旋转，以便更好地收缩胸肌。双手间距离越小，就会：

→ 双手小拇手指相对，以便针对胸肌下部进行锻炼 ⒈ 。

→ 双手拇指相对，以便增强胸肌上部的运动 ⒉ 。

3 下降胳膊时可以让双臂呈 V 形，使哑铃靠近头部 ⒊ 。这是一种飞鸟与仰卧上拉的混合动作，某些人可以很好地感受此练习。训练时负重要轻，因为训练难度较高，并且肌肉撕裂的风险很大。

4 不用哑铃进行锻炼，而是在固定器械上或用低位绳索进行训练。这些工具有在动作全过程中都可以保持阻力的优势，而不是像用哑铃进行锻炼时，只会在其中某一阶段增加阻力。使用绳索也可以使单侧训练变得更简单。

胸大肌

喙肱肌

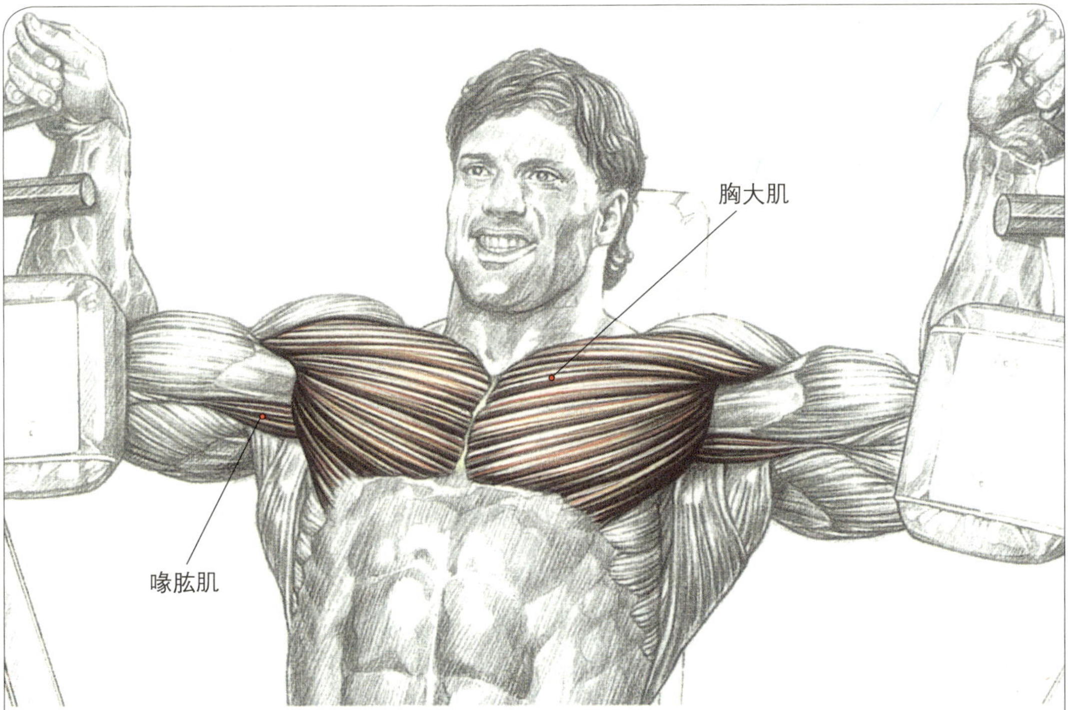

固定器械夹胸

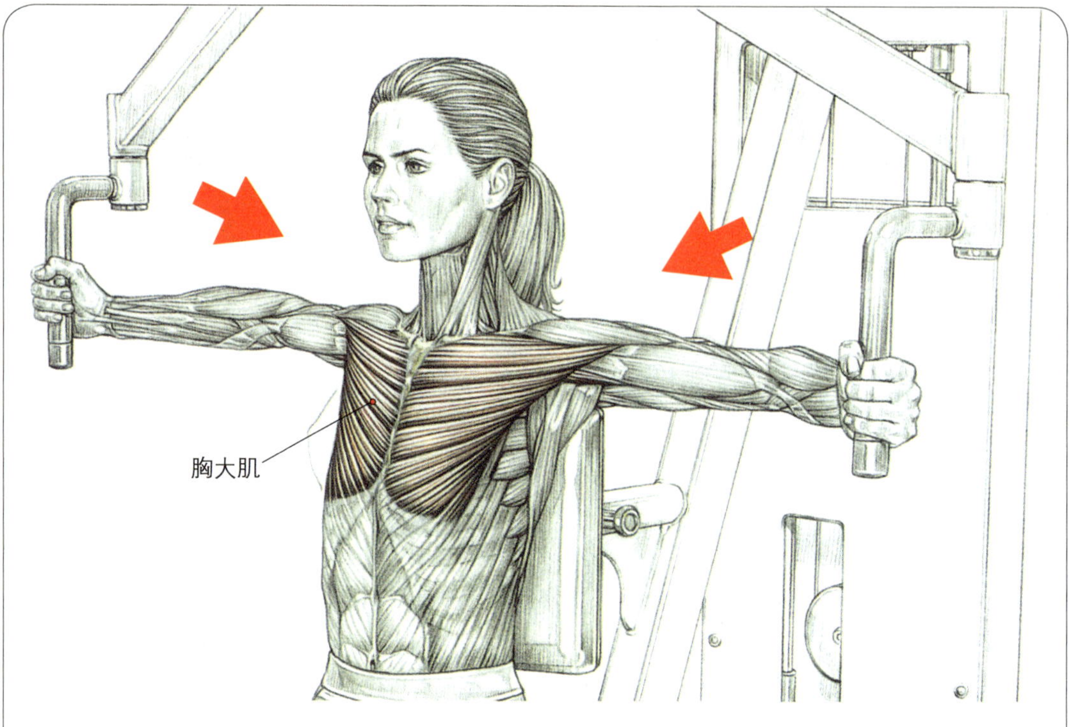

胸大肌

固定器械夹胸

注释：进行飞鸟训练时。一旦身体力竭，就慢慢弯起胳膊，以便将动作改变成哑铃卧推的姿势，多做几次重复练习。

优点：飞鸟训练可以使胸部进行完美地拉伸。

相对于卧推，在此练习中肱三头肌没有介入训练，这就能避免其干预胸部的训练。

缺点：有时会不太容易针对胸肌进行锻炼。另一方面，在运动高处时几乎没有阻力，因此不太能很好地感受到胸肌收缩。

风险：在练习过程中，不要完全伸直胳膊。同样，在拿起或放下哑铃时也不要完全伸直胳膊，因为这样可能会撕裂肱二头肌。

为了避免受伤，要慢慢进行拉伸运动。

绳索飞鸟

此项孤立训练动作针对的是胸肌和肩部肌肉。可进行单侧训练。

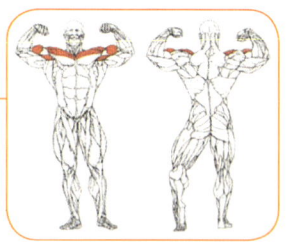

①　②

说明：站姿，对握高位绳索的把手 ①。胳膊保持伸直，用胸肌的力量将双手合至身前，直到两个把手相碰为止 ②。恢复到起始位置前保持收缩 1 秒钟。

注意事项

慢慢进行此练习，保持持续紧张状态，以便更好地针对胸肌进行锻炼。如果弯曲胳膊，动作就会变得更简单，但是胸肌的孤立训练效果相对较差。因此要使胳膊保持伸直状态。一旦身体力竭，可以稍微弯曲一点胳膊，以便能够进行几次额外的重复练习。

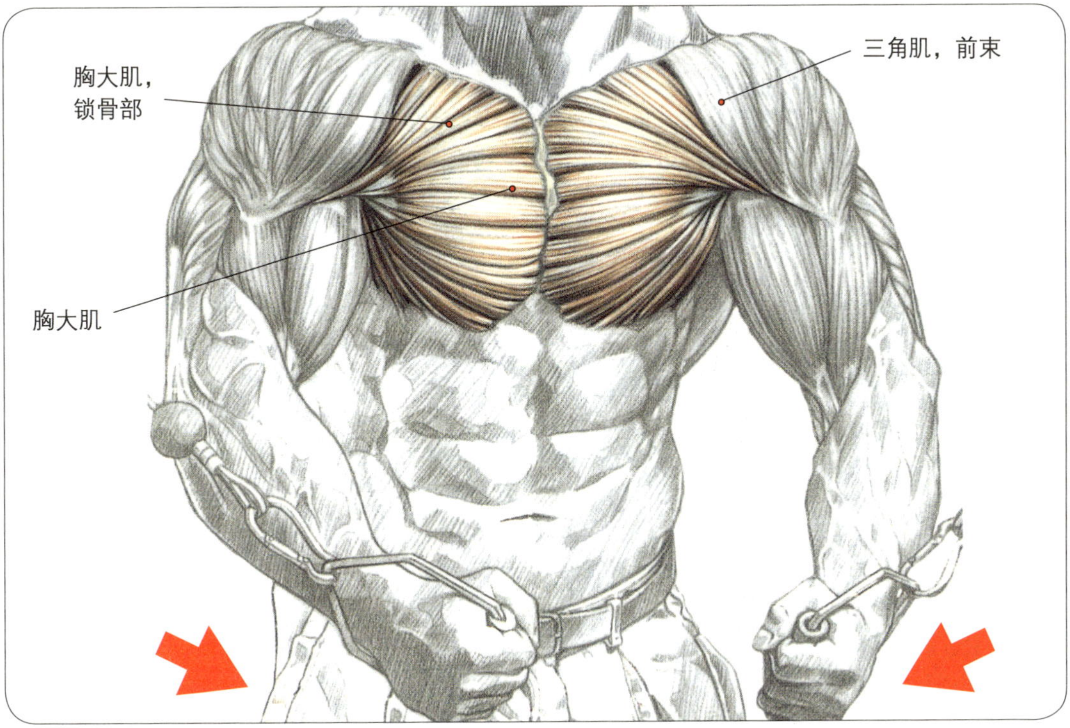

胸大肌，
锁骨部

三角肌，前束

胸大肌

动作变化

1 为了获得更大的动作幅度，在身前交叉双手而不仅仅是让双手相接触 ③。可以选择是先进行一组右臂在上的交叉训练组，再进行一组左臂在上的交叉训练组，或者一次将左臂在上一次右臂在上的交替训练组（比较复杂）。

③

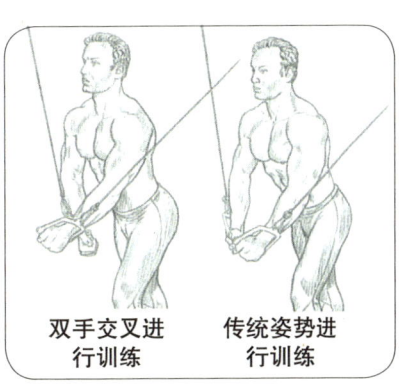

双手交叉进行训练　　传统姿势进行训练

2 可以将胳膊放在肚子下方和头上部之间的任何高度，以便改变胸肌的运动角度。双手位置越高，就越有可能锻炼胸肌上部 2 3 。双手位置越低，就越会刺激胸肌的中部和下部 1 。为了更多地刺激胸肌上部，可以跪着进行锻炼 4 5 。

3 如果肌腱附着点离肩膀很远，可以用低位绳索做交叉练习 6 。在将手臂重新向头部抬起的同时，双手互相靠近，这样就可以针对胸肌上部进行锻炼 7 。当肌腱附着点离肩膀很近时，此训练将锻炼三角肌。

4 单侧进行训练时，抓住高位滑轮绳索的把手，对握 8 ，或者直接紧紧抓住器械上的绳子，正握。双臂置于身前并保持与肩膀同高 9 。双手尽可能远地朝相反方向伸展 10 。恢复到拉伸位置前保持收缩2秒钟。为了更好地感受到胸肌的收缩，训练时把空闲的那只手轻轻按在胸肌上部。

注释： 在进行复合训练动作时，如果不能很好地感受到胸肌的运动，可以利用绳索训练来解决。在用绳索进行几周每日轻负重锻炼后，可以在其他的胸肌练习中产生更好的肌肉训练感受。

优点： 此练习与飞鸟很像，但是绳索可以在整个动作过程中产生阻力，而不是像用哑铃进行训练时，只在其中某一阶段产生阻力。

对于锻炼胸肌的 100 训练法，使用绳索飞鸟是比较普遍的。

缺点：容易使用肩部力量而不是胸肌力量来进行此项练习。如果感觉肩部参与过多，每次用一只胳膊进行交叉练习，而不是两只胳膊同时进行练习。

风险：不要完全伸直胳膊，尤其是在拉伸位置时，因为这样可能会撕裂肱二头肌；也不要过度弯曲胳膊，因为这样就不太能够感觉到胸肌的收缩。

如果滑轮位置很高，注意不要过高抬起双臂，这有可能损伤胸肌。

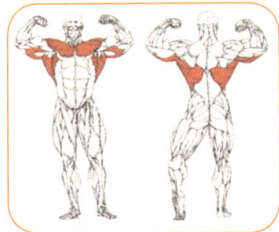

仰卧直臂上拉

此项孤立训练动作针对的是胸肌，也能稍微锻炼到背部肌肉和肱三头肌。单侧训练也可行。

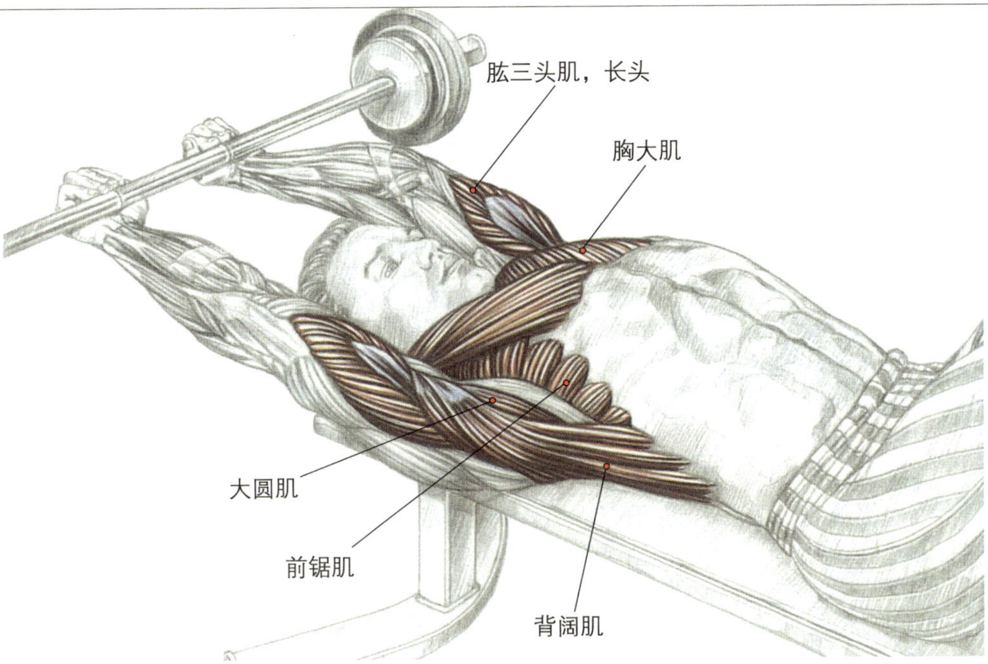

肱三头肌，长头

胸大肌

大圆肌

前锯肌

背阔肌

躺在水平训练椅上进行仰卧上拉

⑪   ⑫

说明：背部靠在训练椅上，面朝上。这种姿势可以更好地拉伸。双手握住一个哑铃，对握，在头上方伸直胳膊⑪。接着双臂保持半伸直状态，并下落至头后面⑪。当双臂无法继续下落时，用胸肌的力量将其重新抬起。当哑铃到达眼睛上方时，停止动作然后再下降。

注意事项

可以轻轻地弯曲胳膊，以便更容易拉伸。但如果胳膊弯曲太厉害，力量就会越来越多地作用于背部肌肉，作用于胸肌的力量就会越来越少。

动作变化

如果不用哑铃，可以：

1️⃣ 使用直杆，这样可以改变握法。

2️⃣ 握紧低位绳索，这可以增大动作幅度，尤其是处于肌肉收缩阶段时。

优点：此项练习同时拉伸了胸肌和肩部肌肉，这两组肌肉在健身运动中都有丧失灵活性的趋势。

缺点：在进行此项练习时，有些健身者不能感觉到胸肌的收缩，这是因为背部肌肉或肱三头肌提供了大部分力量。

风险：进行仰卧直臂上拉时，双臂伸直会将肩部关节置于相对不稳定的状态。因此不要采用太大的负重，只增加重复数量即可。确保哑铃是牢固的，因为要保证它不会在头上方掉下来。另外，此项练习会伤害肩部附近或肘部的肱三头肌。因此，在哑铃下降时不要过度伸直双臂，并且一旦发生伤痛要立刻停止训练。

胸部拉伸训练

拉伸胸部

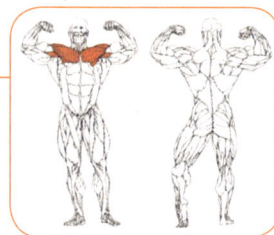

站姿，站在深蹲架里，手撑在架子支柱上。向前倾身，以便加大拉伸力度 ②。

运动变化

站姿，胳膊弯曲成 90 度，让搭档轻轻向后推你的胳膊，以便拉伸胸肌 ①。

①

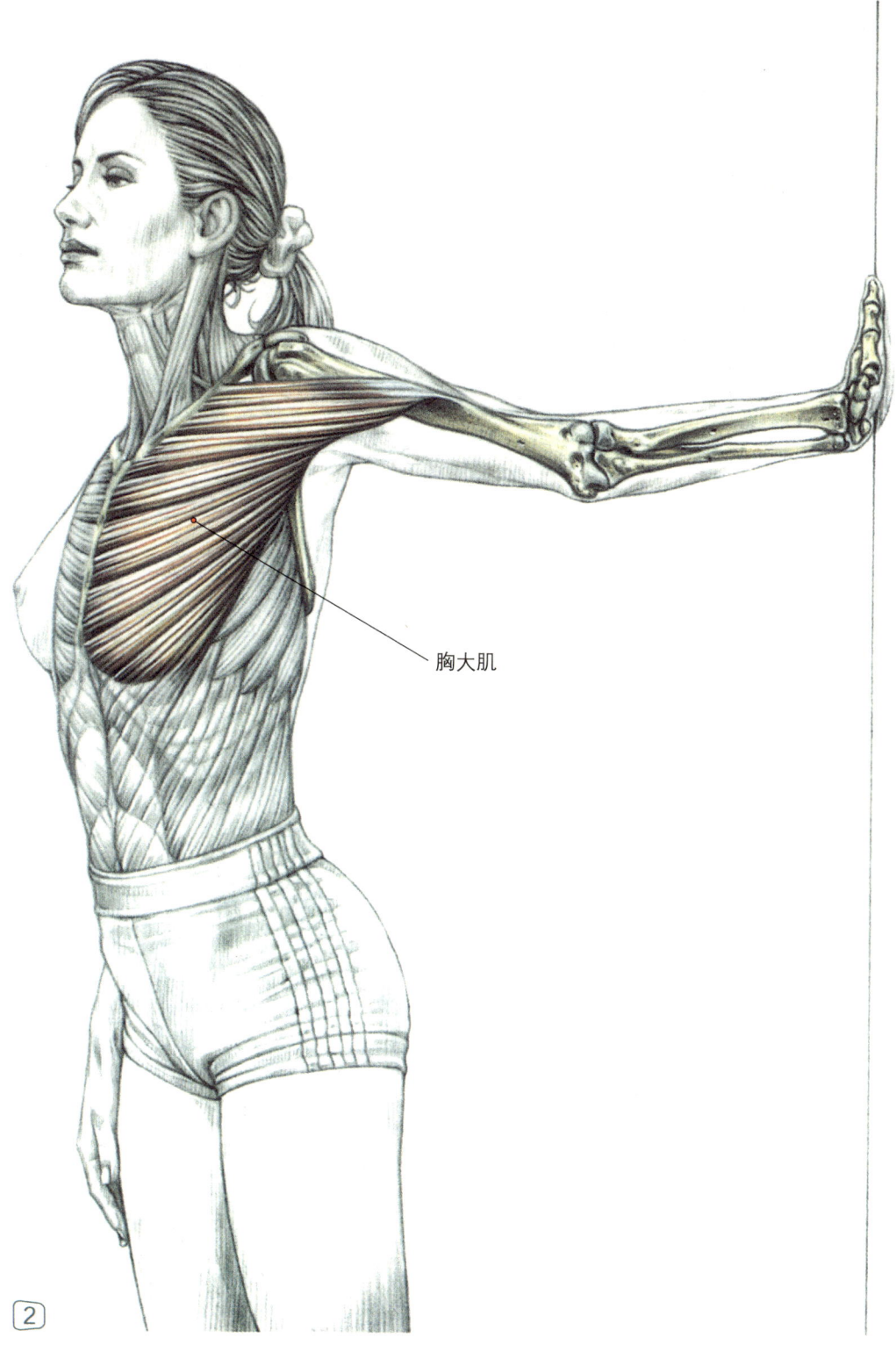

胸大肌

②

粗壮的肱二头肌

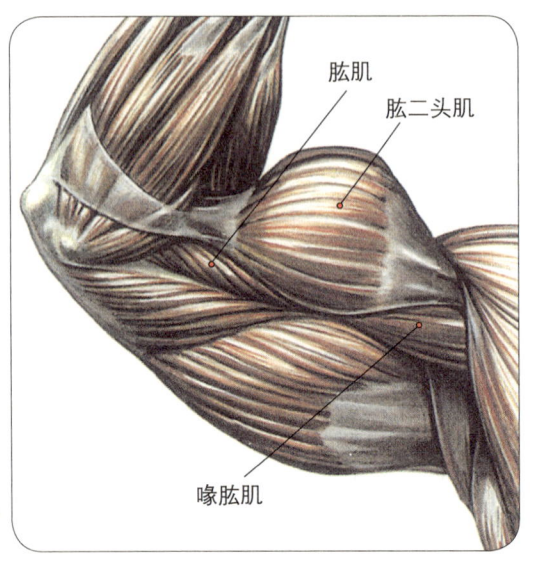

肱肌
肱二头肌
喙肱肌

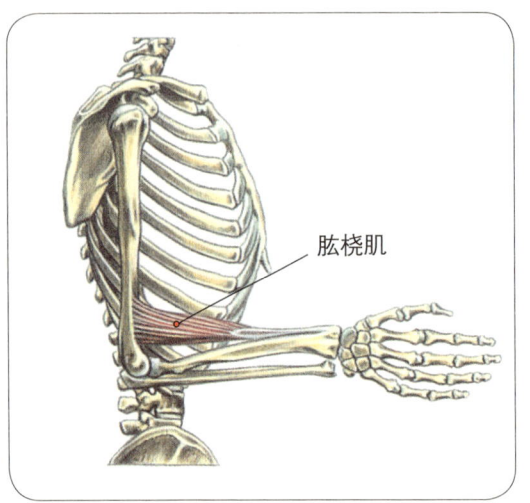

肱桡肌

解剖学论述

肱二头肌由两个头组成：

1️⃣ 长头（在外侧），是更明显的。

2️⃣ 短头（在内侧），有被上半身盖住的趋势。

肱二头肌的主要作用是屈前臂，同时也可将手向胳膊拉动。

粗壮肱二头肌的秘密

为了快速发展胳膊肌肉，要注意的是肱二头肌并不是独立完成屈前臂动作的。还有其他两块肌肉与其协同发力：

→ 肱肌，位于肱二头肌下面。

→ 肱桡肌，从生理学上讲这是块前臂肌肉。它可以增加胳膊的厚度。

发展肱二头肌的5个困难

肱二头肌肌纤维不够粗壮

这是使健身者最为失望的事情。即使肱二头肌不是那么强壮，某些健身者手臂肌肉生长的难度依旧很高。在视觉角度上，强健的肩部会凸显肱二头肌的滞后发展。这个问题不是不可解决的，一些可以快速发展肱二头肌的方法往往被我们所忽略。

肱二头肌太短

当肱二头肌肌腱止于前臂上部时，意味着其长度过短，不利于其锻炼。相反，如果健身者的肱二头肌很长，可以延伸到前臂深层，你就可以很容易地进行锻炼了。

肱二头肌较短的唯一优点是可以带来优秀的棱角（使肱二头肌肌峰更加明显）。如果肱二头肌长，棱角便不会特别突出。

不幸的是，你不可能拉长肱二头肌，但你可以选择发展肱桡肌（连接肱二头肌与前臂肌群的肌肉）。

长头与短头的失衡现象

肱二头肌的长头与短头之间并不总是能保持平衡。当我们同时收缩两臂肱二头肌时，这种不对称性就会表露出来：

→ 从前面看，缺少线条和棱角说明肱二头肌的短头不足。

→ 从背面看，肱二头肌长头不足也会引起肌肉线条不足。

为了解决这个问题，要进行针对性的孤立训练动作。

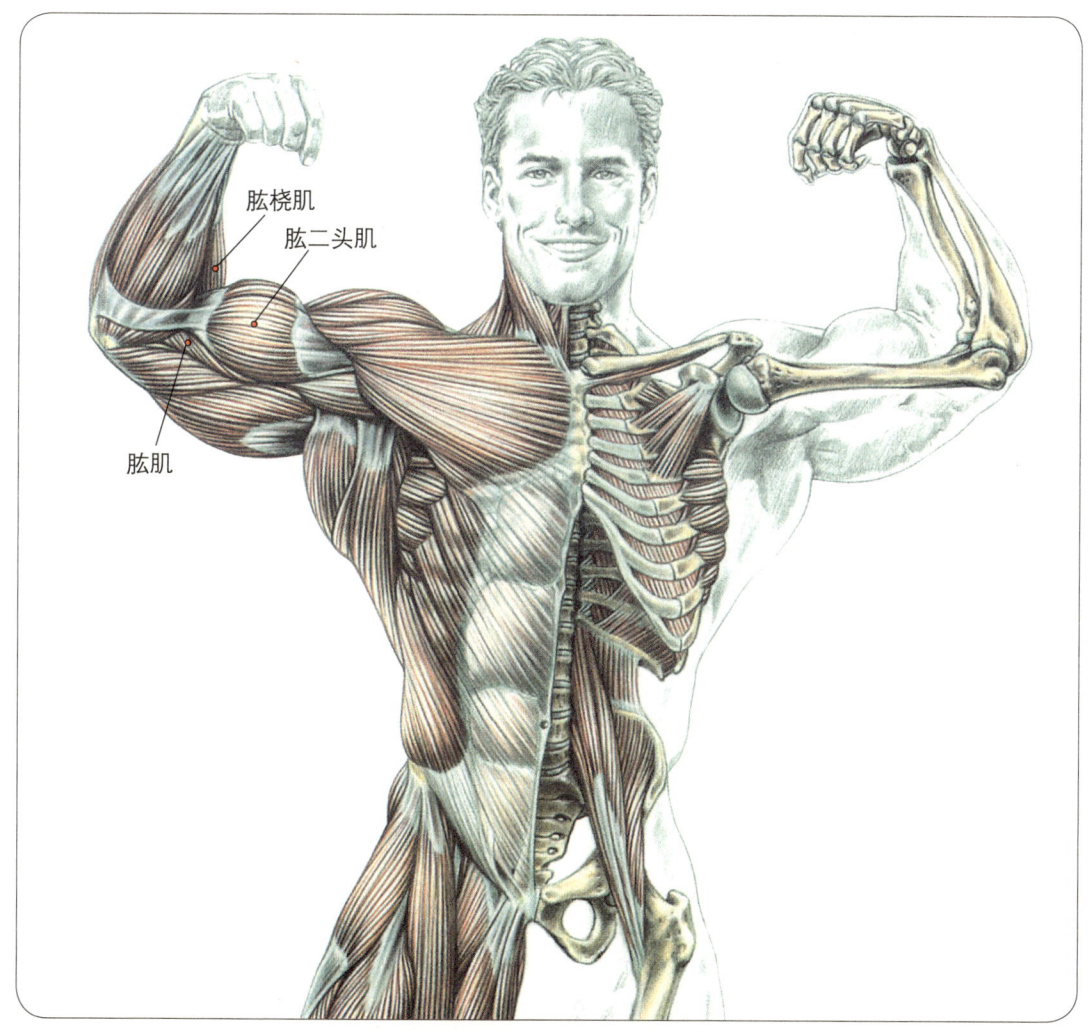

肱桡肌

肱二头肌

肱肌

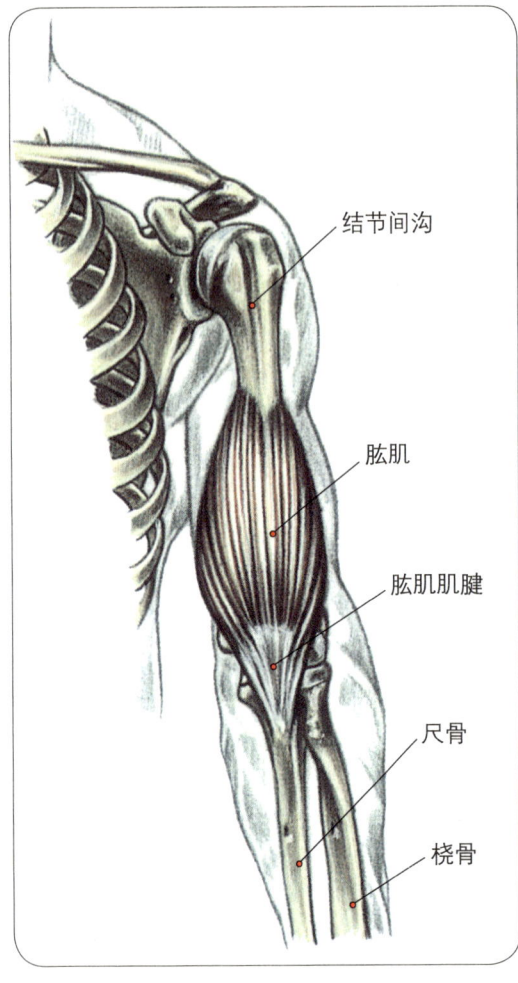

结节间沟

肱肌

肱肌肌腱

尺骨

桡骨

缺乏锻炼的肱肌肌肉

　　肱肌可以变得与肱二头肌一样强壮。事实上，肱肌常常发展滞后。通过锻炼可以比较容易地增加几厘米的肌肉围度。肱肌的美学：

　　→ 如果一只胳膊比另一只粗壮，这种体积上的不同来自于左右肱肌的发展失衡。

　　→ 如果是基因决定了肱二头肌的形状，粗大的肱肌可以改善肌肉棱角。

　　肱肌的问题不是它发展得不好，而是神经调配其训练的能力较差。许多健身者看似进行了肱肌训练动作，而实际上肱肌却没有参与到运动中。健身者需要通过特殊练习来收缩肱肌。

肱二头肌的伤痛

　　肱二头肌是最容易受伤的肌肉，这些损伤延迟了胳膊和上半身肌肉的发展。我们经常会问为何肱二头肌容易受损，原因如下：

　　> 在锻炼肱二头肌的练习中，正握且胳膊伸直，或在背肌或胸肌的练习中胳膊伸直。

　　> 拥有反屈现象的健身者会滥用它（见第 29 页）。肱二头肌长度较短的健身者会试图和其他人做得一样而过度伸直胳膊，但是动作幅度却比一般健身者要小。

　　> 既不考虑外翻也不考虑过分内翻现象（见第 192—193 页）。

　　> 肱二头肌是易受伤的肌肉，在上半身的锻炼中它经常会受到刺激，并且没有太多时间进行恢复。

　　> 在训练背部、肩膀或胸肌前要进行热身，但一般热身时间过短。

　　> 前臂不强壮。

　　> 前臂屈伸肌之间发展失衡。

>肱桡肌短或发展薄弱的健身者的肱二头肌比其他人更容易受伤。

>肱二头肌长头的肌腱炎症，会引起肩膀前部肌肉的疼痛。当运动肩部或胸肌时会产生疼痛，你会觉得是三角肌受损。

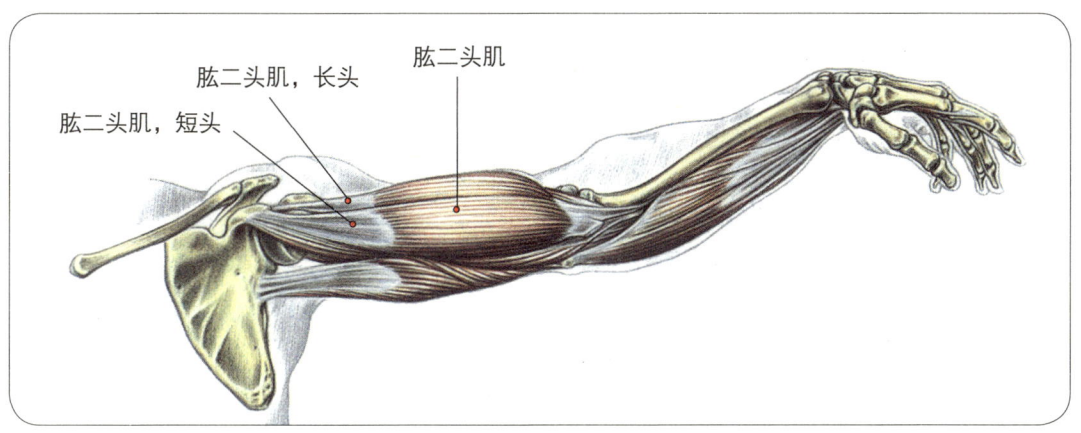

肱二头肌，长头　　肱二头肌

肱二头肌，短头

结节间沟异常

在通常情况下，结节间沟深度为 4 ~ 6 毫米，有 20% 的人结节间沟的深度小于 3 毫米。由于其相对过浅，肱二头肌肌腱的摩擦就很强烈，这些健身者的肱二头肌更容易被肌腱炎困扰，甚至出现肱二头肌撕裂。结节间沟较浅的健身者：

→ 锻炼三角肌后束时，肩前部肌肉经常会疼痛。

→ 在进行针对胳膊、肩膀、胸部或背部的训练时，可以感觉到或听到肩膀前部位置的弹响。

在这种情况下，为了减少磨损，要减少颈后推举、上斜弯举和所有胸肌训练的动作幅度。

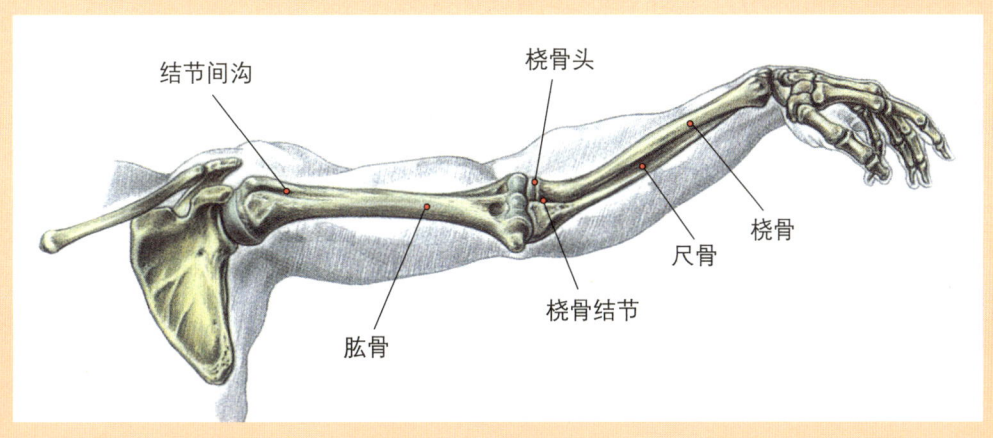

结节间沟　　桡骨头

桡骨

尺骨

桡骨结节

肱骨

如何发展肱二头肌？

在很多方面,肱二头肌会让我们想起腓肠肌的训练。某些健身者很容易就能发展肱二头肌；另一些健身者的胳膊看起来好像不太强壮，但肱二头肌并不一定会发展滞后。只是错误的观点使得这块肌肉得不到锻炼发展而已。

解剖学的两难选择题——为了锻炼肱二头肌要在所有的角度下进行刺激！

教条：只有在多角度的情况下刺激肱二头肌，才能很好地锻炼双臂。在每次锻炼时，要尽可能运用多种针对肱二头肌的练习进行锻炼。

事实：像胸肌或背阔肌那样呈角状的肌肉，多角度训练是合理的。但肱二头肌并不真的是呈角状的肌肉，你想通过变换训练动作来锻炼，从不同角度刺激肱二头肌，只能说明你并没能真正地了解这块肌肉。与拥有十几个训练角度的胸肌相反，肱二头肌只有二个"角"，其他的并不是真正的"角"。

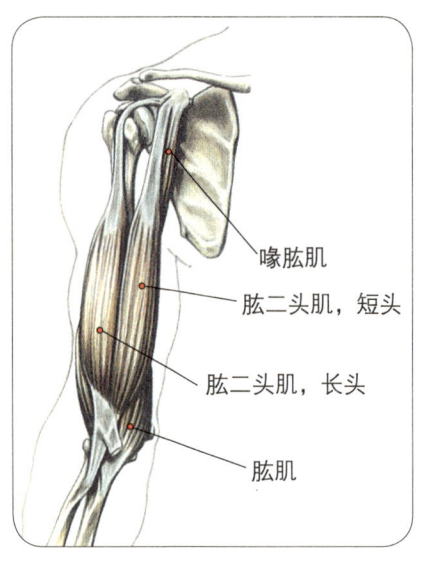

喙肱肌

肱二头肌，短头

肱二头肌，长头

肱肌

肱二头肌的两个"角"

1 随着肘部位置的变化，可以调整作用于肱二头肌两个头上的压力。当肘部：

→ 在胸后时：长头优先介入发力。

→ 在胸前时：短头更容易被刺激。

2 像其他所有的肌肉一样，肱二头肌并不以单一的方式进行收缩。同一个头的某些区域比其他区域收缩得厉害。我们称之为分级或分区。除了练习本身外，重复的次数也可以调整收缩区域。对于男士，Ⅱ型肌纤维（力量型纤维）位于肌肉周边；Ⅰ型肌纤维（耐力纤维）则位于肌肉中心位置。因此，不同重复次数的训练，可以刺激肌肉的不同区域。

位置变化

随着手部位置的变化，会有助于促进或阻碍肱二头肌的收缩：

→ 正握时，肱二头肌收缩效果最理想。

→ 对握时，会妨碍肱二头肌的收缩。但是在肱桡肌的帮助下，肱肌补偿了肱二头肌损失的力量；

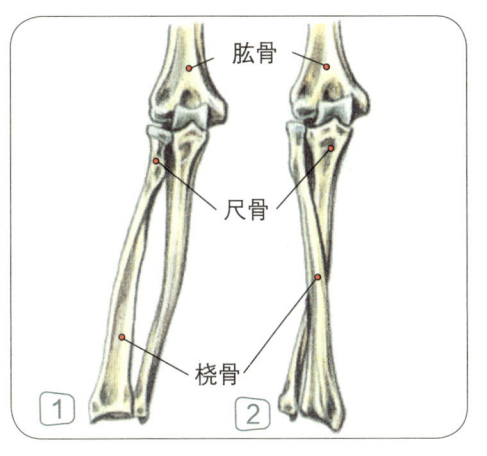

肱骨

尺骨

桡骨

① ②

→ 处于反握时，肱二头肌的收缩还是受到很大束缚的。肱桡肌提供了很大力量；肱二头肌训练角度受到限制。

明白了这些不同现象，就能够更好地理解每个训练动作对于手臂屈肌的作用以及角的问题。

① 正握

② 反握

如何赢得掰手腕比赛？

为了让我们在掰手腕中战胜对手，可以采取一种十分有效的技术：将对手由对握姿势发力弯曲至正握姿势。此时你会更容易战胜对手，因为在正握时的力量相比对握时的力量要弱不少，所以使用对握姿势的你会轻松制服手掌已被压制成正握的对手。

在对握时双臂最有力，这也说明为何锤式弯举比传统弯举举起的重量要重。

双手反握时，肱二头肌最弱，这样解释了为何反握弯举比正握弯举举起的重量要轻。

形态学的两难选择题——在弯举运动时要伸直双臂吗？

教条：运用杠铃进行弯举时伸直双臂。可以：

→ 增大动作幅度。

→ 更好地拉伸肌肉。

→ 提高训练效率。

事实：在弯举训练中，当手处于正握而胳膊伸直时，肱二头肌很难弯曲胳膊。肱二头肌的作用是将前臂向上臂挤压，这对于肘部的肌腱会产生压力。胳膊伸直时发起的上屈是在肱桡肌和肱肌的帮助下实现的。

当正握弯举而胳膊伸直时，肱二头肌处于易受伤的状态。双手反握进行硬拉会产生撕裂，肌腱会最先受伤。

如果没感到疼痛，就会出现炎症，而且不好判断为何会产生炎症。在正握弯举和其他所有双手反握的练习中，都不要过度伸直胳膊，尤其是当负重很高的时候，肌肉需保持持续紧张状态。

分析手臂外翻现象

女性胳膊的外翻程度很大——要注意的是
左右胳膊的外翻度是不一样的

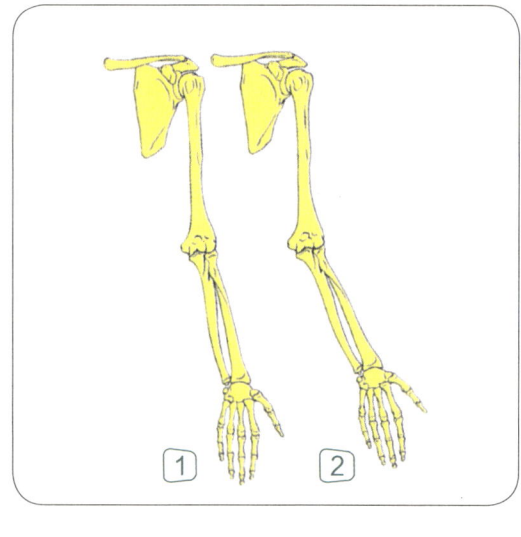

① 肘部没有太大外翻角度的胳膊。

② 肘部外翻角度很大的胳膊，外翻在女性中比较常见。

肌肉锻炼开始前，为了选择适合你的体型的肱二头肌训练动作，首先要确定的是肘部外翻的程度。

没有人的胳膊是完全笔直的。健身者需要站到镜子前来观察肘部的外翻程度。站姿，拇指尽可能向外，伸出胳膊。想象有一根直线从肩膀处落下，并穿过肘部中间，将这条线延伸至手部。如果：

→ 这条线可穿过手中间，胳膊相对是笔直的。

→ 这条线朝食指、小指甚至手外面下落，胳膊的外翻程度便较大，这就证明了胳膊不平直。

由于体型不同，肢体的运动轨迹也不可能完全相同，胳膊外翻现象就是最好的说明。看看进行弯举训练时发生的情况吧（像对肱二头肌训练时那样，将前臂弯曲至上臂上）。拇指尽可能地向外伸，在不扭动肘部的情况下抬升双手。胳膊笔直的人，手可以到达肩膀上；胳膊不直的，手会到肩膀外部，甚至是很靠外的地方。

解剖学方面的冲突

胳膊外翻的健身者如果想用直杠铃锻炼肱二头肌，会引起解剖学方面的冲突。关节会自然地将手带向外面，但是杠铃会阻碍手的运动，所以关节、肌肉或肌腱就十分难受。另一个情况是，当肌肉进行收缩时，就像鸟想要起飞时被打下来一样。

要握住杠铃并不容易，尤其是在收缩位置时，要不断地调整位置。这种现象在有外翻现象的健身者那里会加剧。

内翻或外翻

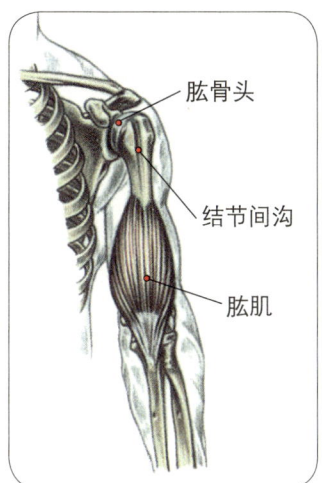

桡骨上部呈螺旋状。

这种形状可以使它更好地在尺骨上呈迭瓦状排列。

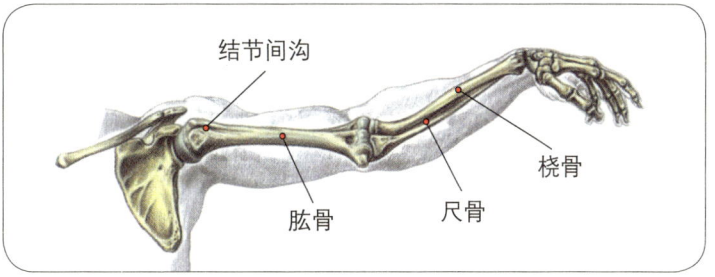

每个人的桡骨的弯曲度都不同，这会带来不同的后果。健身者可以分成两大类：

1 过度外翻的健身者，在进行杠铃弯举时，很难转动双手来舒服地握住杠铃。这些健身者在进行正握弯举训练时，最好使用弯曲的杠铃或哑铃进行练习。

2 过度内翻的健身者，在进行杠铃弯举时，可采用窄握距的正握姿势进行练习。

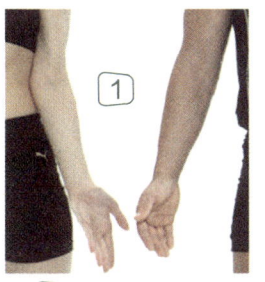

1 过度外翻者

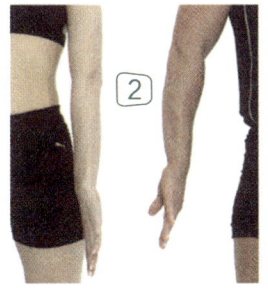

2 过度内翻者

训练动作与体型相符

　　部分健身者喜欢用直杆杠铃做弯举而没有预先考虑到自身体型，这会对手腕、肘部、前臂、肱二头肌或肩部产生伤害。这些伤痛会慢慢增加，我们却一直搞不清楚它的源头。我们将其归结于别的原因，而不认为是使用直杆引起的。如果你不明白为何要给予肘部弯曲或过度外翻的胳膊较大的训练自由度，伤痛就不会消失。

　　要注意的是，一只胳膊的外翻程度要比另一只大，这说明我们的身体是不对称的。因此，我们两只胳膊的运动轨迹并不相同。在这种情况下，用杠铃（直的或弯曲的）可能会引起病理性问题。

实践应用

　　胳膊稍微外翻或者过度外翻的健身者，最好用 EZ 杆进行锻炼而不要用直杆锻炼。但是，弯曲的杠铃并不能带来足够的自由度。对于胳膊外翻现象严重或者体型不对称的健身者，只有用哑铃锻炼才可以提供足够的自由度。滑轮绳索的把手对于胳膊过度外翻的健身者就显得过直了。为了避免手部过度扭曲，有时可以模仿 EZ 杆的训练角度和方式来固定把手。

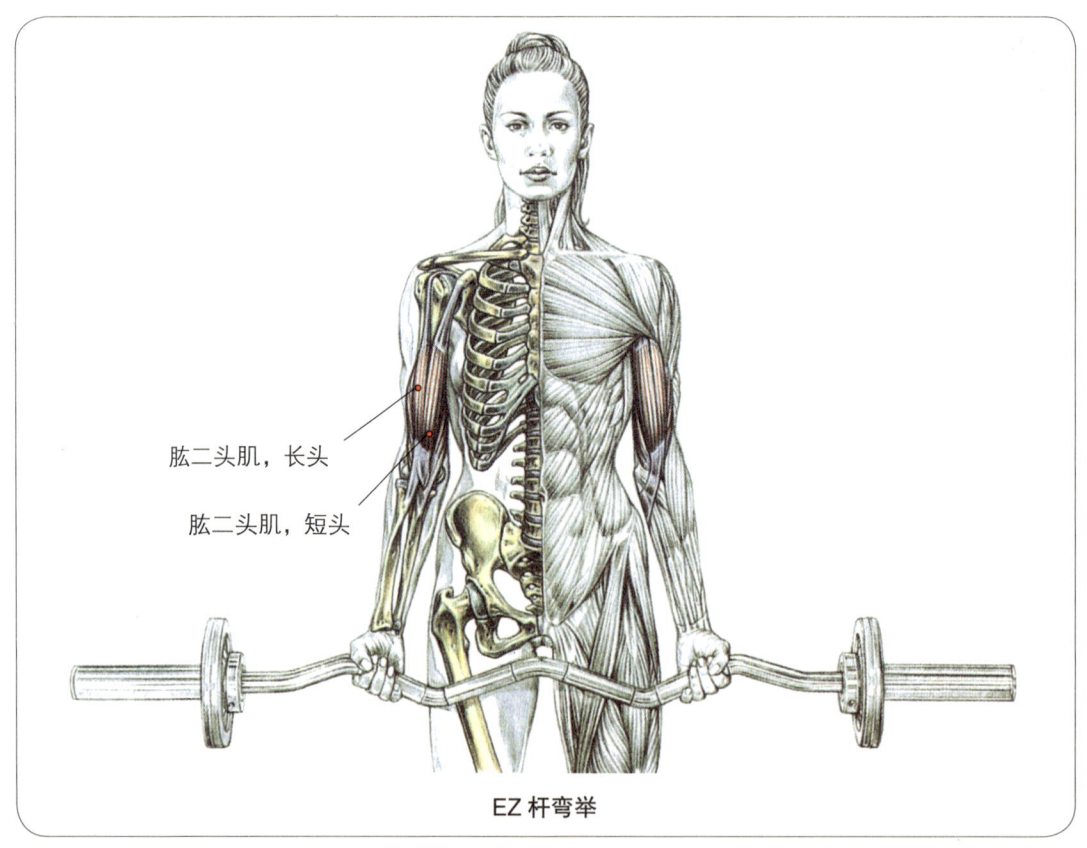

肱二头肌，长头

肱二头肌，短头

EZ 杆弯举

在使用固定器械锻炼时也会遇到同样的问题。胳膊越伸直，固定器械就越会把前臂或双手带到不舒服的地方。这就说明我们不知道如何更好地利用固定器械进行锻炼。事实上，几乎没有一种固定器械适合胳膊外翻度特别大的健身者前臂的运动轨迹。因此，使用固定器械时不要太教条。虽然好的固定器械要比自由重量更有优势，但是需要使用者胳膊要直，手腕要灵活。

注释： 如果在针对肱二头肌的练习中使用直杠铃锻炼是产生问题的源头，那么对肱三头肌也会产生同样的问题。

结论

考虑到胳膊的弯曲度和手腕扭曲的灵活度，要排除掉很多不适合健身者体型的练习。同时，我们发现肱二头肌的运动幅度会受到限制。

生理学的两难选择题——弯举真的是锻炼肱二头肌的复合训练吗？

教条： 为了锻炼肱二头肌，要针对此肌肉进行复合训练动作。用杠铃弯举是最好的练习，且通常被认为是一种复合训练动作。

事实： 当你希望获得肌肉和力量时，复合训练动作通常是最有效的。如果没有效果，就要试试别的方法。更何况传统的弯举并不是一种复合训练动作，而更像是一种针对肱二头肌的孤立训练动作。

复合训练动作有三个特征：

1 复合训练动作能运动至少两个关节。而进行弯举训练时，只有肘关节会运动。

2 肱二头肌是多关节肌肉，也就是说它跨在了两个关节上——肩部和肘部。对于多关节肌肉，复合训练动作能收缩一头的肌肉，同时拉伸另一头的肌肉。因此，肌肉的长度在运动时不会改变很多。在进行弯举时，肱二头肌近肘部端会缩短。如果稍微抬起一点肘部，肱二头肌近肩部位置也会缩短。当双关节肌肉两端缩短时，这便是孤立训练动作。

3 复合训练动作的路线或多或少呈直线进行，而孤立训练则成弧线进行（也就是进行弯举训练时的动作轨迹）。

如果传统的弯举训练没能带来预期的结果，该如何是好呢？

如果传统的弯举训练能使你得到强壮的肱二头肌，就无须改变。如果它不能带来预期的结果，要找到原因和解决办法。为了尽可能快地发展双关节肌肉，要使其在最理想的训练长度下进行锻炼（见第 196 页）。观察用杠铃进行划船时肱二头肌的收缩，双手反握。越向上半身拉伸杠铃，肱二头肌近肘端便会越缩短。其近肩关节的肌肉便会延长。使其长度尽可能地接近其理想训练长度，此时肱二头肌可以在动作的全程保持足够有力。

寻求最理想的训练长度

如果肱二头肌不适合传统练习，就要改变其训练长度，使其更接近最理想的长度。为了完全改变锻炼肱二头肌的方法，需要将肘部放在身后而不是身前。为此有两种不同的练习：

在几乎是平直的训练椅上做弯举训练

通常健身者都是在上斜训练椅上锻炼其肱二头肌，几乎不在平的训练椅上做锻炼。然而，训练椅越平，肘部就越会处在悬空的位置，这样就会拉伸肱二头肌近肩部的肌肉。而在其他传统的针对肱二头肌的练习中，都不会产生这种拉伸。

理想的状态是，使用可以调节倾斜度的训练椅进行锻炼 ①。相对于完全平的训练椅，稍微的倾斜可以使练习变得更容易进行。尽可能高地将自己置于训练椅的顶端，因为不能完全伸直胳膊，所以哑铃不会触及地面。将肘部置于身后可以使肱二头肌产生强烈拉伸，为了使肌纤维适应练习，在进行长训练组时要以轻重量训练开始。初始阶段就进行大重量练习，会让三角肌附近的肱二头肌长头肌腱产生炎症，这会

①

使肩膀感到不舒服。除了调配肱二头肌的运动，肱二头肌长头会产生强烈的灼烧感。当你将肘部置于身前进行锻炼时，通常会优先刺激肱二头肌的内侧头（传统弯举、孤立弯举、固定器械或牧师椅训练）。

⚠ 注意

如果肩膀前部感到不适，要避免这种动作变化。

用绳索进行拉伸弯举

通常，当你用滑轮绳索进行训练时是面对滑轮的。如果你背对滑轮进行训练，肱二头肌会得到更好的拉伸，尤其是进行单侧训练时 ②。将可调节的滑轮置于中间高度，可以更好地拉伸肱二头肌 ③。为了适应这个练习，用低位滑轮开始锻炼，然后做完一个训练组就抬高一点。当滑轮位于头部高度时，拉伸会达到最极致。

②   ③

肱二头肌训练动作

肱二头肌基础训练动作

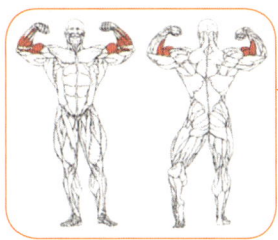

正握弯举

此项练习主要针对肱二头肌，但同时也会或多或少地练习到肱肌和肱桡肌。这是一种孤立训练动作。如果锻炼出粗壮的肱二头肌是你的一号目标，最好进行单侧训练。

说明：

1 用杠铃进行锻炼：正握杠铃（直杠、曲杠、绳索或固定器械的把手）**4**。用肱二头肌的力量弯曲胳膊 **5**。尽可能地抬高杠铃 **6**。保持收缩1秒钟，同时尽可能地用前臂挤压肱二头肌。然后慢慢地放下杠铃，在拉伸阶段时不要过度伸直胳膊。

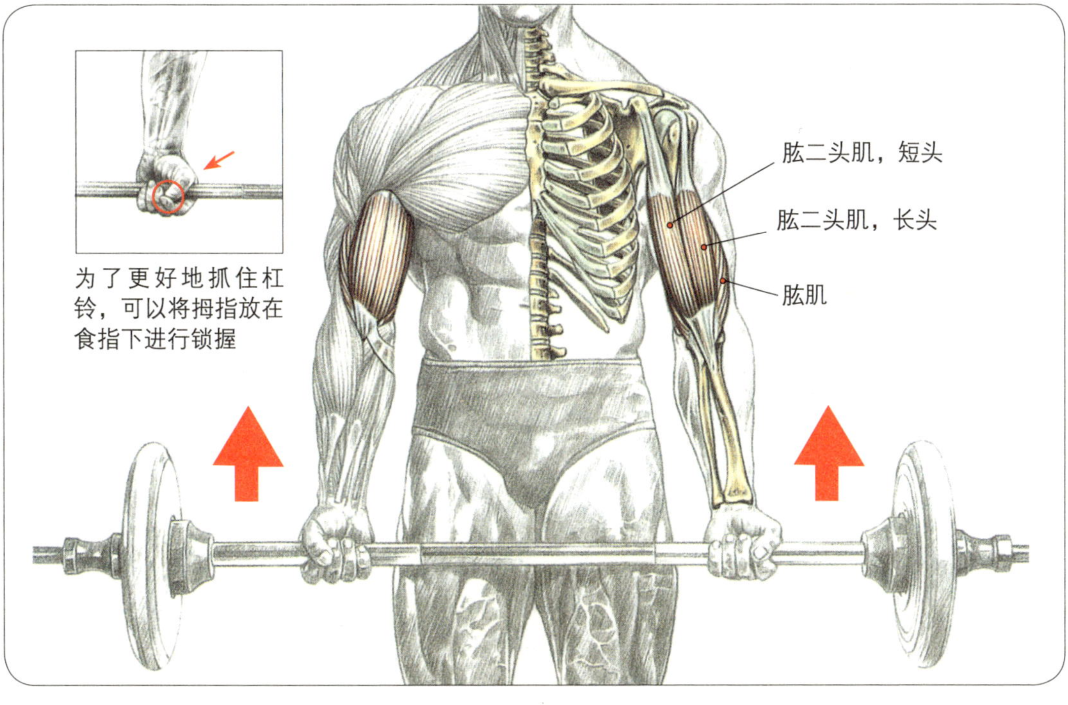

为了更好地抓住杠铃，可以将拇指放在食指下进行锁握

肱二头肌，短头

肱二头肌，长头

肱肌

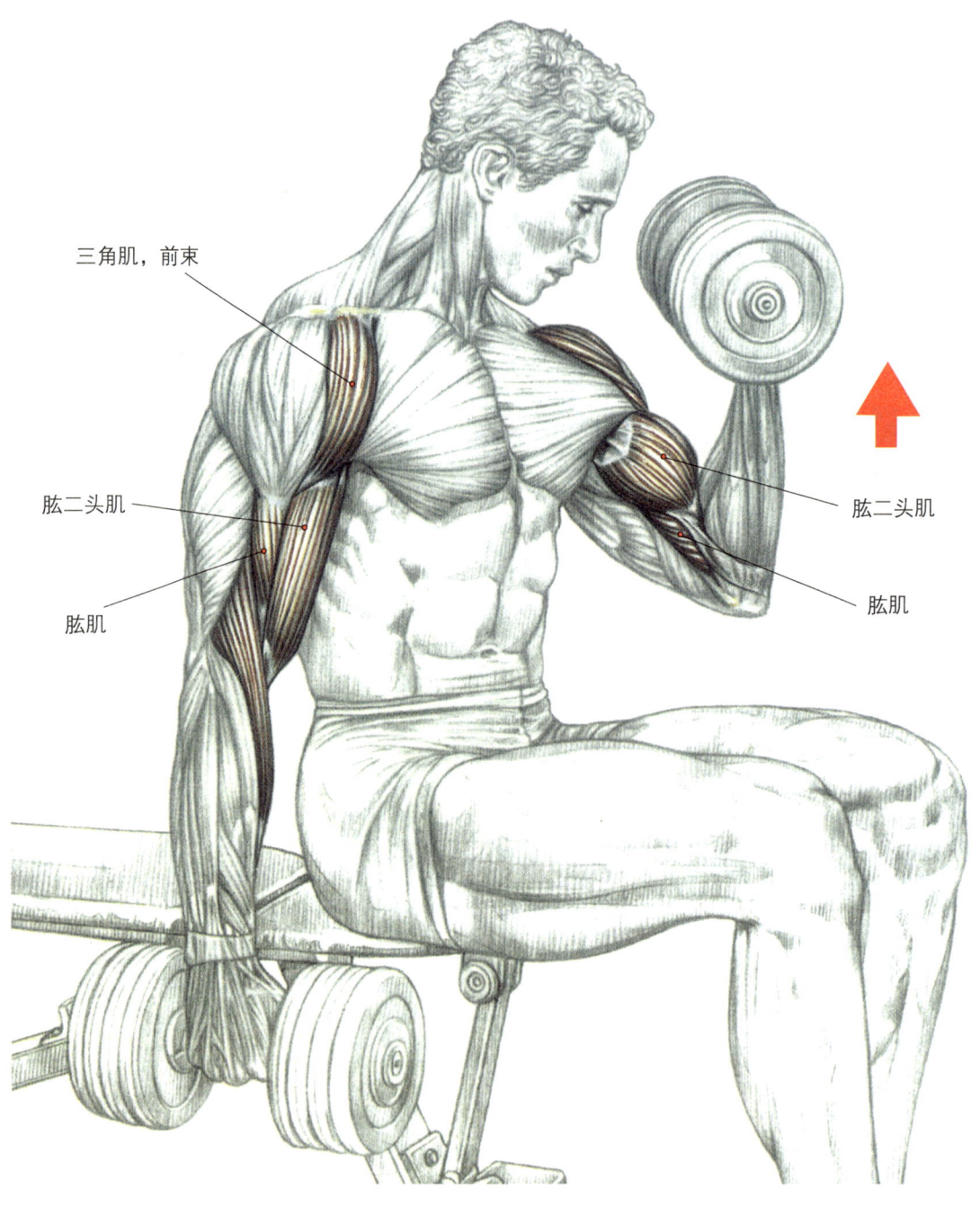

三角肌，前束

肱二头肌

肱肌

肱二头肌

肱肌

坐姿哑铃弯举

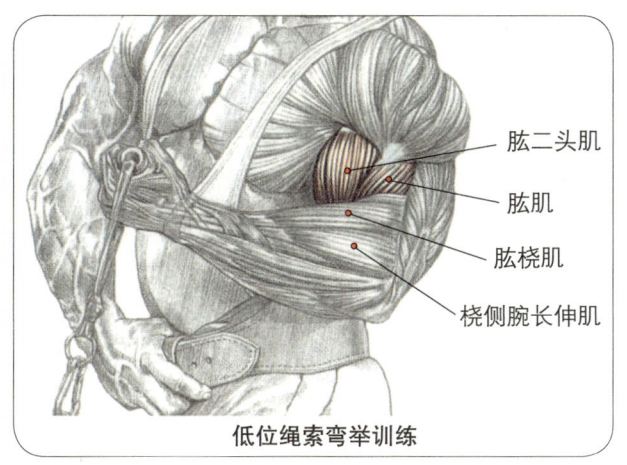

肱二头肌
肱肌
肱桡肌
桡侧腕长伸肌

低位绳索弯举训练

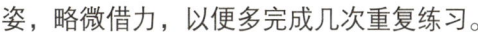 哑铃训练：握紧哑铃，双手对握。举起哑铃时旋转手腕，使拇指朝外变为正握。尽可能地抬高哑铃。为了到达这个高度可以稍微抬高肘部，但是不要过分移动肘部。保持收缩状态 1 秒钟，慢慢回到初始位置。

动作变化

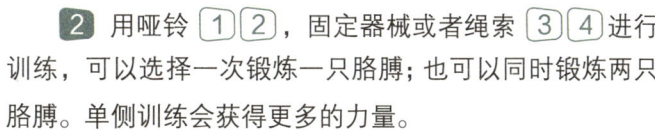 哑铃弯举可以选择坐姿或站姿。以坐姿开始训练，以便保持标准的训练姿势。一旦身体力竭，改为站姿，略微借力，以便多完成几次重复练习。

② 用哑铃 ①②，固定器械或者绳索 ③④ 进行训练，可以选择一次锻炼一只胳膊；也可以同时锻炼两只胳膊。单侧训练会获得更多的力量。

③ 用弹力带结合传统负重进行训练 ⑤。一旦身体力竭，松开弹力带，以便多完成几次重复训练 ⑥。

① 哑铃单臂弯举 ② 哑铃双臂弯举

③ 绳索双臂弯举 ④ 绳索单臂弯举 ⑤ ⑥ ⑦

④ 杠铃后退弯举：原则上是随着杠铃的移动向后移动肘部，使杠铃可以贴着上半身 ⑦。这个动作变化的优势是可以轻轻地拉伸肱二头肌的上半部分同时收缩下半部分，这很接近复合训练动作。前臂较长的训练者在使用普通弯举训练时会感到较为困难，借助肘部后移的后退弯举可以很好地改善这个问题。

① ②

⚠ 注意

用哑铃做弯举时，你可以在每次重复训练时转动手腕 ⓵ ，或者保持正握姿势 ⓶ ，选定使你的胳膊感到最舒服的姿势。如果选择保持正握，不要完全伸直胳膊，尤其是在使用大重量的情况下，因为那样可能会撕裂肱二头肌。如果在拉伸阶段选择对握，则不会出现这种问题。

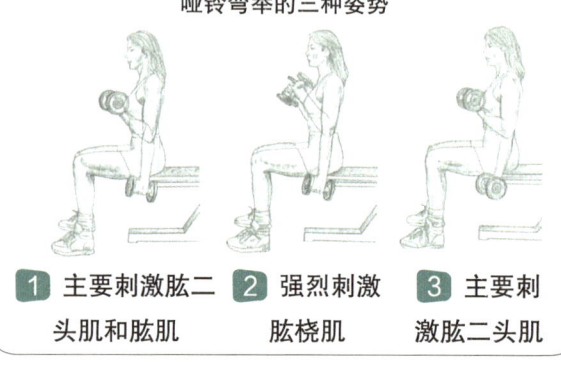

哑铃弯举的三种姿势

1 主要刺激肱二头肌和肱肌   2 强烈刺激肱桡肌   3 主要刺激肱二头肌

优点：对于肱二头肌有很好的孤立训练效果。哑铃可以让手腕自由运动，从而避免伤害。

缺点：此项练习没有改善肌肉长度和张力的关系。此时健身者想要偷懒的欲望比做其他训练时都要强烈，这不利于有效地收缩肱二头肌。在训练时最好借助搭档的辅助进行强制性重复练习，这样危险比较小 ⓷ 。

风险：如果为了使用更大的负重或者进行几次额外的重复训练而前后摇晃身体，可能会伤害到背部。为了避免伤害，不要过度增加负重。

③

✖ 诀窍

在训练组间，用双手晃动对侧的肱二头肌，以便使其放松并且加速力量恢复。

上斜哑铃弯举

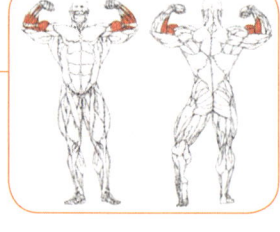

此项孤立训练动作，主要针对肱二头肌外侧，亦可进行单臂上斜哑铃弯举训练。

④ ⑤

说明：手拿哑铃，躺在倾斜的训练椅上 ⓸ 。用肱二头肌的力量将前臂向胳膊挤压 ⓹ ，在顶峰收缩阶段轻轻地抬起肘部。

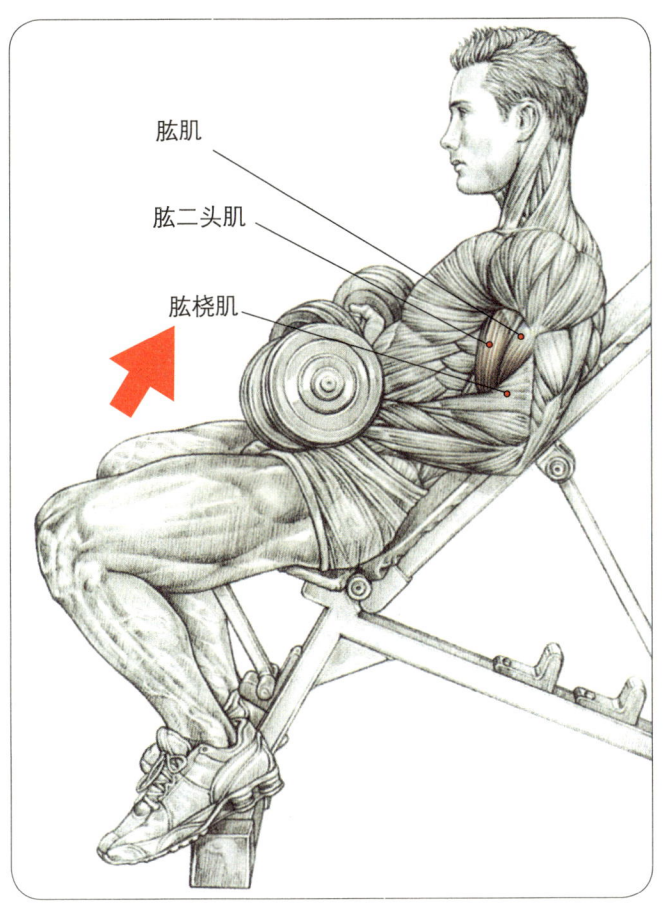

肱肌

肱二头肌

肱桡肌

注意事项

在开始训练时要注意动作姿势的精细度。为了不受伤害，在正握时不要伸直胳膊。

在进行此项练习时，拉伸肱二头肌可以引起迅速且独有的燃烧感。为了利用此特性，至少要进行 12 次重复练习。一旦产生燃烧感，就要尽可能长时间保持它。

动作变化

可以：

1 在每次重复训练时都转动手腕或者手部保持反握。

2 用锤式弯举训练 ⑥ 。

3 同时举起两个哑铃，或者左右手交替举起。

4 单侧训练时，训练的困难是难以保持身体平衡，因此需要使用空闲的那只手紧紧地抓住训练椅。

优点：此项练习可以使肱二头肌在肩膀的位置得到拉伸，这是独一无二的。收缩三角肌下面的部分却可以拉伸肱二头肌上面的部分，这样可以更好地改善长度与张力的关系。这也说明了为何此训练动作效果更好。

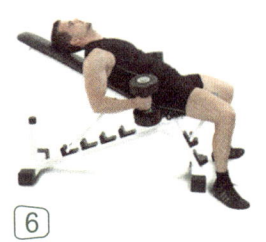

⑥

缺点：过度的拉伸会带来伤害。结节间沟较窄或者结节间沟中有肌腱滑动的健身者，不要使用过于水平的训练椅进行锻炼（见第 189 页）。

风险：在正握时，拉伸阶段不要完全伸直胳膊，不然可能造成肱二头肌撕裂。

训练姿势要十分标准，以免过分拉伸肩部。

注释：训练时要谨慎，首先要在锻炼肱二头肌的训练末尾时进行此项练习，此时肌肉温度较高并且较为疲劳。健身者一旦熟悉了训练姿势，就可以顺利进行肱二头肌的训练了。

反握引体向上

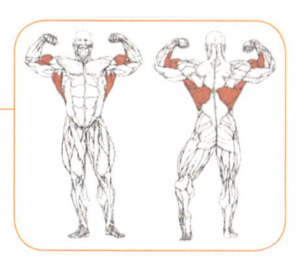

此项练习不仅可以锻炼肱二头肌，也可以锻炼背部肌肉，对于肱二头肌这是唯一真正的复合训练动作。单侧训练几乎不可能。

① ②

说明： 握紧单杠，双手反握。双手间的距离要尽可能地与锁骨宽度相同。如果手腕没有感到不适，甚至可以握得更近一些 ①。握得越近，肱二头肌的参与就越多。用肱二头肌的力量拉起身体 ②，不需要碰到单杠。当肱二头肌贴在前臂上时，你就处于动作的最高处。慢慢降落前保持此姿势 1 秒钟。

注意事项

与背部训练时健身者会尽量克制肱二头肌参与相反，此训练的目标就是尽可能多地刺激肱二头肌。健身者会尽可能少地收缩背部肌肉。为了做到这一点，可以在拉起阶段向后摇晃身体并且使单杠尽可能近地靠近颈部。

动作变化

1 为了刺激肱桡肌，可以使用正握。

2 反握可以更好地针对肱肌进行锻炼。

3 可以在高位绳索上完成相似的练习，这样就不需要考虑自身的体重问题了。

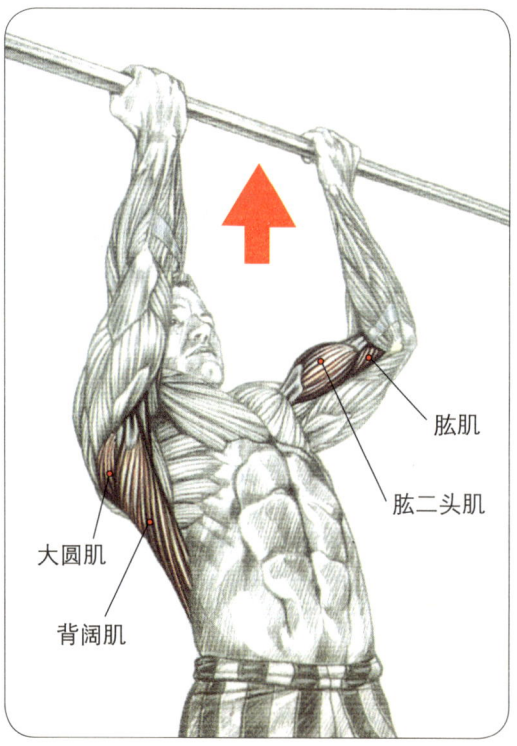

肱肌

肱二头肌

大圆肌

背阔肌

优点：引体向上是锻炼肱二头肌唯一的复合训练动作。当肱二头肌在肘部位置收缩时，同时也在肩膀位置进行拉伸，使长度和张力的关系得到了充分利用，这对胳膊来说也是完美运动。

缺点：固定的单杠不一定适合所有的健身者，尤其是有明显外翻或者过度内翻现象的健身者。幸运的是，现在出现了固定的弯曲单杠可供选择和使用。

风险：像其他所有动作的拉伸阶段一样，不要完全伸直胳膊，以避免肩膀的韧带处于易受伤的状态（见第 189 页）。

肱二头肌混合训练动作

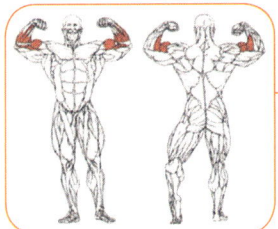

牧师椅弯举

比起传统的弯举，此项孤立训练动作可以更多地刺激肱肌，但对肱二头肌刺激较小。单臂牧师椅弯举较为常见。

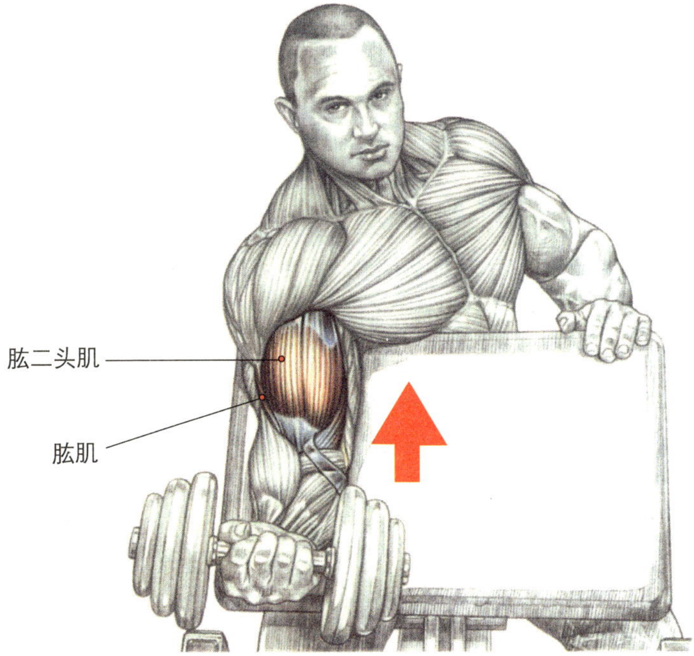

肱二头肌

肱肌

训练姿势

牧师椅单臂哑铃弯举

说明：坐姿，握紧杠铃或者哑铃，正握。将胳膊放在斜面上，用肱二头肌的力量抬起负重。保持收缩 1 秒钟，慢慢下降到初始位置。

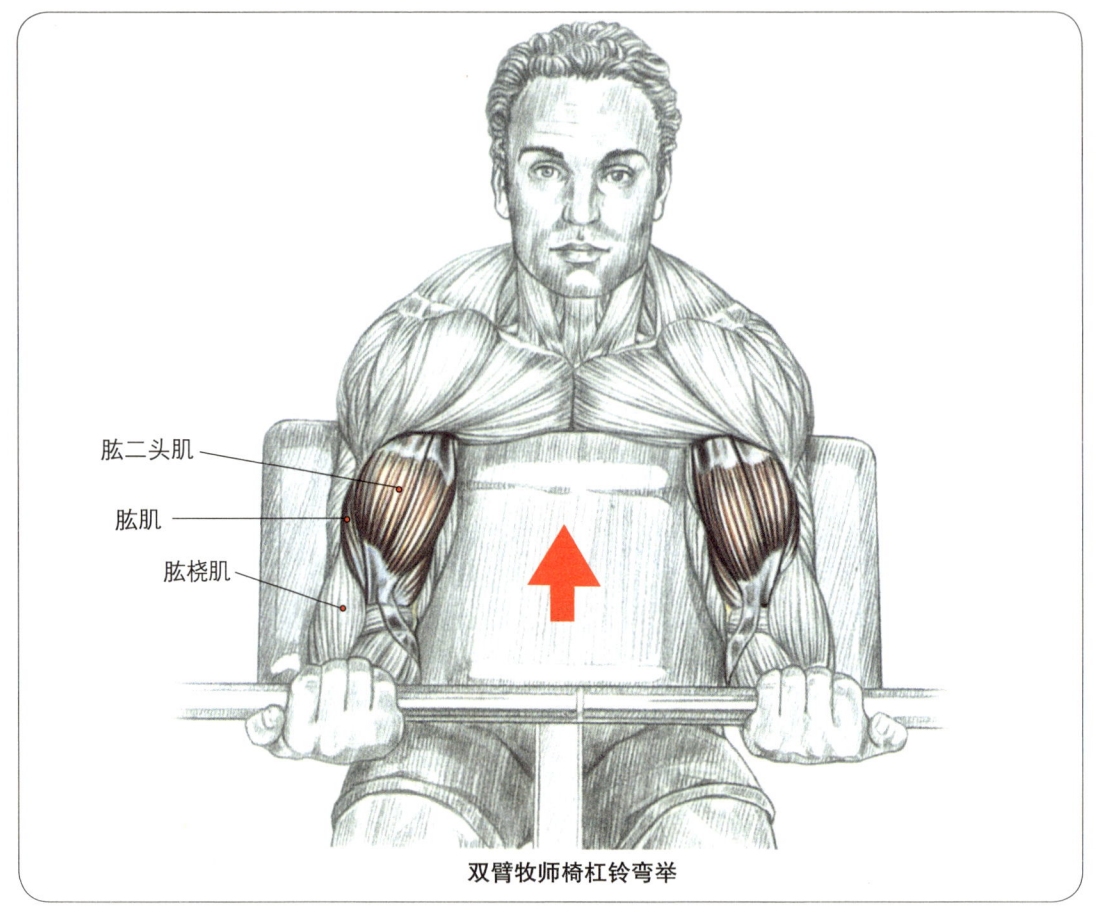

肱二头肌

肱肌

肱桡肌

双臂牧师椅杠铃弯举

肱二头肌

肱肌

倾斜成 45 度的牧师椅斜面

注意事项

好的牧师椅斜面要呈弧形并与对于地面相对竖立。但是，健身房里牧师椅的斜面往往达不到这个要求。牧师椅倾斜成 45 度是很危险的，并且对于肱二头肌的锻炼效果不好。事实上：

→ 此时产生的拉伸是很不科学的。

→ 动作开始得太粗暴。

→ 动作结束时缺少阻力。

如果牧师椅的斜面对于地面相对竖立，这些问题便不会出现。

动作变化

倾斜成 45 度的牧师椅斜面可以配合低位绳索使用。由于绳索或固定器械特定的阻力，上述问题便不再存在。用绳索锻炼时，相对竖立的训练椅反而是不适合进行训练的。

优点：将肘部置于身前，此时肱二头肌短头和肱肌内侧的运动比在传统弯举时要好。

缺点：斜面角度不合格的牧师椅很多，真正合适的牧师椅则很少。

风险：如果想在成 45 度的牧师椅斜面上进行锻炼，不要伸直胳膊，要保持持续紧张状态。要避免过度拉伸，防止损伤肱二头肌肌腱并使前臂产生疼痛。

注释：如果没有训练椅，鞍马也可以用来进行弯举训练。好的训练椅斜面的形状是弧形的，这正是仿照鞍马的模样制作的。

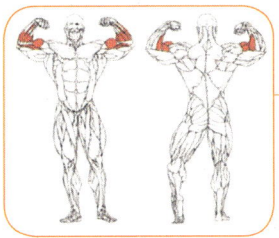

孤立弯举

比起传统的弯举，此项孤立训练动作锻炼肱肌多一点，锻炼肱二头肌少一点。只可以进行单臂孤立弯举训练。

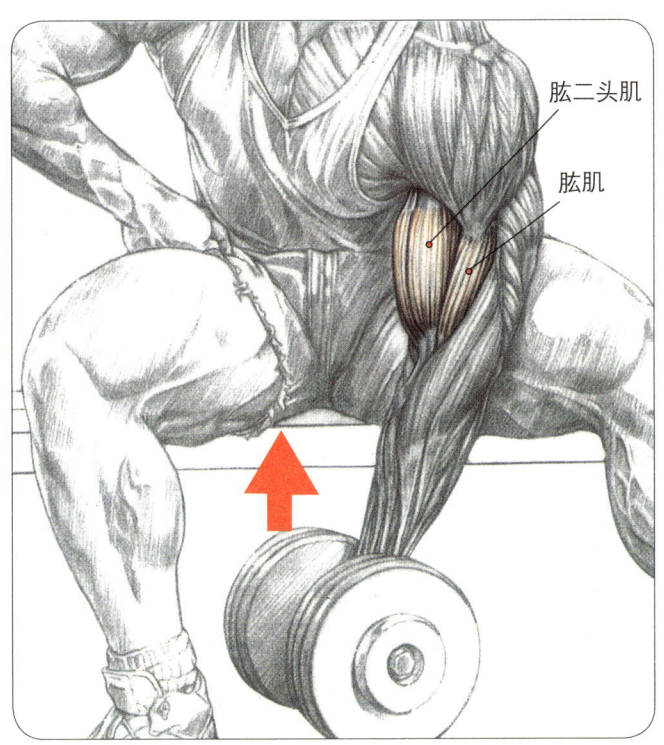

肱二头肌

肱肌

说明：坐在训练椅上，用一只手握住哑铃，正握。将肱三头肌贴紧大腿内侧 ⬜1️⃣ ，用肱二头肌的力量弯曲胳膊。在不抬高肘部的情况下，尽可能高地举起哑铃 ⬜2️⃣ 。

保持收缩 1 秒钟，慢慢下降到初始位置。

注意事项

此项练习被看成是用来锻炼肱二头肌肌峰的动作，通过运动肱二头肌的短头和肱肌，可以使肱二头肌的肌峰更饱满。

动作变化

动作变化可以：

→ 或者正握。

→ 或者使用锤式弯举姿势 ①。使用第二种姿势时，肱肌受到的刺激会更突出。

优点：比起传统的弯举运动，此项练习对肱肌的锻炼会更多一点。孤立弯举可以平衡肱肌与肱二头肌的发展。

缺点：如果想要获得大块肌肉，这项练习并不是最好的，因为要进行单侧训练，所以会浪费时间。它只是因为易于操作而更加大众化。

风险：为了使胳膊贴紧大腿，需要拱起背部。为了保护背部，将空闲的一只手支在大腿上，这样可以减轻椎骨的压力。

注释：以孤立弯举开始一组训练（正握或对握），一旦力竭就进行一般的弯举训练，这样可以获得几次额外的重复练习。

肱肌基础训练动作

锤式弯举

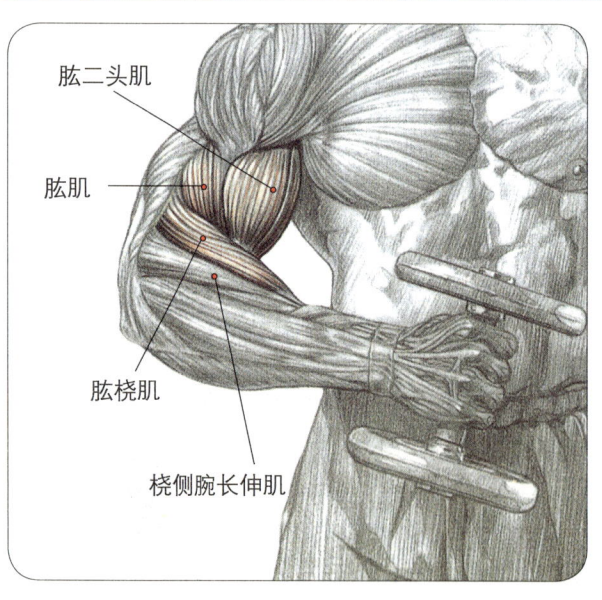

- 肱二头肌
- 肱肌
- 肱桡肌
- 桡侧腕长伸肌

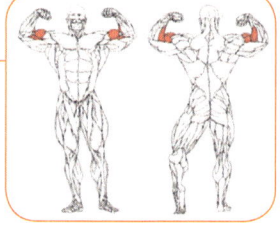

此项孤立练习主要针对肱肌和肱桡肌，但是对肱二头肌的刺激较少。单臂锤式弯举亦可。

注释：进行此项练习的必要性由肱肌的大小决定。如果肱肌发展水平与肱二头肌相当，就没必要进行此项练习。如果与肱二头肌相比，肱肌发展很迟缓，锤式弯举就很有必要了。它甚至可以取代传统的弯举，直到肱肌也发展得同样强壮为止。

说明：用一只手握住哑铃，对握（像握锤子一样，这也是训练动作名称的由来）。

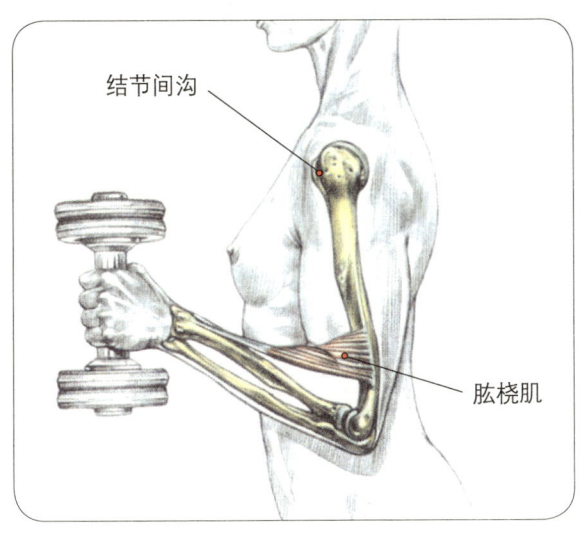

结节间沟

肱桡肌

拇指朝上弯曲胳膊，尽可能高地举起哑铃。为了做到这一点，可以轻轻地将肘部向后移动。保持顶峰收缩1秒钟，慢慢下降到起始位置。使用对握时，伸直胳膊不会遇到什么问题。

注意事项

比起使用正握，用对握法握住哑铃时，胳膊力量要更大。因此在进行锤式弯举时，所用的负重就比传统弯举时要大。只要注意不要过度减少动作幅度即可。

动作变化

1 此项练习可以坐着或站着进行。可以坐姿开始练习。一旦力竭，站起来以便进行几次额外的重复练习。

2 可以同时举起两个哑铃 2 ，也可以交替举起哑铃。交替举起哑铃时可以获得更大的力量；也可以用杠铃片进行锻炼 3 。

3 用滑轮绳索进行锻炼时，可以进行单侧 4 或者双侧 5 训练。

4 在进行孤立弯举时，可以坐着 6 ，或者在牧师椅上 7 进行练习，此时肱肌会得到更多的刺激。

优点： 由于锤式弯举使前臂得到加强，这会避免肌肉锻炼带来的伤痛。

像其他所有单侧弯举一样，每组训练力竭时，用没训练的手辅助进行几次强制性的重复练习。

缺点：在肌肉锻炼计划中，锤式弯举并不一定有效，传统的弯举和针对背部的练习对肱肌锻炼已经足够。

风险：在锻炼时要注意背部和手腕，尤其是当使用大重量的时候。

肱肌弯举

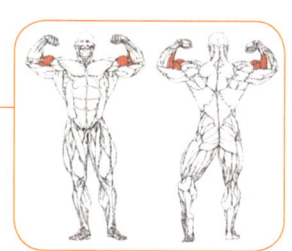

此项孤立练习主要针对肱肌进行锻炼。最好进行单侧训练，尤其是在锻炼发展迟缓的肱肌时，更应该进行单侧锻炼。

注释：现在有可以专门用来锻炼前臂屈肌的固定器械，用此器械进行锻炼时肘部在头部的位置。但是这些器械还是很少见的。它们与传统的锻炼肱二头肌的固定器械有一样的不足之处：让前臂处于外翻的位置，健身者很难完成此项孤立练习。

注意事项

在肘部处于头部上方时，会更有利于锻炼肱肌。肱二头肌是双关节肌肉，肘部抬得越高，它就越无力，这就限制了双关节肌肉的运动。

低位绳索肱肌弯举

侧躺，右侧身体着地，头朝向器械。向滑轮处伸直右臂，但不要完全顺着身体方向，以避

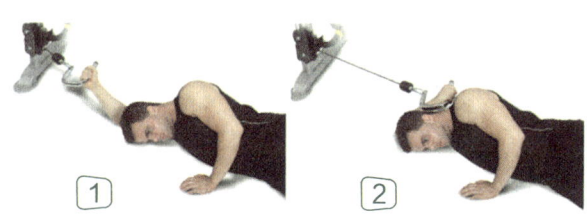

免肩部受损。握住绳索的把手 [1]。弯曲胳膊使手处在颈后下方 [2]。重返初始位置前，保持收缩1秒钟。

高位绳索肱肌弯举

跪着或根据身材选择合适的站姿，让器械处于你身体一侧。在头上方伸直胳膊，以便可以握住绳索的把手 [3]。弯曲胳膊，以便将手拉向颈后下方 [4]。在慢慢回到初始位置前，保持收缩1秒钟。

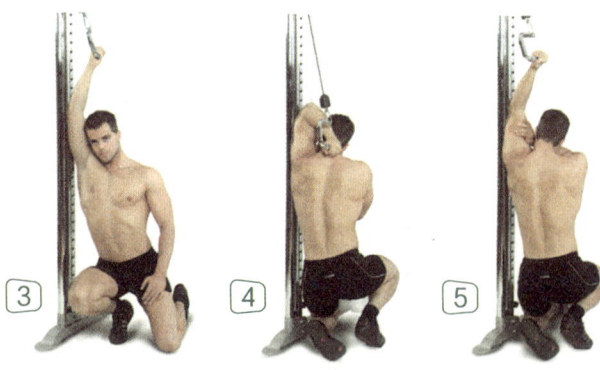

✄ 诀窍

用指尖轻触运动的肱肌，以便更好地感受到其收缩 [5]。

动作变化

此项练习可以站姿进行 6 7，也可以双臂同时拉动两侧的绳索 8。肘部处于半高位置，肱二头肌与肱肌一起运动。对于不善于运动肱肌的健身者，这个姿势不太舒服。

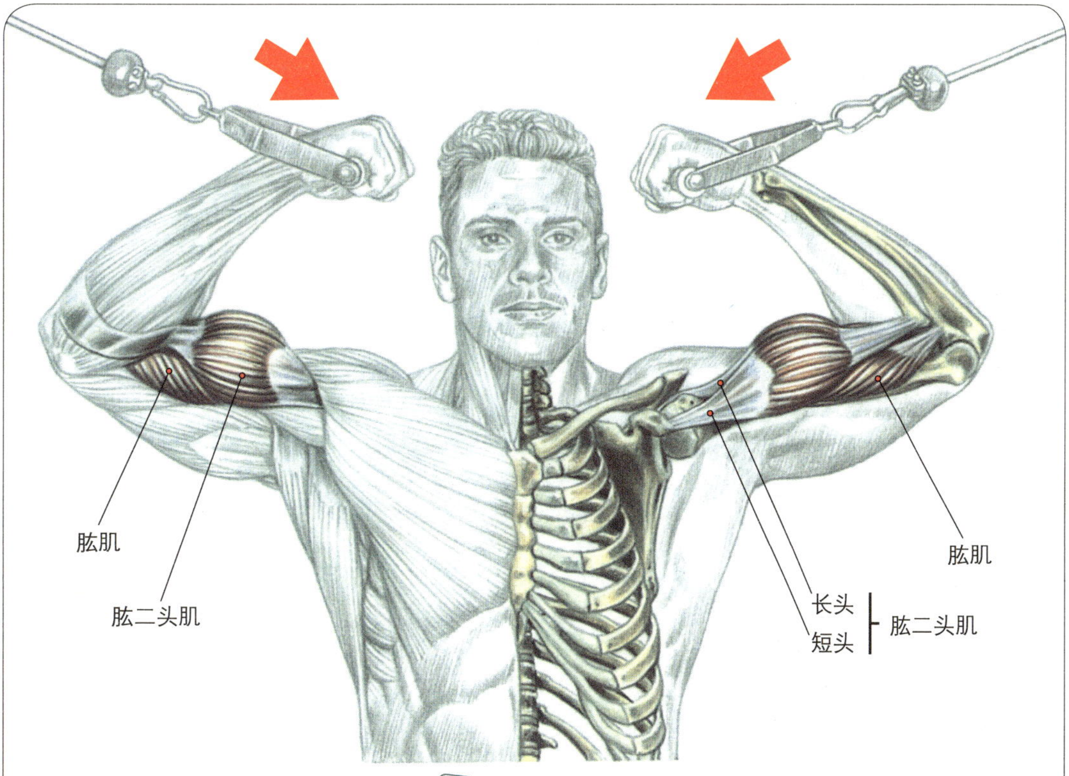

6　　　　7

肱肌

肱二头肌

长头
短头　}肱二头肌

肱肌

8　双臂绳索肱肌弯举

优点：即使肱二头肌也参与发力，健身者也能很好地感觉到肱肌发力，这表明它得到了足够收缩。

缺点：肱肌弯举训练并不总是有效的，传统的弯举训练和针对背部肌肉的训练也可以锻炼这块肌肉。

风险：不要为了启动发力或者为了获得额外几厘米的收缩幅度就让肩膀参与运动，胳膊位于头上时是肩部最容易受伤的姿势。

肱二头肌拉伸训练

拉伸肱二头肌

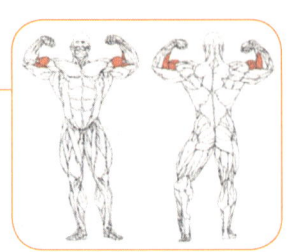

　　为了更好地拉伸肱二头肌，将手放在与地面垂直的椅背或水平椅子上，慢慢将背部转向训练椅 ①。将手腕从上到下转动，以便更好地拉伸构成肱二头肌的两个头 ②。不要猛烈进行拉伸运动，因为肌肉正处于易受伤的状态。

①

②

③

动作变化

　　此项练习可以站着与搭档一起进行。搭档用一只手拉住你的手腕，并用另一只手帮助你的肱二头肌用扭力进行拉伸 ③。

较发达的前臂

解剖学论述

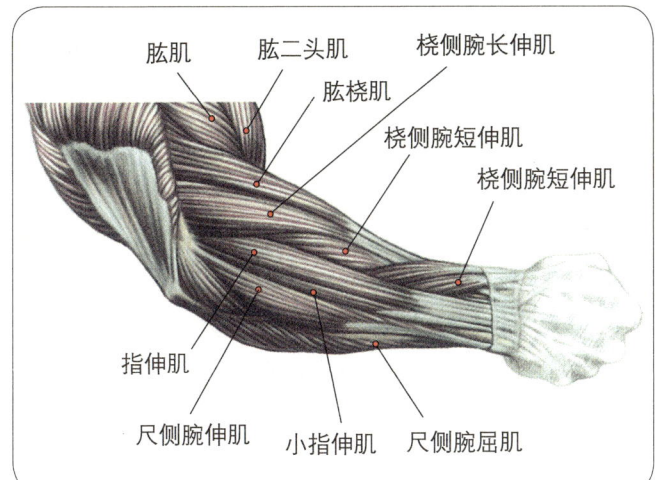

肱肌　　肱二头肌　　桡侧腕长伸肌
肱桡肌
桡侧腕短伸肌
桡侧腕短伸肌
指伸肌
尺侧腕伸肌　　小指伸肌　　尺侧腕屈肌

前臂肌肉数量很多且很复杂，它们很多是多关节肌肉。我们对以下几块肌肉尤其感兴趣，进行弯举时：

→ 肱桡肌：反握或对握时，此肌肉可以弯曲胳膊；

→ 手腕屈肌：正握时，此肌肉可以举起手；

→ 手腕伸肌：反握时，此肌肉可以举起手。

实际观察：前臂的末端肌肉

前臂充满了奇怪的现象：

＞有些人的前臂很强壮。

＞而另一些人即使努力锻炼，肌肉也不是很强壮。

＞某些人的肌肉并不强壮，但他们的手却有很大的力量，比如可以很容易地拧动螺丝。

与腓肠肌一样，前臂肌肉是少有的末端可以相互靠近的肌肉。前臂肌肉是否能够顺利发展与其长度有关：

＞前臂肌肉越长（肌腱短），就越容易发展。

＞前臂肌肉越短，就越难发展。

锻炼前臂的5个困难

前臂肌肉发展迟缓

有段时间，我们认为前臂发展迟缓可以加强肱二头肌的发展。这种观点已经被淘汰了，因为前臂的肌肉会随着肱桡肌的发展也得到良好发展。所以，不能再把前臂肌肉看成单独的肌肉。

前臂过于发达

前臂过于发达会导致肱二头肌受影响。从审美角度来看，前臂强壮而肱二头肌弱小并不美观。另外，当前臂迅速发展时，肱二头肌就会有发展迟缓的趋势。如果前臂过于发达，就不容易有效地运动肱二头肌。前臂会承担大部分发力来源，它会充血并引起强直痉挛，这种情况下健身者就不得不中断练习，因此肱二头肌不能得到有效锻炼。

强壮的前臂不一定会成为获得强壮肱二头肌的障碍，健身者可以两者兼得。但是，当肱二头肌不再变强壮时，过于发达的前臂可能会引起别的问题。

肱桡肌缺乏锻炼

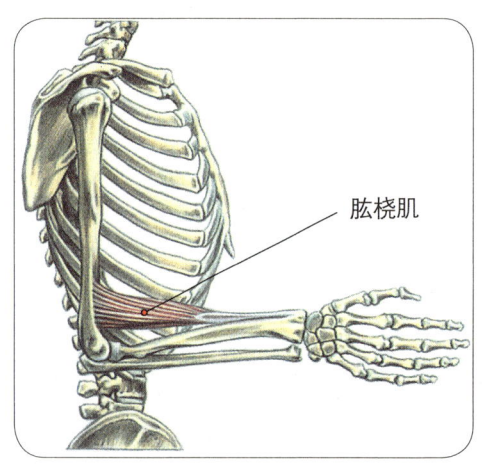

肱桡肌

肱桡肌很容易被忽视。然而，它可以提高肱二头肌下部，让它变得更加强壮。最坏的情况是，肱桡肌特别短，它既无法连接大臂也无法连接前臂。如果肱桡肌不发达，前臂看起来就会很细小。

用特殊的方法对其进行锻炼，一定可以获得肱桡肌的发展。

除了美观外，强壮的肱桡肌还可以保护肱二头肌免受伤害。相反，如果它发展迟缓，肱二头肌就容易受到伤害。

屈肌与伸肌发展失衡

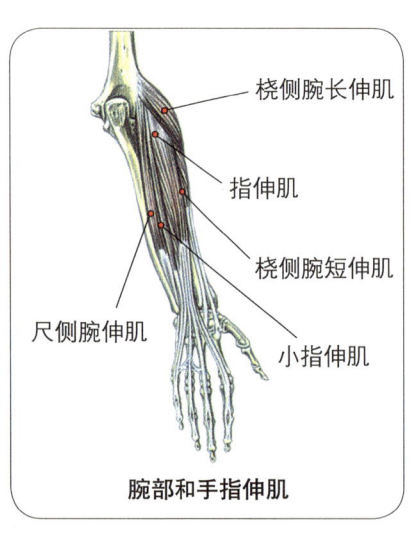

桡侧腕长伸肌

指伸肌

桡侧腕短伸肌

尺侧腕伸肌

小指伸肌

腕部和手指伸肌

在进行弯举和背部肌肉训练时，前臂屈肌受到了大量的间接刺激。但伸肌几乎没有得到运动，这会引起肌肉的发展失衡。除了美观方面外，这种肌肉的发展失衡现象可以引起伤害。通过对伸肌的特别锻炼，可以使肌肉重新平衡发展，这样某些前臂的伤痛可以减轻甚至消失。

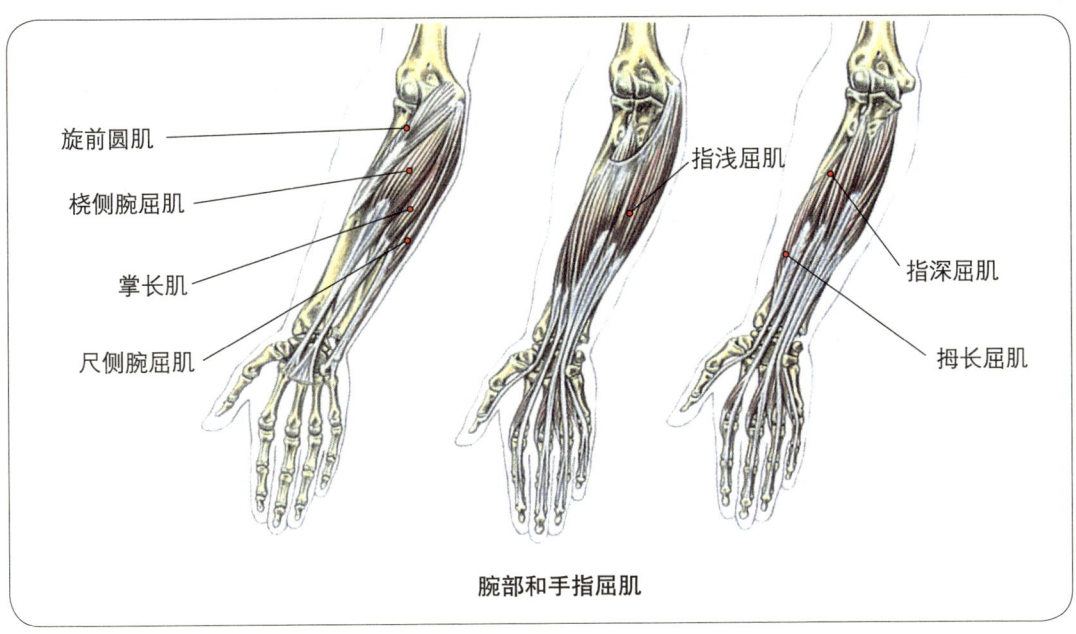

旋前圆肌

桡侧腕屈肌

掌长肌

尺侧腕屈肌

指浅屈肌

指深屈肌

拇长屈肌

腕部和手指屈肌

前臂的伤痛

虽然锻炼胳膊并不是很困难，但很多有经验的健身者的前臂或腕部却忍受着伤痛。伤痛不是器械引起的，导致其出现的原因有：

1 解剖学因素：

→ 肘部外翻。

→ 肘部过度内翻。

→ 肱桡肌发展迟缓。

→ 前臂长，但肌肉短。

2 健身者不遵守基础的训练法则：

→ 在锻炼肱二头肌练习中双手正握且伸直胳膊，或在背部肌肉的练习中双手反握且伸直胳膊。

→ 前臂屈肌和伸肌不平衡发展。

→ 锻炼前不对前臂进行足够的热身。

→ 在几乎所有的肌肉锻炼中，没有给肌肉足够的时间进行恢复。

→ 在进行卧推或弯举时，没有使用弹力护腕（见第 54 页）。

前臂训练动作

⚠ 注意

前臂会参与到所有的手臂肌群和上半身（腹肌除外）的锻炼中。事实证明，前臂的力量大小是很多动作能否标准完成的限制因素。如果它们很虚弱，就要锻炼和强化它们。

前臂基础训练动作

反握弯举

此项孤立训练动作，主要针对肱桡肌进行锻炼。单侧训练是可行的。

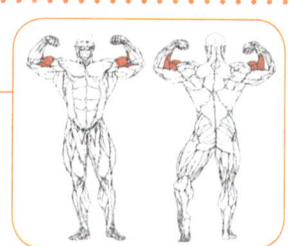

注释：进行此项练习的必要性由你肱桡肌的大小决定的。如果肱桡肌已经很发达，就没必要进行此项练习了。

说明：双手反握曲杠或一对哑铃 ①。弯曲胳膊，尽可能高地抬起前臂 ②。与其他弯举不同，进行此项练习时不要抬起肘部，以便更好地收缩肱桡肌。在慢慢下落到起始状态前，保持收缩 1 秒钟。

①　②

③

注意事项

> 对于前臂过度外翻的健身者，直杠会使手腕感到不适。

> 通常，曲杠比直杠更适合锻炼。

> 对于肘部有外翻和过度内翻现象的健身者，即使用 EZ 杠铃锻炼也会感到不适。在这种情况下，最好使用哑铃进行锻炼。

动作变化

此项练习可以用低位绳索进行 ③，尤其是在进行单侧训练时。此时，将手向外伸展，以便运动至高处时进行较好收缩。

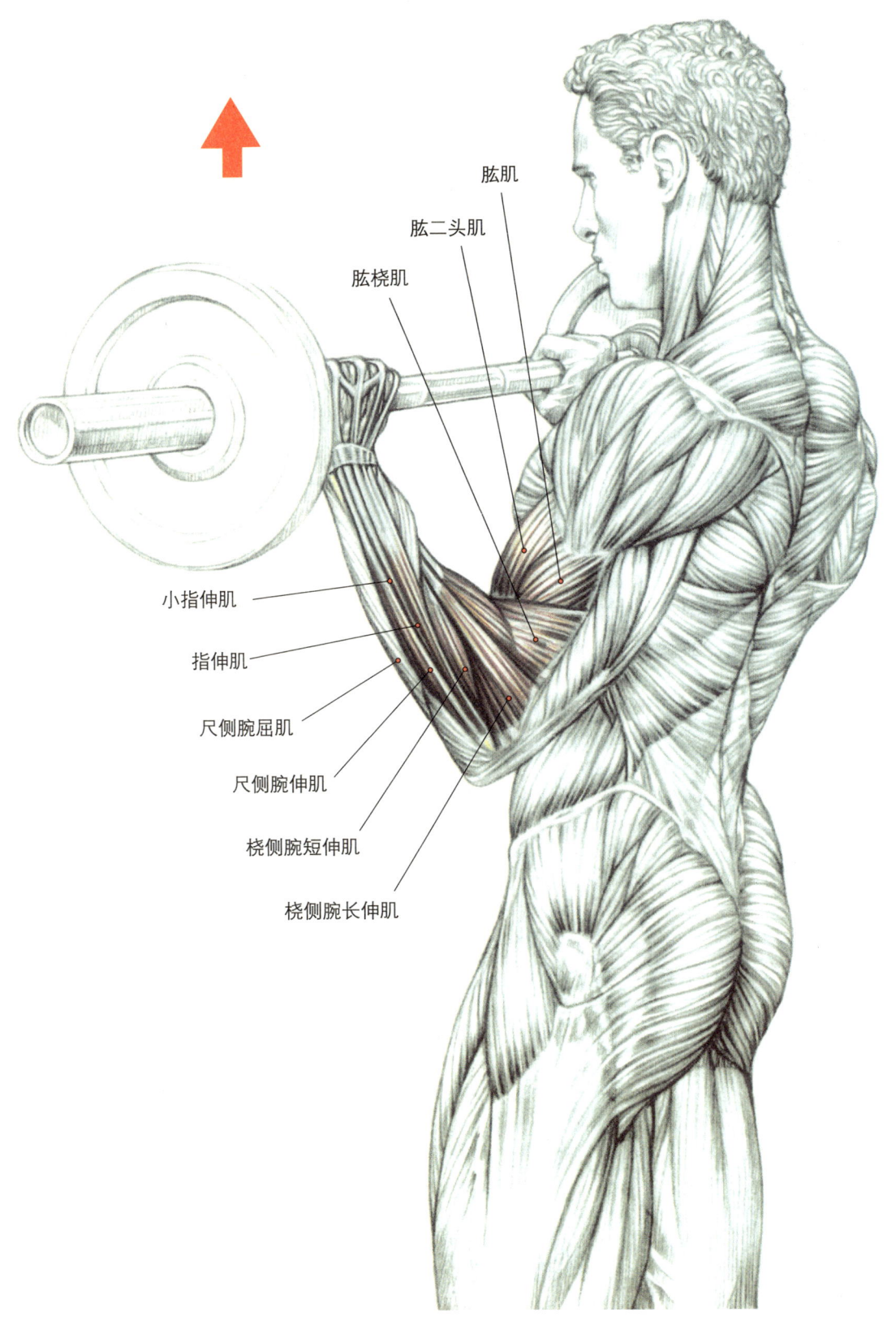

肱肌

肱二头肌

肱桡肌

小指伸肌

指伸肌

尺侧腕屈肌

尺侧腕伸肌

桡侧腕短伸肌

桡侧腕长伸肌

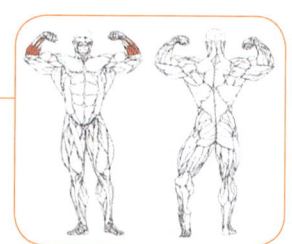

优点：用哑铃 ① 或者曲杠进行锻炼时，比用直杠锻炼时腕部受到的扭力要小，不会引起前臂过度地内翻，这可以预防运动伤害。

缺点：胳膊处于相对薄弱的位置。因此，在进行反握弯举时的负重要比进行正握弯举时小。

风险：注意腕部。拇指的位置要比小指高一点，这样可以减少作用于前臂的扭力。这也是为什么要避免使用直杠进行锻炼的原因。

注释：用哑铃进行锻炼时，由反握弯举开始练习。一旦力竭，转动手部以锤式弯举结束练习。

腕弯举

特点：此项孤立练习主要针对前臂内侧伸屈肌群进行锻炼。单侧运动亦可。

说明：坐姿，握住直杠，双手正握 ②。将前臂放在大腿上，手悬空。用前臂的力量尽可能地将手抬高 ③。在慢慢下降前，保持收缩 1 秒钟。

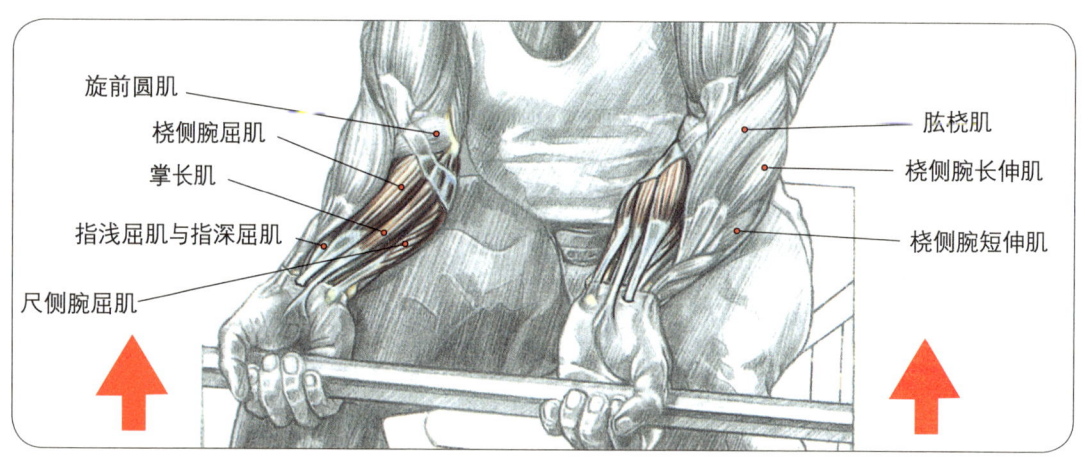

旋前圆肌
桡侧腕屈肌
掌长肌
指浅屈肌与指深屈肌
尺侧腕屈肌

肱桡肌
桡侧腕长伸肌
桡侧腕短伸肌

注意事项

胳膊弯曲越厉害，在这个动作中你就会越有力量。不要用爆发力进行训练。前臂肌肉要支撑住持久的压力，慢慢进行此项练习。

动作变化

1 用哑铃进行单侧训练是可行的，但是因为手腕的不稳固性会有一定的危险。在拉伸阶段，手会处在不稳定的状态。因此，在动作下半段不要使用过大的动作幅度。

2 可以站姿进行腕弯举训练，把杠铃放在背后，双手正握 4 。此项训练对手腕伤害较小，可以使用大重量。

优点：对于肱二头肌和背部肌肉的训练动作，它可以给予更多训练动作所需的力量。

缺点：胳膊过度内翻的健身者不太容易握住直杠。对于大部分健身者，在进行腕弯举、肱二头肌练习和背部练习时，对前臂的刺激比较雷同。

风险：腕关节是易碎的关节，特别容易受到直接刺激。因此，最好用轻重量进行较多次的重复练习（15～25次），而不是用大重量进行较少次的重复练习。

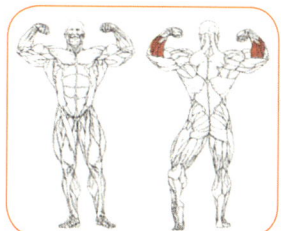

腕屈伸

此项孤立训练动作主要针对前臂外侧进行锻炼。单侧训练可行但并不是特别合适。

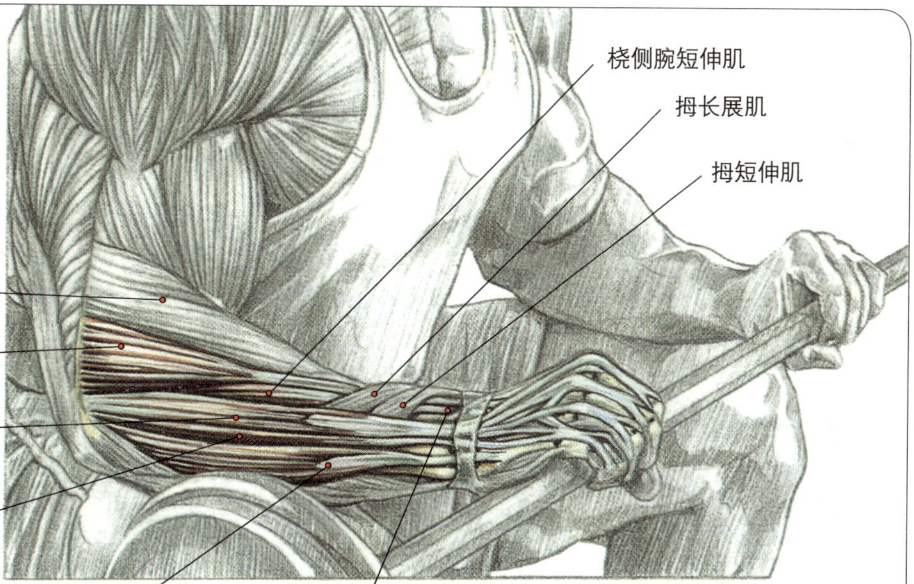

桡侧腕短伸肌

拇长展肌

拇短伸肌

肱桡肌

桡侧腕长伸肌

指伸肌

小指伸肌

尺侧腕屈肌　　　拇长伸肌

说明： 坐姿，握紧直杠或曲杠，双手反握。将前臂放在大腿上，手悬空 1️⃣。用前臂的力量抬起手 2️⃣。在慢慢下降前，保持收缩1 秒钟。

注意事项

手在杠铃上的位置一定要尽量自然。如果腕部感到疼痛，就要用曲杠进行锻炼 3️⃣，以便使拇指略微朝上而不是相对。

动作变化

把胳膊弯曲约 90 度开始练习。一旦力竭，伸直胳膊，以便多完成几次重复练习，因为胳膊越伸直，你就越有力量。

优点： 针对肱二头肌、肱三头肌和背部肌肉的练习，会对手腕屈肌产生很大的刺激，手腕伸肌受到的刺激却很小。因此，与腕弯举相比，腕屈伸是更有利于弥补发展迟缓肌肉的练习。

缺点： 如果你已经做了很多反握弯举，腕屈伸未免显得事倍功半。

风险： 胳膊过度外翻的健身者不容易握住直杠。不要模仿其他健身者，这会给予手腕过大压力。

注释： 进行预疲劳的超级组训练可以节约时间。以腕屈伸开始练习，一旦力竭，站起来改为反握弯举来使前臂疲劳。

前臂拉伸训练

伸展前臂

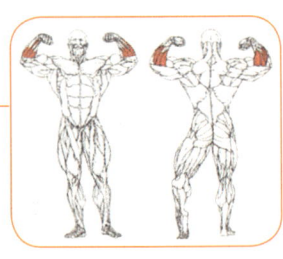

双手相对：

→ 或者手指朝上，手掌相对，以便拉伸屈肌 4️⃣。

→ 或者手指向下，手背相对，以便拉伸伸肌 5️⃣。

特别强壮的肱三头肌

解剖学论述

肱三头肌由三个头构成：

1 外侧头位于胳膊外部，是最明显的部分。

2 长头位于胳膊内部，是唯一可以跨过肩部的多关节肌肉。

3 内侧头的很大一部分都被长头和外侧头遮盖。

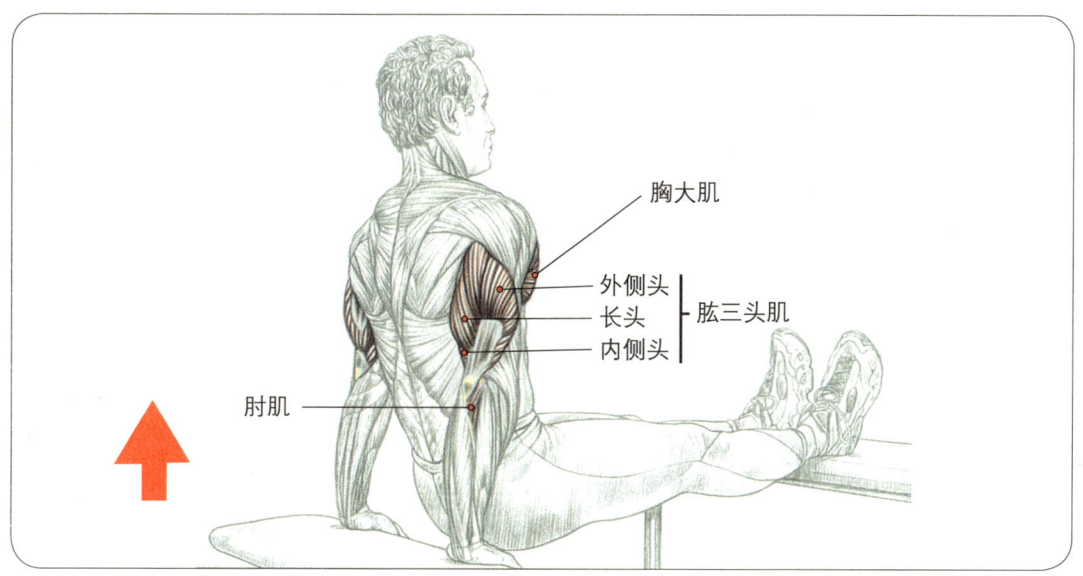

胸大肌

外侧头
长头 } 肱三头肌
内侧头

肘肌

肱三头肌的作用

1 肱三头肌可以伸直胳膊。因此，它与肱二头肌、肱桡肌和肱肌互为对抗肌。

2 与背部肌肉和三角肌后束协同作用，肱三头肌的长头可以将胳膊拉向身体。

锻炼肱三头肌的3个困难

肱三头肌发展迟缓

最理想的状态是，肱三头肌比肱二头肌和肱肌的总体积再稍微大一点，因为肱三头肌是粗壮手臂的重要构成。不幸的是，由于以下两个原因，肱三头肌常常发展迟缓：

> 肱三头肌的收缩不容易被感受到。不容易被感知就不容易发展壮大。

> 肱三头肌较短。它们自肩部开始（这会掩盖三角肌和肱三头肌分离的现象）并在胳膊极上方停止。

相反，当肱三头肌很长时，就会向下极度延伸直至肘关节。在此情况下，健身者更容易感受肱三头肌的运动并且发展较容易，但是不可能像拉长肱二头肌那样来拉长较短的肱三头肌。唯一的解决方法是最大限度地强化其内侧部分，以便让肌肉更加突出。

对于构成肱三头肌的三个部分，外侧头（位于外部）是最显眼的。其他两个头有被上半身肌肉遮盖的可能。因此，外侧头是需要优先发展的，以便使手臂肌群得到迅速提高。

三个头之间的失衡现象

肱三头肌的各头之间会有发展失衡现象。各头之间会存在肌肉调配的竞争问题，当内部发展迅速时，外部就会发展迟缓。

外侧头长度短能说明为何调配竞争会对长头有利。在这种情况下，肱三头肌外侧头的发力感容易被忽视。

相反的失衡现象是很少见的，但是却有双重优势。当外侧头很发达时：

1 会让身体显得更宽。肌肉足够强壮，肱三头肌的外侧头就会超越三角肌，它决定着健身者身体的宽度。如果你的锁骨很窄，最好多锻炼外侧头。

2 有利于改善三角肌和肱三头肌的分离度。

重新平衡肱三头肌的方法是颠倒不和规矩的肌肉调配逻辑。只有肱三头肌的长头是双关节肌肉，我们知道为了以最合适的方式来训练双关节肌肉，要在一头拉伸肱三头肌的长头，在另一头收缩此肌肉。卧推就是以此方式来锻炼肱三头肌长头的。伸直胳膊时，在肘部位置肱三头肌的长头会变短而在肩部位置会拉长。为了重新平衡肱三头肌，要用互补的方式利用肘部和手的不同姿势进行训练：

肘部的位置决定了肱三头肌的调配能力。

> 在进行肱三头肌训练动作时，胳膊沿身体两侧放置，此时肱三头肌的长头很无力，会阻碍胳膊的运动。但是，肱三头肌的外侧头的运动却很有优势。

> 相反，如果进行肘部位于头部位置的训练动作，就会拉伸肱三头肌的长头，这有利于其运动。而这种练习对肱三头肌的外侧头的运动不利。

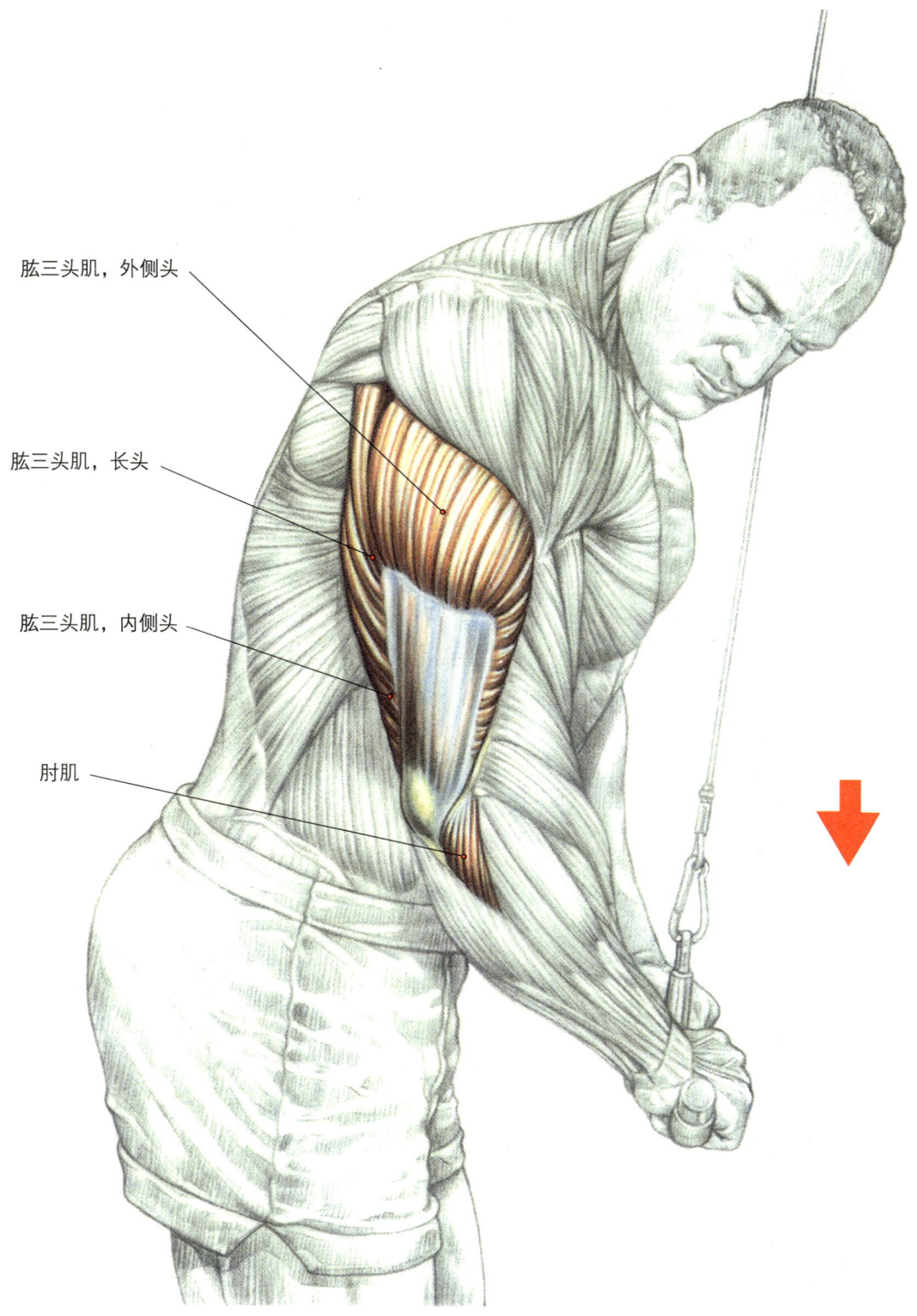

肱三头肌，外侧头

肱三头肌，长头

肱三头肌，内侧头

肘肌

绳索臂屈伸

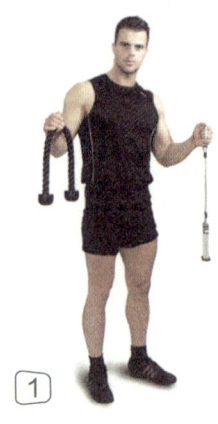

改变手的位置可以帮助我们锻炼有需求的肱三头肌区域：

> 在收缩阶段，手越是能够自由向外伸展的，肱三头肌的外侧头越会得到更好的刺激。因此，理想的状态是将腕部朝外转动，以便可以使小指尽可能地转向高处，同时可以略微向前伸。在绳索上使用相对长的双头绳把手，毫无疑问是最合适的器械选择 ①。

选用哑铃进行锻炼时，哑铃可以给予腕部充分的自由。各种杠铃却会固定健身者的双手，影响健身者针对肱三头肌外侧头的训练。

> 在所有的练习中，为了针对肱三头肌外部进行孤立训练，要想象着尽量将双手向外推（即使它们是不动的）。

肱三头肌的伤痛

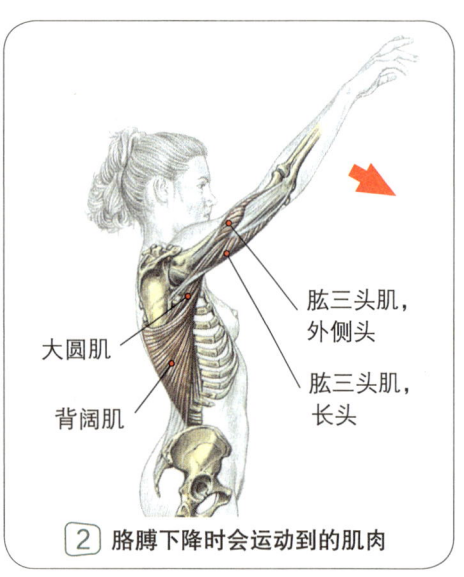

大圆肌

背阔肌

肱三头肌，
外侧头

肱三头肌，
长头

② 胳膊下降时会运动到的肌肉

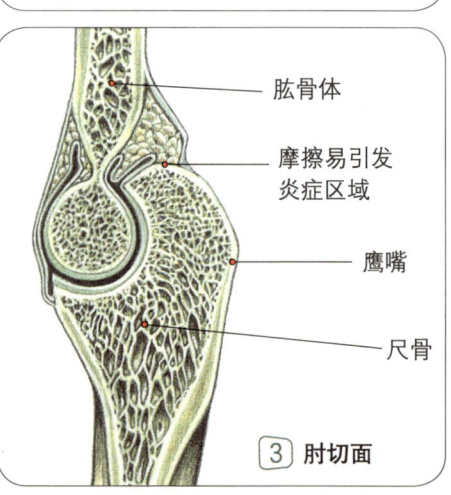

肱骨体

摩擦易引发
炎症区域

鹰嘴

尺骨

③ 肘切面

肱三头肌比肱二头肌更脆弱。然而，不要忘了肱三头肌长头在所有针对背部肌肉和三角肌后束的练习中都会得到刺激。因此，在进行锻炼前要很好地对肱三头肌进行热身，避免使其受到伤害。另一方面，如果在运动中特别想偷懒或者在进行高位下拉时伸直胳膊，有可能会撕裂连接肱三头肌长头和肩胛骨的肌腱 ②。

越是靠近肘部的位置，就有越多不同的伤病会影响健身者 ③。

肘部是暴露在外的关节。除了肱三头肌的运动，卧推与推举以及所有针对背部的练习都会刺激到肘部。因此，在两次训练之间，肘部只有很短的时间进行恢复。肘部外翻时无法握紧器械就很好地说明了肘部的病理现象。如果在肱二头肌收缩时，外翻现象影响了动作轨迹；在收缩其对抗肌时，动作轨迹也是一样的。在锻炼肱三头肌的练习中，使用直杠会因为双手缺少自由度而使肘部处于比较脆弱的位置。用曲杠、哑铃或者用绳索进行单侧训练是较好的选择。

肱三头肌训练动作

肱三头肌复合训练动作

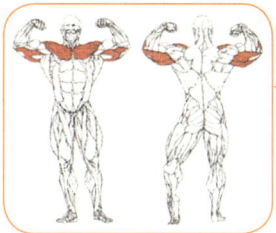

窄握卧推

此项复合训练动作针对肱三头肌、肩膀和胸肌进行锻炼。单侧训练很难进行。

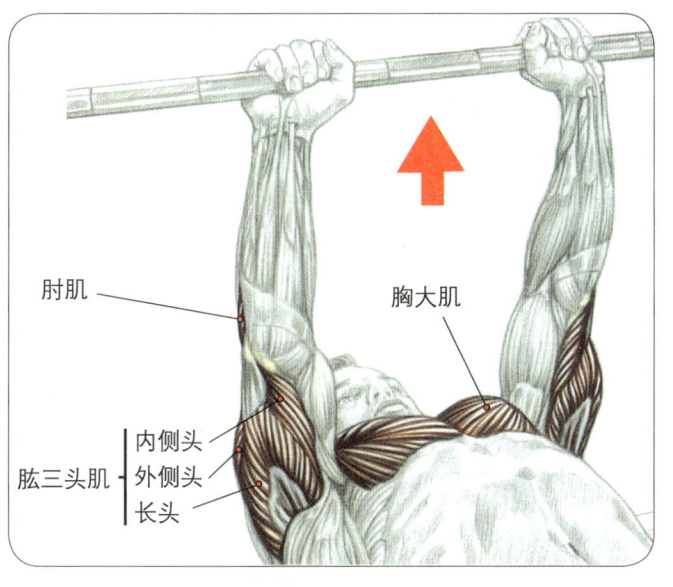

肘肌

胸大肌

肱三头肌　内侧头　外侧头　长头

说明：躺着进行自由卧推或史密斯机卧推。双手正握与锁骨同宽，将杠铃下降到胸部位置 4 用肱三头肌最大的力量将杠铃举起 5。

注意事项

握距越窄，肱三头肌受到的刺激就越大。如果手腕没有任何不适感，可以握得更近些。

握距越宽越可以帮助你释放更多的力量，因为胸肌更多地参与到训练中了。

动作变化

1 使用弹力带进行杠铃卧推 6，就会加强肱三头肌的发力，因为杠铃抬得越高，阻力就越大。

另外，胳膊越伸直，肱三头肌扮演的角色就越重要，而胸肌的作用则会减小。

2 间歇式卧推，杠铃放在胸部，为了补偿这一两秒钟的停顿带来的运动能量的消除，对肱三头肌的刺激会得到增加。

在力竭时，你可以继续进行几组窄握距俯卧撑，相比停止练习，这样效果会更好。

优点：窄握距卧推可以很好地利用肱三头肌长头的长度与压力的关系。

缺点：对肱三头肌刺激度不足，因为胸肌与三角肌同样参与到训练中了。

风险：当握距过窄时会引发手腕不适，健身者可以利用 EZ 杆替代传统的直杆。

双杠臂屈伸

此项复合训练动作主要针对肱三头肌、胸肌和肩部肌肉进行锻炼。除非使用固定器械，否则单侧训练是不可行的。

说明：双手置于双杠上，对握。腿向后交叉。弯曲胳膊，以便让身体向下 ⬜1，然后用肱三头肌的力量重新举起身体 ⬜2。

注意事项

头部的位置起着关键作用。理想状态是头部保持笔直状态，眼睛微微看向天花板，这样身体也可以保持笔直状态。这种姿势使肱三头肌的运动处于最理想的状态，同时降低了胸肌的介入。

相反，如果一只手或双手发麻，则要将下巴贴紧胸膛（见第175 页）。

1⃝

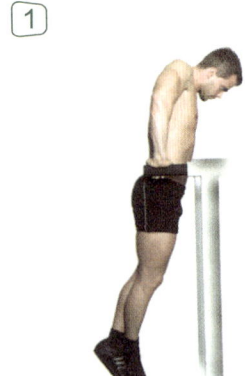

注释：该动作在高处比在低处时更容易刺激肱三头肌。因此，不要下降得太低，并且在高处要伸直胳膊。

为了增加更多的阻力，可将哑铃放在小腿或者大腿之间，或者将弹力带固定在地面上，并将其一端绕在身体上，以比较合适的方式产生和调节阻力。

2⃝

一旦身体力竭，放弃负重以便多进行几次重复练习。

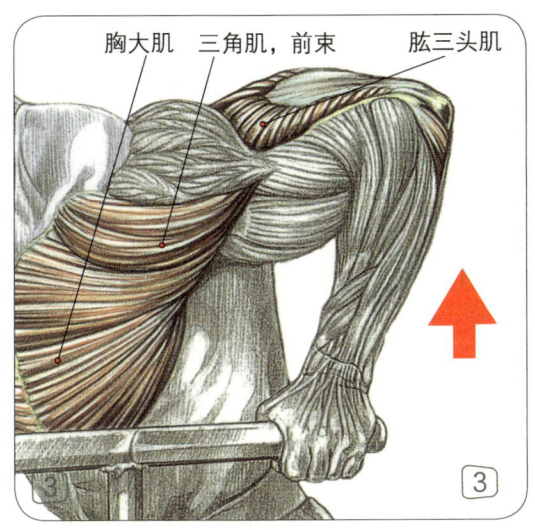

胸大肌　三角肌，前束　肱三头肌

③

与其在身体力竭后停止训练，不如试着用脚蹬地或者踩在训练椅上，以便多完成几次重复训练。

动作变化

1 如果双杠足够粗，试着使手呈正握或者半握 ③。在这种比较困难的姿势下，肱三头肌会更多地参与到训练中。由于肱三头肌的拉伸，肘关节的受伤隐患也在增加。在使用这种姿势时，一定要十分谨慎。

2 将脚放在训练椅上，比较容易完成反向双杠臂屈伸，因为这样会消除一部分腿部的重量 ④。这样可以帮助那些还不能很好掌握双杠臂屈伸的健身者更容易地完成训练。

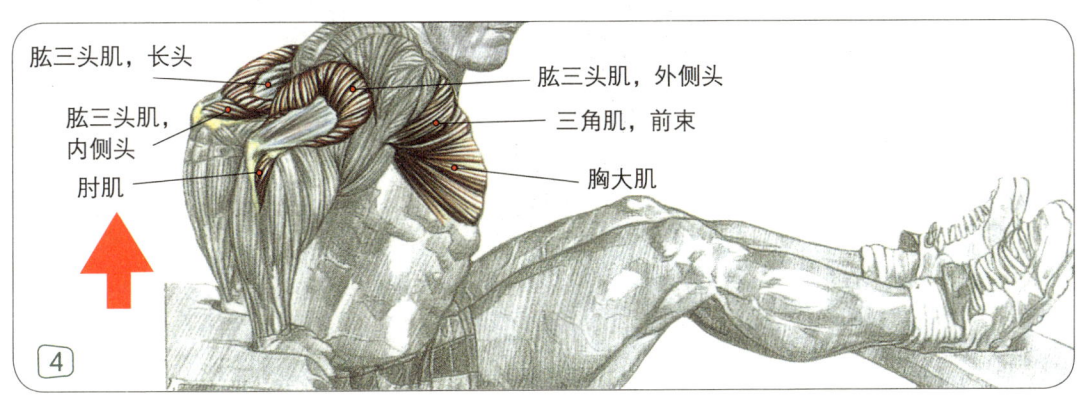

肱三头肌，长头

肱三头肌，内侧头

肘肌

肱三头肌，外侧头

三角肌，前束

胸大肌

④

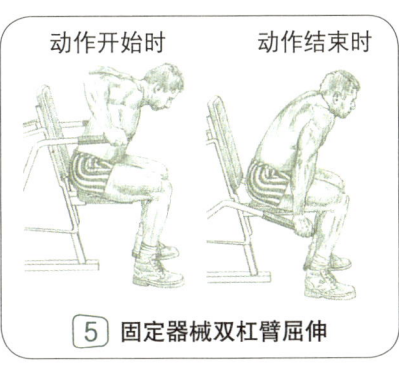

动作开始时　动作结束时

⑤ 固定器械双杠臂屈伸

3 有专门用来做双杠臂屈伸的固定器械，其优势是阻力的大小完全不受限制 ⑤。问题是，如果使用大重量，很难保持坐姿进行锻炼，身体有弹起的趋势。在这种情况下，你可以试着进行单侧训练。

优点：双杠臂屈伸是唯一一个针对肱三头肌的复合训练动作。

缺点：在肩部肌肉和胸肌的参与下，不太容易针对肱三头肌进行锻炼。

风险：注意不要下降得太快，如果你跌落下来，没有什么东西可以起到减速或保护的作用。胸肌的撕裂和肘部的伤痛，会严重影响你的训练。

肱三头肌孤立训练动作

仰卧臂屈伸

此项孤立训练动作，主要针对肱三头肌。单侧训练亦可行。

说明：平躺在训练椅上，手握杠铃（曲杆或直杆）或哑铃 ⒈。肘部（如果可能）指朝向天花板，手在额头上方。保持上臂不动，通过伸直胳膊将杠铃举到头上方 ⒉。

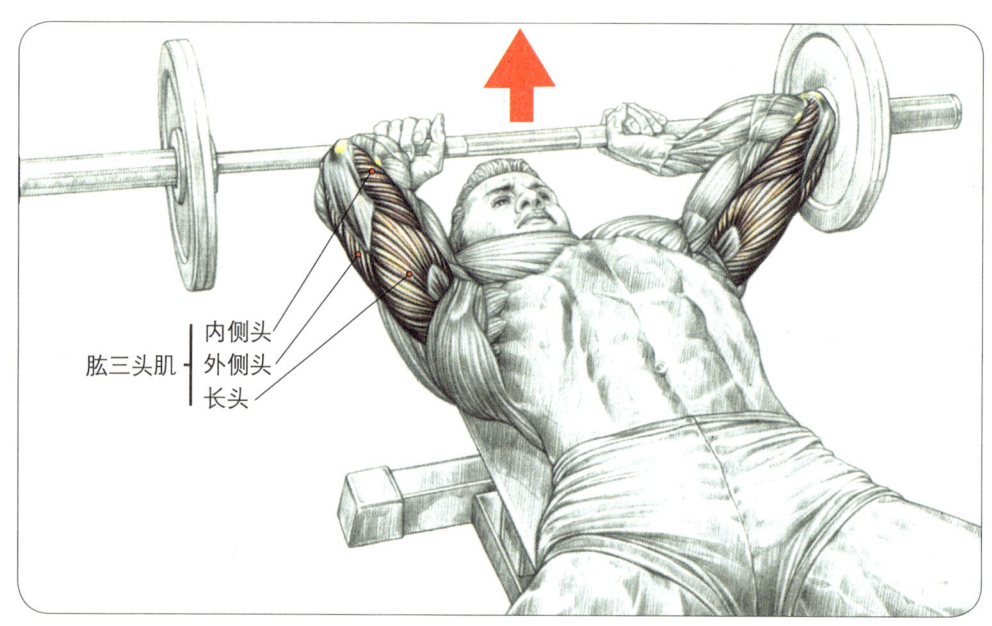

肱三头肌 { 内侧头 外侧头 长头

⒈　⒉

⒊　⒋

动作变化

⒈ 在拉伸过程中手可以从头后方 ⒊ 向胸肌下方 ⒋ 运动。此时，健身者相当于是将臂屈伸与窄握卧推混合在一起进行训练。你可以根据肘部感觉用最自然的姿势选择动作幅度。

⒉ 除了用水平训练椅进行练习外，

也可以用略微倾斜的训练椅进行锻炼，以便改变阻力的结构，使上臂相对于身体更加向上抬起 ⑤。

⑤

3 坐姿训练器械可以使肘部位于头前方，这样可以再现屈伸时的轨迹 ⑥。注意，某些器械在动作开始阶段会引起关节不适。

4 用哑铃进行锻炼，可以单侧或双侧进行训练。手的方向是自由的，可以用多种握姿进行练习。

优点：采用平躺的姿势练习可以很好地保护背部。比起站着或坐着进行臂屈伸，平躺时的臂屈伸姿势更加严谨。

因为拉伸的缘故，肱三头肌的长头优先得到锻炼。

缺点：肘部受到了很大刺激，其受伤风险增加。长度和张力的关系没有被有效利用。比起坐姿颈后臂屈伸，拉伸度要小。

风险：注意不要让负重砸到你的头或鼻子，尤其是疲劳时的动作轨迹会发生改变。

为了不过于折磨腕部和肘部，最好选择用曲杠或哑铃进行训练。另外，在使用大重量练习时，此项训练有可能会撕裂肘部附近的肱三头肌；一旦出现疼痛需要立刻停止训练。

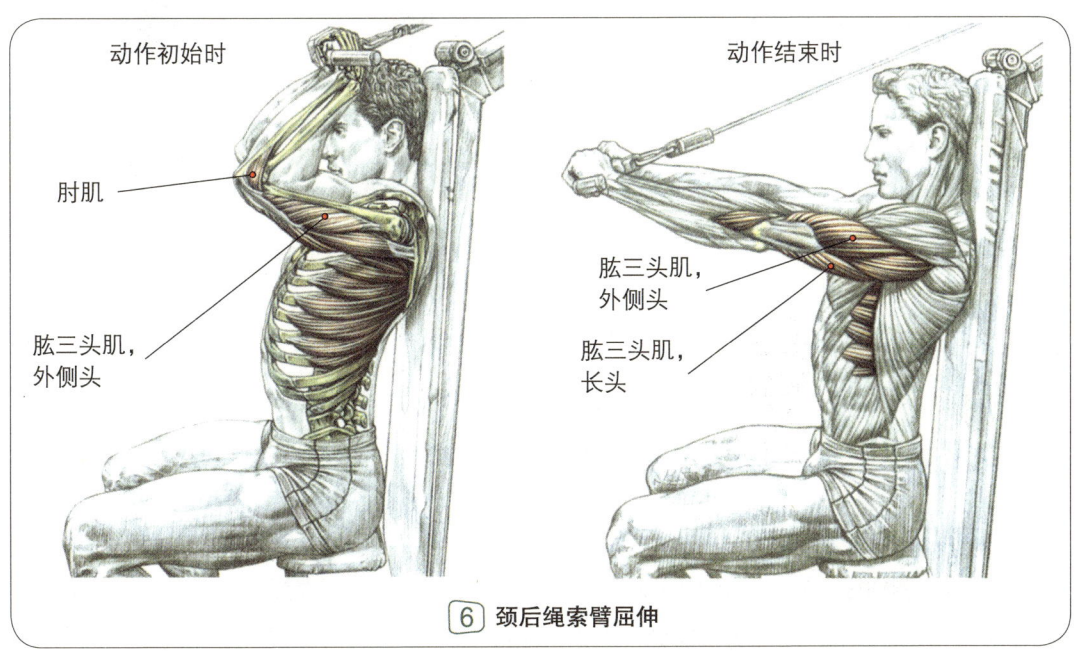

动作初始时　　　　　　　　　　动作结束时

肘肌

肱三头肌，外侧头

肱三头肌，外侧头

肱三头肌，长头

⑥ **颈后绳索臂屈伸**

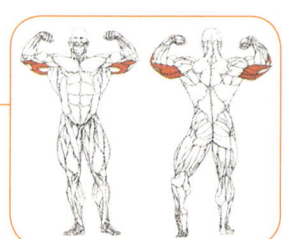

注释：不要将此项训练与屈臂上拉混淆。在任何时候，胳膊都与地面几乎呈垂直状态。

为了保持持续紧张：

→ 尽量不要伸直胳膊。

→ 肘部轻轻往后而不是完全冲着天花板。

一旦力竭，可以伸直胳膊几秒钟，以便使肱三头肌休息一下并多完成几次重复练习。

坐姿或站姿颈后臂屈伸

此项孤立训练动作主要针对肱三头肌，单侧训练是可行的。

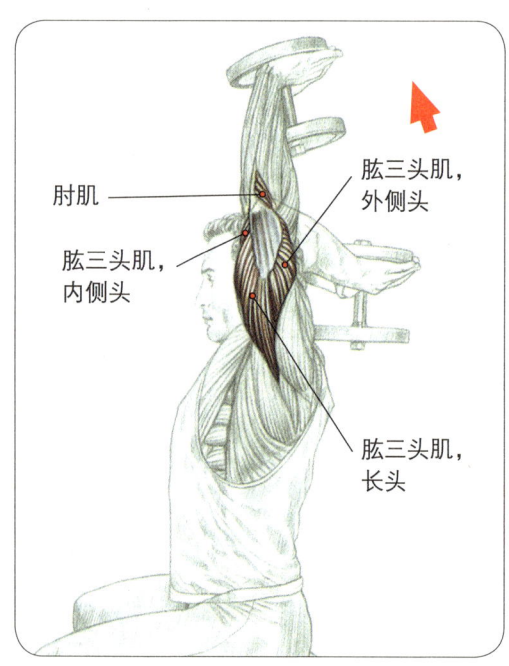

肘肌

肱三头肌，内侧头

肱三头肌，外侧头

肱三头肌，长头

说明：坐着或站着进行锻炼，手握杠铃（曲杠或直杠）①、双手握住一只哑铃（以便进行双侧训练）③或者单手握住一只哑铃（以便进行单侧训练）④。手经过头后②，肘部和小指（如果可能）朝向天花板。用肱三头肌的力量，伸直胳膊举起杠铃。

注意事项

相对于双侧训练，单侧训练的幅度会更大，因为拉伸更好收缩也更明显。某些健身者可以使肘部完全朝向天花板⑤；另一些健身者则可能做不到⑥。

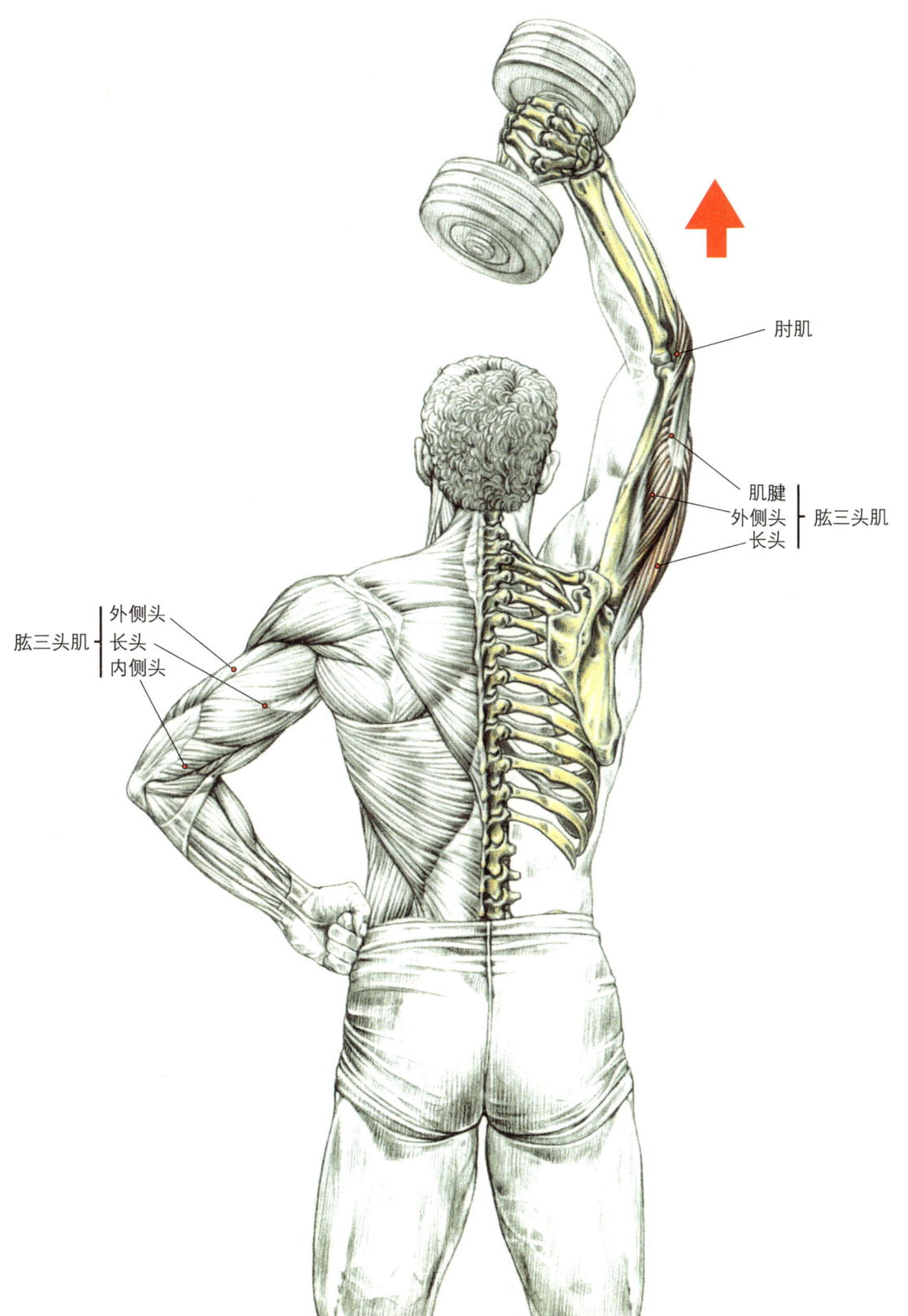

肘肌

肌腱
外侧头 } 肱三头肌
长头

外侧头
肱三头肌 { 长头
内侧头

动作变化

1 在双侧训练时，最好保持持续紧张状态，也就是说不要完全伸直胳膊。在进行单侧训练时，可以伸直胳膊，以便更好地收缩肱三头肌。

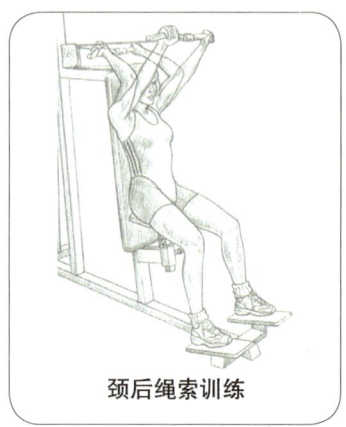

颈后绳索训练

2 站着时会更有力量，因为这时更容易借力。为了更好地对肱三头肌进行孤立训练最好坐着进行练习。

3 可以坐着进行锻炼的器械能够将肘部置于头上方，这样可以重现颈后臂屈伸的动作轨迹。然而，选用某些器械进行锻炼对肘部不太合适，不如用哑铃进行锻炼使手可以自由转动。

4 坐在成 90 度的训练椅上进行锻炼，可以更好地保护背部。

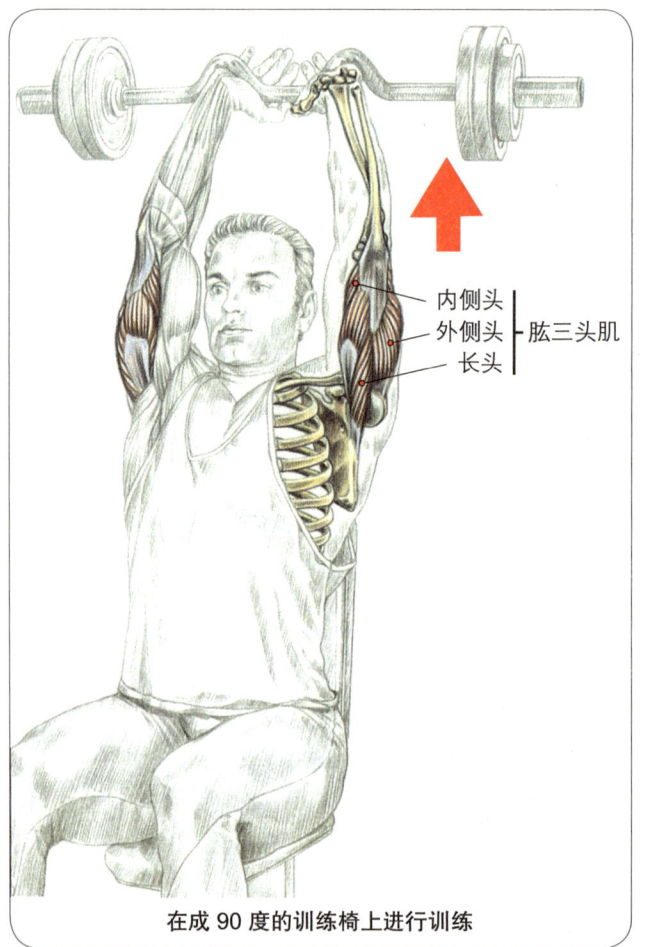

内侧头
外侧头 — 肱三头肌
长头

在成 90 度的训练椅上进行训练

优点：此项练习以孤立的方式拉伸肱三头肌。进行拉伸时会更好地针对肱三头肌的长头进行锻炼。

缺点：肘部会受到很强刺激。同时，状态不好的肩膀很难承受压力。因此，要对训练姿势严加掌控，以减少对关节的损伤。

此运动没有很好地利用肱三头肌长度和张力的关系。

风险：此动作很容易拱起背部，尤其是站着进行锻炼时。这种姿势可以让某些人获得力量，但是却要以压迫脊椎为代价。为了不过于损伤腕部和肘部，最好选择弯曲的 EZ 杠铃或哑铃进行锻炼。

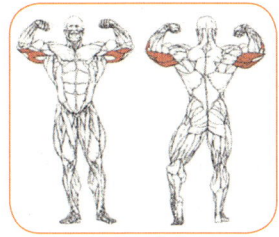

俯身臂屈伸

此项孤立训练动作主要针对肱三头肌进行锻炼。单侧训练亦可行。

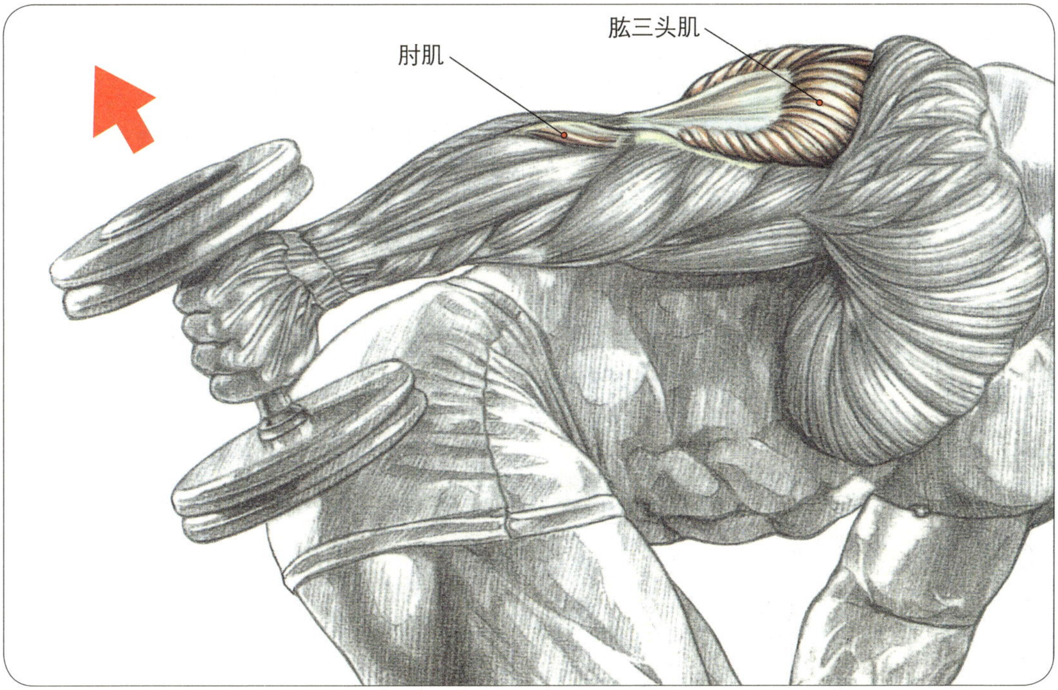

肘肌 肱三头肌

说明：身体向前倾，握紧哑铃，对握。上臂贴紧身体与地面平行，然后前臂弯曲与上臂成90度。用肱三头肌的力量伸直胳膊，在重新下降前，保持收缩状态至少1秒钟。

注意事项

尽可能长时间地收缩肱三头肌，胳膊保持伸直状态。相对于其他针对肱三头肌的练习，此动作要使用更多的肌肉张力，以便在训练中使胳膊保持伸直状态。因此，在训练中健身者要完全突出此训练动作的特点。

注释：在收缩位置略微将小指轻轻地转向外侧，这样可以有效针对肱三头肌外侧头进行锻炼。

动作变化

1 肘部可以保持向后的姿势，或者稍微朝天花板抬起一点。后面这种姿势可以使某些健身者更好地感受到肱三头肌的运动。

①

② 为了进一步加强肱三头肌的运动，可以选择在下斜训练椅上训练，以便可以使肘部更朝向天花板。

③ 用绳索进行锻炼，可以增大动作幅度 ①②。

优点： 这种肱三头肌的训练动作对肘部的刺激比较轻。如果关节在进行其他训练时感到不适，可以用这一动作来锻炼肱三头肌。如果肘部感到疼痛，最好还是休息一下。

缺点： 此项练习不会利用到长度和张力的关系。因为拉伸幅度较小，某些健身者会不太容易感受到肌肉的运动。

风险： 在进行双侧训练时，背部下方会被刺激到；在进行单侧训练时，不训练的胳膊可以撑在大腿或训练椅上，这样会很好地支撑脊柱。

绳索臂屈伸

③ 　　　④ 　　　⑤

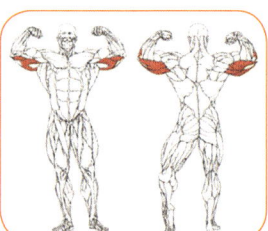

此项孤立训练动作主要针对肱三头肌。单侧训练是可行的。

说明： 将锻炼肱三头肌的双头绳 ③、杠铃 ④ 或者其他把手系在高位绳索上。健身者面朝器械，用肱三头肌的力量保持上臂不动，伸直胳膊，下拉绳索 ⑤。在回到起始位置前，保持收缩1秒钟。

注意事项

因为双头绳可以使腕部自由运动，所以一般会用来进行此项锻炼。用把手或者直杠进行锻炼时，可以使用正握或反握，某些健身者喜欢这种最传统的姿势。健身者应当选择可以更好地收缩肱三头肌的姿势进行锻炼。

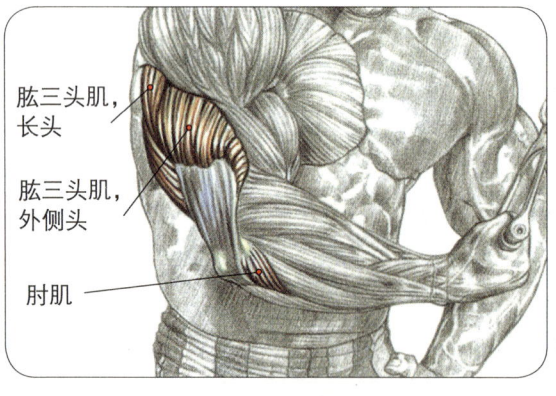

肱三头肌，长头

肱三头肌，外侧头

肘肌

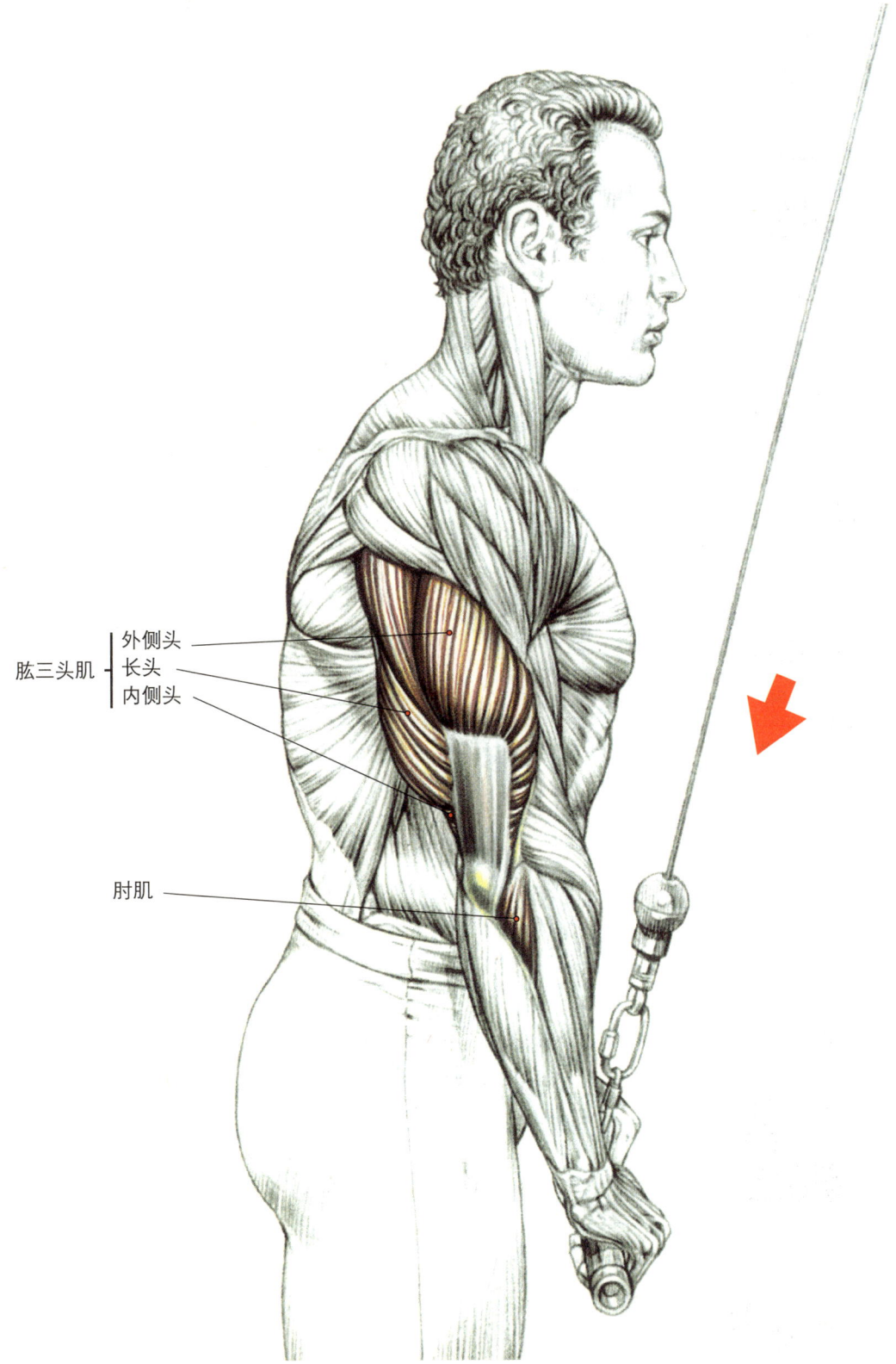

肱三头肌 { 外侧头
长头
内侧头

肘肌

健身者通常用的直径为 2.5 厘米的细杠铃杆并不太适合进行此项锻炼。为了增加杠铃杆的直径，可以在杠铃杆上包裹上海绵。

动作变化

健身者可以背对器械进行锻炼 ⬚1。健身者向前倾斜身体，肱二头肌沿头的方向放置，以便模仿用杠铃进行臂屈伸的状态 ⬚2。肱三头肌的拉伸程度同样较大 ⬚3。

优点：比起用哑铃、杠铃和固定器械进行训练，用绳索进行训练对肘部的伤害会比较小。

缺点：面对器械进行锻炼，对长度和张力关系的应用并不是很好。在背对器械时，训练效果会更好。

风险：当绳索位于你背后进行练习时，注意不要过度拱背。

注释：有减速滑轮的器械对肘部来说比较温和，对肌肉造成的伤害比较小。直接抬起负重的绳索比哑铃温和，而有减速滑轮的器械对肘部更温和，对肘关节和肌肉造成的损伤更小。

肱三头肌拉伸训练

拉伸肱三头肌

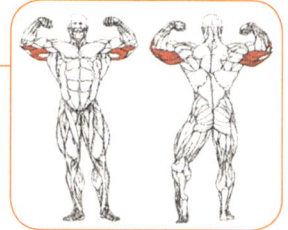

站着，抬高右胳膊，使肱二头肌贴紧头后。在左手的帮助下，最大限度地弯曲右胳膊。最理想的状态是使右手可以触到右肩膀。

动作变化

为了加大拉伸幅度，可以请求搭档来帮助 ⬚4。

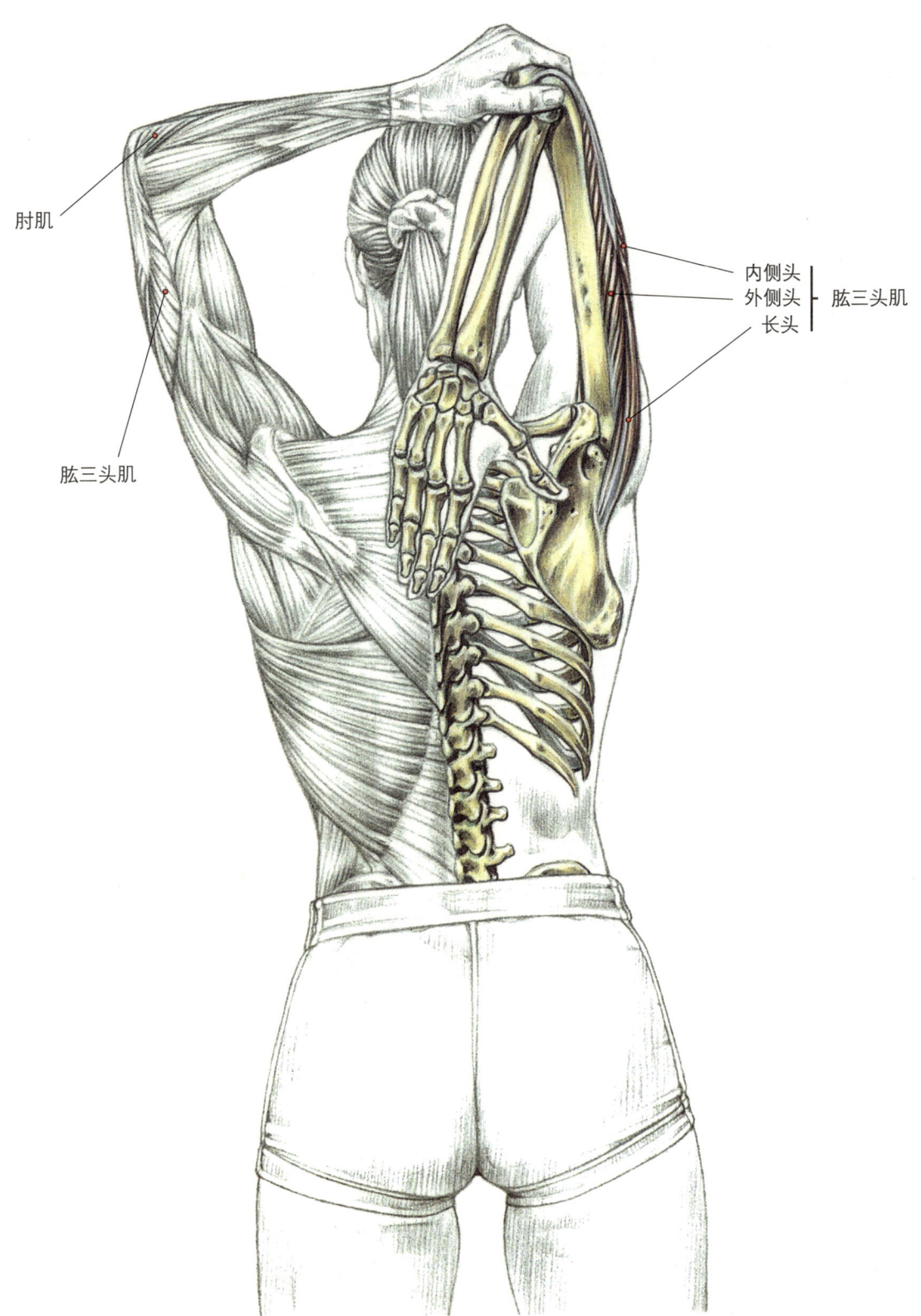

肘肌

肱三头肌

内侧头
外侧头 } 肱三头肌
长头

获得强壮的股四头肌

解剖学论述

股四头肌由四块肌肉构成：

1 位于大腿外部的股外侧肌。

2 位于大腿内部的股内侧肌。

3 位于大腿中部的股直肌。

4 被其他三块肌肉覆盖住大部分的股中间肌。

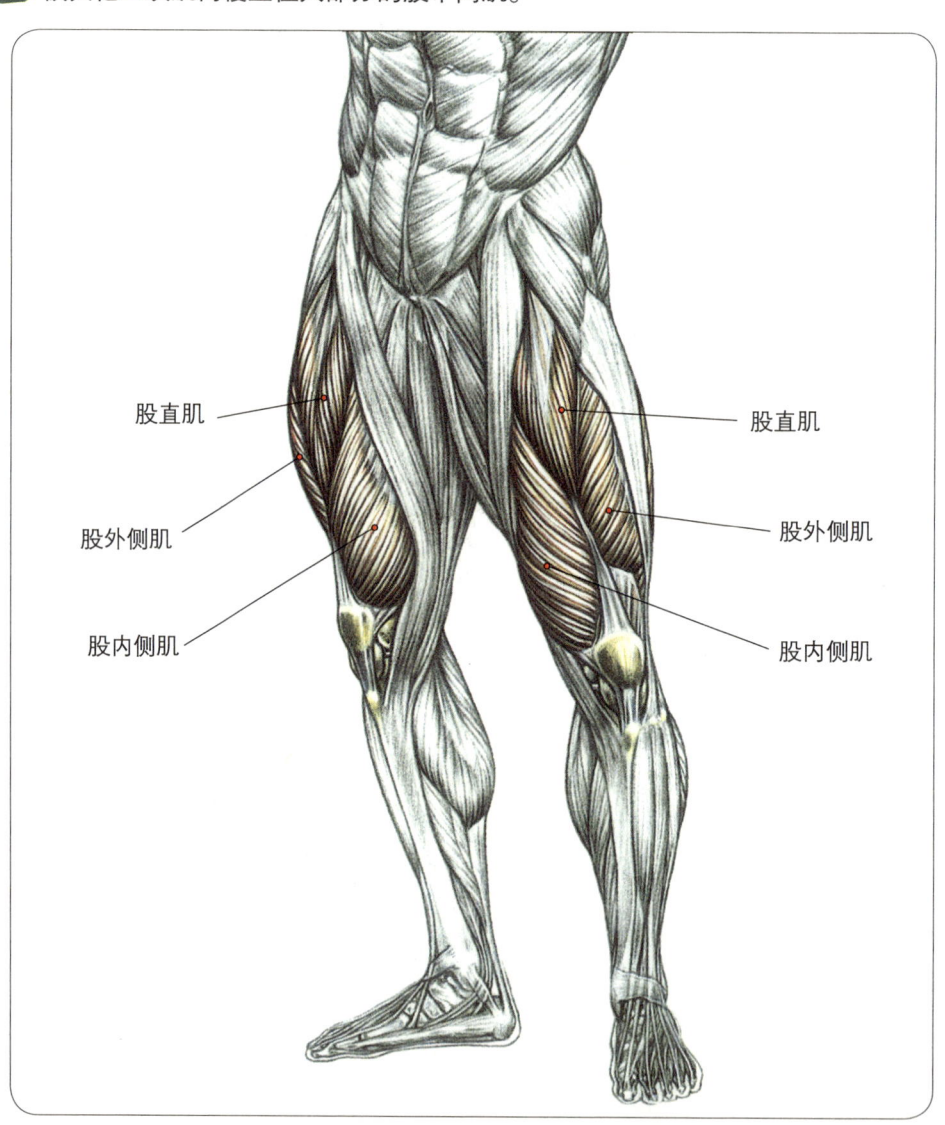

股直肌

股外侧肌

股内侧肌

股直肌

股外侧肌

股内侧肌

除了股直肌是多关节肌肉外，其他三块肌肉都是单关节肌肉。

比起肌肉发达的上半身，粗壮的大腿不太受到关注，经常会被健身者忽视。为何要锻炼发展上半身却不去关注大腿呢？纤细的双腿如何支撑发达的上半身呢？

形态学的两难选择题——深蹲是万能的练习吗？

教条：深蹲是最好的练习！如果大腿肌肉发展滞后，应该：

→ 进行深蹲。

→ 做更多的深蹲。

→ 进行大重量的深蹲。

深蹲有很多优势：

→ 不太依靠设备进行锻炼。

→ 无论在哪个健身房都能进行锻炼。

→ 只用一种练习就可以同时锻炼大腿肌肉和背部肌肉。

进行几组深蹲练习后，可以有效刺激身体一半的肌肉。

事实：选择何种练习取决于你的形体。深蹲可能会适合一部分健身者，但却不会适合所有的健身者。对于深蹲，有两大类健身者：

1 可以很好地进行深蹲的健身者：可以使上半身保持笔直状态，所有的力量都集中在腿部肌肉上。这样对于发展大腿肌肉不会有任何的问题。

2 不能很好地进行深蹲的健身者：身体会前倾，这会使力量作用于臀部和腰部，椎间盘会处于危险状态，不标准的姿势可能是这种现象出现的原因之一。健身者要明白：即使抱有希望，还是有些健身者不能很好地进行深蹲。因为其不能很好地控制腰腹和大腿，所以深蹲会使其背部或者腘绳肌肌群受到伤害。

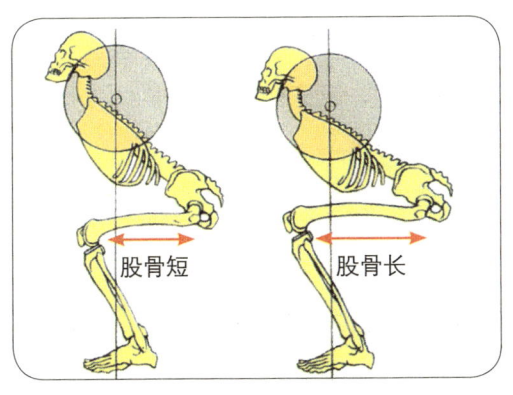

股骨短　　　股骨长

弗赖伊（1988）给出了能很好地进行深蹲的条件。表现如下：

→ 36% 由健身者的身材来定。身材越矮小，越能够在进行深蹲时使上半身保持笔直状态。相反，身材越高大就越容易造成姿势不正确。

→ 33% 由上半身的相对长度来决定。上半身相对越长，就越容易保持笔直状态。

这些数据显示是否适合深蹲主要由体型决定。你可以掌握所有的技术，但却不能改变你的体型。

如果健身者的身材矮小，上半身长，腿和股骨就会相对比较短。相反，如果健身者的身材高大，上半身短，腿就会相对比较长。

结论

> 股骨越短，就越容易做好深蹲。

> 股骨越长，股四头肌越不容易在深蹲中得到锻炼，同时，腰椎受伤的风险会增大。

健身者身高越高，深蹲就会带来越多的问题。在进行深蹲锻炼前，最好分析下你的骨骼结构，以便确定你是否适合进行此项练习。

身材比例对于发展股四头肌的影响

健身者坐着时，身高 180 厘米和身高 160 厘米的差别并不明显。当他们站起来时，身材上的差距才会显现出来。这说明不仅仅是上半身，腿的长短更能决定身材的不同。在股骨的长度上同样也是如此，人类骨骼的个体差异是很大的。另外，在针对大腿肌肉的复合训练动作中，股骨的长短对动作轨迹的确定起着重要作用。健身者的体型在对股四头肌练习的选择上起着根本性的影响。

对深蹲运动的反对之声

深蹲造成的大量损害会使健身者反对这项训练。深蹲：

→ 是太需要技巧的练习。

→ 是基于不牢固的平衡性之上的练习。

→ 是对脊柱压力太大的练习。

→ 极大阻碍了呼吸。

→ 会使动脉压力急剧上升。

健身者筋疲力尽地结束了一组训练，感到头痛欲裂而大腿却没什么感觉。所有这些问题都降低了深蹲的训练效率，即使有些人享受这种筋疲力尽的感觉，但健身者的目标是找到一种有效的方式来锻炼股四头肌，而不仅仅是感到筋疲力尽而已。

确定股四头肌的训练幅度

有关针对大腿的复合训练动作的动作幅度问题引起了很多争论。目前有两个对立阵营：

1 传统阵营认为，所有的动作都必须要达到最大幅度。也就是说，在每次深蹲训练时都要下蹲到最低处。

优点：

→ 肌肉的运动最完全，因为大腿所有的肌肉都获得了最充分的运动。

→ 承重时间被延长。

→ 拉伸程度较好。

缺点：

→ 身体承受较大训练负荷，并且要长时间屏住呼吸。

→ 极大程度的拉伸会使肌肉处于脆弱的状态，这就不得不减少训练的负荷。

→ 当肌肉强壮时，在动作高处时负重就会显得微不足道。

→ 动作幅度越大，肌肉能够发挥的力量和负重能够提供的阻力之间的一致性就越小（见第 241 页）。

→ 问题会增加。大幅度运动时，膝盖会过度拉伸，背部将会拱起，以便完成动作。

2 现代派推崇较小的动作幅度。从"现代"这个词，你可以看出来此观点在现代专业健身者中是很流行的。大部分职业运动员在进行大腿锻炼时下降的幅度很小。过去，在没有专门锻炼股四头肌器械的情况下，完全幅度的深蹲就成为锻炼大腿的必做练习。然而，现在情况早已经发生了变化！流行的方法是锻炼时用大重量练习，但是只下蹲 20 ～ 40 厘米即可。

优点：

→ 股四头肌在其最有利的位置进行运动。

→ 大腿的力量与练习的阻力之间的平衡性增大。

→ 训练给身体带来的负荷比较小。

→ 更容易募集大腿肌肉进行训练。

→ 在持续紧张状态下，因为动作幅度减小，缩短了承重时间。

缺点：

→ 当你使用超乎自身能力的负重训练时，容易在训练过程中受伤。

→ 拉伸度比较微小。

→ 股四头肌会优先得到锻炼，腘绳肌肌群则得不到锻炼。

→ 由于不正常的负重重量，腰部受到的压力更大。

结论

健身者的体型在动作幅度的大小上起到了决定性作用。股骨短比股骨长的人更容易下蹲。

我们的建议是下蹲至你感到上半身和大腿间的角度突然发生了改变。例如，在进行深蹲时，当开始真正将上半身向前倾斜时，这种角度的改变表明，阻力不仅仅作用于股四头肌，还开始影响到其他的肌肉。

锻炼股四头肌的4个困难

在锻炼股四头肌时，我们总结了四个困难：

相对于上半身发展滞后的股四头肌

大腿肌肉有被忽视的倾向。相对于上半身肌肉，股四头肌发展滞后是普遍现象。造成大腿肌肉薄弱的主要原因有两个：

>忽视针对大腿的锻炼，更喜欢集中所有的力量对更显眼的身体上部的肌肉进行锻炼。在此情况下，要增加下肢的训练量。

>即使进行艰苦锻炼，大腿肌肉也不会得到发展。无效锻炼是由于选择了不适合自己体型的训练方式（通常是深蹲）造成的。健身者需要找到代替深蹲的练习或者改善深蹲的技术以提高其训练效率。

股四头肌上部和下部发展的不平衡性

股四头肌上部的线条优美，但是越靠下部位的发展就越令人担忧。出现此问题的原因有两点：

>肌腱长而肌腹短，肌腹离膝盖较远。在此情况下，健身者需要最大限度地发展大腿下面部分，以便掩盖此问题。

>这涉及区域划分的普遍现象，股四头肌上部比下部更希望得到发展。以一种比较平衡的方式发展其长度是不太常见的现象，此特点与短跑运动员的肌肉相符（熊谷真实，2003）。健身者会更喜欢调配股四头肌上部肌肉并且会损伤下部肌肉纤维。例如，进行了 10 周的肌肉锻炼后，股四头肌上部的发展是下部的 3 倍（科勒曼，2006）。解决方法是让肌肉重新学习上部与下部都进行收缩，而不是分区域进行收缩。要避免锻炼股内收肌群，因为股内收肌群的大块肌肉通常是与股四头肌下部发展的困难联系在一起的（熊谷真实，2003）。

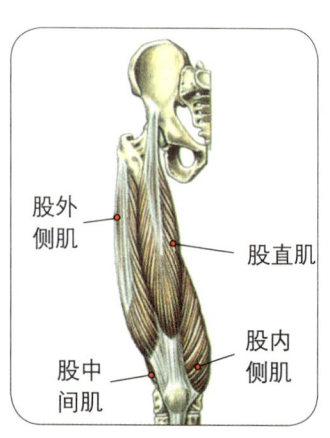

股外
侧肌

股直肌

股中
间肌

股内
侧肌

肌肉间的不对称性

股四头肌不同肌肉发展的不平衡问题，也是大腿呈"胡萝卜"状的原因，不完善的肌肉调配能力造成了肌肉不对称发展的现象。最普遍的不对称性现象是股内侧肌的发展会抑制股外侧肌的发展，相反的情况不太常见。

股直肌发展滞后

股直肌（位于中间）是很特殊的肌肉，它是股四头肌中唯一的多关节肌肉。向前倾斜上半身的练习会使它无力，不能产生有效收缩。科学研究显示，在进行深蹲、腿举或哈克深蹲时，股直肌的参与很少（泰斯，1999）。如果不能很好地锻炼和发展股直肌，就要用特殊的练习来刺激它。

强化股四头肌的方法

改善深蹲的训练效率

深蹲的训练效率低下，大部分是因为阻力不适合大腿力量而引起的。深蹲：

→ 在深蹲至下方时比较困难，但肌肉力量此时则比较弱。

→ 在深蹲至上方时比较容易，而肌肉力量此时却达到了最大值。

健身者大腿肌肉的发展，因为自身的力量和由深蹲提供的阻力结构间的不相符而受到损害。令人感到疲倦的锻炼阶段和容易进行的锻炼阶段的交替出现，使深蹲的训练效率下降。幸运的是，有个方法可以改善深蹲的训练效率——将弹力带绑在杠铃上 1 。此方法具备以下几个优势：

> 随着身体下降，减轻负重。这样可以减轻在从底部上升时头脑发胀的感觉。

> 由弹力带带来的不断增大的抗力，在伸直腿部时会校正训练的简单性。相对于传统的深蹲，当弹力带提供了 35% 的阻力时，肌肉的运动量增长了 16%（华莱士，2006）。

> 一旦深蹲到达动作高处开始下降时，弹力带上所有堆积的能量会得到释放，这样会增强离心收缩阶段的阻力。

在 11 周的锻炼时间里，健身者希望通过每周 3 次的深蹲训练来改善股四头肌。深蹲：

→ 在使用传统阻力时，肌肉的运动量增加了 6%。

→ 当有 20% 的阻力来自于弹力带时，肌肉的运动量增加了 16%（安德森，2008）。

同样的方法也适用于哈克深蹲或腿举训练。开始训练时使用弹力带，此时阻力比较小，以便使你习惯负重加弹力带的联合阻力，然后逐步提升弹力带的阻力，直至达到阻力的 40% 来源于弹力带。

交替动作

深蹲较好的交替动作是哈克深蹲或者箭步蹲，我们会在此章节的最后部分进行描述。

单侧训练

从双侧训练过渡到单侧训练，会对力量的增长打开一扇新的大门。健身者不可能以突然的方式实现此转变，因为在进行单侧训练时你不可能完全投入。一旦完成了此转变，单侧训练会针对发展迟缓的薄弱点进行有效锻炼。

留出喘气的时间

不要对右侧大腿进行完单侧训练后，立刻对左侧大腿进行锻炼。如果在进行完一组针对股四头肌的单侧练习后可以马上进行下一组练习，说明你没有使用全力。正确的方法是，锻炼完一侧后要休息一下再锻炼另一侧。因为单侧训练依靠强度取胜，所以可以减少训练组数，这样可以补偿你休息所浪费的时间。

保持持续紧张状态

背部或膝盖状态不好时会妨碍大腿运动。持续的紧张可以减轻所使用的负重，对于受损的关节来说这是个好事情。

如果在动作上半段没有伸直腿部，练习会变得比较困难，因为肌肉缺少了足够的休息。在每组训练开始时不要伸直腿部；一旦身体力竭，伸直双腿，休息一下以便进行更多次重复练习。

发展的重新平衡

为了不使双腿呈"胡萝卜"状或者发展失衡，一定要多锻炼肌肉发展迟缓区域。

从本质上改变你的锻炼方式

像其他所有肌肉存在的问题一样，肌肉养成了不良的调配习惯。采用一种方式努力锻炼，只会加重肌肉发展的不平衡性。只有从本质上改变锻炼方式，才能改变较薄弱的肌肉。

改变练习动作

每个练习都针对一种肌肉调配能力。因此，如果做深蹲比较多，现在就试试别的练习吧！即使你一开始并不适应这种新的动作。

改变动作幅度

如果可以试着增大动作幅度，加强拉伸对股四头肌下部肌肉是很有利的。相反，如果动作幅度已经足够大，就减小动作幅度增大负重。

改变每组重复次数

　　这涉及区域划分的基础原则：同一块肌肉上快肌纤维与慢肌纤维的定位是不同的，改变重复练习的次数可以改变它们受到的刺激。因此：

　　→ 如果原来进行较短训练组练习，现在试试较长训练组练习。

　　→ 如果习惯进行较长训练组练习，现在试试较短训练组练习。

锻炼时进行触摸

　　在进行诸如腿屈伸、哈克深蹲或腿举时，可以将手放在要锻炼的肌肉上。触摸可以改善肌肉感觉，这有利于调配局部肌肉的收缩。

解决方法在脚上吗？

　　双脚位置的改变可以将压力引向发展迟缓的区域吗？此方法存在的问题是：

　　→ 会使膝盖处于不稳的状态。

　　→ 不能进行大重量训练。

　　另外，小的改变对于明显失衡状态起不到足够有效的作用。改变双脚间的距离或者双脚在器械上的位置，可能会更有帮助。

双脚置于平台的前部	双脚置于平台后部	双脚分开	双脚合拢
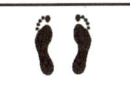			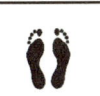
对臀部和腘绳肌肌群产生较强刺激	对股四头肌产生较强刺激	对股内收肌群产生较强刺激	对股四头肌产生较强刺激

针对股直肌的锻炼

　　股直肌的发展可以：

　　→ 使股四头肌线条优美。

　　→ 增加大腿围度。

　　→ 带来肌肉清晰度。

　　→ 产生使肌肉向下延长的视觉

效果。

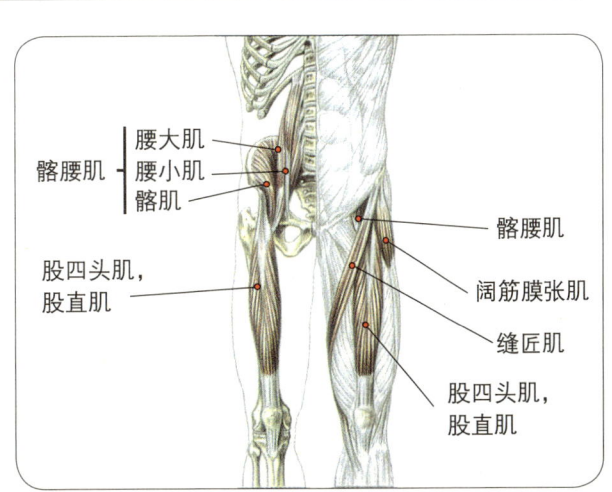

髂腰肌 { 腰大肌　腰小肌　髂肌

股四头肌，股直肌

髂腰肌

阔筋膜张肌

缝匠肌

股四头肌，股直肌

学习如何收缩股直肌

如果复合训练动作不能充分刺激股直肌，可以进行孤立训练动作，此时最好进行站姿屈髋（见第 259 页）。在腿部训练时，规律地进行此项训练并且增加恢复训练，可以让你的神经系统对此块肌肉变得更加敏感。几个月之后，它就会越来越多地参与到复合训练动作中来，在复合动作中也能得到充分的刺激。

理想的肌肉调配能力

进行固定器械坐姿腿屈伸训练。为了更好地让股直肌参与到腿屈伸训练中，你需要尽量向后平躺。由于椅背的原因，有时候不能做到这一点。此时，需要运用三个方法改进动作：

1 尽量推椅背，使上半身可以尽可能地向后倾斜。

2 最大限度地向前伸大腿。

3 折起毛巾将其放在训练椅上（在臀部下方），以便抬高身体。

使用这三种方法的目的是，一旦腿部伸直，大腿与身体成 180 度角而不是像往常一样成 90 度。只有上半身向后倾斜，才能够拉伸股直肌的上部，这是增强在膝盖位置的股直肌的收缩的必要条件。

股直肌训练超级组

针对股直肌的超级组有很多种：

孤立训练动作：对一条腿进行腿屈伸后，立刻进行站姿屈髋训练。

预疲劳练习：向后倾斜进行腿屈伸，紧接着进行挺髋蹲。

后疲劳练习：先进行挺髋蹲，然后向后倾斜进行腿屈伸。

顶峰收缩

为了增强调配股直肌的能力，同时为了更好地孤立刺激股四头肌，在腿屈伸动作上半段时，保持收缩 1 ~ 2 秒钟。

股四头肌训练动作

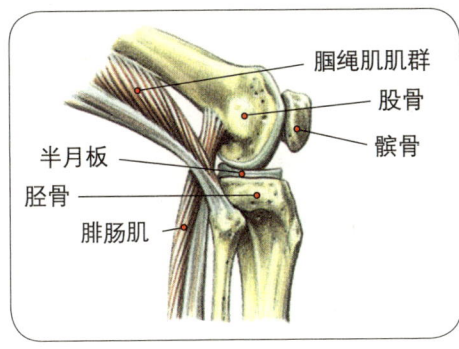

胭绳肌肌群
股骨
髌骨
半月板
胫骨
腓肠肌

⚠ 注意

在对大腿进行锻炼之前，一定要对附着在膝关节上的所有肌肉进行充分热身。通常我们认为，对膝盖的准备工作是对股四头肌进行热身，但这是错误的！为了避免髌骨出问题，要对大腿后部、股四头肌和小腿肌群都进行热身。有了简单的预防措施，再细小的伤害也可以避免。

股四头肌复合训练动作

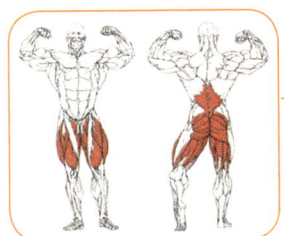

深蹲

此项复合训练动作锻炼股四头肌、大腿后部肌群、腰部、小腿肌群和臀部。

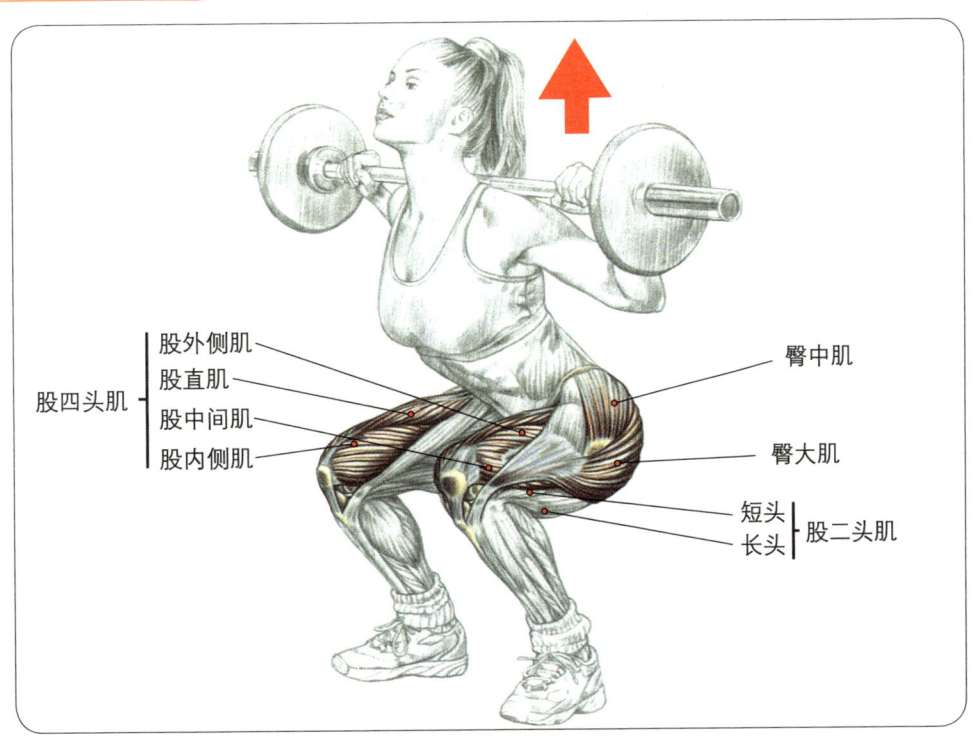

股四头肌 { 股外侧肌
股直肌
股中间肌
股内侧肌

臀中肌

臀大肌

短头 } 股二头肌
长头

说明：双脚分开与锁骨同宽，将杠铃置于肩膀后部（不要放在颈上）。背部保持挺直，可以略微向后反弓一点点。扛起杠铃后，退后一两步，以便出杠。背部尽量保持笔直状态，弯曲双腿，下降至大腿与地面平行。从感到身体需要大幅度前倾那一刻开始，大腿的受力就开始减弱，这时腰骶开始受到刺激。接着，双腿蹬起，直到感觉双腿几乎伸直为止。重复此运动。

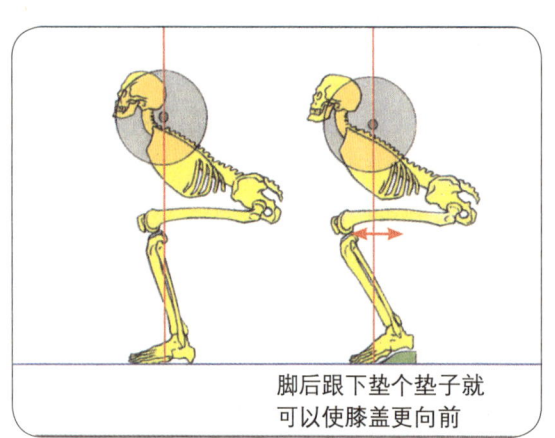

脚后跟下垫个垫子就
可以使膝盖更向前

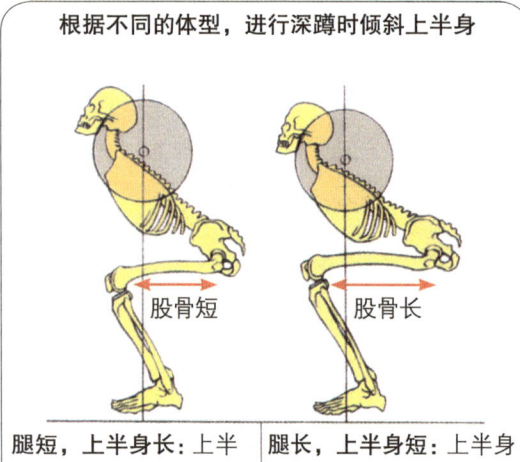

根据不同的体型，进行深蹲时倾斜上半身

股骨短　　　股骨长

腿短，上半身长：上半身略微倾斜，比较稳定

腿长，上半身短：上半身倾斜得很厉害，不太稳定

注意事项

部分健身者越下降，就越会有轻轻将脚后跟抬起的趋势，以便使背部保持笔直状态。对于这部分健身者，最好将脚后跟垫起，脚跟抬起后，肌肉运动会更好地集中在股四头肌上（这种姿势因为不稳定，所以不要使用大重量）。相反，不抬起脚后跟，就不容易使背部保持笔直状态。这会使力量更多地作用在腰部、臀部和大腿后部。

⚠ 注意

直视前方，或者稍微向上看。如果往下看，就会向前扑倒，比较危险。

动作变化：

在进行深蹲时，有几种不同的动作变化：

1 下降幅度的变化：下降得越低，深蹲就变得越困难，因为这样涉及的肌肉数量不断增加。然而，下降的程度不能只考虑到想要锻炼的肌肉，还应该考虑到你的身体情况。腿越长，背部下降得越低就越危险。腿与上半身的相对的关系，使健身者不得不用力向前倾斜身子，这会造成腰部不稳定并带来过度刺激。

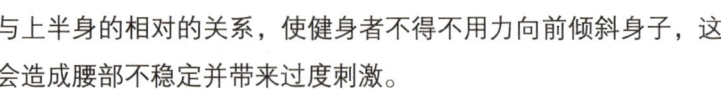

箱式深蹲运动使用：为了划定动作幅度的范围，在下降路线上放置个训练椅或健身球 ①。健身者的臀部碰到训练椅的椅面就表明该重新站起来了 ②。

②

要慢慢碰触训练椅的椅面，不要猛烈撞击，否则，脊柱会受到剧烈挤压。

在进行箱式深蹲时，有两个技巧：

>与训练椅的接触时间很短。一旦臀部碰到椅面，立刻离开。进行局部抬升，双腿弯曲，这样可以持续紧张的方式带来不错的效果。

>在训练椅上休息1~2秒钟。休息后，试着以爆发力重新举起杠铃。

这两种技巧以不同的方式锻炼股四头肌，你应该选取对自己最合适的方法进行锻炼。

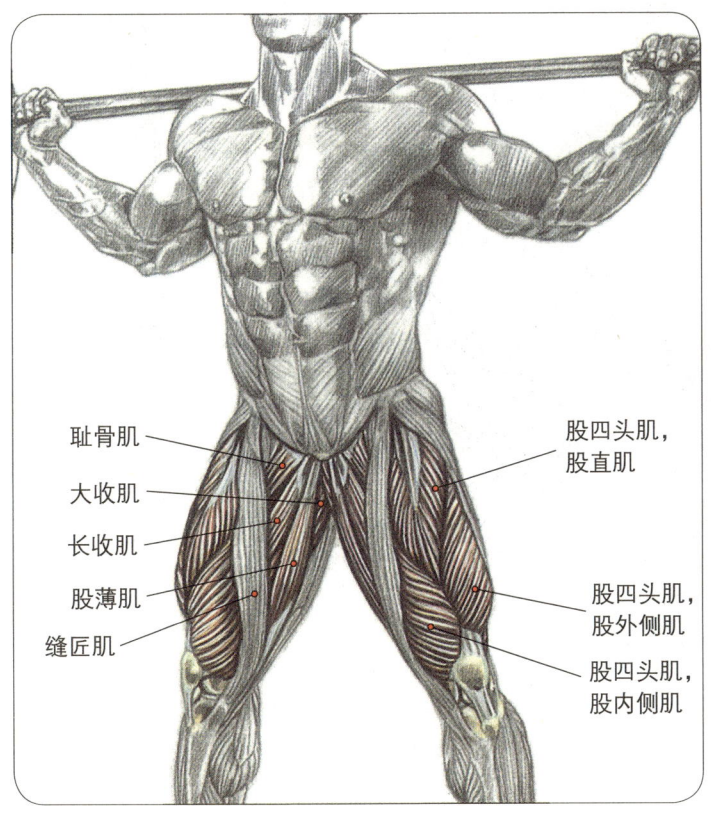

耻骨肌
大收肌
长收肌
股薄肌
缝匠肌
股四头肌，股直肌
股四头肌，股外侧肌
股四头肌，股内侧肌

⚠️ **注意**

有些人不喜欢深蹲，而另一些人只有利用训练椅减小了动作幅度的时候，才能较好感受到股四头肌的运动。不要与身体对抗，要选择最适合自己大腿的动作进行锻炼。

② **双脚的位置**：你可以根据需要改变双脚的位置。

>基础位置是双脚间距离与锁骨同宽，同时双脚略微朝外 ③。

>为了增大作用于股四头肌的力量，双腿间的距离可以很小，甚至特别小 ④。在此情况下，膝盖会变得僵硬。

>双腿分开很大，大腿内侧、腘绳肌肌群和臀部也会受到刺激 ⑤。此时，背部很容易保持笔直状态。

③　④　⑤

股四头肌，
股直肌

臀中肌

臀大肌

股四头肌，
股内侧肌

股四头肌，
股外侧肌

史密斯前站深蹲　　　传统史密斯深蹲

双脚置于杠铃前方：　双脚置于杠铃下方：
强烈刺激股四头肌　　刺激股四头肌和腘绳肌肌群

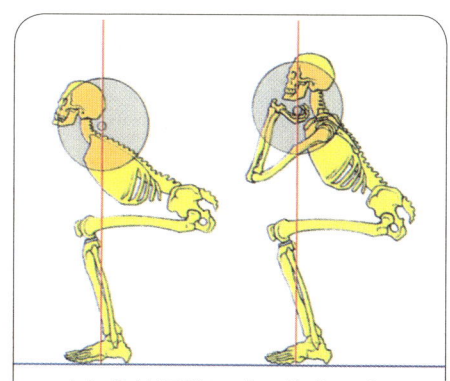

比起传统深蹲运动，前蹲运动更容易使上半身保持笔直状态

像其他所有训练一样，至少在刚接触训练时，选择最合适自己的姿势进行锻炼。然后，可以针对自己想锻炼的肌肉或区域逐步选择练习的姿势。

使用史密斯机进行锻炼：史密斯机可以使训练姿势进行大范围的改变。双脚放置很靠前①，史密斯机可以使脊柱与地面保持垂直状态②。此姿势可以很好地保护背部。另外，髌骨绝对不会超过脚尖，比起用自由重量的杠铃进行深蹲，膝盖的感受更好。

相反，我们不建议用史密斯机进行传统的深蹲③。在进行深蹲时，在下降阶段上半身会自然向前倾斜④。这种姿势在不能移动杠铃的史密斯机上是不能实现的，为此健身者会弯曲脊柱，这不会带来任何好处。

3 增添弹性压力：深蹲过程中，越伸直双腿，动作就越容易进行，为此我们建议，在杠铃外部或者内部绑上弹力带。有了弹力带，双腿越伸直，阻力就增加得越大⑤⑥，这更适应大腿的发力。

4 颈前深蹲：不要将杠铃放在背上，可以将其放在三角肌前束的位置。相对于传统深蹲，颈前深蹲有几个优势：

→ 更好地针对股四头肌进行锻炼。

→ 有助于背部保持笔直状态。

→ 可以使用较轻的负重进行练习，这样可以不损伤腰部。

→ 对膝盖的压力减少了15%（盖莱特，2009）。

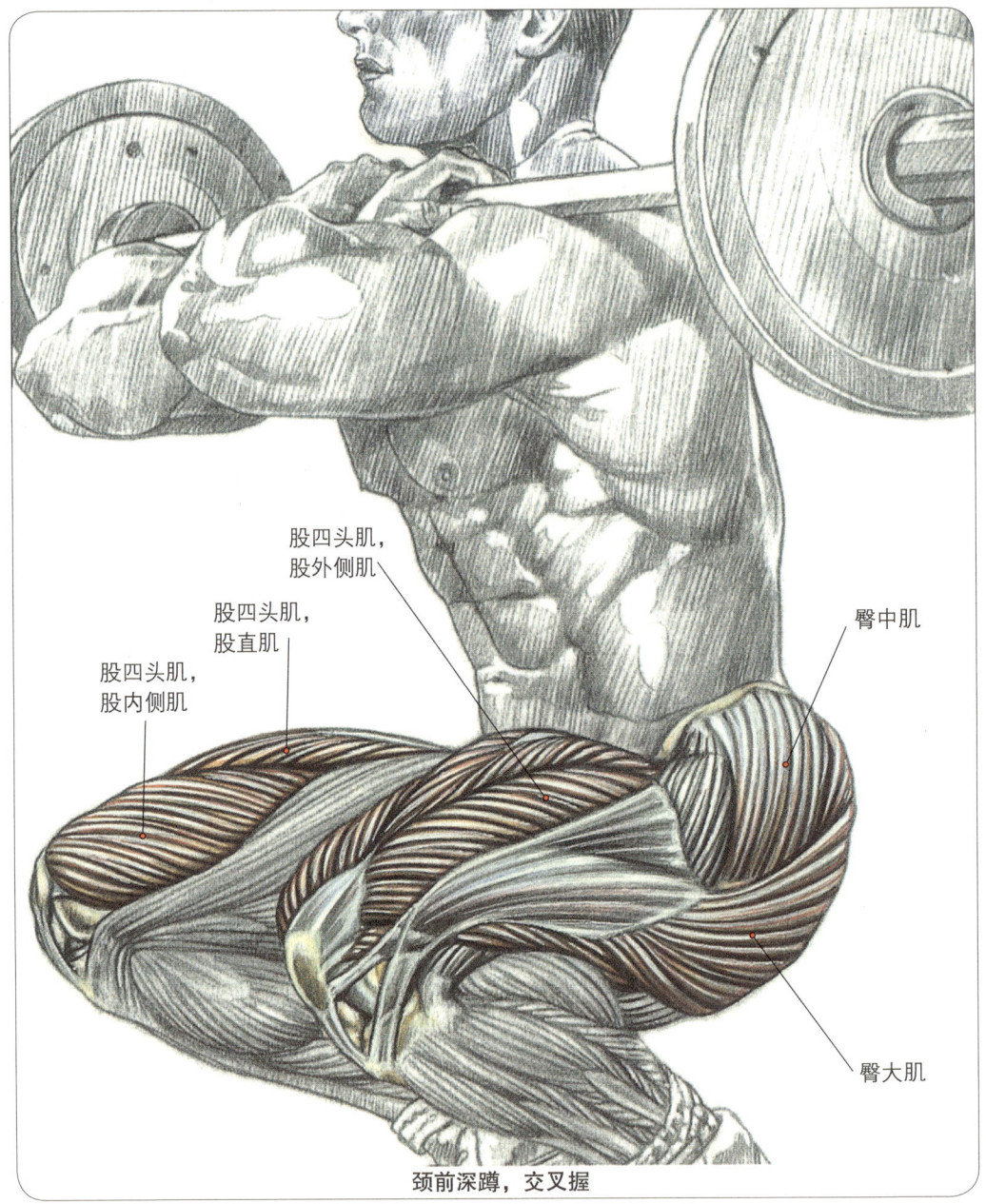

股四头肌，
股外侧肌

股四头肌，
股直肌

股四头肌，
股内侧肌

臀中肌

臀大肌

颈前深蹲，交叉握

不幸的是，颈前深蹲也有其固有的不足之处：

→ 在下落到底部时会有朝前扑倒的趋势，这会拱起脊柱。

→ 这项训练比较危险，尤其是使用 220 厘米长的杠铃进行训练时。

→ 呼吸会受到阻碍，这就影响了训练的效果。

→ 像深蹲一样，阻力在动作下半段时很强，在动作上半段时很弱。

某些健身者能很好地解决这些问题。但是，有少部分人上半身相对较长并且踝关节比较柔

软，不能很好地解决这些问题。

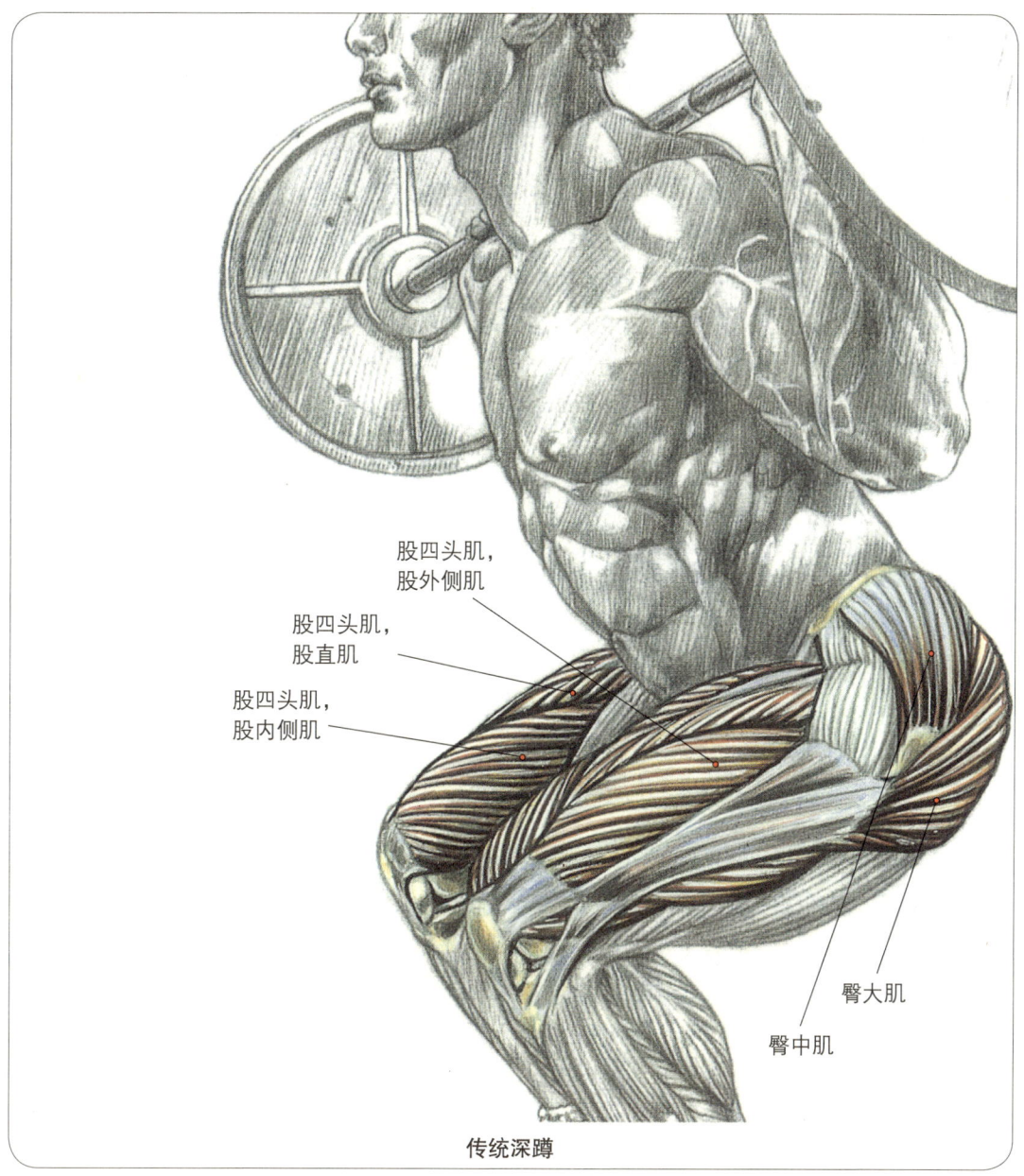

股四头肌，
股外侧肌

股四头肌，
股直肌

股四头肌，
股内侧肌

臀大肌

臀中肌

传统深蹲

优点： 深蹲用最短的时间锻炼了所有下半身肌肉。高强度的训练对新陈代谢进行了刺激，促进了肌肉全面的发展，同时产生了促蛋白合成激素（睾酮和生长激素）的分泌。

缺点： 这项使人疲惫的练习，会对背部、髋部、膝盖等产生威胁，并且不能很好地针对股四头肌进行刺激。

风险： 在进行深蹲时，膝盖、髋部和脊柱受到强烈刺激。在下蹲时，如果身体不允许，就不要挑战自然规律。某些人可以蹲得很低，另一些则不能。要注意保护关节，否则代价会很大。如果在每场训练结束时都会感觉腰部受到了刺激，最好在单杠上长时间地伸展四肢，进行放松。

注意

除了膝盖，也要对腹肌、腹斜肌与脊柱肌肉进行热身，以便让腰部处于最理想的被保护状态。

向力量举运动员学习

深蹲出杠时需要扛着很重的杠铃向后退，以便将杠铃从架子上取下，这增加了深蹲固有的危险。力量举运动员有专门的自动深蹲架，他们出杠和回杠时不需要扛着杠铃来回移动。如果你有个锻炼搭档，可以让他（她）帮你使用此训练器械。一旦你取下杠铃，搭档就可以向前拉架子。起初，这是很危险的，因为你并不习惯移动架子；最好的方法就是闭上眼睛不看发生了什么事情。很快你就会明白用此方法可以多进行1~2次重复练习，因为你没有进行多余的动作消耗力量。

很明显，有一定训练经验的搭档是最佳选择。他（她）可以将支撑架拉出合适的距离，以便当你开始下蹲时杠铃不会被碰到。你可以在地上贴上小标签，标明架子滑过的地方。搭档必须要用快速且同步的方式移动架子。

如果使用弹力带进行锻炼，移动架子而不是扛着杠铃向后退，可以使训练变得更简单。事实上，使用弹力带时，移动杠铃是很冒险的。

 注意

如果使用极高的负重，避免使用此方法。

传统深蹲还是哈克深蹲？

哈克深蹲解决了传统深蹲中存在的问题：

> 不再需要扛着杠铃向前和后退。

> 避免使用220厘米的杠铃带来摇晃的问题。

> 因为使用固定器械，背部变得稳固。

> 脊柱不会因为前倾而突出。

> 如果肌肉不强壮，通常会有挡板来防止以糟糕的姿势结束训练。

> 因为这些保护措施，比起传统深蹲，哈克深蹲更容易蹲到底。同样，在力竭训练时你会毫不犹豫，这在进行传统深蹲时是不可想象的。

> 有放脚的踏板。

在进行哈克深蹲时，动作轨迹是由器械规定的，这就可以限制动作的自由性。某些健身者喜欢这种限制，有些不喜欢。但是，有了这种限制，你所有的注意力都可以集中在肌肉运动上，而不是集中在如何保持良好的动作技巧上，这为深蹲去除了大量的麻烦。哈克深蹲可以与传统深蹲交替进行，前提是要有良好的计划。

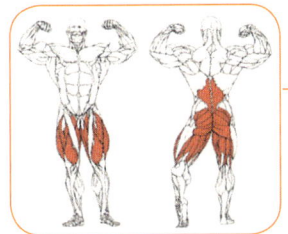

哈克深蹲

此项复合训练动作，运动股四头肌、大腿后部、腰部、臀部和小腿肌群。

说明：双脚分开与髋部同宽，将肩膀置于挡板下。推动大腿、背部挺直靠在器械上。大腿先向下做下蹲运动，再用股四头肌的力量重新站起。

注意事项

下蹲下降得越低，就越容易将脊柱离开器械的靠背，膝盖会左右晃动。为了避免这两个问题，不要下蹲下降太低，至少在训练初期不要下蹲下降太低。在能够很好地控制器械后，可以逐步加大动作幅度。

运动变化

1 脚放在踏板上的位置各有不同：

> 双脚越靠近臀部下面，股四头肌受到的刺激就越大。但从另一层面考虑，膝盖越会处于不稳定状态。

> 如果你的半月板很脆弱，最好将双脚放在踏板的前部。股四头肌的收缩可以将压力向腘绳肌肌群和臀部转移。

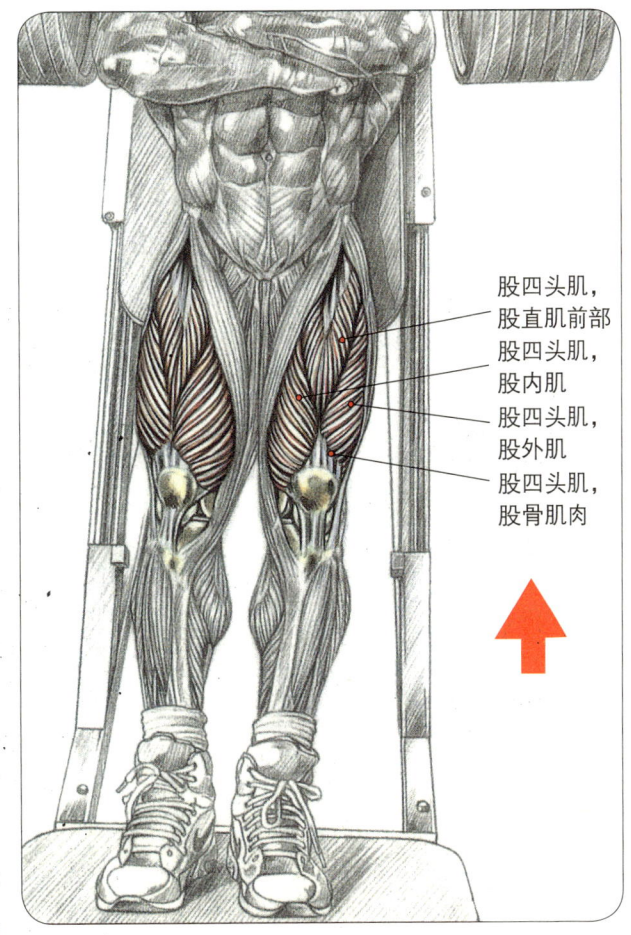

股四头肌，
股直肌前部
股四头肌，
股内肌
股四头肌，
股外肌
股四头肌，
股骨肌肉

2 通常，健身者下蹲会下降到大腿与踏板平行往下一点的位置，但是哈克深蹲时下降的幅度要根据你的体型进行调整。

3 加上弹性压力：越是伸直腿部，动作就越容易进行。为了解决这个问题，需要绑上弹力带。有了弹力带，越伸直双腿，阻力就越大，这就更好符合了大腿的发力。

风险：进行哈克深蹲可以更好地保护髋部和脊柱。但是，在进行此项训练时，也有可能会使膝盖处于危险境地。

腿举

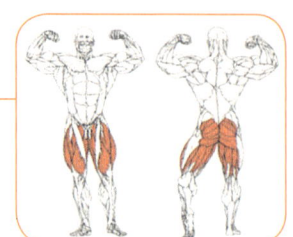

此项复合训练动作，锻炼的是股四头肌、臀部、大腿后部和小腿肌群。

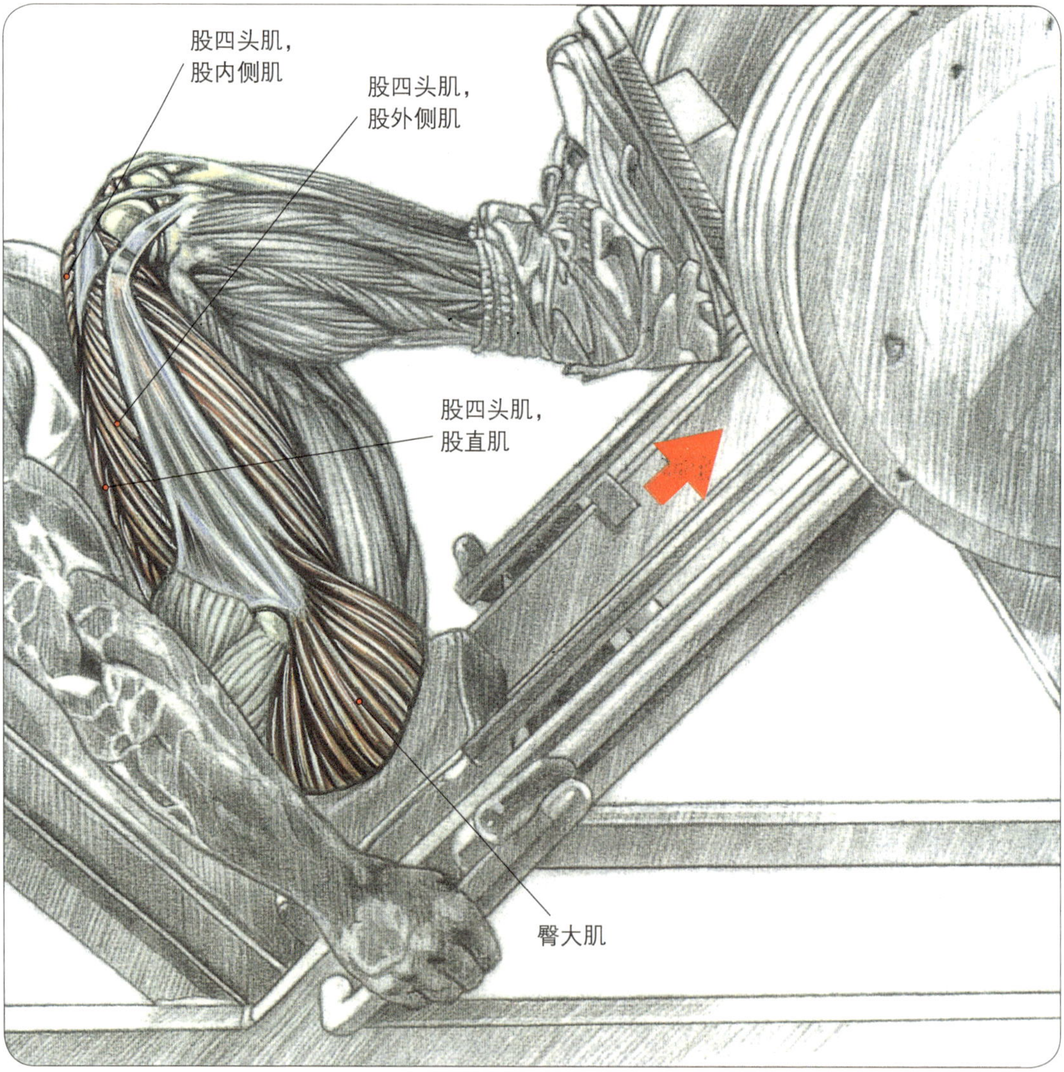

股四头肌，
股内侧肌

股四头肌，
股外侧肌

股四头肌，
股直肌

臀大肌

说明：装好负重，然后坐在躺椅上面。将双脚置于踏板上，双脚间距离与肩膀同宽；蹬直大腿，背部保持挺直贴在器械上，用大腿的力量慢慢降低踏板。

将踏板降到感觉腰部开始离开椅背为止。

然后，开始向蹬起负重直到双腿伸直。重复此练习直到感到力竭为止。

注意事项

在进行腿举时，下降得越低，背部越容易离开椅背。背部离开椅背，力量和动作幅度都会增加，但是会有损伤腰部的危险；因此不建议拱起背部。

动作变化

1️⃣ 有几种不同类型的腿举方式：

> 水平腿举：这是一种最古老的训练方法。其问题是，训练时要将背部下方抬离椅背。

> 垂直腿举：对于股四头肌，此项训练不是最好的方法，因为臀部受到了很大刺激。

> 上斜 15 度腿举：这对大腿是最好的腿举方式。

2️⃣ 改变双脚的位置：

> 双脚在踏板上的位置越低，对股四头肌的刺激就越大，但是会使膝盖处于危险境地。

> 双脚在踏板上的位置越高，膝盖就越安全。这会降低股四头肌的压力，同时将剩余的压力转向腘绳肌肌群和臀部。

> 为了将力量集中于股四头肌，可以缩小双脚间的距离。

> 较大距离地分开双腿，可以使大腿内侧肌肉、腘绳肌肌群和臀部受到刺激。

3️⃣ 下蹲下降程度的变化：下蹲降得越低，动作难度越大。下蹲下降的程度不仅要考虑想锻炼的区域，还要考虑到自身的体型问题。另一种改变动作幅度的方法是改变座椅的倾斜度。训练椅：

> 垂直于地面时，刺激会作用于臀部。

> 平行于地面时，股四头肌就受到更多的刺激。

4️⃣ 增加弹性压力：腿举在动作上半段很容易进行。为了解决此问题，在器械上加上弹力带，这样随着双腿伸直可以增加阻力，此阻力的变化更好符合了大腿的发力。当附加上弹力带时，腘绳肌肌群更容易被感觉到。如果弹力带提供了三分之二的阻力，就几乎不再需要单独训练大腿后部肌肉了。

优点：腿举在最短的时间内刺激了大部分下半身肌肉。相对于深蹲，进行此训练时背部得到了更好的保护，同时固定器械所提供的稳定性也是一种安全保护。

缺点：此项训练对于髋部和膝盖比较危险。

危险：即便脊柱受到器械靠背的保护，巨大的压力也会使它遭受痛苦。注意，下蹲下降双腿时不要弯曲腰部。

箭步蹲

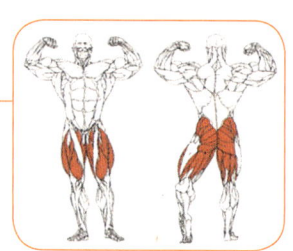

此项复合训练动作锻炼整个大腿肌肉。它与单腿深蹲有很多相似之处。必须进行单侧训练。

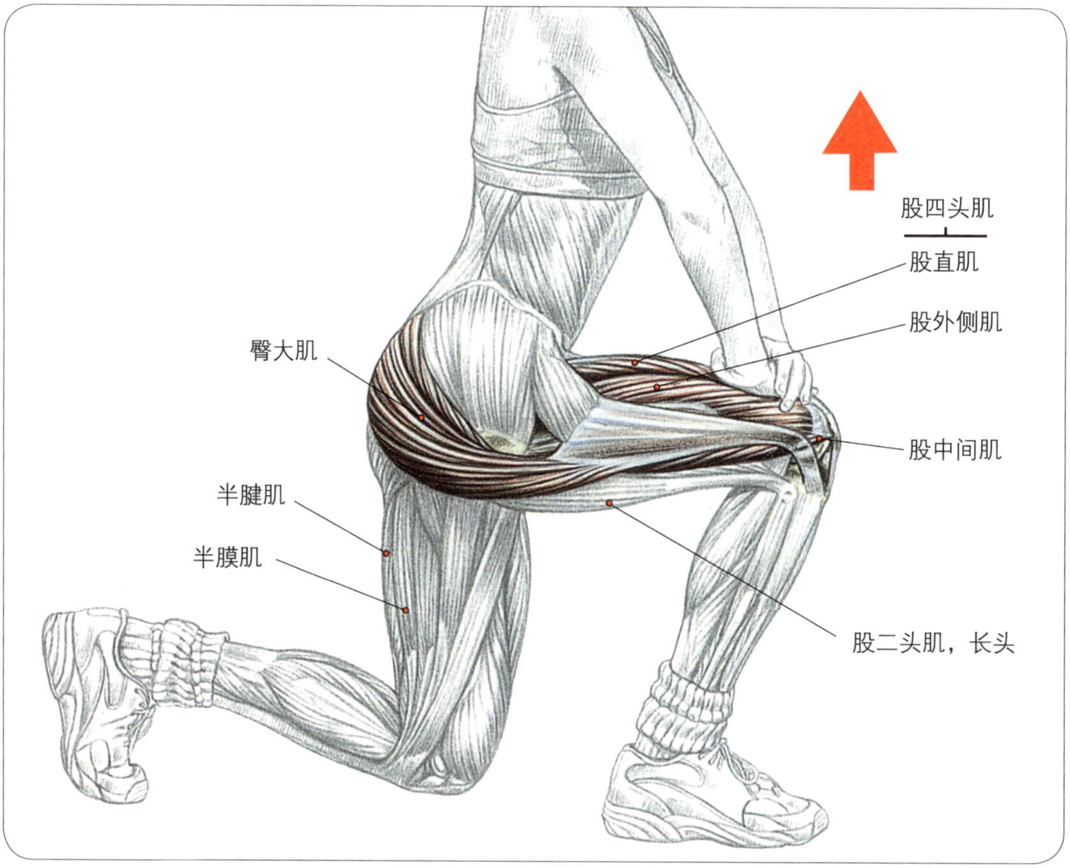

股四头肌

股直肌

股外侧肌

臀大肌

股中间肌

半腱肌

半膜肌

股二头肌，长头

说明：站姿，双脚并拢，双腿伸直，双手置于髋部或大腿上。如果平衡有问题，扶着墙或器械进行训练。在开始时，右腿向前迈一大步。初学者可以稍微弯曲下左腿；资深健身者可以选择左腿保持伸直的姿势，增加练习难度。

然后，弯曲右腿膝盖。初学者可以只下降20厘米；资深健身者要采用尽可能大的动作幅度。

当右腿膝盖足够弯曲时，用后侧大腿发力，以便重新伸直双腿。如果想保持持续紧张状态，需要重新弯曲膝盖进行新的重复动作。你也可以选择将双脚重新放置（见稍后不同的动作变化）。

接着用左腿进行同样的动作。

注意事项

为了增加阻力，可以：

→ 使用哑铃或杠铃。

→ 将进行训练侧的脚放在训练椅上，这可以增加动作难度，却不会给脊柱增加额外的压力。

动作变化

有很多种动作变化：

1 迈一大步或一小步，第一步决定了动作的幅度。迈一小步更容易掌握练习；为了增大练习难度，需要逐步增大箭步幅度。

2 你可以根据自己的情况，决定在训练中是向前迈步还是向后迈步。

3 每次重复练习左右腿，在一组训练中交替进行训练或者用一条腿进行整组的训练，然后再用另一条腿进行训练。

4 一只脚着地，只进行半程或全程箭步蹲。

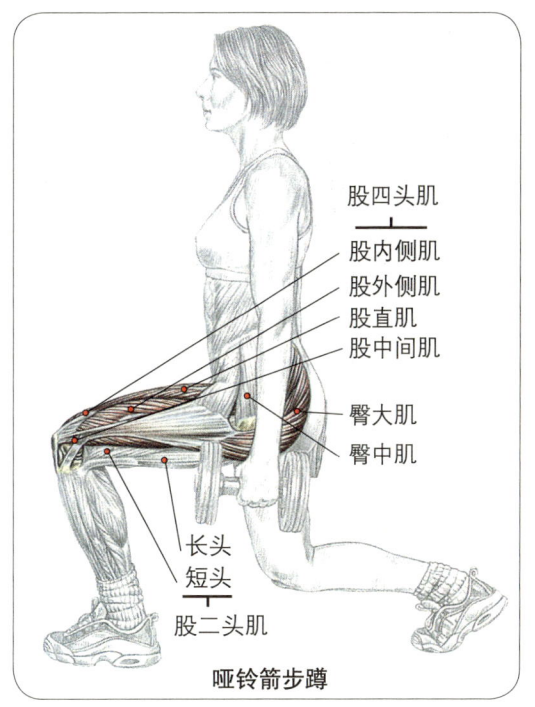

股四头肌
股内侧肌
股外侧肌
股直肌
股中间肌
臀大肌
臀中肌
长头
短头
股二头肌

哑铃箭步蹲

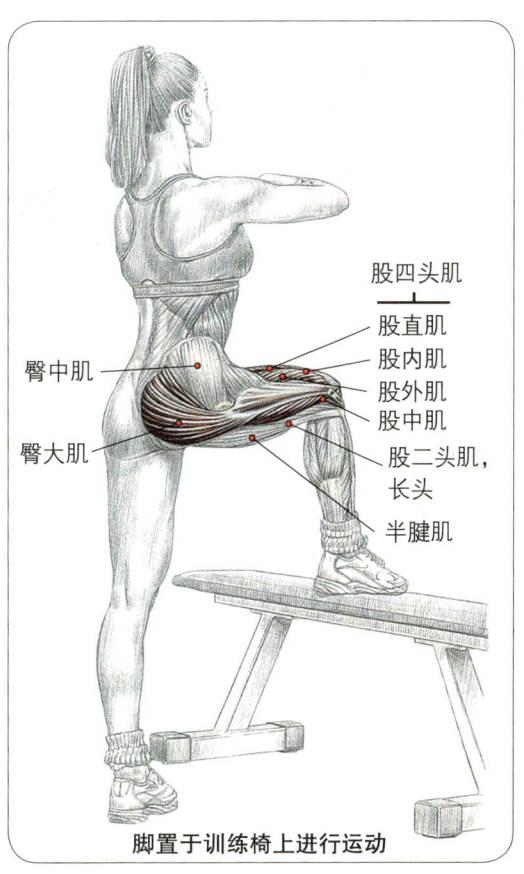

股四头肌
股直肌
股内肌
股外肌
股中肌
股二头肌，长头
半腱肌
臀中肌
臀大肌

脚置于训练椅上进行运动

5 每次重复练习都向前一步，以箭步的方式向前走路或者进行往复运动。

6 双脚的位置有三种可能：

＞双脚平放于地上：股四头肌和腘绳肌肌群几乎平分了压力。

＞脚后跟放在垫子上 1：更多地针对股四头肌进行锻炼，因为这会使腘绳肌肌群变得无力，它也就不太能参与到训练中来了。

＞脚尖放在垫子上 2 3：更多地针对腘绳肌肌群进行锻炼，因为此时大腿后部被拉伸，这不利于股四头肌进行训练。

滑步箭步蹲训练

不训练的那条腿的脚不要在地面上保持不动，而是向前 4 向后 5 滑动。这种脚来回移动的运动对膝盖和髋部更安全，适合所有不喜欢传统箭步蹲的健身者。一旦习惯了这一动作，可以使用哑铃进行锻炼，以增加阻力。

注释：动作幅度越大，臀部和大腿后部肌肉的贡献就越多；向前倾斜上半身也会有同样的效果。动作幅度越小，就越能更好地针对股四头肌进行训练。

迈开一小步进行训练：
股四头肌运动占优势

迈开一大步进行训练：
臀大肌运动占优势

优点：箭步蹲可以锻炼所有的大腿肌肉，同时会对下肢的所有肌肉进行完美地拉伸，且不会挤压脊椎。

缺点：因为拉伸腰肌，进行箭步蹲时会想要拱起背部；需要注意背部的弯度。

风险：进行箭步蹲时，膝盖和髋部会十分僵硬，而背部则运动不足。膝盖越往前，膝关节受的刺激就越大。

对于关节，进行比较自然的滑步箭步蹲训练所带来的伤害是较少的。

✖ 诀窍

如果有一只手是闲着的，将其放在你想要孤立锻炼的肌肉上，以便更好地感受到它的收缩。

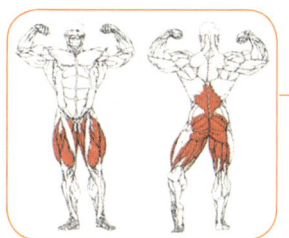

站姿屈髋

此项复合训练动作是针对股直肌、腹肌、腰肌和髂肌进行锻炼，必须进行单侧训练。需要使用重量不大的负重或者固定器械进行训练。

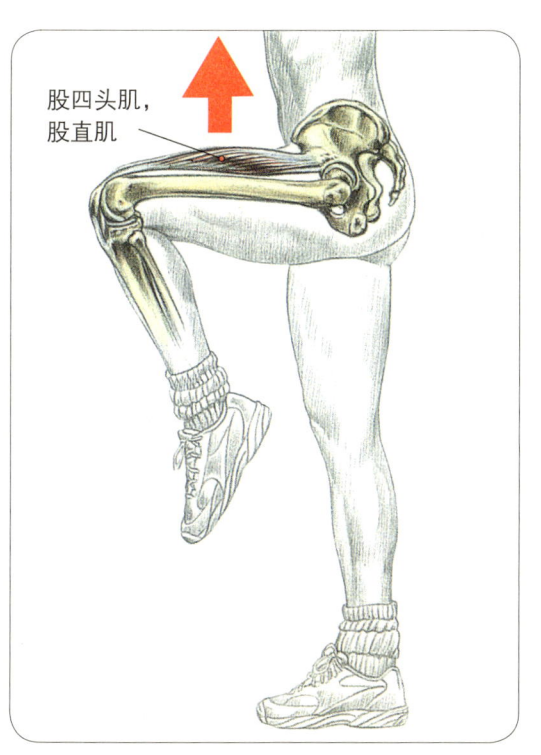

股四头肌，
股直肌

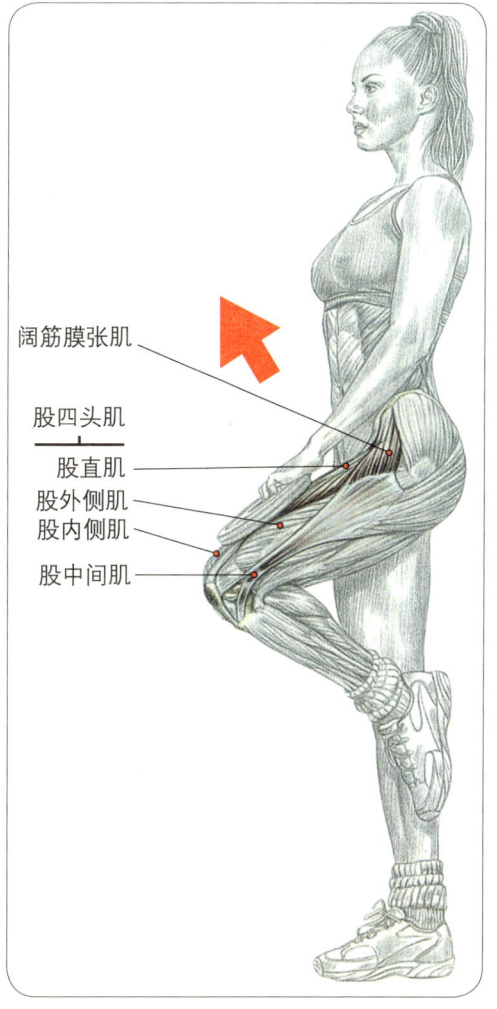

阔筋膜张肌

股四头肌

股直肌

股外侧肌

股内侧肌

股中间肌

站姿器械屈髋

调整负重，然后将股四头肌下部置于架子下。在弯曲膝盖的同时，将腿抬至超过与地面平行处。放下大腿前保持收缩 1 秒钟，同时尽量将腿向上抬，但不要弓起背部。先训练一侧腿，然后训练另一侧腿。

负重站姿屈髋

站姿，将哑铃置于左腿膝盖稍微往上一点的位置 ⊡1。用左手固定负重，用右手保持身体稳定，也可以将背部置于器械上。在弯曲膝盖的同时，将腿抬至超过与地面平行处 ⊡2。下降大腿前，保持收缩 1 秒钟。先运动左腿，然后运动右腿。

用哑铃训练的优势是可以进行较大的动作幅度，尤其是在拉伸阶段。

注意事项

重复练习之间不要将脚放在地上，以便保持持续紧张。只有力竭时才可以将脚放在地上休息 1 秒钟，以便可以进行几次额外的重复训练。

训练变化

1 下降时，用一只手推大腿，以便加强离心收缩阶段的发力。当大腿感到疲劳时，停止对离心收缩阶段施加压力，以便进行几次额外的重复训练。一旦力竭，从器械上出来或者卸掉重量，以便继续练习。

2 如果不使用哑铃负重，可以在膝盖上挂一条弹力带；弹力带的另一端卡在站在地面上的那只脚下。

3 也可以使用弹力带加负重的方法进行训练，这两种阻力的协同作用有助于提高训练效果 ⊡3。

优点：站姿屈髋锻炼股直肌，对于大部分健身者，这是一块很难在复合训练动作中感受到的肌肉。

缺点：单侧训练不仅会浪费时间，而且此项训练对肌肉调配能力的提升效果极小。

风险：腰肌的运动将会拉伸脊柱。尽量使背部保持笔直状态，同时避免弯曲腰部。如果听到背部发出噼啪声，就不要将腿抬得太高，并且减慢动作速度。如果继续发出噼啪声，就不要进行此项训练动作了。

注释：如果在大腿进行训练前没有很好地对膝盖进行热身，进行几组站姿屈髋会对你有很大帮助。另一方面，如果膝盖妨碍你更好地锻炼股四头肌，这个训练动作可以刺激股四头肌的一部分而不会伤害膝关节。

✖ 诀窍

将手指放在股直肌中部上，以便更好地感受其收缩。

股四头肌孤立训练动作

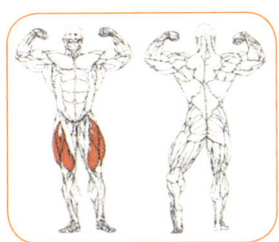

挺髋蹲

　　此项孤立训练动作是针对股四头肌，尤其是股直肌的。挺髋蹲与深蹲完全不同，因为它可以不带负重进行训练，这样可以保护背部和髋部。

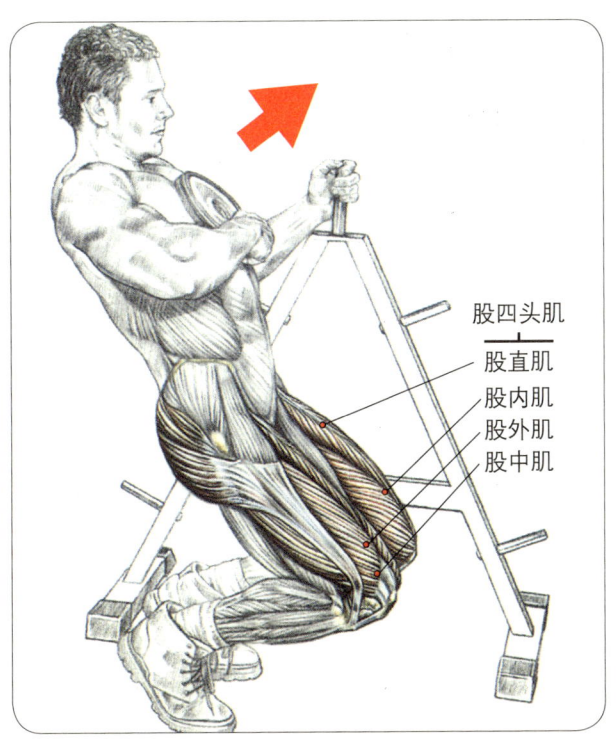

股四头肌
股直肌
股内肌
股外肌
股中肌

　　说明：为了避免平衡问题，可采用器械进行锻炼。双脚间距离大概与锁骨同宽，在向后倾斜身体同时向前弯曲膝盖。下降得越低，脚后跟就越要抬离地面。背部保持挺直，不要向后弯曲，蹲起前先下蹲几厘米。在动作上半段，不要伸直双腿，以便使股四头肌保持持续紧张状态。每次重复练习都要下蹲得更低一些。

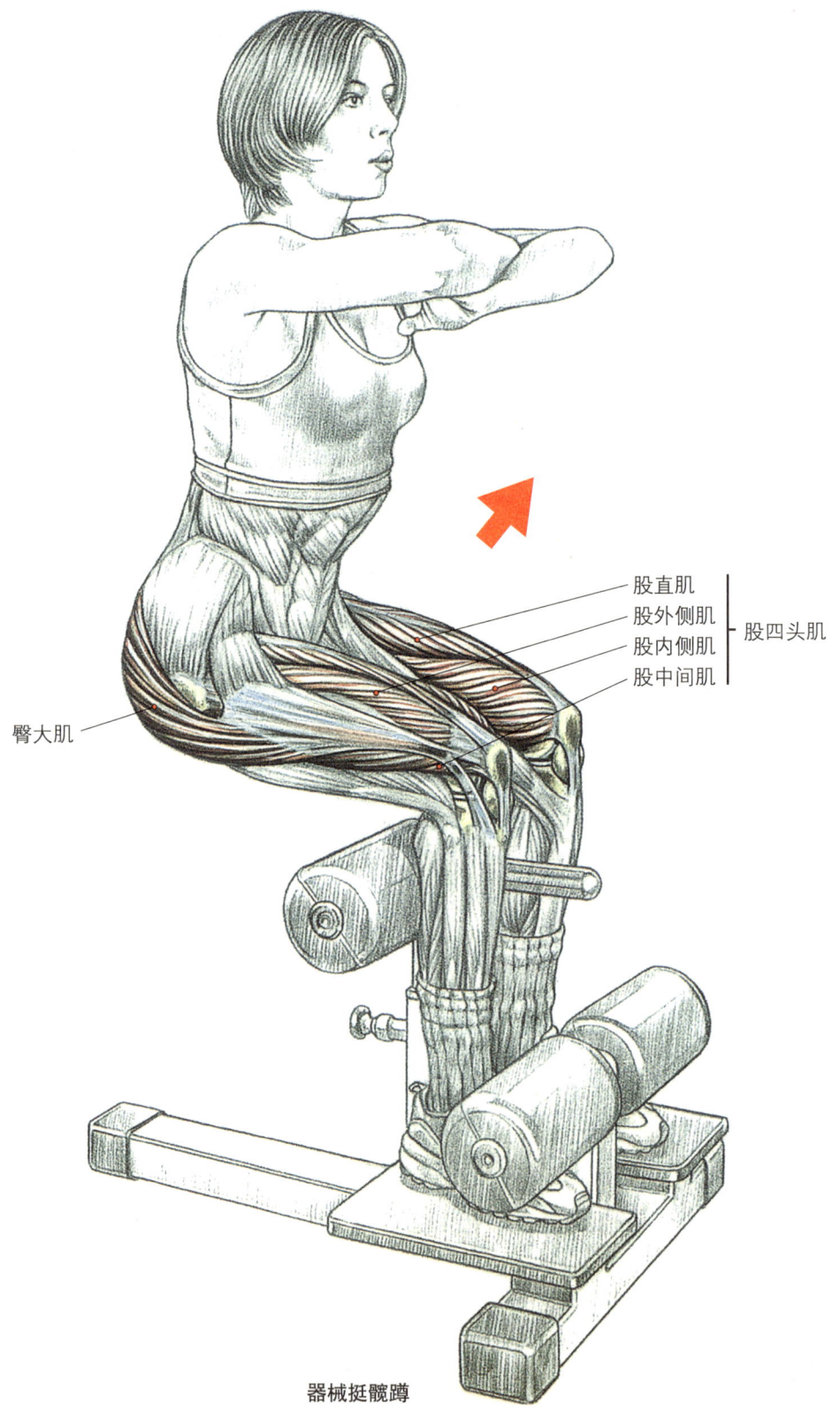

股直肌
股外侧肌
股内侧肌 } 股四头肌
股中间肌

臀大肌

器械挺髋蹲

注意事项

在脚后跟下放块垫片，练习就变得更加容易了。垫片越高，动作越简单。因此，我们推荐脚下垫垫片进行练习。习惯了挺髋蹲后，必要时可以去掉垫片。

动作变化

为了增加阻力，可以将负重放在胸肌上进行锻炼。

用些小器械可以固定双脚，以便在进行挺髋蹲时身体不会向后倒下，腰部也会受到更好的保护。如果背部与地面保持垂直，股直肌受到的刺激就较小。

优点：挺髋蹲可以充分刺激股直肌，这在股四头肌训练中往往被忽略。

缺点：此动作对膝盖有一定危害，因此在开始练习前要确保膝盖进行了足够的热身。

风险：不要过度下蹲造成膝盖过分拉伸，要避免弯曲背部。

注释：这是一种在持续紧张状态下慢慢进行的练习，而不是以爆发力的方式进行的练习。

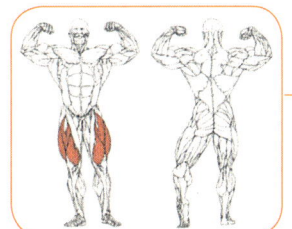

腿屈伸

此项孤立训练动作针对股四头肌，单侧训练可行。

　　说明：放好负重后坐到器械内，将双脚置于架子下，用股四头肌的力量伸直双腿。在下降前，保持收缩 1 ~ 3 秒钟。

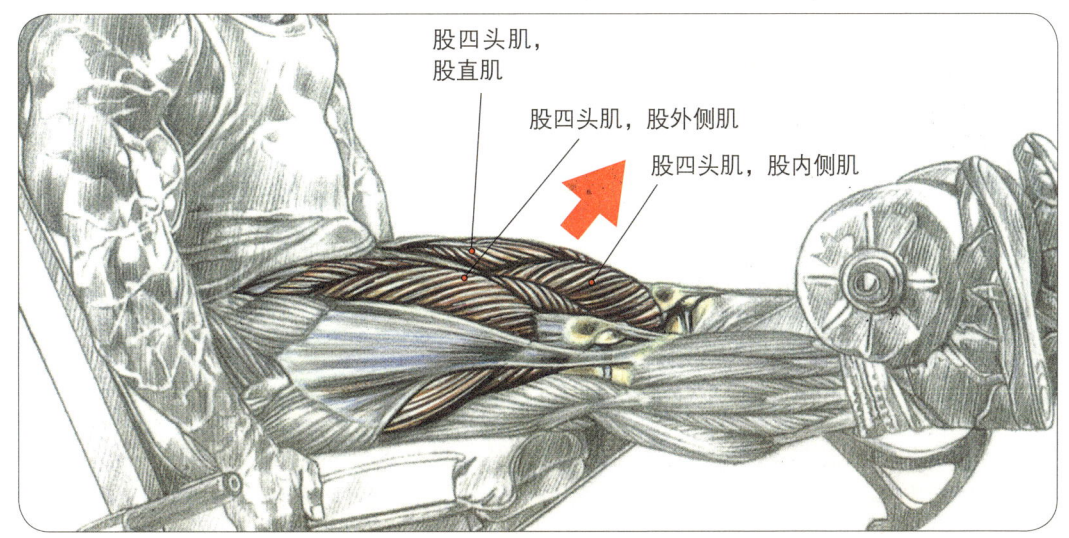

股四头肌，
股直肌

股四头肌，股外侧肌

股四头肌，股内侧肌

注意事项

这是一种在保持持续紧张状态和不损伤髌骨的情况下，慢慢进行的练习。

动作变化

上半身越向后倾斜，就越有机会锻炼到股直肌。相反，如果身体前倾，就不容易锻炼到股直肌。

优点：脊柱不参与动作。

缺点：这是一种人为设计的动作。股四头肌要与腘绳肌肌群协同运动，以便作用于膝盖的压力能被抵消。在缺少大腿后部肌肉有力支撑的情况下，某些人的膝盖难以承受只有股四头肌置于压力之下的状态。

风险：膝盖处于危险境地。要避免使用大重量，不要用爆发力的方式进行训练。

✖ 诀窍

将一只手放在股四头肌上，以便更好地感知股四头肌训练。

注释：腿屈伸可以是种热身动作，也可以在锻炼结束时进行，不要指望可以用它来锻炼出强壮的大腿肌肉。但对于改善股四头肌，它却是不可替代的练习。

股四头肌拉伸训练

拉伸股四头肌

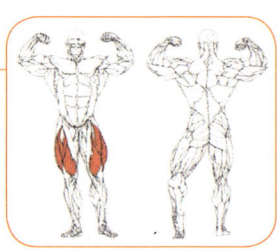

站姿或俯卧在地面上，用右手抓住右脚踝。在对另一条腿进行锻炼前，保持拉伸几秒钟。注意，不要过度弯曲背部 1 。

对某些身体比较柔软的人，尽可能长时间地保持深蹲下半阶段的姿势，以便拉伸大腿肌肉 2 。

对某些身体特别柔软的人，可以跪在地上，采用前臂放在身后 3 的姿势加强对股四头肌的拉伸。

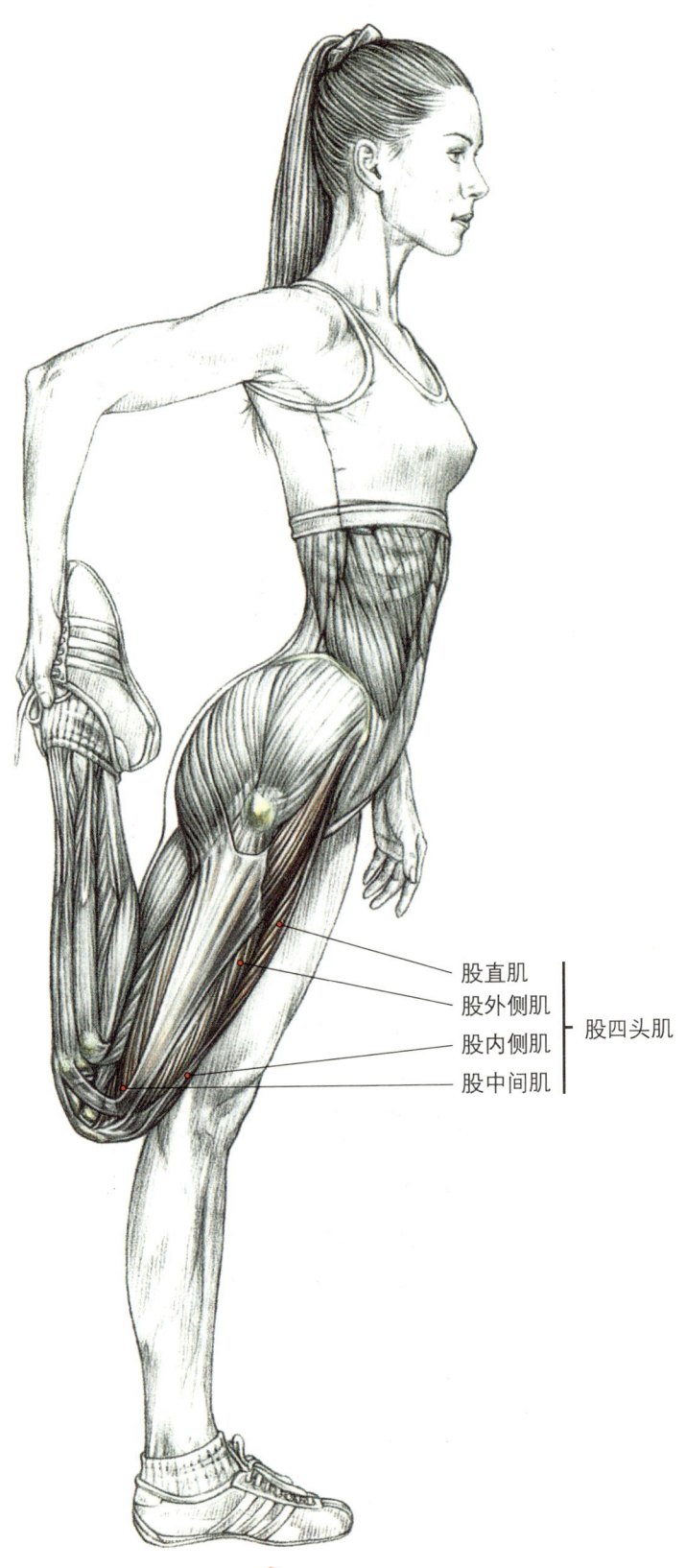

股直肌
股外侧肌
股内侧肌
股中间肌

股四头肌

恢复腘绳肌肌群

解剖学论述

腘绳肌肌群由三块肌肉组成：

1 股二头肌，位于大腿后部外侧。

2 半腱肌，位于大腿后部内侧。

3 半膜肌，被半腱肌盖住一大部分的肌肉。

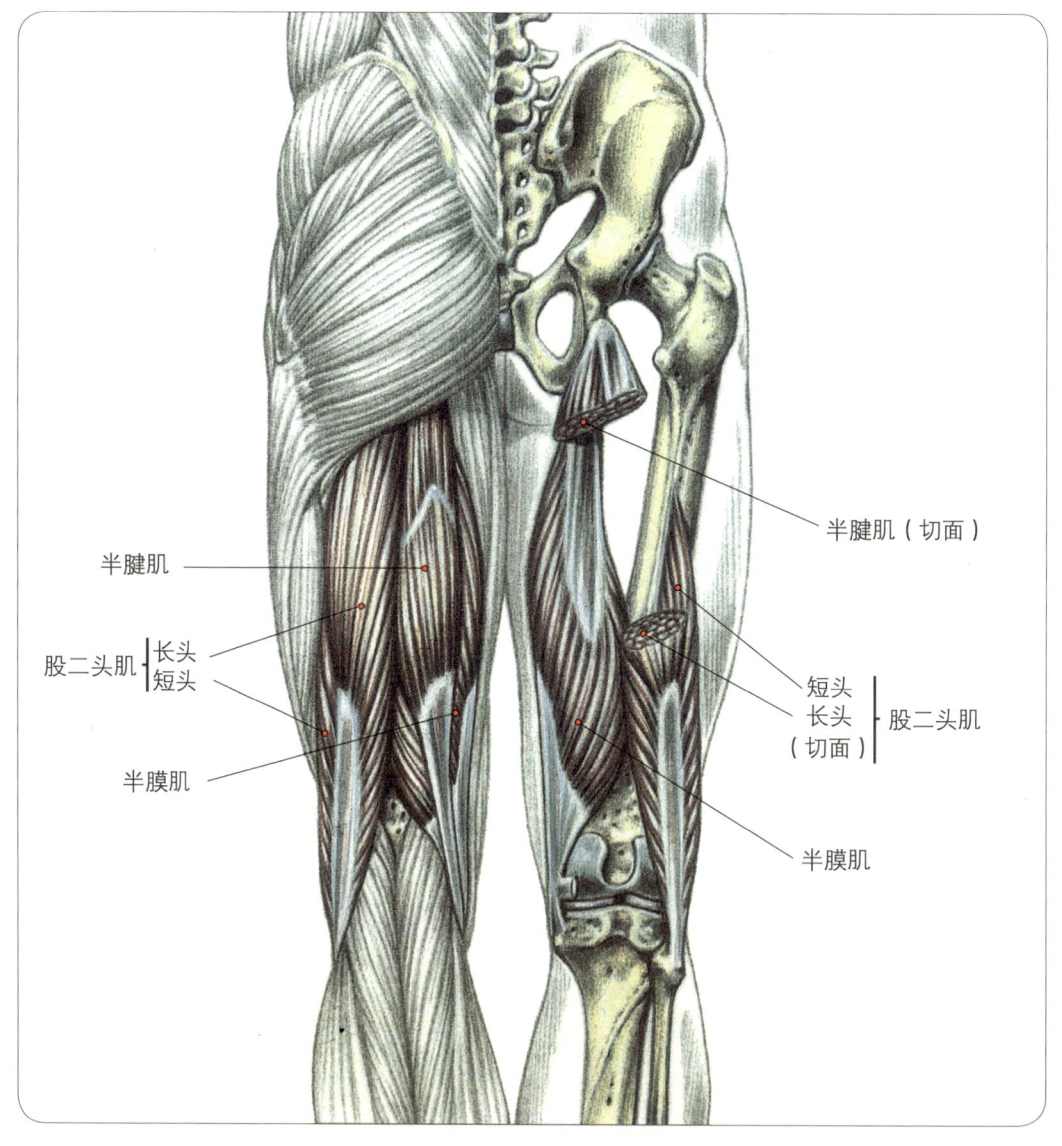

半腱肌（切面）

半腱肌

股二头肌 ├ 长头
        └ 短头

短头
长头 ┤ 股二头肌
（切面）

半膜肌

半膜肌

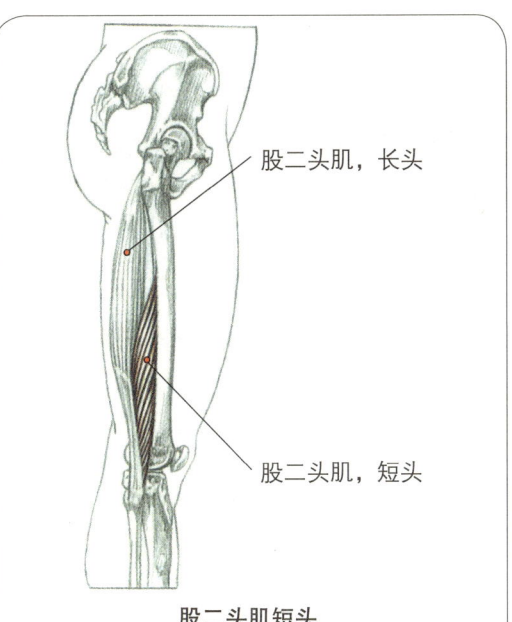

股二头肌，长头

股二头肌，短头

股二头肌短头

在所有的腿部屈肌中，只有股二头肌的短头是单关节肌肉。股二头肌是唯一可以屈腿的肌肉。

理想的发展状态是，半腱肌的大小与股二头肌相同。

除了股二头肌的短头外，构成大腿后部肌肉的都是多关节肌肉。通常我们会将这些肌肉与股二头肌的短头相混淆。

锻炼大腿后部肌肉的2个困难

发展腘绳肌肌群有 2 个潜在的问题：

股四头肌与腘绳肌肌群的失衡问题：后者发展明显滞后

腘绳肌肌群因为很难被看到，所以是很容易被忽视的肌肉。腘绳肌肌群发展不佳是很常见的现象。引起它发展滞后的原因有两个：

＞忽视对它的锻炼。平时只对股四头肌有规律地进行练习，只是偶尔对腘绳肌肌群进行几组锻炼，这就造成了股四头肌与腘绳肌肌群的发展失衡现象。另外，健身者通常在股四头肌锻炼完之后再对大腿后部肌肉进行锻炼，而此时健身者已经筋疲力尽了。

面对这些不良习惯，要认识到腘绳肌肌群也像股四头肌一样是重要的肌肉群。因此，它需要与股四头肌同样的训练量。

＞不易感受到其肌肉发力。收缩腘绳肌肌群与收缩胳膊的肱二头肌类似。不易感受到其发力，导致腘绳肌肌群不能得到最佳的刺激。

寻找肌肉的理想训练长度

腘绳肌肌群是运动中必不可少的肌肉，造物主同时赋予它力量和耐力。为了适应这两种需求，大腿后部肌肉是多关节肌肉。当我们行走、跑动或跳跃时，肌肉一端被位伸，另一端进行收缩。虽然进行了肌肉收缩，但是腘绳肌肌群的长度变化依旧很少。在接近张力和长度的理想比例时，可以有效地进行锻炼，这会使运动更快更持久。

实际运用：像腘绳肌肌群这样的多关节肌肉，必须要使其在理想的训练长度下锻炼（见下面）。但是我们却发现所有的教条都使健身者在其不理想的训练长度上进行锻炼，这就解释了为什么某些人不能很好感受和发展此肌肉。

构成腘绳肌肌群的三块肌肉的发展失衡现象

构成腘绳肌肌群的三块肌肉的发展不平衡是很常见的现象。某些人优先发展了股二头肌，而另一些人的股二头肌则可能发展滞后。发展良好的腘绳肌肌群可能出现部分区域发展失衡。为了得到完美的身材，尤其是当腘绳肌肌群发展滞后时，要着重锻炼薄弱区域。引起此失衡现象的原因有两个：

> 骨头的构造使我们更容易使用腘绳肌肌群的内侧和外侧。

> 肌肉调配能力的缺少解释了我们为什么更喜欢拉伸某一块肌肉，而不是其他肌肉。不过，非常不幸的是很难重建肌肉调配的平衡。这是因为一方面我们看不到大腿后部肌肉运动；另一方面也是长期受不良锻炼习惯的影响。

形态学的两难选择题——如何以最适宜的方式收缩腘绳肌肌群？

教条：它要求健身者在进行腿弯举以锻炼大腿后部肌肉时，要很好地贴靠在器械上。进行腿弯举时有以下几种情况：

> 俯卧进行此运动时，不要弯曲背部。

> 站着进行此运动时，身体要保持笔直状态。

> 坐着进行此运动时，要稳坐在椅子深处。

事实：在腿弯举的收缩阶段，脚放得越朝向臀部，就越有向前倾斜上半身的倾向。

> 俯卧进行腿弯举：这种倾向性就会被随着收缩而产生的臀部逐步抬高所表现出来。臀部抬得越高，腘绳肌肌群受刺激就越强，并且能够更好地被感知。在抬起臀部的同时，腘绳肌肌群在膝盖的位置进行收缩，也会对其上部肌肉进行拉伸。

在俯卧进行腿弯举时，很自然地就会抬起臀部，训练椅对你的妨碍表现在腰部的弯曲度要特别大，这种姿势会压迫脊椎，所以使此项练习变得有危险。驴背式器械可以解决理想训练长度的问题，但俯卧时对于腘绳肌肌群的刺激较为薄弱。如果你的腘绳肌肌群较难发展，我们不建议以此项练习为基础。

> 站着进行腿弯举：在收缩过程中会试图向前倾斜身子。安全挡板会阻止你前倾，因为腘绳肌肌群无法达到理想的训练长度，所以力量就会很小。

站着进行锻炼腘绳肌肌群的固定器械慢慢消失，它们被坐姿腿弯举器械所代替，我们可以将四肢都放在这种器械上，而不是站着进行锻炼。上半身会更加向前倾斜，这会使腘绳肌肌群在臀部的位置进行拉伸，进而带来更好的肌肉训练感受。

> 坐着进行腿弯举：很多人在此练习中不能很好地感受肌肉发力，因为在整个训练过程中都要牢牢坐在椅子深处。在此情况下，腘绳肌肌群很弱，因为此时它远远达不到理想的长度，

而背部弯曲会使脊柱处于不稳定状态，证明在椅子深处保持坐姿是不符合生理学规律的。

为了坐着进行腿弯举时更有力，随着我们慢慢收缩腘绳肌肌群，身子要越来越向前倾 ①②③。这个动作可以拉伸腘绳肌肌群的上部同时使下部缩短。

当大腿后部保持在其理想长度区域内时：

→ 能更好地感受到肌肉收缩。

→ 训练效果更好。

→ 不会伤害到背部。

强化腘绳肌肌群的方法

针对提高肌肉围度的方法

调整训练量

如果腘绳肌肌群发展迟缓是因为训练量不足引起的，应增加训练组并先于股四头肌进行锻炼。

上半身向前倾斜时不要抬起腿部，否则会过度拉伸腘绳肌肌群

需要特别锻炼腘绳肌肌群吗？

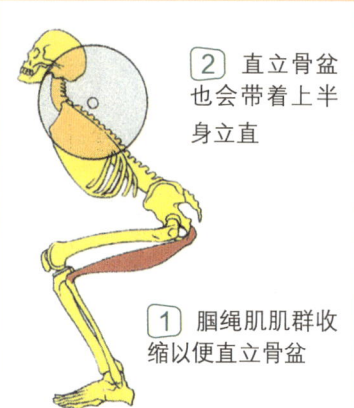

② 直立骨盆也会带着上半身立直

① 腘绳肌肌群收缩以便直立骨盆

进行深蹲时，腘绳肌肌群为了使骨盆直立而进行收缩，阻止上半身过度向前倾斜。

理论上讲，锻炼股四头肌的复合训练动作（深蹲、箭步蹲、腿举等）一定也会充分刺激腘绳肌肌群，并且能够使其得到发展。如果你不能经常想到调动大腿后侧肌肉，它们就更不容易被感知到。在股四头肌训练中，如果可以学会感受腘绳肌肌群发力，那么单独针对腘绳肌肌群的动作也就显得多余了。问题却在此时出现：如果我们可以很好地感知腘绳肌肌群，就有可能不能很好地针对股四头肌进行锻炼。

出现这种现象的原因是，大腿后部肌肉要比股四头肌强壮得多。腘绳肌肌群多关节肌肉的特点，使其可以在与股四头肌的抗争中占优势。即使后者很粗壮，因为错误的深蹲姿势，其能力也会被削弱。

此优势解释了为何某些深蹲冠军会优先锻炼腘绳肌肌群，以便获得更多的力量。由此可以理解，在进行深蹲时腘绳肌肌群的作用与股四头肌的作用同样重要。

结论 将针对大腿的练习定性为复合训练动作是很正确的。理论上讲，不需要用特殊的方式对腘绳肌肌群进行锻炼。但事实证明，对腘绳肌肌群的锻炼是不可缺少的。

需要与股四头肌一起锻炼腘绳肌肌群吗？

是否需要对腘绳肌肌群的进行锻炼取决于：

＞相对于股四头肌，其发展程度从外观上看，大腿后部肌肉是否达到股四头肌三分之二的大小。

＞腘绳肌肌群与小腿肌肉是否发展滞后。在认识方面，没人意识到要对其进行锻炼。然而，如果你希望身材均匀，就需要加强这些肌肉的锻炼。

根据腘绳肌肌群发展的滞后程度，有以下四种强度递增的训练方法供你选择。

1 对股四头肌锻炼后再对腘绳肌肌群进行锻炼。

优点：对腘绳肌肌群的锻炼不会对股四头肌产生任何不利影响。

缺点：在体力上和精神上都会极度疲劳，对大腿前部与后部肌肉的锻炼不能达到真正的平等。

2 股四头肌训练动作与腘绳肌训练动作交替进行。

优点：大腿前后的肌肉得到了完全平等的对待。

缺点：针对大腿的锻炼时间将被延长，健身者可能会筋疲力尽。

3 在锻炼股四头肌前锻炼腘绳肌肌群。

优点：为了弥补腘绳肌肌群的发展滞后状态，可以优先锻炼此肌肉。

缺点：在进行针对股四头肌的练习中会丧失很多力量，这只能证明在针对大腿的复合训练动作中腘绳肌肌群的重要作用，如果在深蹲中过度前倾，还有可能会损伤腘绳肌肌群。

4 留出完整的一天专门锻炼腘绳肌肌群和小腿肌群。

优点：这样能够使腘绳肌肌群达到最佳状态。

缺点：为了用完整的一次训练来锻炼腘绳肌肌群，就只能减少针对其他肌群的训练量。

进行恢复锻炼可以增加训练频率。

如果说腘绳肌肌群发展迟缓，是由于肌肉调配能力欠佳或者对肌肉收缩的感知不足而引起的，就需要增加几次针对腘绳肌肌群的恢复训练。

单侧训练

孤立训练动作可以使你更好地感觉到大腿后部肌肉收缩，尤其是当它们进行单侧训练时。目的是更好地学习如何收缩腘绳肌肌群，以便最后不需要再进行额外针对大腿的复合训练动作。另外，一条腿的腘绳肌肌群比较发达的情况很常见，这就需要让双腿重新平衡。

使锻炼弹性化

在进行深蹲或腿举时，腘绳肌肌群必须参与发力。这些练习的问题在于越是临近动作结束时练习提供的阻力就越小，而此时腘绳肌肌群会有力地收缩。增强腘绳肌肌群参与的方法之一就是使用弹力带。在此情况下，双腿越伸直阻力就会越大。因为练习难度增大，所以你会明显地感到腘绳肌肌群的参与。

训练王牌——超级组

两种腘绳肌超级组训练方法：

＞预疲劳（做完孤立训练动作后进行复合训练动作）：此连续锻炼可以使健身者在复合训练动作中很好地感受到腘绳肌肌群。另外，如果大腿后部肌肉预先疲劳，进行复合训练动作时就用较小的负重，这样可以保护脊柱。

＞后疲劳（先进行复合训练动作然后进行孤立训练动作）：这种训练方法可以在进行复合训练动作时使用最大的负重。在进行后面的孤立训练动作时，腘绳肌肌群可以受到孤立的、深度的刺激。

加强离心收缩的好处

大腿后部肌肉是比较喜欢离心收缩发力的肌肉。如果你有搭档，可以让他（她）在动作的拉伸阶段通过推动负重而加强压力。离心收缩时使用的负重越大，就越容易感受到腘绳肌肌群的发力。首先表现为剧烈的肌肉燃烧和酸痛，然后表现为肌肉的快速增长。

如果你没有搭档，某些器械也可起到同样的作用。在此情况下，可以进行单侧训练。

注意，不要过度增加拉伸结束时的力度，因为大腿后部肌肉很容易受伤，可能撕裂腘绳肌肌群。

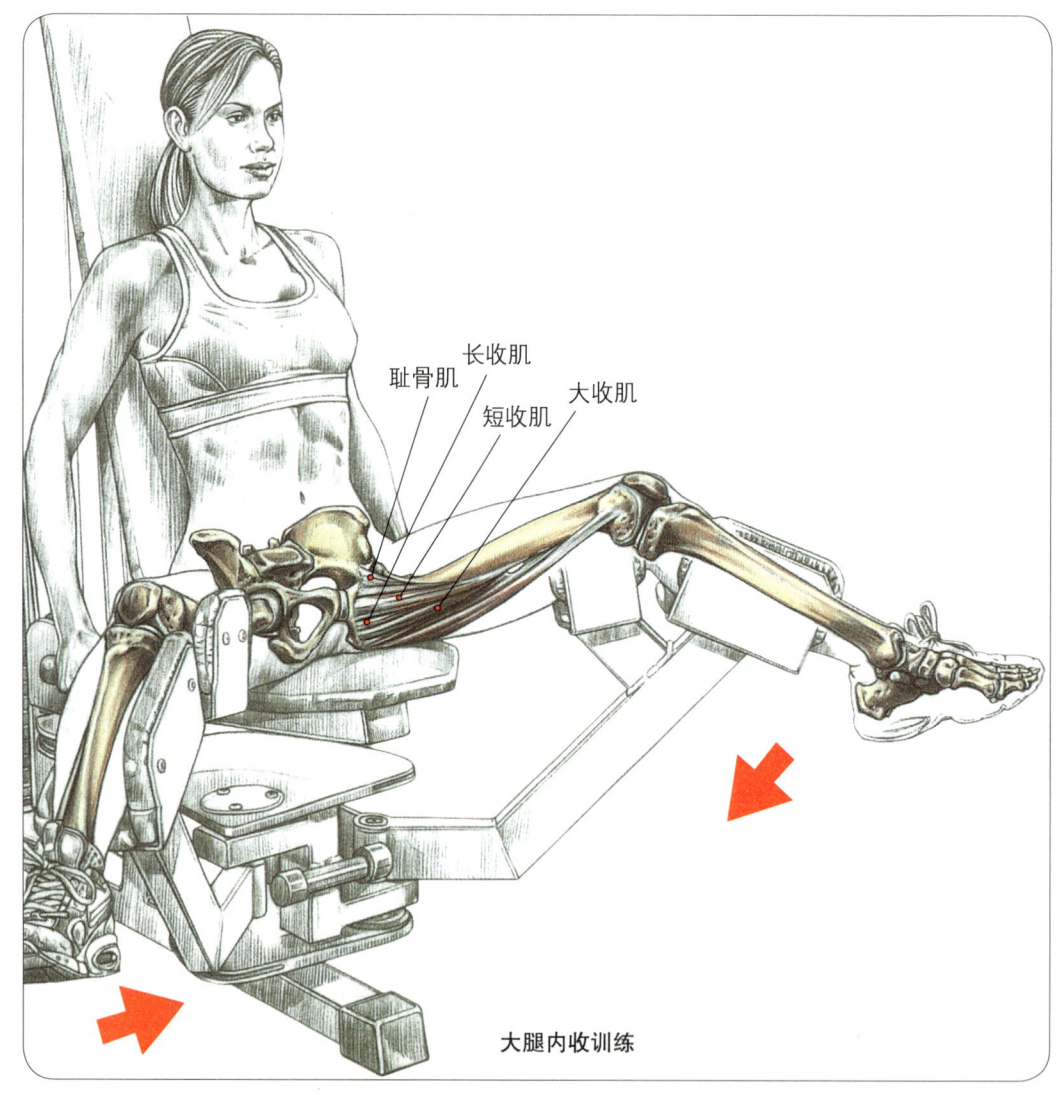

大腿内收训练

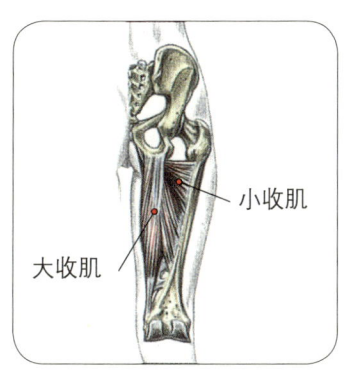

小收肌

大收肌

借力，也是可行的！

不要忘了训练内收肌。当收缩双腿时，会将腘绳肌肌群向外推，这会给你带来有更多大腿后部肌肉运动的感觉。

腘绳肌肌群的肌腱长而肌腹短的健身者，在面对内收肌的锻炼时要格外谨慎，因为有可能会使大腿锻炼成"胡萝卜"状。

拉伸腘绳肌肌群

腘绳肌肌群很容易受伤。在进行针对大腿的锻炼前，可以通过慢慢拉伸对腘绳肌肌群进行良好的热身。拉伸训练也可以使动作幅度增大，产生合成代谢的机械转导（见第 36 页）。需要掌握可以最大限度拉伸腘绳肌肌群的练习，如直腿硬拉，双腿几乎完全伸直。练习的目的不是在第一时间就使用大重量进行锻炼，而是为了寻找最适合的拉伸运动，逐步进行锻炼。

重新平衡的策略

寻找合适的练习

如果腘绳肌肌群的某个区域比其他区域有优势，就要利用肌肉调配的方法。为此，要使练习多样性，以便改变腘绳肌肌群训练时的长度，通过训练长度的变化可以更好地找出发展迟缓的区域，这样就有更多机会使腘绳肌肌群重新得到平衡和发展了。

拉伸幅度多样化

根据拉伸幅度，腘绳肌肌群的训练可分为三种类型，对应三种练习：

1. 保持理想长度：坐姿腿弯举，滑步箭步蹲。
2. 最大限度地拉伸肌肉：直腿硬拉或早安式体前屈。
3. 拉伸幅度较小：站着或俯卧在训练椅上进行腿弯举。

拉伸幅度越大越有效，越小效率越低。这并不是说要忽视第一和第三种长度，这只是说明不同长度的不同效率要反映在训练动作的分配中。理想长度的练习要占据训练量的很大一部分；其他两种长度的训练要分担剩下的锻炼，第二种长度比第三种长度的训练量要更多。

转换训练角度

根据训练角度的不同，可以将孤立训练动作分成四大类：

1. 使双脚靠近臀部：俯卧或站着进行腿弯举。
2. 抬起上半身：包括所有方式的硬拉和早安式体前屈。
3. 腘绳肌肌群上部收缩同时下部拉伸：滑步箭步蹲。

4 上部肌肉拉伸同时下部肌肉收缩：坐姿前倾腿弯举。

我们有四个完全不同的训练角度，它们的不同作用在于，刺激腘绳肌肌群的不同区域。有两种方法更好地表现出转换训练角度的优越性：

　　> 如果需要增加锻炼腘绳肌肌群的频率，可将最需要的部分优先放在第一次训练中，接着是第二个，然后是第三个…… 这种方法可以使腘绳肌肌群以最快速度得到恢复，因为只需恢复一部分。

　　> 如果不需要增加锻炼频率，可以在每次训练中将不同的训练角度联合起来进行训练。

重新规定双脚的方向

为了改变腘绳肌肌群的运动，可以改变脚尖的朝向：

→ 双脚朝外，针对股二头肌进行锻炼（外侧肌肉）。

→ 双脚朝内，针对半腱肌与半膜肌进行锻炼（内侧肌肉）。

在训练中，双脚会自然朝向占优势的那一侧腘绳肌肌群。注意确定双脚是否是由你自主选择转向内侧、外侧或者保持竖直状态，以便由你自己决定优先锻炼腘绳肌肌群的内侧还是外侧，或是共同发展。

腘绳肌肌群训练动作

你知道吗？

所有针对股四头肌的复合训练动作（深蹲、箭步蹲、腿举等），都会不同程度地刺激腘绳肌肌群。硬拉和针对腰肌的练习也是一样的，这在有关背部练习的章节中已经有过分析，这里便不再赘述。在进行练习前一定要对大腿后部进行热身，因为没有进行热身的腘绳肌肌群训练总会使膝盖或背部产生不适。

腘绳肌肌群复合训练动作

直腿硬拉

此项复合训练动作锻炼的是腘绳肌肌群、臀肌、腰肌和背部肌肉。

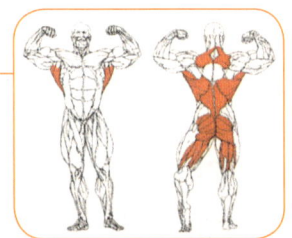

说明：双脚靠近，倾斜身体，以便握紧地上的杠铃（正握）①。背部保持挺直，略微向后弯曲，双腿半伸直②。用腘绳肌肌群的力量直起身体同时绷紧臀部③。一旦身体站直，便向前倾斜身体回到开始的位置。

注意事项

最理想的状态是不要将上半身完全挺直到与地面垂直的位置，不完全挺直身体可以使大腿后部肌肉保持持续紧张状态。直到身体力竭时再将身体完全直起，以便使肌肉休息一下，这样可以获得几次额外的重复练习。

运动变化

可以用两只哑铃来进行此练习④。杠铃对于大重量训练更实用，哑铃就更适合进行比较轻松的训练组。

优点：此项练习以一种比较激烈的方式拉伸腘绳肌肌群，能产生强烈的疲劳和酸痛。

缺点：这是种比较危险的练习，因为当腰肌疲劳时，背部会越来越难以保持挺直，脊柱开始拱起来。虽然我们认为当拱起背部时，能够同时获得更大的动作幅度和力量，但这是不正确的。练习时背部需保持笔直状态，以便减小动作幅度降低运动伤害。

风险：即使能够完美地进行硬拉训练，腰椎间盘也会被钳住并被剧烈挤压。

注释：虽然硬拉看起来很容易进行，但事实上这是种风险很大的动作，因为在进行训练时很难保持平衡，也很难掌握良好的动作姿势。

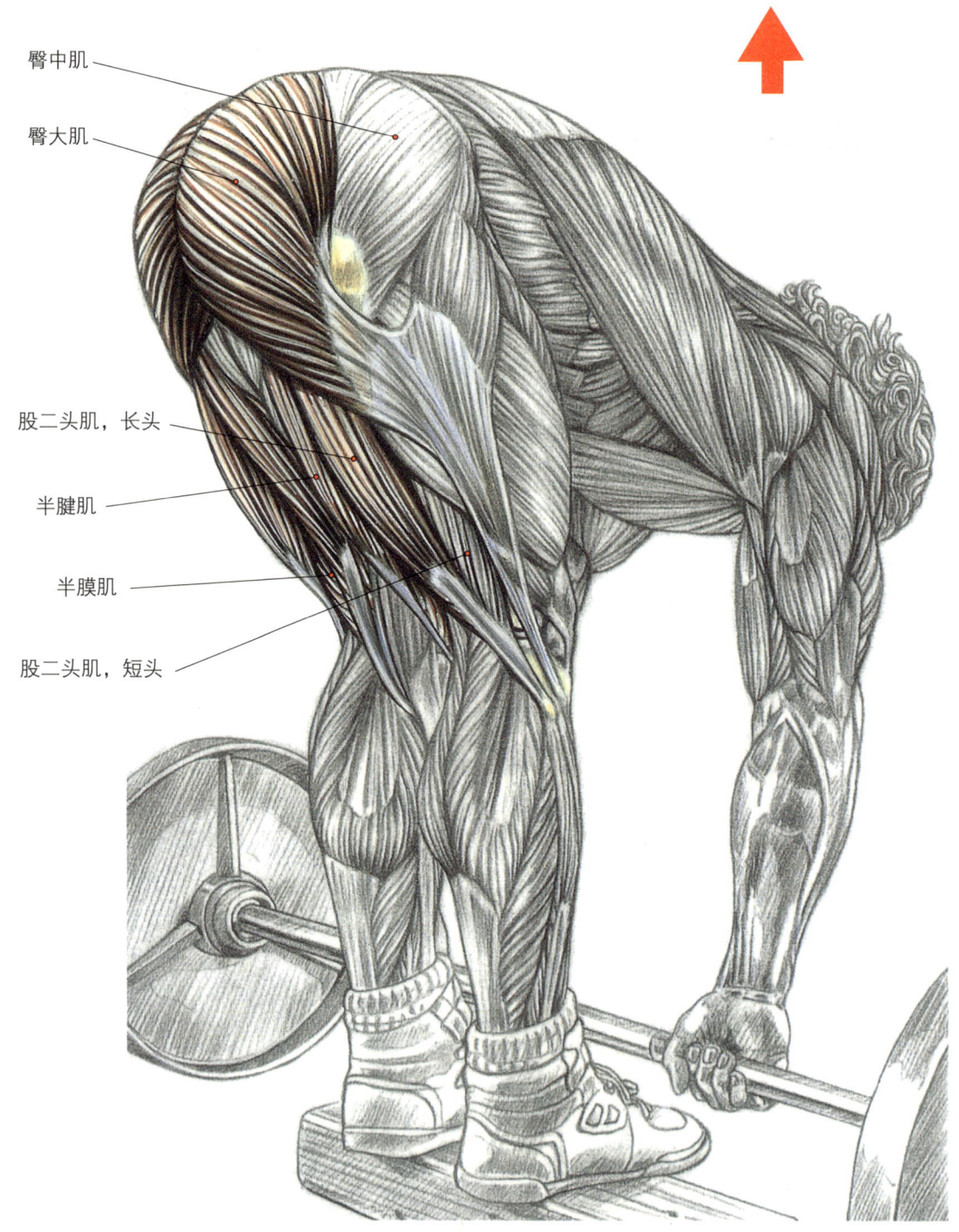

臀中肌

臀大肌

股二头肌，长头

半腱肌

半膜肌

股二头肌，短头

腘绳肌肌群孤立训练动作

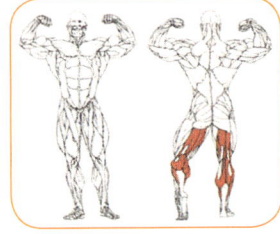

坐姿腿弯举

此项孤立训练动作针对的是腘绳肌肌群。如果想锻炼发展滞后的大腿后部肌肉，单侧训练是可行的。

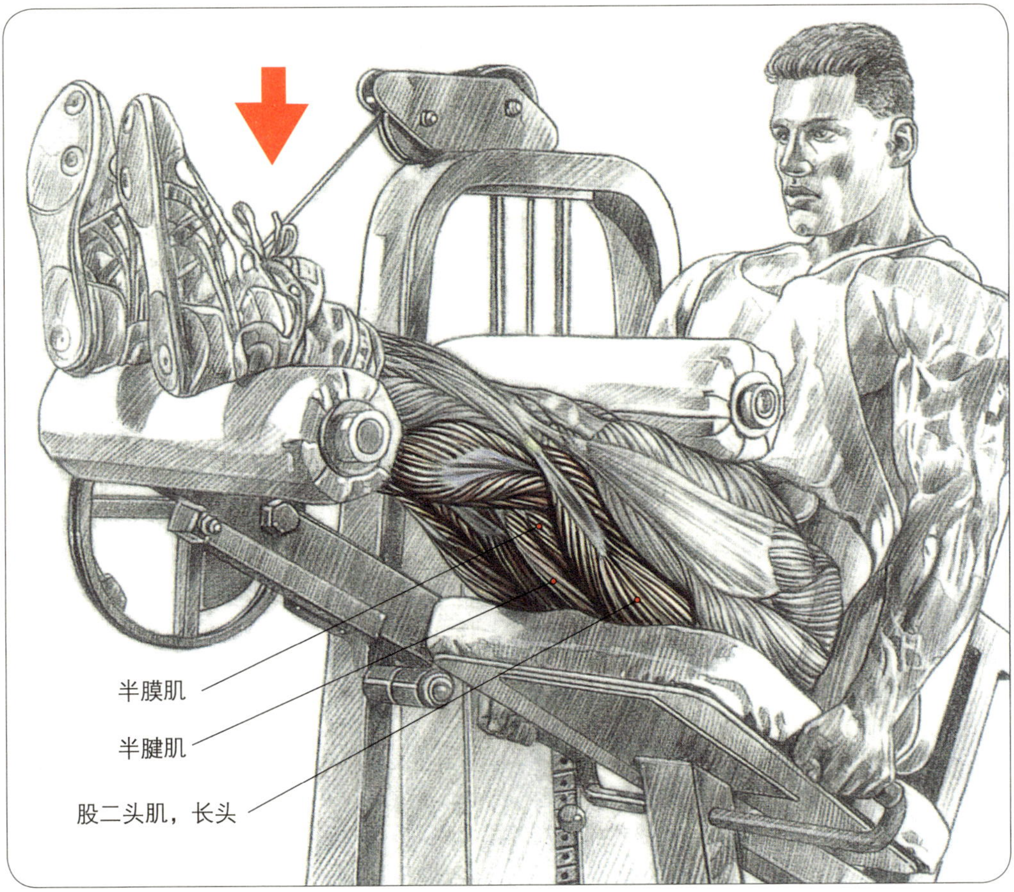

半膜肌

半腱肌

股二头肌，长头

说明：选择好负重，然后坐到器械上将大腿放在架子中。拉伸腘绳肌肌群，但不要完全伸直双腿。在大腿半伸直的状态下，用腘绳肌肌群的力量尽可能地弯曲双腿。在重新抬起双腿前，保持收缩 2 ~ 3 秒钟。

注意事项

此项练习的秘密在于身体前倾。当双腿接近伸直时，背部会与大腿垂直。双脚越是靠向臀部，身体就越要向前倾斜。在双腿向后弯曲期间，上半身逐渐向前倾斜至与大腿成 45 度角。

当重新伸直双腿时，要完成相反移动。你会发现，如果能更好感知大腿后部肌肉的运动，就能更加有力量。事实上，身体的前倾可以拉伸腘绳肌肌群近臀部的肌肉，而在近膝盖的腘绳肌肌群则会变短，此时大腿后部肌肉以理想的方式进行收缩（见第269页）。

优点：从技术上来说，这是一种孤立训练动作，坐姿腿弯举在能够很好地倾斜身体的条件下变成了一种复合训练动作，可以使腘绳肌肌群的长度和张力关系变得更加理想。

缺点：如果不能很好地倾斜身体，在收缩腘绳肌肌群的时候就会弯曲背部；背部弯曲会使脊柱处于不稳定的状态。

风险：如果感觉上半身保持向前倾斜的状态，就不要抬起双腿，否则会过度拉伸腘绳肌肌群。

动作变化

动作下半段一般是双腿伸直并且间距较窄，为了改变腘绳肌肌群的运动可以分开双腿。

注释：臀部坐在手上，可以更好感觉腘绳肌肌群的收缩。

俯卧腿弯举

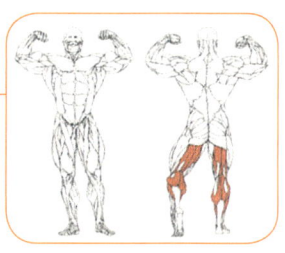

此项孤立训练动作锻炼的是腘绳肌肌群。单侧训练是可行的。

说明：选择负重后俯卧在器械上，将踝关节放在架子下。

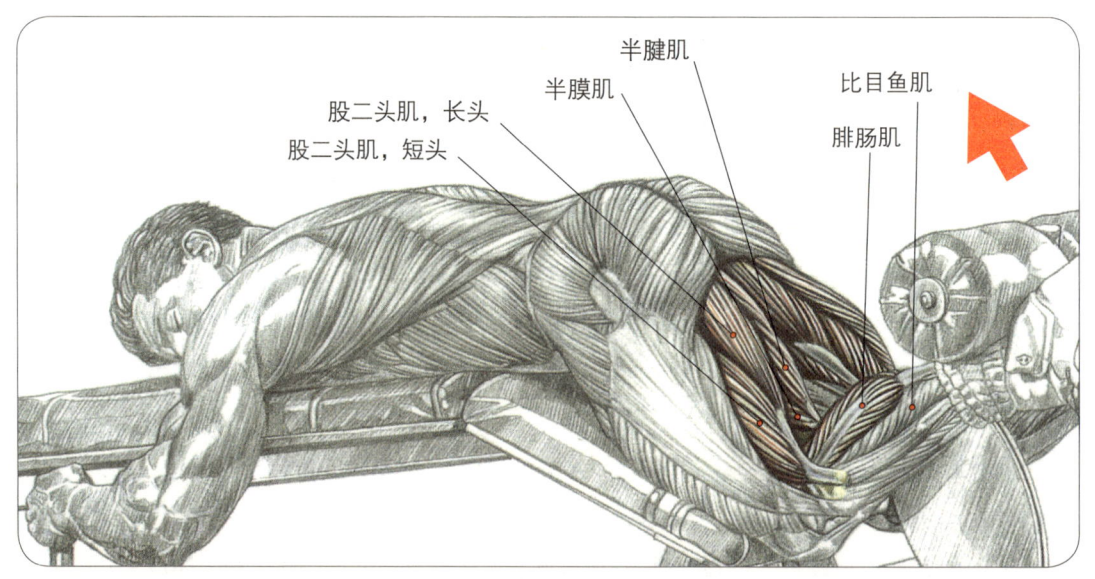

股二头肌，长头　股二头肌，短头　半膜肌　半腱肌　比目鱼肌　腓肠肌

用腘绳肌肌群的力量将双脚拉向臀部，在重新下降双腿前，保持收缩 1 秒钟。

注意事项：如果架子以一种极端的方式在踝骨上滚动，就有可能在伸展阶段脱落或者在收缩状态下过早的碰撞到你的大腿，这是因为转动杠杆的刻度不正确。很多不合格的器械，几乎没有正确的刻度。

动作变化

单侧训练可以使一只手空闲下来，将手放在腘绳肌肌群上，以便更好地感觉它的收缩。闲着的那只手也可以用来压住负重，以便增加离心收缩阶段的压力。

优点：此项孤立训练动作针对大腿后部肌肉，相对比较容易进行。

缺点：腿弯举没有发挥腘绳肌肌群多关节肌肉的作用。生理学特点解释了在进行收缩时会自然地想要弯曲背部的原因，这是由腘绳肌肌群多关节肌肉的自然属性引起的，会使背部处于危险境地。

风险：弯曲背部可以获得力量，但是要以压迫腰椎为代价。

注释：在腘绳肌肌群收缩时，脚尖的朝向起到了重要的作用。将脚尖钩向膝盖会获得力量，因为小腿肌群的力量加在了大腿后部肌肉上，但这会使腘绳肌肌群的锻炼不太有效。

相反，绷直脚尖，力量虽小但是对腘绳肌肌群的锻炼效果较好。

可行的方法是，在开始练习时尽可能地向上伸直脚尖。一旦力竭，就将脚尖弯向膝盖。因为小腿肌群参与发力，所以这种方法更能获得力量，同时也可以进行几次额外的重复练习。

站姿腿弯举

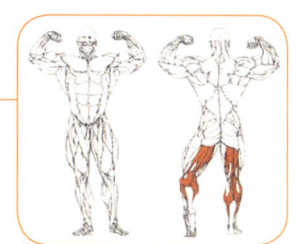

此项孤立训练动作针对的是腘绳肌肌群。必须进行单侧训练。

说明： 选择负重后，将踝关节置于架子下。用腘绳肌肌群的力量尽可能地将脚拉向臀部，在重新伸直双腿前，保持收缩 1 ~ 2 秒钟。

动作变化

有两种动作方式进行锻炼：

1 双重收缩：随着脚向臀部拉伸，轻轻将背部向后弯曲。腘绳肌肌群长度便会缩短。肌肉收缩极强（容易出现抽筋），因为长度与张力的关系较差，故肌肉相对薄弱。

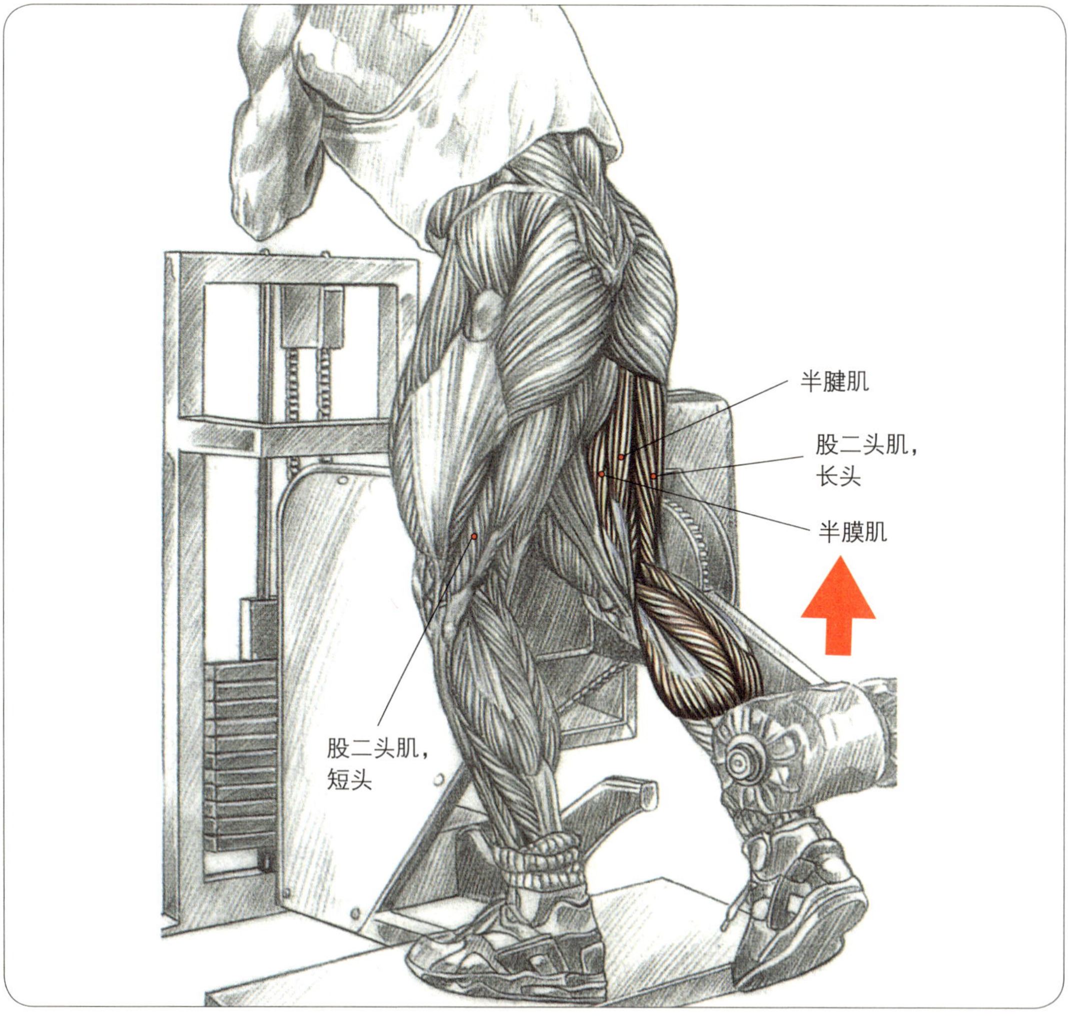

半腱肌

股二头肌，
长头

半膜肌

股二头肌，
短头

2 收缩—拉伸：随着将脚拉向臀部，越来越向前倾斜身体。腘绳肌肌群下部收缩并且上部拉伸，此时收缩的感觉与第一种动作变化特别不同，因为长度和张力的良好关系更有利于肌肉发力。

三分之一的训练组用双重收缩来完成，剩下的三分之二的训练组用收缩—拉伸来完成。

优点：站姿进行腿弯举比较容易并且不易疲劳。

缺点：此项练习更像是调配腘绳肌肌群发力的练习，而不是锻炼粗壮肌肉的训练。

风险：除了要剧烈地晃动负重外，此项练习几乎没有危险。

注释：收缩时用一只手按住腘绳肌肌群，以便更好地感受到肌肉收缩。

注意事项

在用固定器械训练时，越来越多的人倾向于坐姿而不是站姿进行锻炼，这对腘绳肌肌群是更好的姿势。

腘绳肌肌群拉伸训练

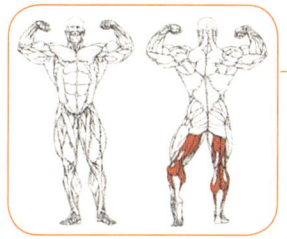

伸展腘绳肌肌群

将一只脚的脚后跟放到高处（器械或训练椅上）[1]，然后伸直腿。脚放得越高，伸展越厉害。将手放在膝盖稍微靠上一点的位置。慢慢向前倾斜上半身，当腘绳肌肌群被很好拉伸时，可以稍微弯曲站立一侧的腿部，以便进一步增强拉伸效果。

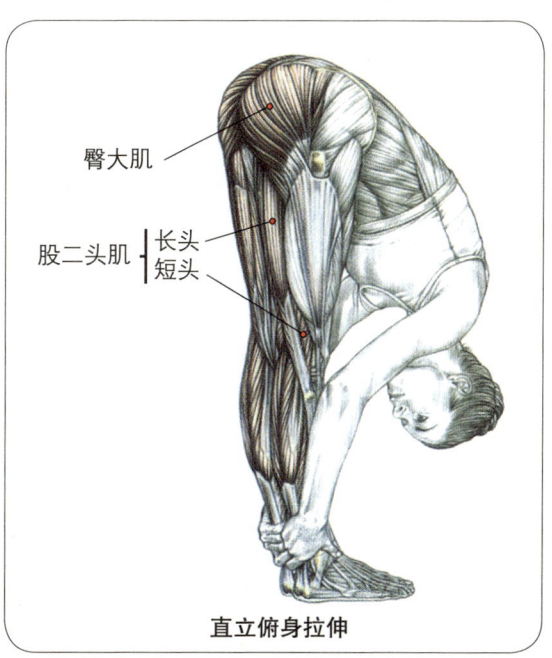

臀大肌

股二头肌 长头 短头

直立俯身拉伸

获得匀称的小腿肌群

解剖学论述

小腿三头肌由三个头（部分）组成：

1 腓肠肌外侧头，位于腿外侧。

2 腓肠肌内侧头，位于腿内侧。

3 比目鱼肌，其上部几乎被腓肠肌所覆盖。

小腿肌群的大部分是由腓肠肌的两个头构成的，比目鱼肌的体积相对较小。

除了体积大小，腓肠肌和比目鱼肌之间还存在着非常大的不同。

只有腓肠肌是多关节肌肉，比目鱼肌是单关节肌肉，此特点对小腿肌群练习有很重要的影响：

→ 由于是单关节肌肉，所以无论腿是伸直还是弯曲，比目鱼肌都参与到运动中来。

→ 腓肠肌只在腿伸直时参与运动，腿弯成90度坐着进行的练习只能针对比目鱼肌进行锻炼，但是不会锻炼腓肠肌。

锻炼小腿肌群的2个困难

肌肉体积较小

人体的肌肉有很多薄弱点，小腿肌群是问题最多的。如果腘绳肌肌群下方腓肠肌体积很小并且肌腱较长，这就表明小腿肌肉很难得到良好锻炼和发展。虽然不能达到理想的状态，但是要相信这种情况总是有可能得到改善的。

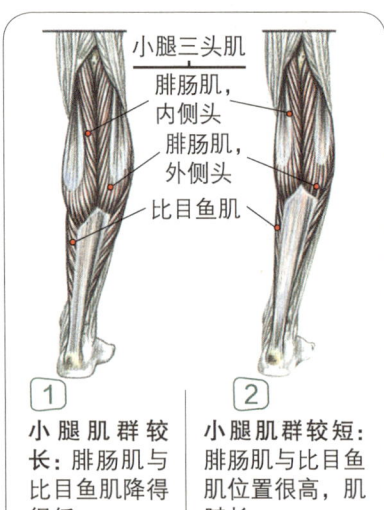

小腿三头肌
腓肠肌，内侧头
腓肠肌，外侧头
比目鱼肌

1 小腿肌群较长：腓肠肌与比目鱼肌降得很低。

2 小腿肌群较短：腓肠肌与比目鱼肌位置很高，肌腱长。

实际观察：小腿肌群，末端肌肉

小腿三头肌很奇怪：

> 有人不做肌肉锻炼，小腿肌肉也很发达。

> 而另一些人，即使锻炼小腿肌肉也不发达，而且看起来好像永远也不会得到发展。

这与前臂肌肉情况相似，是否能够使肌肉得到发展取决于肌肉的长度：

> 小腿肌肉肌腹越长（肌腱就越短），越容易得到发展。

> 小腿肌肉肌腹越短，就越难得到发展。

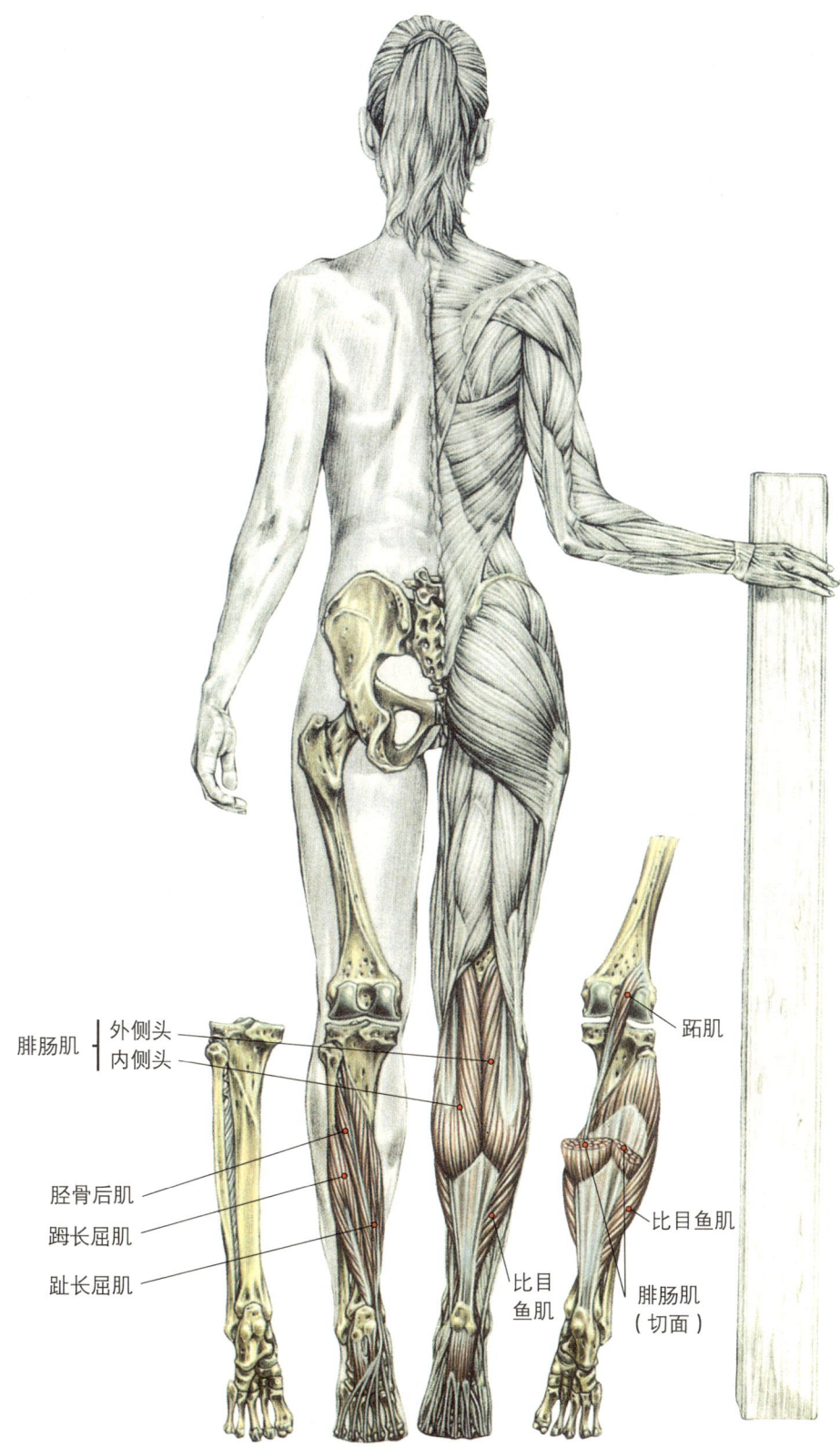

腓肠肌 ┤ 外侧头
　　　　内侧头

跖肌

胫骨后肌

𧿹长屈肌

趾长屈肌

比目鱼肌

比目鱼肌

腓肠肌（切面）

你知道吗?

如果在肌肉锻炼中拥有较长的小腿肌肉是种优势，但对于短跑、篮球等运动，则需要有较短的小腿肌肉。短跑运动员的小腿肌腹很短，肌腱很长。

内部和外部的发展失衡现象

健身者会遇到的另一个问题，就是腓肠肌内侧头和外侧头的发展失衡现象，要找到解决方法使发展滞后区域得到发展。

以最合适的策略强化小腿肌群

为了解决这个问题并使小腿肌群得到迅速发展，有十个强化技巧：

寻找理想的长度

像腓肠肌这样的多关节肌肉，可以运用长度与张力的关系进行锻炼，以理想的训练长度进行锻炼。本质上，拥有强壮小腿肌群的健美运动员，在进行锻炼时会条件反射性地稍微弯曲膝盖；尤其是在拉伸阶段有下列情况产生时，会轻轻地弯曲双腿：

→ 阻力增大。

→ 动作幅度加大。

→ 拉伸幅度加大。

找到理想长度是相对简单的：理想长度可以推动更重的负重，同时会更好地感受到小腿肌群的收缩。然而，稍微弯曲双腿并不是让练习看起来像是进行深蹲。在举起负重时，要避免使用大腿的力量（除非是要开始进行第一次重复练习时）。

单侧训练可进行针对性练习

像对所有的薄弱点一样，解决方法是进行单侧练习。健身者或许听到过这样的说法，要针对小腿肌群某一部分进行锻炼，需要改变双脚的方向，另一种代替方法是改变双脚间的距离。但是，最好的方法却是进行单侧训练。每次只训练一侧的小腿肌群，这对刺激发展滞后区域更有效。

增加每组重复训练次数的选择范围

要最大限度地变化负重量，使较重的练习组与较轻的练习组交替进行（不要犹豫，直到提升到总重复次数 100 次）。可以在同一次训练中将较重练习和较轻练习结合进行，但是每场训练最好主要使用一种负重类型。如果某块肌肉还没有从大重量训练中得到完全恢复，我们可以使用轻重量进行练习，反之亦然。大重量练习与轻负荷训练交替进行，可以增加小腿肌群的训练频率。

延长训练组

我们认为,小腿肌群是种耐力型肌肉而不是力量型肌肉，因此最好对其进行较长训练组（每组重复 20 ～ 25 次），用递减的方式进行锻炼。

增加训练频率

如果不得不进行专门针对小腿肌群的锻炼计划，优势是可以在家里完成对此肌肉的锻炼，用一块木块或两块叠放在一起的杠铃片就可以进行练习。一只脚站在木块或杠铃片上，然后站着开始对小腿肌群进行锻炼。为了增加阻力，可以一手拿哑铃。为了运动比目鱼肌，双手抓好杠铃片在木板上下蹲，就像在专门锻炼小腿肌群的固定器械上做的那样。

获得柔韧性

要经常拉伸小腿肌群，不论是否在锻炼此肌肉的日子里，都要对小腿肌群进行拉伸。一定的拉伸练习可以增大小腿训练的动作幅度，同时加速两次小腿肌肉训练间的肌肉恢复。

改变运动幅度

踝关节越灵活，小腿肌群运动的幅度就越大。为了获得更大的重量，不要总是运动到最大的幅度。为了在锻炼中逐渐加入新的东西，进行某些锻炼可以运动到最大幅度，而某些锻炼则需要特定的幅度以便用局部大重量训练来刺激发展迟缓的区域。

休息

针对小腿肌群练习的特点，是使小腿三头肌保持持续紧张。这与深蹲是相反的，在深蹲训练中双腿伸直时肌肉可以得到休息。

为了使肌肉在运动过程中得到恢复，当酸痛的感觉不能忍受时，可以停止训练进行10 ～ 15 秒的休息。一旦乳酸排放出来，重新开始练习，以便获得几次额外的重复练习。

使用训练反馈

对小腿肌群最方便的练习是站着进行提踵，但此时既不可能看到也不可能碰到小腿肌肉。然而，看到或者碰到小腿肌肉，才有利于更好地感受此肌肉。在腿举机上进行驴式提踵，可以使健身者看到并感受到小腿肌肉的运动。对于不能很好地感受到小腿肌肉收缩的健身者，这是两条很重要的训练反馈。

用无意识收缩完美完成锻炼组

对于小腿肌肉，很容易就能利用无意识收缩现象。轻轻跳一下，脚尖处于很小的高度上，突然的肌肉拉伸会带来反射性收缩。在训练组结束时，有意识的力量已经耗尽，轻微跳动便调动了无意识的力量，这可以使健身者多完成几次重复训练。

也可以用脚尖进行跳跃。

要尽可能多地进行轻微跳动，以便使小腿肌肉尽可能长时间地保持紧张和燃烧。

形态学的两难选择题——为了更好锻炼小腿肌群一定要伸直双腿吗？

教条：锻炼小腿肌群时，一定要使双腿保持伸直状态。理论上讲，对于腓肠肌的双关节特性，此要求看起来是合理的：膝盖弯曲得越厉害，肌肉就越无力，从而降低了其参与到训练中的比例，而更多地去运动比目鱼肌，这种力量的重新分配与健身者所希望的完全相反。

事实：我们不明白，为什么为了让腓肠肌更有力必须要伸直双腿。当双腿伸直时，没有人能走能跑！

为了锻炼比目鱼肌，弯曲双腿便十分重要。腓肠肌不会因仅仅弯曲一点膝盖就被忽视掉。

另一方面，如果在小腿肌群进行大重量训练时双腿保持伸直，那么：

→ 腓肠肌不能用其全部的力量进行练习。

→ 进行练习时身体开始前后晃动，这对腰部是很危险的。在进行小腿肌群锻炼时，建议双腿保持笔直状态，这与要求跳伞运动员着陆时双腿绷直一样，是很可怕的。

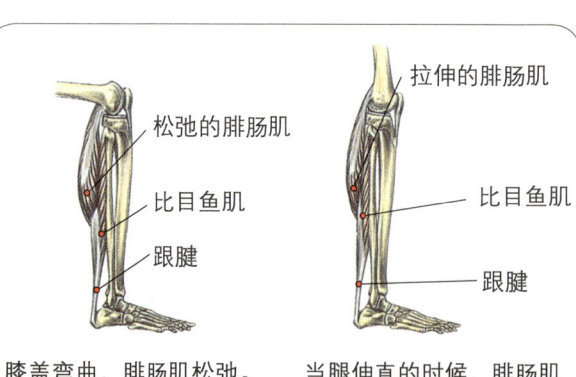

膝盖弯曲，腓肠肌松弛。在此状态下，它仅稍微参与脚的拉伸，主要的运动由比目鱼肌完成。

当腿伸直的时候，腓肠肌会拉伸。在此状态下，它积极参与脚的拉伸并补足比目鱼肌的运动。

小腿肌群训练动作

⚠️ 注意

我们将要介绍的这三种练习通常被归于复合训练动作，但是当我们将练习用于踝关节时情况就大大不同了。

小腿肌群孤立训练动作

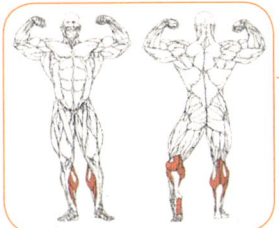

驴式提踵

此项孤立训练动作是针对所有的小腿肌群进行锻炼，尤其是对腓肠肌刺激较明显。对于小腿肌群这是排行第一的练习，可以用不同的器械进行此项练习：

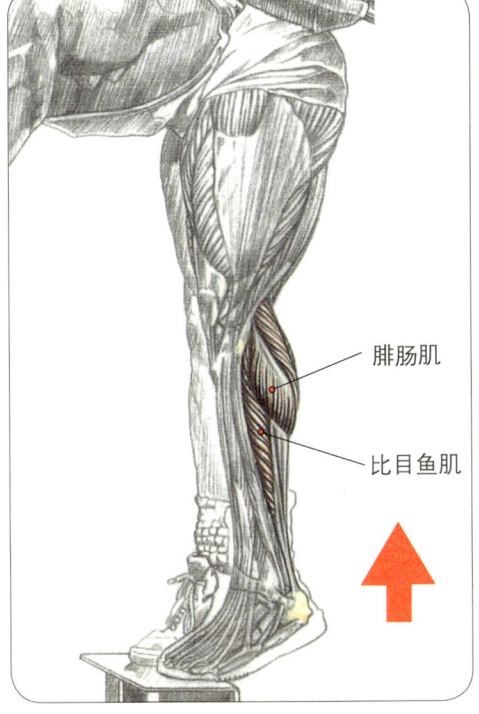

腓肠肌

比目鱼肌

1 用传统器械进行驴式提踵练习时，要站立，身体前倾90度或135度。阻力可以直接作用于骨盆上。

2 用水平腿举机进行锻炼时，可以模仿驴式提踵的姿势，但是要坐着进行锻炼。

3 倾斜成45度的腿举机，此器械可模仿驴式提踵的姿势，但是要身体呈半伸展状进行锻炼。

4 垂直腿举机，此器械可模仿驴式提踵的姿势，但是上半身要伸展开进行锻炼。

说明：选择负重然后进到器械中，将脚尖置于踏板后边缘，在用脚尖的力量尽可能地推高负重前，要最大限度地拉伸小腿肌肉，在下落前，保持收缩1秒钟。

注意事项

双腿不要完全伸直，尤其是在拉伸小腿肌肉时。

动作变化

如果没有器械，可以让搭档坐在你翘起的臀部上，这种姿势也可以得到同样的训练效果。

优点： 对于小腿肌群，驴式提踵是最有效的练习，因为这一动作会让小腿肌群处于最理想的张力和长度的关系中。

缺点： 传统的驴式提踵器械并不常见。此训练也可以用腿举机来进行。

风险： 要确定压力是作用于髋部而不是作用于脊柱上，以免对背部造成挤压。

注释： 最理想的状态是，在水平腿举机上进行驴式提踵。双腿与地面平行，血液会更自由地循环。在传统器械上进行练习，双腿与地面垂直的姿势会使静脉回流变得比较困难，如果是进行长训练组，也就不能很好地代谢体内的乳酸，对训练效果有一定影响。在倾斜成 45 度的腿举机上进行锻炼，双腿悬空，这有利于血液回流，但如果是进行长训练组，最后小腿肌肉会感到麻木，血液会逐步向大腿流去。

站姿提踵

此项孤立训练动作刺激整个小腿肌肉，尤其针对腓肠肌。

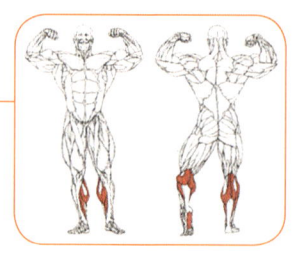

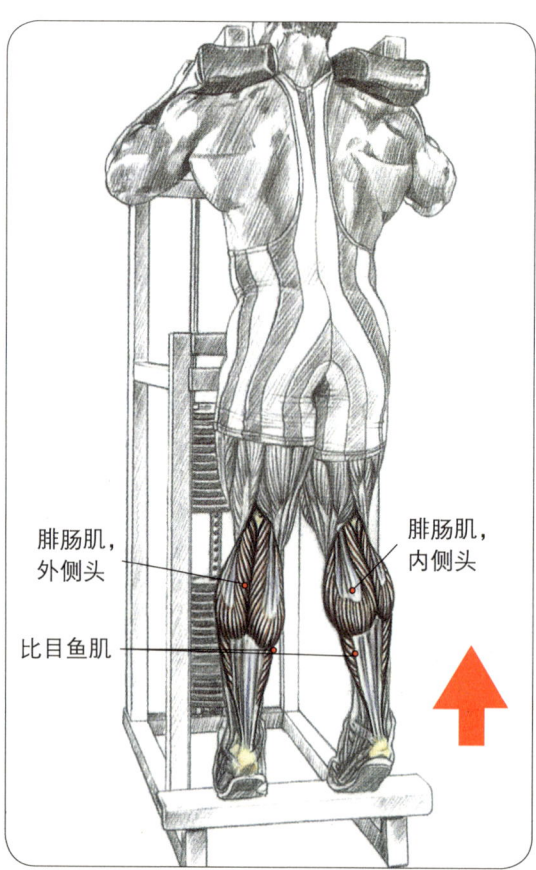

腓肠肌，外侧头

比目鱼肌

腓肠肌，内侧头

说明： 选择合适的负重，然后进入到器械中，将脚尖置于踏板后边缘，在用脚尖的力量尽可能地推高负重前，要最大限度地拉伸小腿肌肉。在下落前，保持收缩 1 秒钟。

注意事项

在弯腰时，要绝对避免前后晃动身体。这种危险的晃动通常是因为：

→ 双腿过于伸直，尤其是在拉伸位置时。

→ 目光看向地面。

→ 总是不断上下晃动头部。

头部应保持笔直状态，也可以稍微向上看。

动作变化

双脚朝外或者朝内都可以，但是最理想的状态是使其保持在双腿中心线上，这样可以避免膝盖进行不必要的扭转，扭转比大负重更加危险。另外，双脚朝外或者朝内降低了小腿肌群的力量，因此也就降低了练习效果。在双脚保持笔直朝前状态时，小腿肌群的力量最大。如果想要追求一种完全的改变，可以变化双脚间的距离（变大或变小）或者进行单侧训练。

优点：此项练习直接作用于所有的小腿肌肉。

缺点：与驴式提踵相比较，站姿提踵：

→ 不能很好地拉伸小腿肌肉。

→ 不能将小腿肌肉置于最理想的长度和张力的关系内。

→ 会对腰部造成挤压。

双腿保持与地面垂直的位置，会使血液回流变得困难。如果进行长训练组练习，乳酸会停留在小腿肌肉内，使肌肉的运动受到影响。

风险：使用的负重越大，对脊柱的压力就越大。

注释：如果没有器械，此项练习可用史密斯机完成，此时将杠铃置于肩上 ①，或者手拿哑铃也可以 ②。

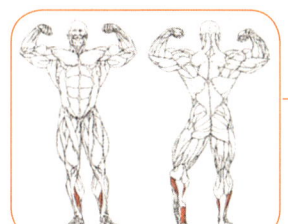

坐姿提踵

此项孤立训练动作针对的是比目鱼肌。

说明：放好负重，然后进入到器械中，将脚尖置于踏板的后边缘并将膝盖卡在架子下。在用脚尖的力量尽可能地推高负重前，要最大限度地拉伸小腿肌肉。在下落前，保持收缩 1 秒钟。

注意事项

在每次进行训练组时，要观察并触摸小腿肌肉，以便更好地感受小腿肌肉的运动。

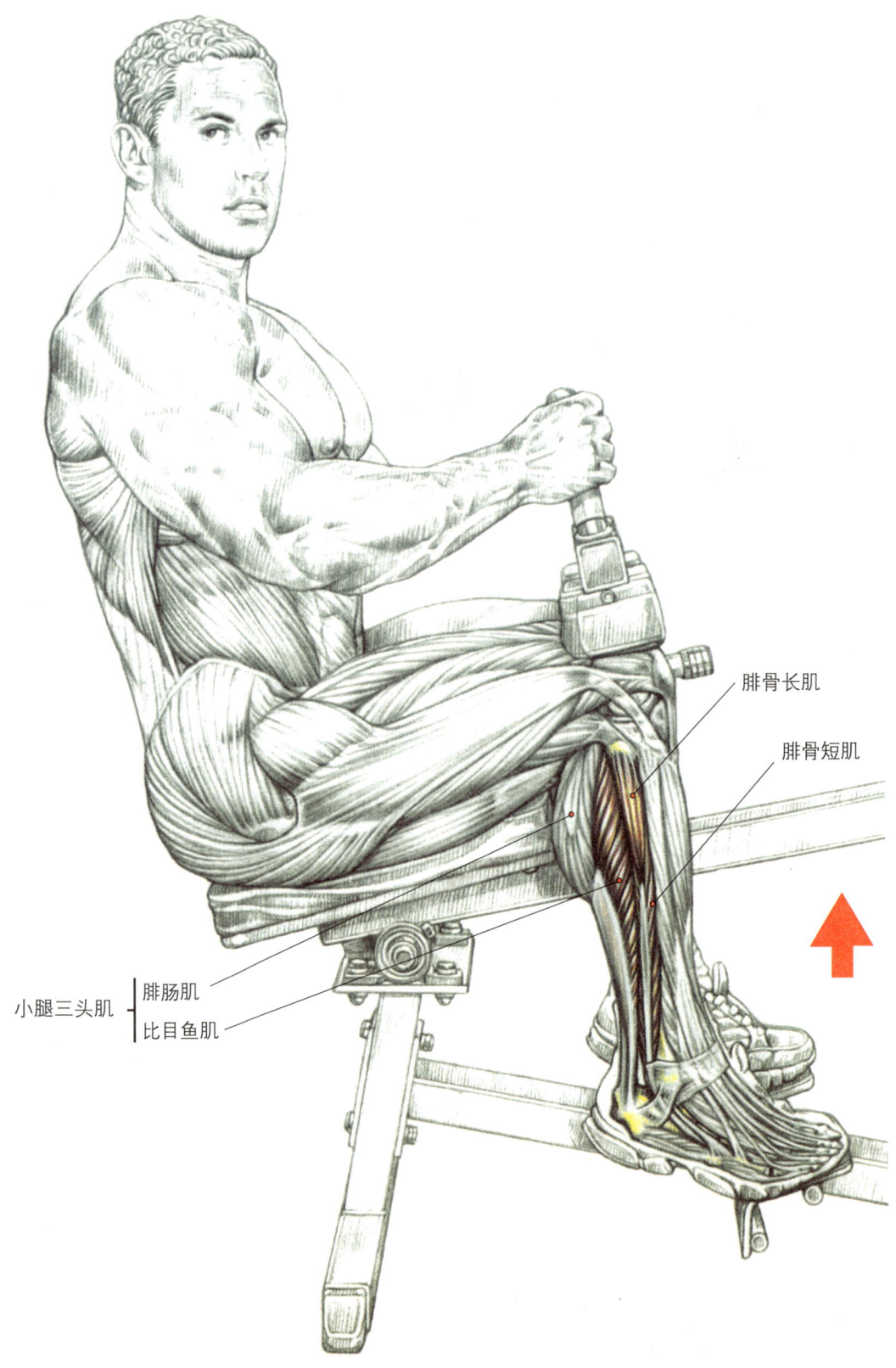

腓骨长肌

腓骨短肌

小腿三头肌 { 腓肠肌
比目鱼肌

动作变化

改变双脚间距离而不是朝向，以便刺激小腿不同区域。

优点：此项训练相对容易进行，因为它不会运动到大块的肌肉，并且腰部不会受到任何压力。

缺点：这是一种很大众的练习，只能刺激到极小部分的小腿肌肉，因为只有比目鱼肌被锻炼到了。如果双腿弯曲得很厉害，腓肠肌就不容易参与到动作中来。

风险：为了不受伤害，不要将阻力直接作用于膝盖上。将架子往后推至少5厘米，使其置于大腿之上。但不要推得太厉害，否则会导致训练难度过低。

注释：在一组训练中，最好是以坐姿提踵开始训练，一旦身体力竭，站起身进行站姿提踵。

小腿肌群拉伸训练

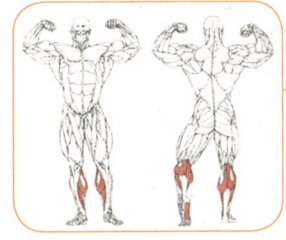

拉伸小腿肌肉

在很多角度下小腿肌肉都可以得到拉伸。当双腿保持伸直时，主要是腓肠肌得到了拉伸。腿弯曲越厉害，比目鱼肌拉伸就越厉害。

站着，将一只脚的脚尖（或两只脚的脚尖）抬高（可放在锻炼小腿肌肉的器械上、台阶上、杠铃片上等），垫板越高拉伸越厉害，保持此姿势10秒钟左右。

对小腿肌肉的拉伸可以单腿进行，也可以双腿同时进行。单腿进行时拉伸幅度会更大 ①。因为：

→ 在进行单侧拉伸时，身体会更灵活。

→ 比起双腿同时拉伸，在单腿进行拉伸时，身体重量会强制进行更大程度的拉伸。

每天进行针对小腿三头肌的拉伸，对于锻炼发展滞后的小腿肌肉是个好习惯。小腿肌肉与大腿肌肉连接在一起，在锻炼股四头肌和腘绳肌肌群前，最好对小腿肌肉进行拉伸，以便对膝关节进行全面热身。

在进行针对大腿肌肉的练习时，如深蹲，为了使背部保持笔直状态，踝关节的灵活性是很重要的。

①

雕刻你的腹肌

解剖学论述

腹部肌群由四块肌肉构成：

1 腹直肌，也称"腹肌"。

2 腹外斜肌，位于腹直肌的两边。

3 腹内斜肌，位于腹外斜肌深面。

4 腹横肌，位于腹内斜肌深面。

与其他肌肉不同，腹肌在训练中比增大肌肉体积更重要的是，需要确定训练区域。

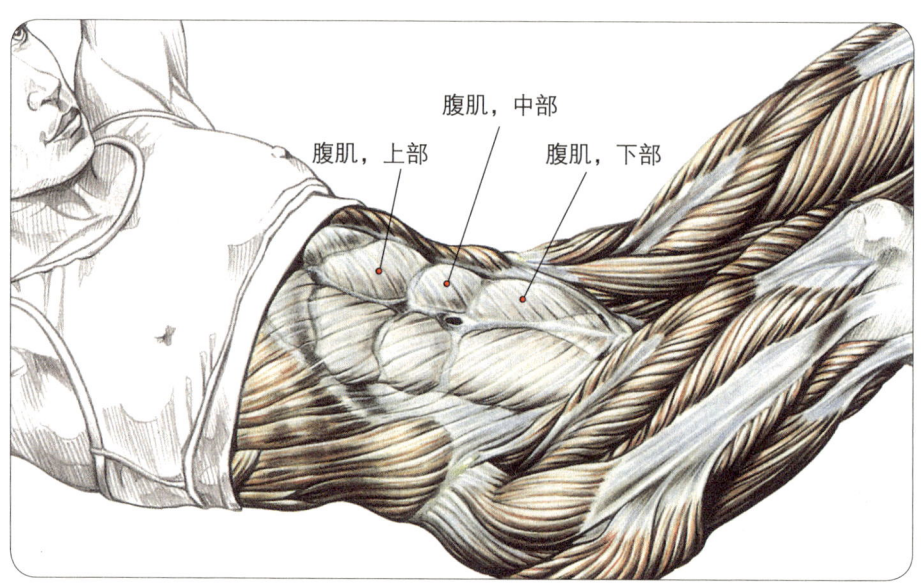

腹肌，上部　　腹肌，中部　　腹肌，下部

腹肌的作用

除了审美方面外，腹肌在运动中对脊柱起着稳固作用。腹肌越强健，我们在复合训练动作中就越有力，因为：

＞腹部有力，进行深蹲时从大腿传送到杠铃上的力量就越有效。腹部无力，下肢的力量就不可能传达到作用在肩膀的负重上。

＞在进行大重量训练时，不仅需要屏住呼吸，还需要拥有强壮的腹肌。

结论

强壮的腹部肌肉对于最大限度发展股四头肌、腘绳肌肌群、小腿肌肉、肩膀肌肉等是必要的。

发展腹肌的4个困难

发展腹部肌肉有 4 个困难：

1 难以练成巧克力形状的腹肌。

2 相对上部腹肌，下部腹肌发展滞后。

3 脂肪使腹肌不可见。

4 腹肌缺少紧张度会使肚子变大。

形态学的两难选择题——对上腹肌和下腹肌分别进行孤立训练是可能的吗？

教条：不可能将上下腹肌分开运动，腹直肌要整条收缩而不是只收缩上部或者下部。只训练上部或者下部是浪费时间。

事实：需要注意到的是，很多健身者的腹肌上部要比下部强壮。如果腹直肌上部与下部的运动是完全同步的，这个现象就不会存在了。

医学研究表明，腹直肌的收缩具有区域性，肌肉上部的神经分布解释了上下两部分肌肉孤立训练的可行性。举起上半身的练习主要刺激了腹肌上部肌肉；骨盆抬起的练习对于腹肌下部肌肉的刺激效果要稍微好一点。

对于腹直肌下部的强化要比上部困难，因此对下部要进行特殊关照。

腹肌切面图

结论

腹肌是两头都运动的肌肉，科学的练习要首先针对腹直肌的下部进行锻炼，这样会：

→ 保护脊柱。

→ 减少腹胀。

→ 限制脂肪堆积。

为何下腹肌的发展是如此的困难？

我们很难看到整条腹直肌都发展得很好的健身者。腹肌下部发展迟缓是因为：

1 下腹部肌肉调配能力差。缺乏训练，会使腹肌下部不习惯参与到练习中来。神经更愿意运动腹肌上部。这也解释了为什么举腿动作的开始是由腹肌下部收缩发起的，而动作后半段却主要由腹肌上部发力才能完成。

2 缺少力量，体积不够大。当健身者要用腹肌下部抬起骨盆和大腿时，会出现力有不逮的现象。为了缓和负重和力量间的不相符性，大脑会调动髋部屈肌的力量。腰肌和髂肌的借力使腹肌下部的发力减少。

3 完全孤立训练腹肌下部是很困难的，尤其是当负重或者强度增加时。因此，举腿训练比卷腹训练更难掌握。

4 由于很少被刺激到，所以腹肌下部很容易疲劳并且不太能承受大量的训练。

5 针对腹肌下部进行的训练动作通常是不太恰当的。当健身者躺着的时候，腹直肌下部区域的作用是使臀部离开地面。这不是要抬起大腿，而是抬起骨盆。

生理学的两难选择题——进行腹部锻炼会增加肌肉的清晰度吗？

教条：如果没有严格的训练和饮食计划，就不可能获得完美的腹肌；只有严格控制饮食，才能消除盖在腹直肌上的脂肪。

事实：对于经常坐着不锻炼的人这是真的。除非体脂率达到 15% 以下，否则不可能见到巧克力腹肌，腹肌训练不会对此有所改变。但是，上述教条并不适用于进行严格锻炼的健身者。当体脂率约 10% 的时候，有规律地针对腹肌进行锻炼会有完全不同的结果，这是因为：

1 如果从不锻炼腹肌，它就没有机会得到发展。肌肉不强的腹部相对比较平滑，少量的脂肪就可以将其覆盖。

2 相反，腹部肌肉越发达，就越有机会显现出来，即使体脂率上升也能看到腹肌。

3 医学研究明确表明，收缩的肌肉能从覆盖它的脂肪里获得一部分力量（斯托克里希特，2007）。

结论

对腹部进行有规律的训练可以发展腹直肌，这会有效改善其视觉效果。

皮下脂肪与大腹便便的关系

腹直肌外观的显现会被几毫米甚至是几厘米的皮下脂肪所阻碍，而皮下脂肪厚度很难达到十几厘米。因此皮下脂肪不是大腹便便的原因，原因在内部，我们称之为内脏脂肪，是这种内脏脂肪将腹壁向外推的。

腹直肌能带来瘦长的身材吗？

腹直肌是细长的肌肉吗？当健身者躺在地上，双腿弯曲时，此肌肉达到了最细长的状态，没有肌肉会比其更加细长。在这种状态下，收缩腹肌，抬起上半身，但是不要抬起背部下方。腹肌的线条会更加突出并且使腹部变得平坦。

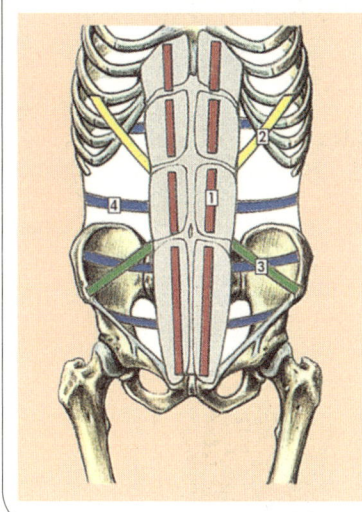

图表表明了锻炼腹部肌肉的意义和内脏固定的系统

1 腹直肌
2 腹外斜肌
3 腹内斜肌
4 腹横肌

对于四足动物，腹部肌肉以吊带的方式被动支撑内脏，并在运动中起到了固定作用。

对于人类，在进化到双足行走的过程中，腹部肌肉被显著加强，以便在直立状态下可以使骨盆和上半身结成连带关系，并阻止上半身在行走或跑动时过度摇晃。因此，腹肌就变成了最有力的固定肌肉，并以积极的方式罩在内脏上。

结论

强壮的腹肌并不等同于瘦长的身材，强壮的腹肌可能与大腹便便同时存在。

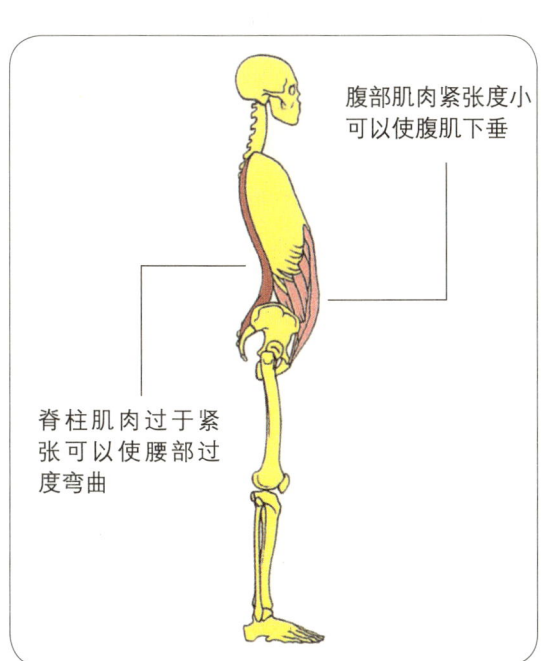

腹部肌肉紧张度小可以使腹肌下垂

脊柱肌肉过于紧张可以使腰部过度弯曲

使身材瘦长的肌肉

可以使身材瘦长的其实不是巧克力腹肌而是：

→ 腹横肌，对于身材这就像是真正的束身衣。

→ 腹外斜肌和腹内斜肌，也可以帮助腹部变得纤细。

小心背部的弯曲度

背部弯曲的越厉害，肚子就越突出。为了避免过度弯曲，需要：

→ 降低屈髋肌群的运动：腰肌和髂肌。

→ 小心地对其进行拉伸，以便增加其灵活度。

强化腹肌的方法

从理论上讲，不需要对腹部进行特别锻炼。像深蹲、直臂下拉或者某些针对肱三头肌的练习等，都会对腹肌进行间接刺激。因为训练难度较低，所以这些间接刺激是远远不够的。因此，需要以孤立训练的方式对腹肌进行锻炼。相对于其他肌肉，针对腹肌的训练有两个目的：

→ 获得优美的线条。

→ 使腹肌增厚以凸显出来。

第二个目的可以借助饮食规则、运动量和频繁的运动频率来实现。

为得到全面发展需要训练三个部位

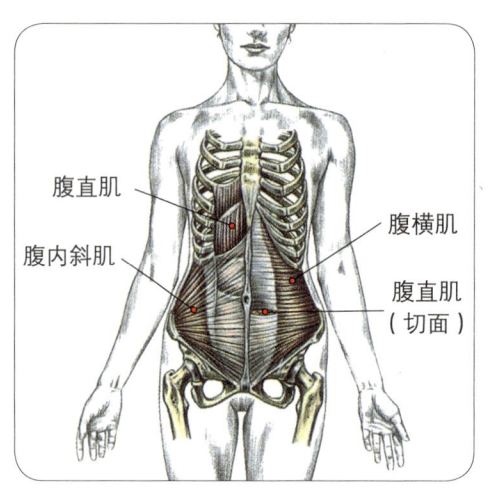
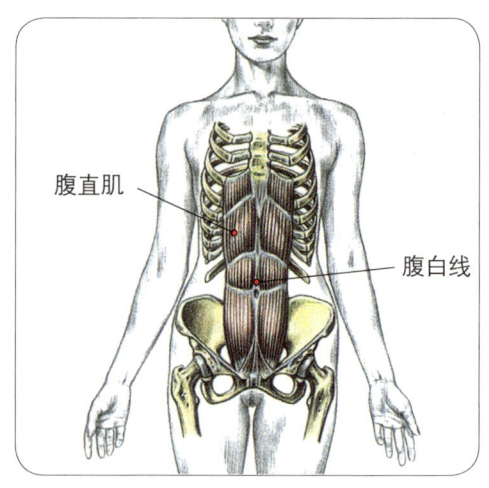

腹直肌需要针对三个部位进行锻炼：

1 腹部下方。

2 腹部上方。

3 负责旋转上半身的肌肉。

不需要在同一场训练中同时对这三个部位都进行锻炼，但是也不要忽视任何一个部位。

每一个部位的重要性

每一个部位的重要性是不一样的，最重要的部位也就是最难锻炼到的腹肌下部。从审美角度来看，进行下面的锻炼是比较合理的：

→ 对腹肌下部进行 40% 的训练组。

→ 对腹肌上部进行 30% 的训练组。

→ 进行 30% 的旋转训练组。

例如，针对腹肌每周训练 2 次，每次都进行 5 组练习，那么：

→ 对腹肌下部进行 4 组练习。

→ 对腹肌上部进行 3 组练习。

→ 进行 3 组旋转练习。

此分配方案虽然构成了良好的基础训练计划，但是每个部位的重要性可以根据需要进行调整。

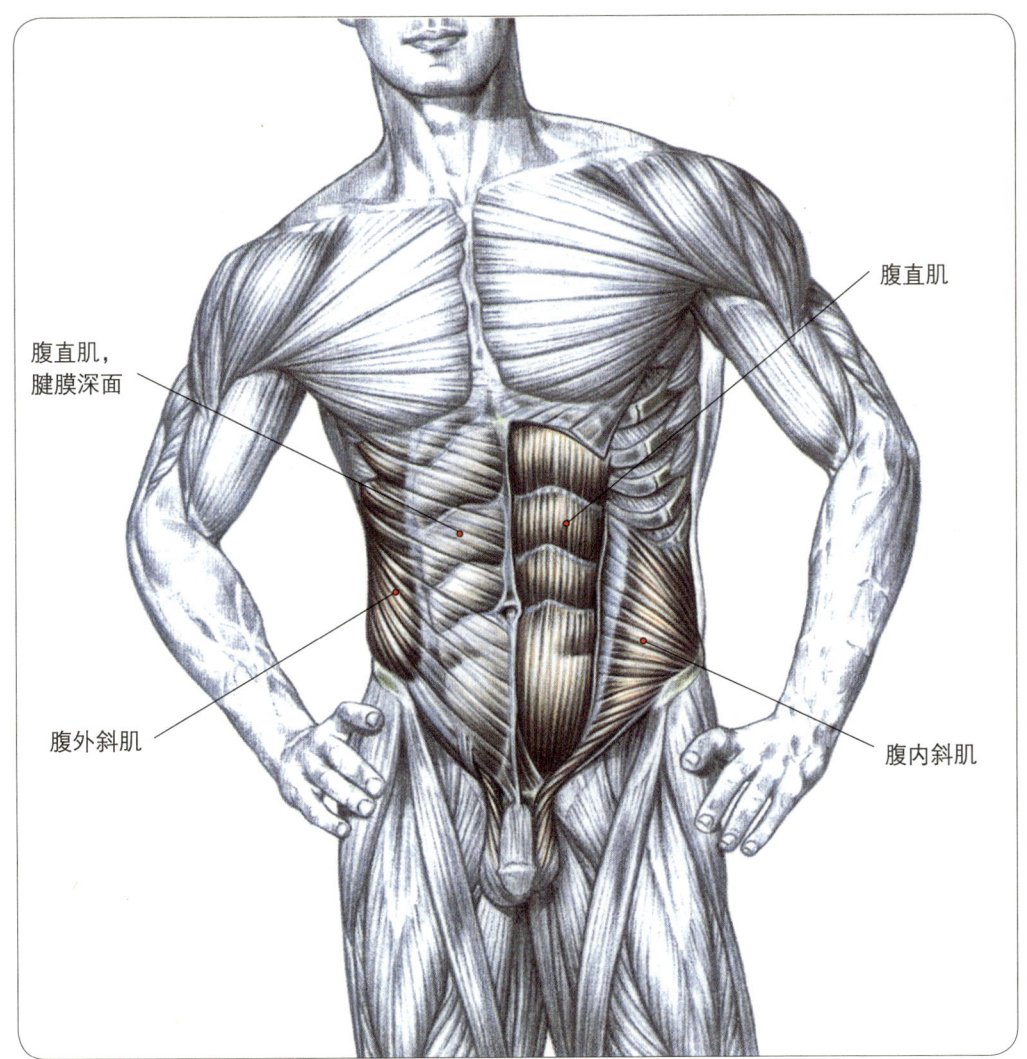

腹直肌

腹直肌，腱膜深面

腹外斜肌

腹内斜肌

何时对腹肌进行锻炼？

每一次或某几次锻炼以腹肌训练开始，以此来代替热身，以针对腹肌的练习也就是类似脊柱放松的练习来结束锻炼。

因为腹肌锻炼不需要器械就可以进行，所以可以在自己家里每天早上或晚上，甚至是早晚各进行一次练习。

需要进行多少组练习？

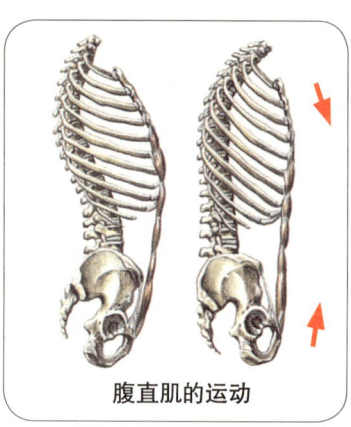

腹直肌的运动

对于腹肌的锻炼每次最少要进行 4 组 25 次的重复练习，并且要在 5 分钟内完成。也可以多做练习，尤其是当你想维持良好的肌肉线条时。

每周进行几次练习？

每周至少锻炼两次。某些人喜欢每天都进行锻炼，甚至一天锻炼多次。锻炼次数越频繁，每次锻炼就越要专门针对某一个部位进行练习。例如，第一天对腹肌下部进行锻炼，第二天对旋转肌进行锻炼，第三天就对腹肌上部进行锻炼等。交替进行练习可以经常锻炼腹横肌，却不会有锻炼过度的危险。无论选择了怎样的训练分配和频率，都要避免只通过卷腹锻炼腹肌上部而忽视其他两部分肌肉练习。

进行腹肌练习时要掌控好呼吸

进行针对腹肌的训练组呼吸是很有特点的。自发的倾向是要屏住呼吸，尤其是当进行大重量训练时。每次重复练习初始屏住呼吸可以带来一定的力量，但是也会将腹部肌肉的压力转向腰部肌肉。事实上，屏住呼吸，增加腹部内的压力会使腹部变得坚硬。在腰肌力量的作用下，身体不是卷起来，而是想要弯成两部分。

对于锻炼腹肌，最理想的方式是在用腹直肌的力量卷起身子的过程中轻轻地呼气。清空肺部的空气，腹部内的压力会减小，这可以让脊柱最大限度地卷起来。在离心收缩阶段，要轻轻地吸气。一次动作结束时屏住呼吸。但这要根据具体情况而定。向心收缩时呼出空气，离心收缩时吸入空气，都要符合自身的实际状况。

小心错误的腹肌练习

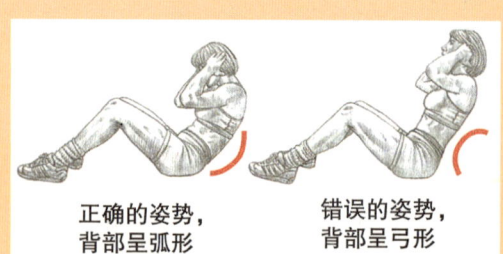

正确的姿势，
背部呈弧形

错误的姿势，
背部呈弓形

不幸的是，有大量错误的腹肌练习。它们没有什么效果，且对脊柱是很危险的。

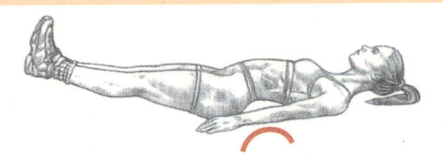

错误的姿势，背部呈弓形
像大部分针对腹直肌的运动一样，躺在地上或斜板上进行举腿运动绝不能将背部弓起。

所有背部呈弓形的练习都不能对腹肌进行很好地锻炼。

负责控制脊椎弯曲度的肌肉是腰肌、髂肌和股直肌。我们知道腰肌只要一离开地面，腹肌就会起作用。例如，将双腿抬起在空中保持尽可能长的时间或者所有剪刀运动都能损伤腰部。为何这些运动如此的痛苦？因为背部弓起会对腰部造成损伤，所以腹肌参与发力以便使脊柱重新竖起来。它们会进行等长收缩，这会使其血液循环受阻，带来局部燃烧，这有点像在头上套上塑料袋后奔跑，不可能保持很长时间。另外，这是很危险的并且效果也不是很好。对于腹肌，等长收缩无论是对发展肌肉还是减肥都没有太大效果。

良好的肌肉收缩应该：

→ 或者使头靠近下腹。

→ 或者使骨盆靠近头部。

→ 或者将头和骨盆相互靠近。

比较合适的练习是卷腹。

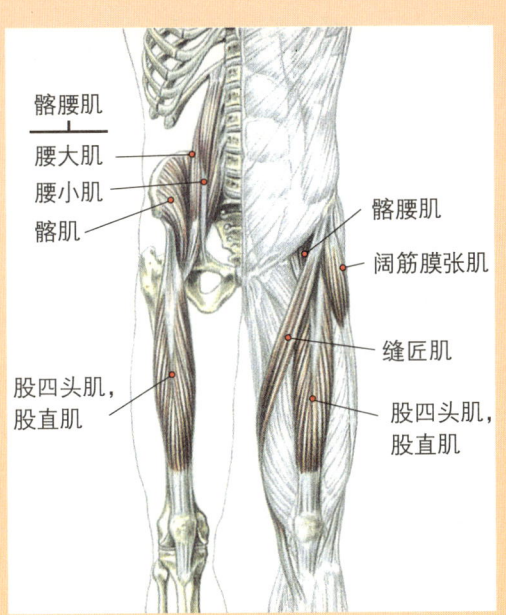

髂腰肌
腰大肌
腰小肌
髂肌
髂腰肌
阔筋膜张肌
缝匠肌
股四头肌，股直肌
股四头肌，股直肌

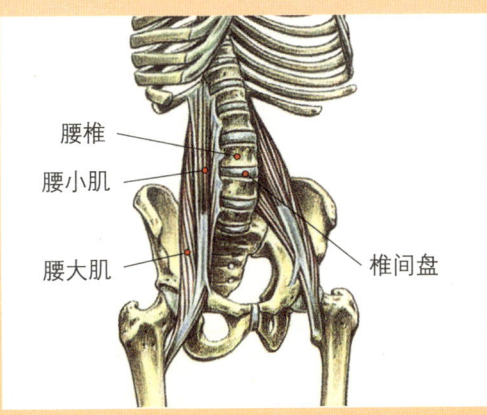

腰椎
腰小肌
腰大肌
椎间盘

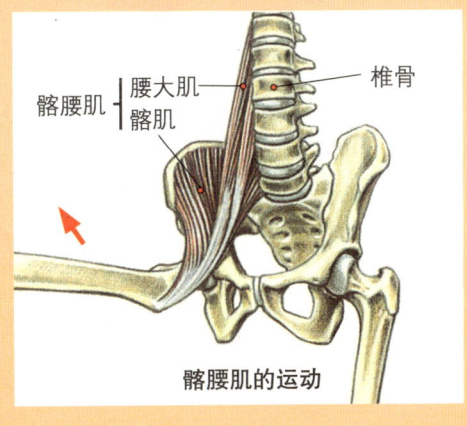

髂腰肌 腰大肌 髂肌
椎骨

髂腰肌的运动

注意头部的位置

头部的位置影响我们的平衡和肌肉收缩。当健身者向后仰头的时候：

→ 腰部肌肉以一种反射性的方式轻轻收缩。

→ 腹肌有放松的趋势。

当头向前伸的时候：

→ 腹肌收缩。

→ 腰肌放松。

当进行针对腹肌的练习时，最常见的错误是锻炼时向后仰头。头部保持笔直状态，会使腹部进行良好地卷曲，同时使脊柱坚硬。

当针对腹肌进行锻炼时，头部要保持向前的姿势，最理想的状态是眼睛总能看到腹肌。腰肌得到休息可以使脊椎变得更灵活，这会使卷曲上半身变得更简单，腹肌收缩不再受到约束，动作幅度达到最高水平。

腹肌训练动作

腹直肌训练动作

卷腹

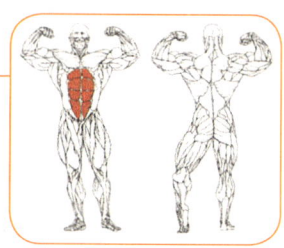

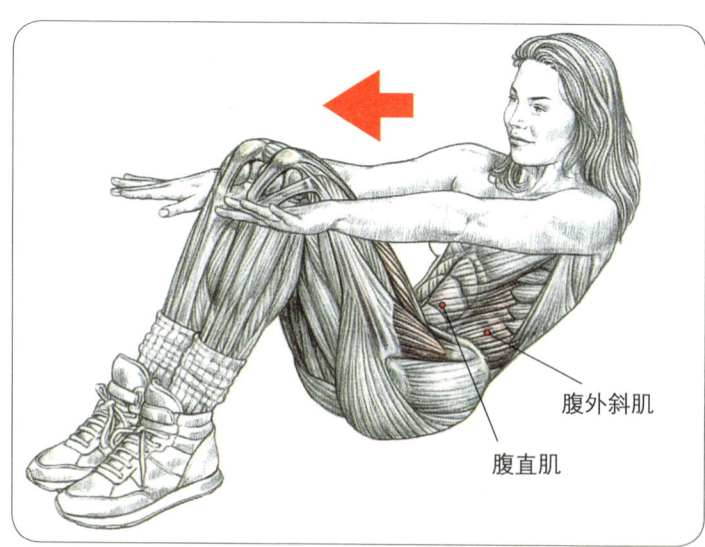

腹外斜肌

腹直肌

此项孤立训练动作针对整个腹肌进行锻炼，尤其是针对腹直肌上部进行的锻炼。单侧转体卷腹是可行的。

说明：躺在地上，双腿弯曲或双脚放在训练椅上，双手在肩上交叉（左手在右肩上，右手在左肩上），也可以双臂向身前伸直或者双手在颈后交叉。卷起身子慢慢抬起上半身，但腰肌上部只要一离开地面就要停止动作，保持此姿势 2 秒钟，同时用力收缩腹肌。慢慢回到初始姿势，并重复动作。

收缩时呼气，回落时吸气。

动作变化

1 为了更多地锻炼腹斜肌和腹直肌，要进行上半身旋转训练。在锻炼左边时，将右手放在头后，伸长左手，以便更容易地进行转体卷腹。用腹肌的力量将右肘带向左腿，不要让肘部碰到大腿；通常动作会在半路停止，回落上半身前，保持收缩 2 秒钟。为了保持持续紧张状态，不要将头部接触地面。锻炼完左边，再锻炼右边。

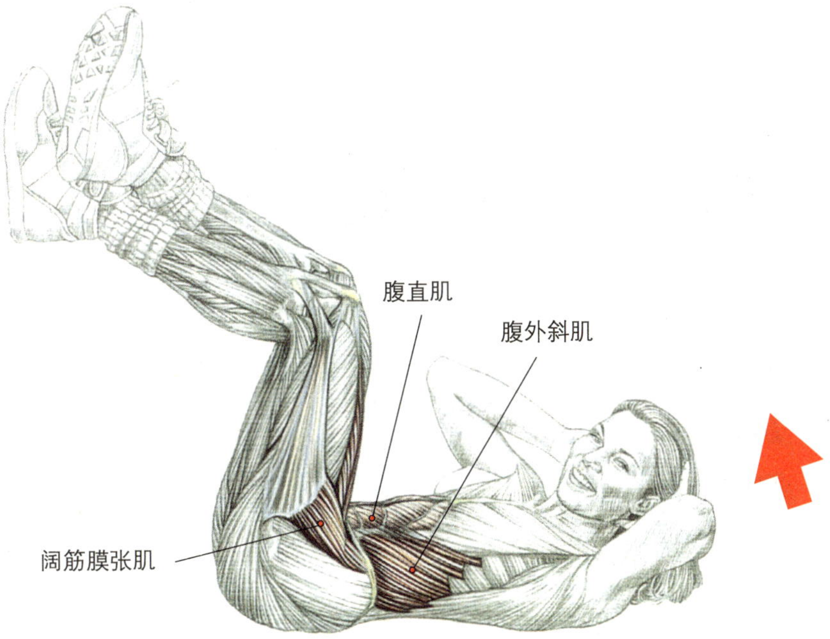

腹直肌

腹外斜肌

阔筋膜张肌

转体卷腹，双脚离地

双脚在训练椅上，臀部离开地面进行训练。

2 双脚置于训练椅上，用腹直肌下部的力量抬起臀部（不要用腘绳肌腱的力量），同时将肩膀抬离地面。因为头部和盆骨互相靠近，肌肉缩短，所以腹肌会得到更全面的训练。

注意事项：像对其他肌肉一样，为了发展腹肌，需要不断采用大重量训练。卷腹的问题是缺少阻力，以下是几个可以改善此问题的方法：

1 保持姿势的严谨性。不要猛烈地使肩膀和胳膊抬起。动作要慢慢进行并且要最大限度地使用腹直肌的力量。

2 双手的位置影响了练习的困难度。要先进行简单的练习再进行复杂的练习：

→ 双臂向前上方伸直 ①。

→ 双手放在胸肌上。

→ 双手交叉放在肩膀上部 ②。

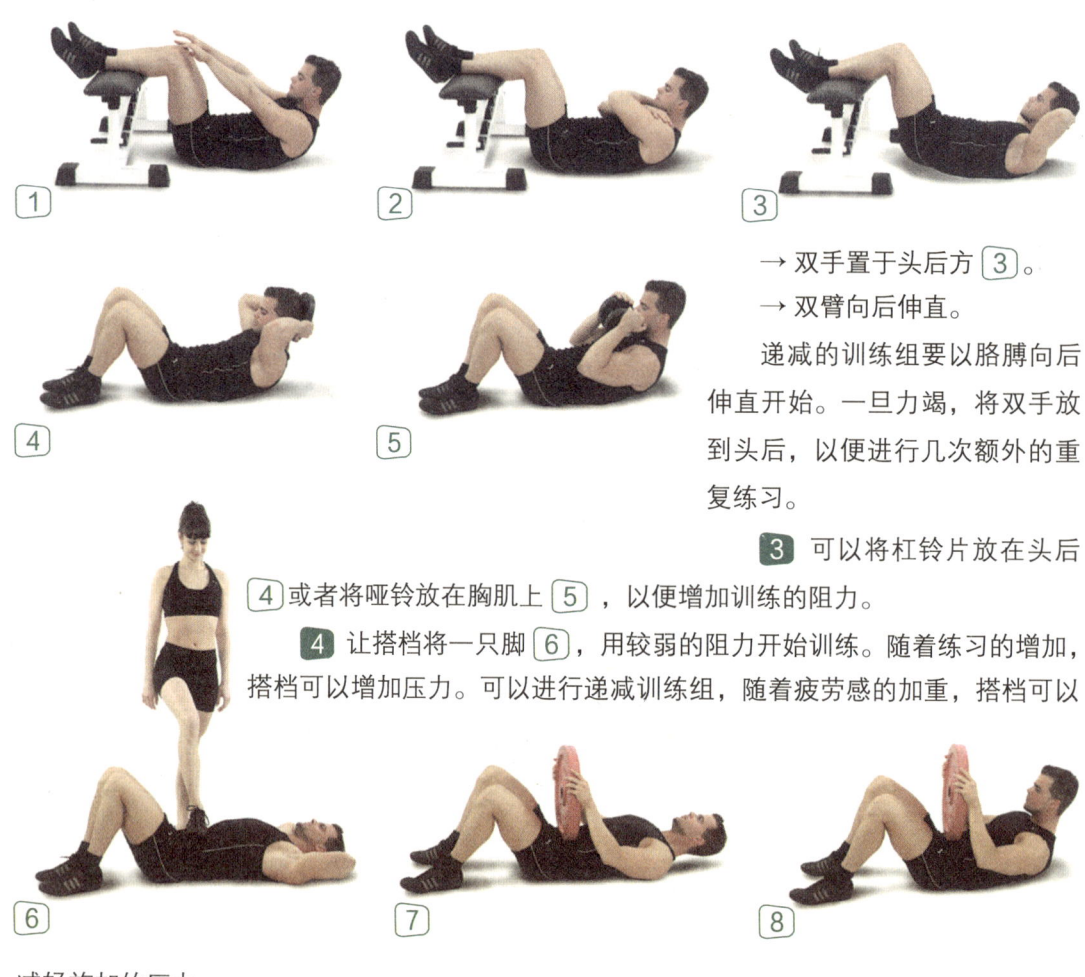

→ 双手置于头后方 ③。

→ 双臂向后伸直。

递减的训练组要以胳膊向后伸直开始。一旦力竭，将双手放到头后，以便进行几次额外的重复练习。

3 可以将杠铃片放在头后 ④ 或者将哑铃放在胸肌上 ⑤，以便增加训练的阻力。

4 让搭档将一只脚 ⑥，用较弱的阻力开始训练。随着练习的增加，搭档可以增加压力。可以进行递减训练组，随着疲劳感的加重，搭档可以减轻施加的压力。

5 如果没有搭档，可以将一块（或几块）杠铃片放在肚脐位置上 ⑦。如果这使你感到不适，将毛巾叠起来放在身体与负重之间。在拉伸状态下，使负重很好地挤压腹部。在收缩状态下，尽可能地用腹部抬高杠铃片 ⑧。一旦力竭，取下负重，继续进行练习。

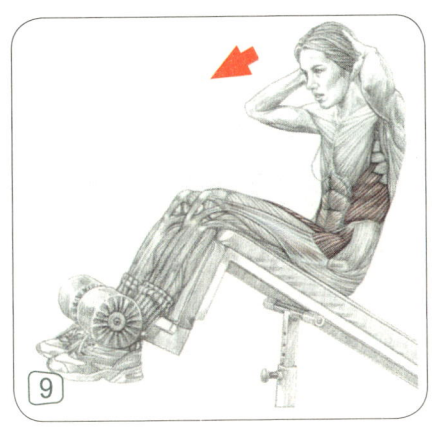

9

6 不要躺在地上，而是用下斜训练椅进行练习 9 。

7 最大限度的倾斜是倒挂在器械上进行的 10 （见第48页）。此项练习的优势是在锻炼结束时可以使脊柱得到放松，并且针对腹直肌中部进行锻炼。但如果此姿势保持的时间过长就会有头晕的可能，有高血压的人不能进行此项锻炼。

8 另一个可以调整阻力的练习是增加卷腹的幅度。

为此，你可以：

> 躺在健身球 11 12 甚至训练椅边上 13 14 进行锻炼。你上半身的大部分会悬在空中，除了可以增大动作幅度，此动作的拉伸还可以引起更有力的肌肉收缩。

> 躺在床上进行锻炼。随着上半身抬起床垫会陷下去，这可以增加脊柱卷曲的能力，腹直肌会因此产生收缩。

10

11

12

13

14

15

优点：卷腹是简单的动作，可以很好地锻炼腹肌却不会对脊柱产生危害。

缺点：卷腹的动作幅度很小（只有十几厘米），为了增加动作幅度可以将整个上半身抬离地面，卷腹也就变成了仰卧起坐 15 。在此情况下，腹肌的参与程度就退居二线，并且会对脊柱产生危害。即使仰卧起坐很普遍，也要避免进行此项训练。

风险：如果你将双手放在头后或者为了上半身更容易抬起来而进行猛烈发力，有可能会对椎间盘或颈部造成挤压。

双脚需要固定吗？

如果双脚被搭档按住 ① 或者用器械固定住，在进行如卷腹这种针对腹肌的练习时，就可以使用更大的负重。力量的增加是因为腰肌、髂肌和股直肌参与了发力，从而协助了腹肌的收缩。

如果固定住双脚没有给背部下方带来不适的感觉，就可以更好地收缩（因此能更好地感受）腹肌。

固定双脚时，尽可能大幅地分开膝盖，双腿稍微弯曲，双脚侧放在地上，以便尽可能地减少髋部屈肌的参与 ②。

最好的训练方法是双脚不固定开始卷腹运动。一旦力竭，固定住双脚，以便能够继续进行练习，同时要确保腹肌得到最大限度的收缩。

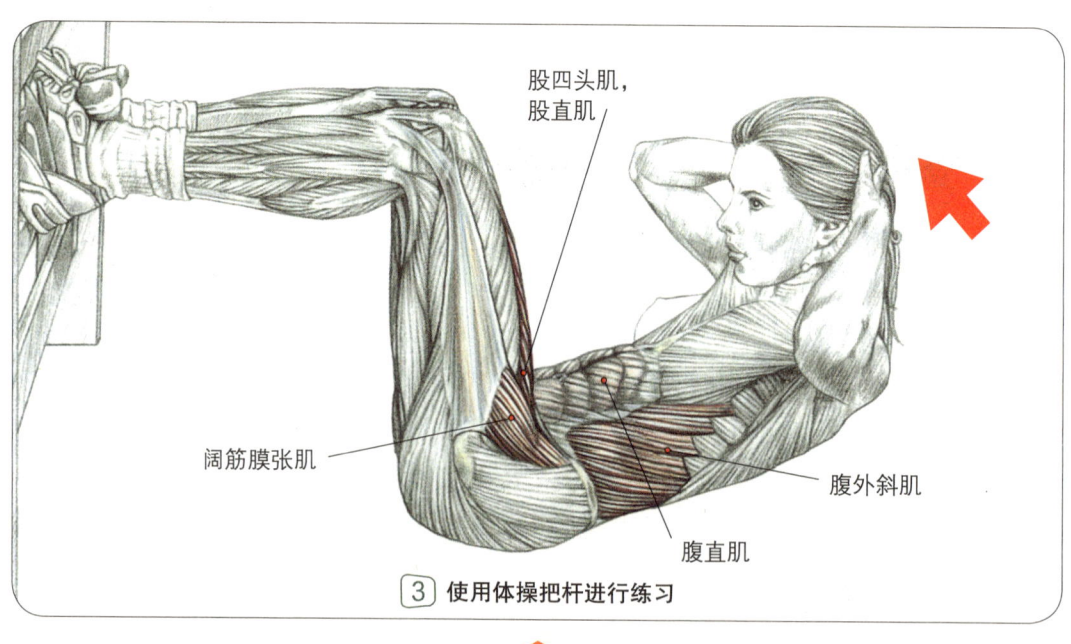

股四头肌，
股直肌

阔筋膜张肌

腹外斜肌

腹直肌

③ 使用体操把杆进行练习

关于锻炼腹肌的器械

　　与肱二头肌一样，如果使用不合适的器械，腹肌也很容易受伤。不合适的器械像要把你的身体拉成两部分，同时会将上半身笔直地拉向大腿。

　　相反，合适的器械可以使脊柱卷起来，这可以使肩膀拉向腹部下方而不是膝盖。

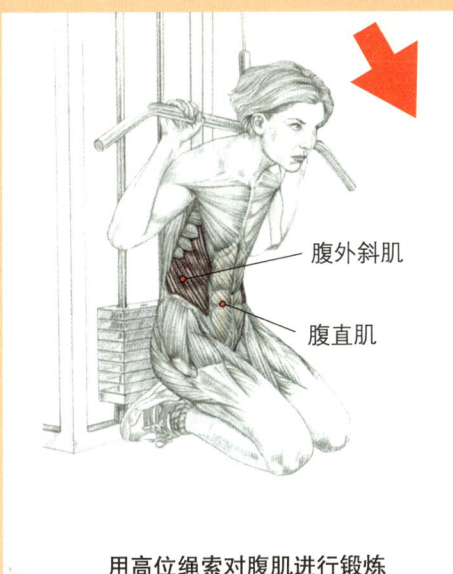

腹外斜肌

腹直肌

用高位绳索对腹肌进行锻炼

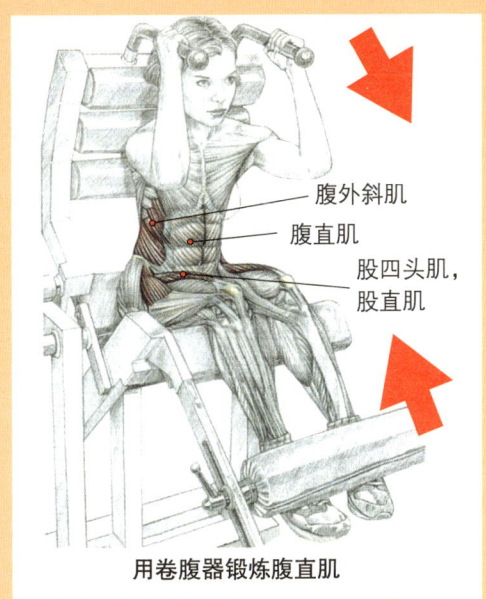

腹外斜肌

腹直肌

股四头肌，股直肌

用卷腹器锻炼腹直肌

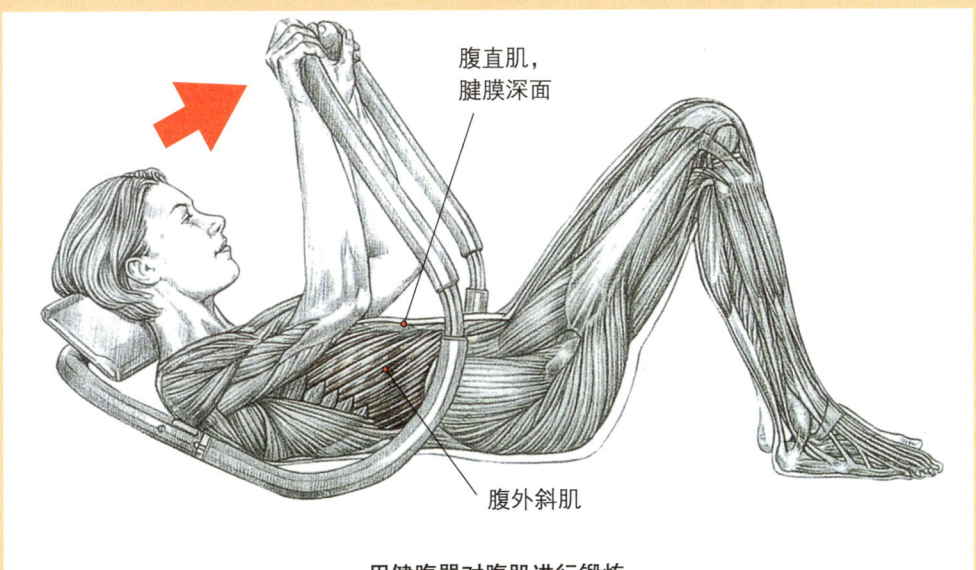

腹直肌，腱膜深面

腹外斜肌

用健腹器对腹肌进行锻炼

仰卧举腿训练（反向卷腹）

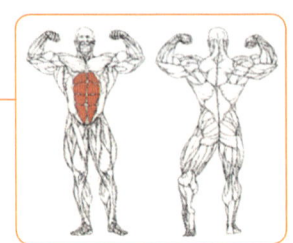

此项孤立训练动作针对的是整个腹部，尤其针对腹直肌下部。单侧训练是可行的，但是会存在拉伤脊柱的可能。

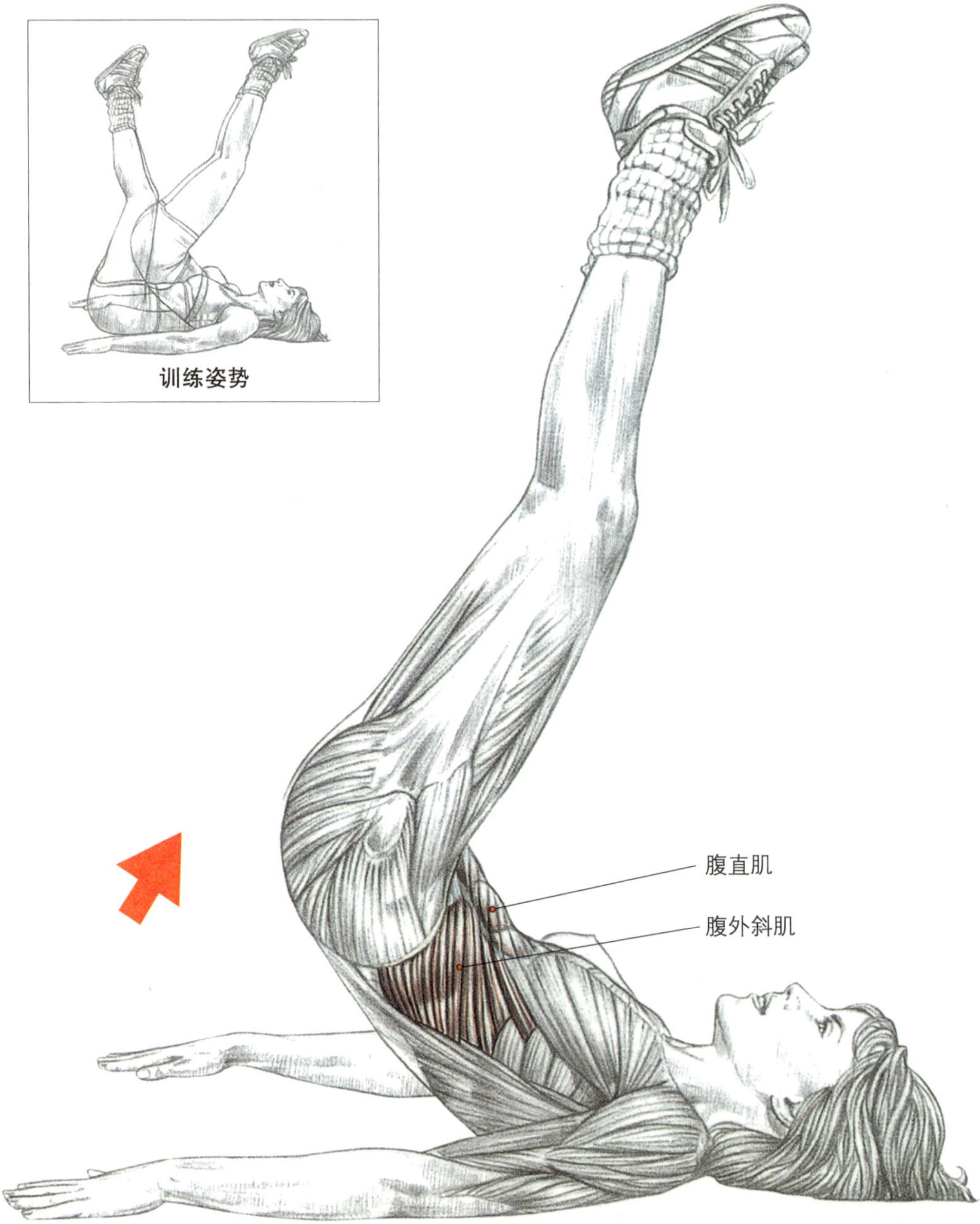

训练姿势

腹直肌

腹外斜肌

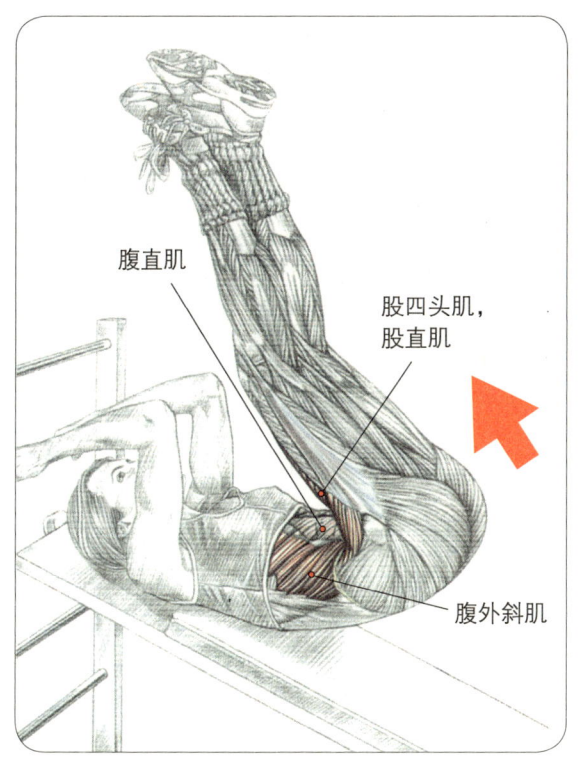

躺在地上，胳膊沿身体两侧放置，双腿弯曲成90度，抬起臀部然后是背部下方。要慢慢卷起上半身，一旦背部上方开始离开地面就要停止动作。

使腹肌下部靠近胸肌，目的是为了能够获得最好的动作轨迹。在顶峰位置保持此姿势2秒钟，以便更好地收缩腹肌。为了保持持续紧张状态，慢慢恢复到初始状态，臀部依然保持不碰触地面。头部保持笔直状态，脖子不要摇晃。

注意事项

此项练习的目的不是为了抬起双腿，而是为了抬起髋部，这会间接带动大腿（大腿总是保持同样的姿势）。

动作变化

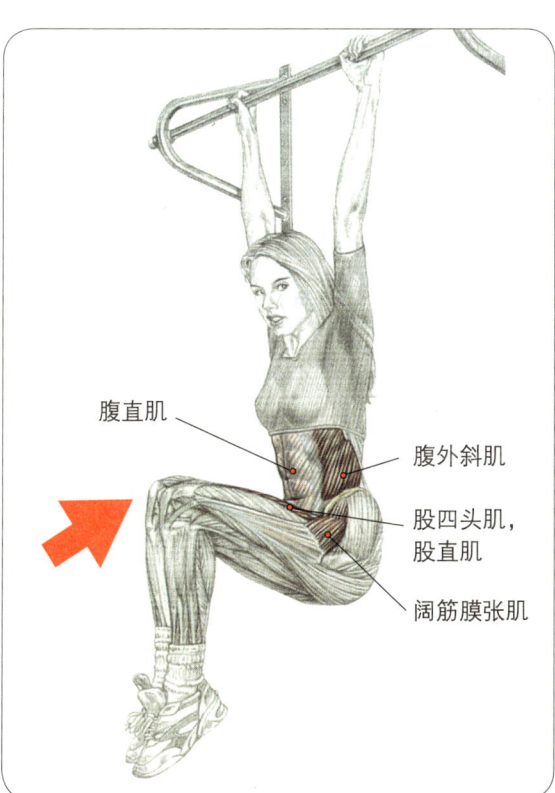

1 双腿伸直抬向天花板的练习最容易进行。如果弯曲双腿，小腿可以触碰到大腿后方，动作就变得比较困难了。良好的练习要以弯曲的双腿开始，一旦身体力竭，伸直双腿以便能再做几次重复运动。

2 为了加大练习的难度，可以用单杠进行运动。挂在杠上，双手正握，双手间距离与肩膀同宽。双腿与上半身成90度，以便使大腿与地面平行。双腿可以保持伸直状态（此时练习难度也相对增加）或者将小腿放下（此时练习就比较容易进行）。用腹肌下部的力量，将骨盆抬起，以便将膝盖拉向肩部。尽可能地抬高骨盆，同时最大限度地卷起身子，在放下骨盆前，保持收缩1秒钟。注意，不要将双腿下降到大腿与地面平行以下。

此项练习最困难的地方是，当健身者首次进行锻炼时，总是过度摇晃身体。随着锻炼的进行，健身者会慢慢掌握稳定身体的方法。

如果脊柱没有感觉不舒服，也可以用单腿进行锻炼。

发展变化：挂在杠上进行举腿训练之前，最好先坐在训练椅上训练，以便获得足够的力量。目的还是一样的，尽可能高地抬起髋部，先下降一点然后再重新抬高。伸直双腿并向后倾斜上半身（越与地面平行，练习就越简单），这样可以调整阻力。

坐着进行锻炼，卷起脊柱的难度相对增大。因此，要坐在尾骨上而不是臀部上。

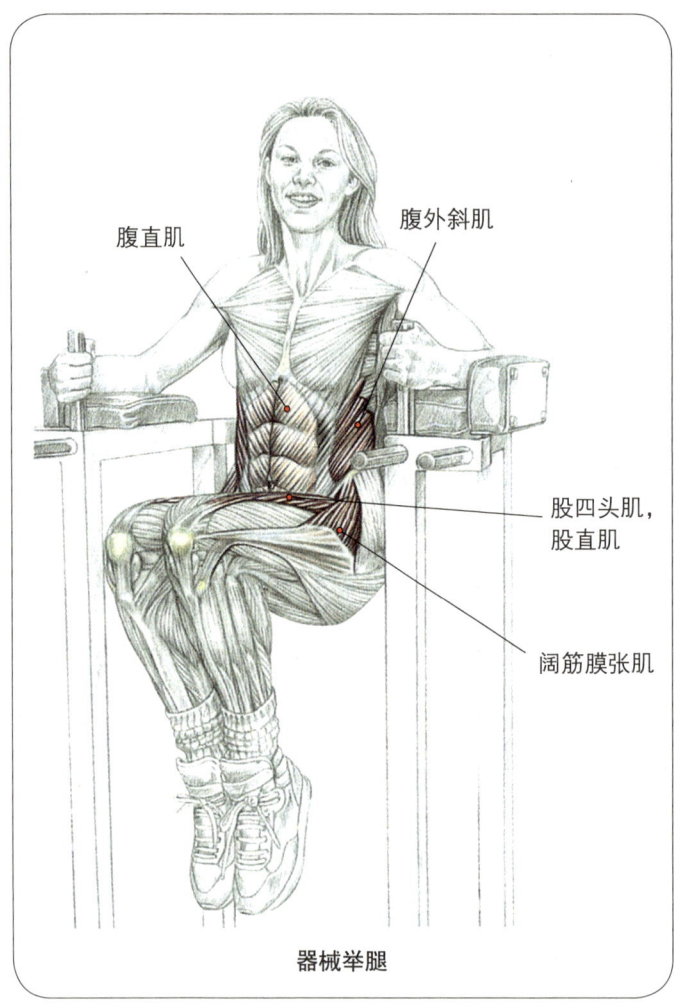

腹直肌

腹外斜肌

股四头肌，股直肌

阔筋膜张肌

器械举腿

优点：腹肌下方是最难锻炼的腹直肌部分，举腿可以锻炼此区域。

缺点：最大的问题是此区域缺少力量。对于大部分健身者，举腿训练可以提供很大的阻力。因此，他们会尽最大努力地拉伸双腿而不使用腹肌下部的力量，此项练习经常以不正确的方式进行。健身者需要一定的时间进行学习和掌握肌肉的发力技巧。

风险：如果弓起背部下方，便会出现肌肉的错误发力，这样会对腰椎间盘造成挤压。

腹斜肌训练动作

必须要发展腹斜肌吗？

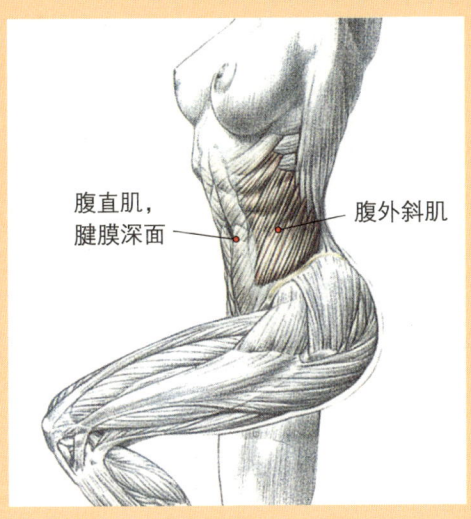

腹直肌，
腱膜深面　　　　　腹外斜肌

健身者通常会害怕过度发展腹斜肌，认为这会让其身材发生变化。但是放心吧，这种极端现象很少见。对于此肌肉我们更注重质量而不是大小。为此，在锻炼时不要将负重增加到最大，而是应该轻负重，进行长训练组训练并多保持几秒钟的顶峰收缩状态。

除了美观的因素外，腹斜肌会减轻脊柱的负担，使腹肌变坚硬。因此，这是用来抵抗大重量训练带来的不利影响的保护性肌肉。

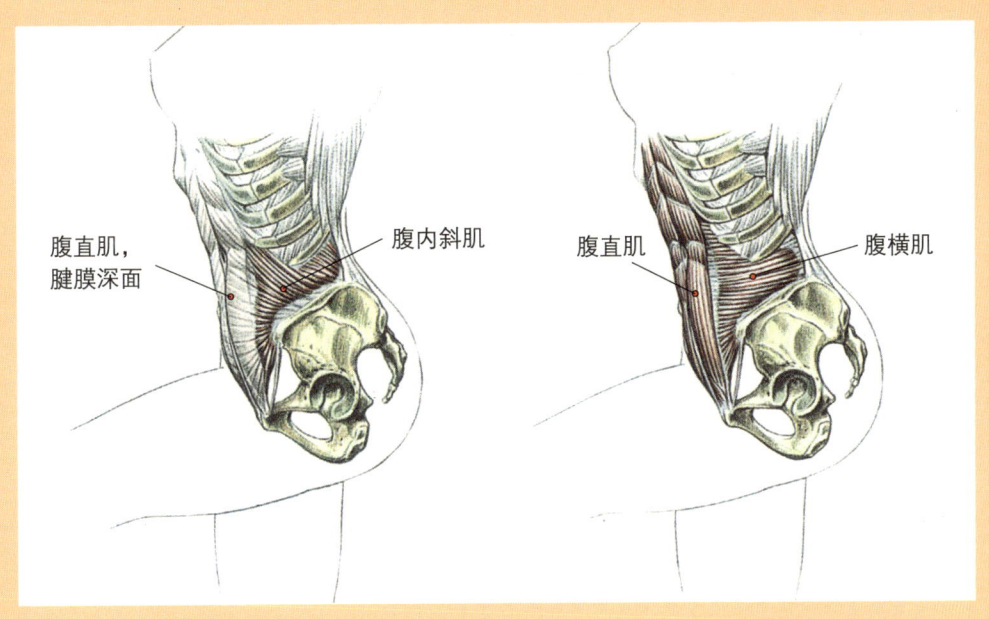

腹直肌，
腱膜深面　　　　　腹内斜肌

腹直肌　　　　　腹横肌

侧卧卷腹

此项孤立训练动作针对的是腹斜肌，必须进行单侧训练。

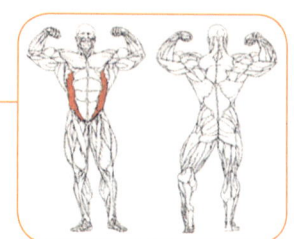

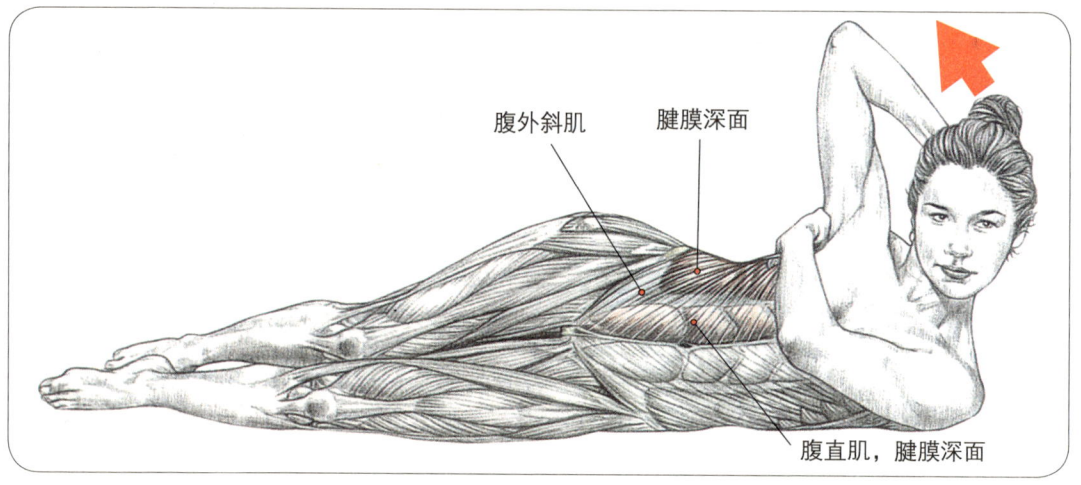

腹外斜肌　　　腱膜深面

腹直肌，腱膜深面

说明：躺在地上，左侧卧。右手放在头后，以便对其起支撑作用。右腿弯曲成 90 度，左腿保持半伸直状态 ①。右腿轻轻地靠在地上，以便获得稳定性，用腹斜肌的力量将左肩抬离地面几厘米 ②，在回落前，保持收缩 1 ~ 2 秒钟。然后将左肩落回地上，头要离开地面，以便使腹斜肌保持持续紧张状态。完成对右边的练习后，再对左边进行锻炼。

注意事项

此项练习不能在身体呈直线的状态下完成。当腹斜肌收缩时，上半身要轻轻地从后往前扭转卷曲。

动作变化

空闲的那只手的位置决定了练习阻力的大小。我们可以采用胳膊位于头后的姿势，以身体为轴线向头上方伸直胳膊，使腹斜肌要对抗的阻力大大增加 ③。也可以向大腿方向伸直胳膊，阻力就会减少 4 。比较好的训练方法是以胳膊向头上方伸直开始的。一旦力竭，将手放在头后，以便进行额外的几次重复练习。再次力竭后，将胳膊伸向大腿方向，以便能够继续进行练习。也可以通过用空闲的手抓住大腿上部进行强制性重复练习；用胳膊拉起上半身，以便减轻腹斜肌的发力。此方法不能用在训练组结束时，也不适用于以加厚腹斜肌为目的而进行的锻炼。

优点：此项练习是针对腹斜肌的。健身者可以立刻就感受到肌肉的运动，当然条件是姿势正确。

缺点：不要使用大重量进行练习。最好采用轻重量的长训练组，这样可以使肌肉线条更清晰并且可以消耗更多热量。

风险：不要进行头部的突然晃动，这会对颈部造成损伤。

注释：针对腹肌的训练以对腹斜肌的锻炼作为结束是比较合理的，健身者需要优先训练腹直肌而非腹斜肌。

✖ 诀窍

将一只手放在进行锻炼的腹斜肌上，以便更好地感受到它们的收缩 3 4 。

悬垂侧举腿

此项孤立训练动作针对腹斜肌和腰方肌进行锻炼，必须进行单侧训练。

说明：悬挂在单杠上，双手正握，双手与肩同宽。抬起大腿，使之与上半身成 90 度，即大腿与地面平行 5 。用腹斜肌的力量将骨盆向右，最大限度地抬起，同时向前螺旋升起 6 。在重新放下骨盆前，保持收缩状态 1 秒钟。

最好完成一侧训练后再对另一侧进行训练，当然也可以左右交替训练，但可能会借助惯性，这会降低肌肉的参与程度。

5

6

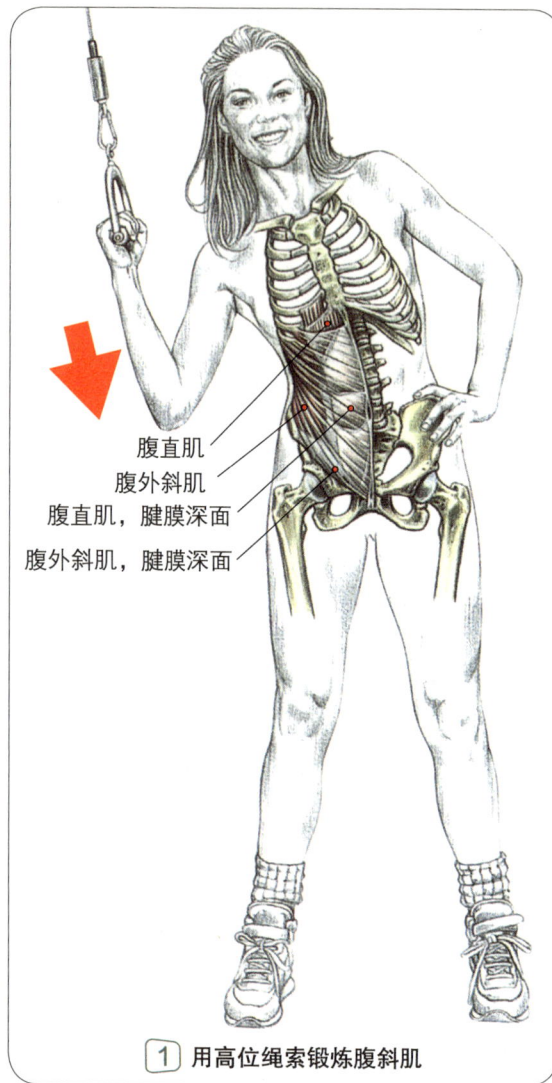

腹直肌
腹外斜肌
腹直肌，腱膜深面
腹外斜肌，腱膜深面

1 用高位绳索锻炼腹斜肌

2

动作变化

双腿可以保持伸直状态（此时练习难度会增加）或者将小腿拉向大腿下方（此时练习比较容易进行）。

当动作变得特别容易进行时，可以将一只小哑铃放在双脚间。

有效的锻炼是以在单杠上进行悬垂侧举腿开始训练组，一旦力竭，躺在地上继续进行侧卧卷腹训练。

如果力量不足，使用高位绳索可以增加阻力 1 。

优点： 在锻炼结束时，进行悬垂侧举腿是为脊柱减压的好方法。另外，这也是少数能对腰方肌进行锻炼的练习之一，腰方肌是对于保护腰部必不可少的肌肉。

缺点： 有些人没有足够的力量来进行多次数的重复练习。在此情况下，可以让搭档轻轻地扶住你的双腿，以便减少作用于腹斜肌上的阻力 2 。如果没有搭档，就只能弯起进行训练的身体那一侧的腿，另一只腿保持垂直状态，这样可以减少一部分大腿带来的阻力。

风险： 不要来回摇晃，也不要完全放下髋部，以保证不会损害到椎间盘。

注释： 养成以放松腰部的练习结束训练的习惯。

注意危险

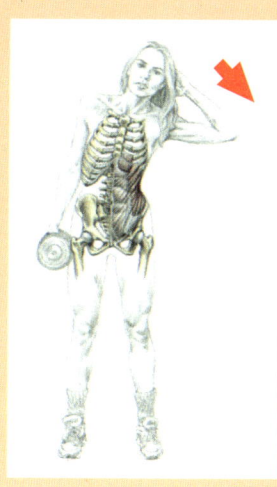

　　对于腹斜肌，最无效的练习是手拿一只（甚至两只）哑铃，上半身左右摆动，这种往复运动会给予脊柱巨大的压力。

　　最合理的方法是手拿一只哑铃，身体向另一侧倾斜。

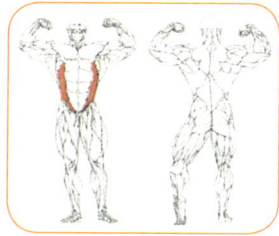

绳索转体

　　此项孤立训练动作是针对腹斜肌的，比其他的练习效果都要好，只能单侧练习。

　　说明： 将滑轮调至中高位置，站姿，滑轮位于身体的左侧，用右手抓住左边的绳索把手 ③。向右侧水平迈一步，双腿分开以便站得更稳，旋转从左向右进行，转动上半身但不要超过 45 度 ④。锻炼完右边，再锻炼左边。

注意事项

　　此项练习可对转体动作施加来自侧面的阻力。将一根棍子放在肩膀上然后进行疯狂地转体是没用的，这样只会磨损脊柱。如果将带有负重的杠铃放在肩膀上，对椎间盘的磨损会更大。

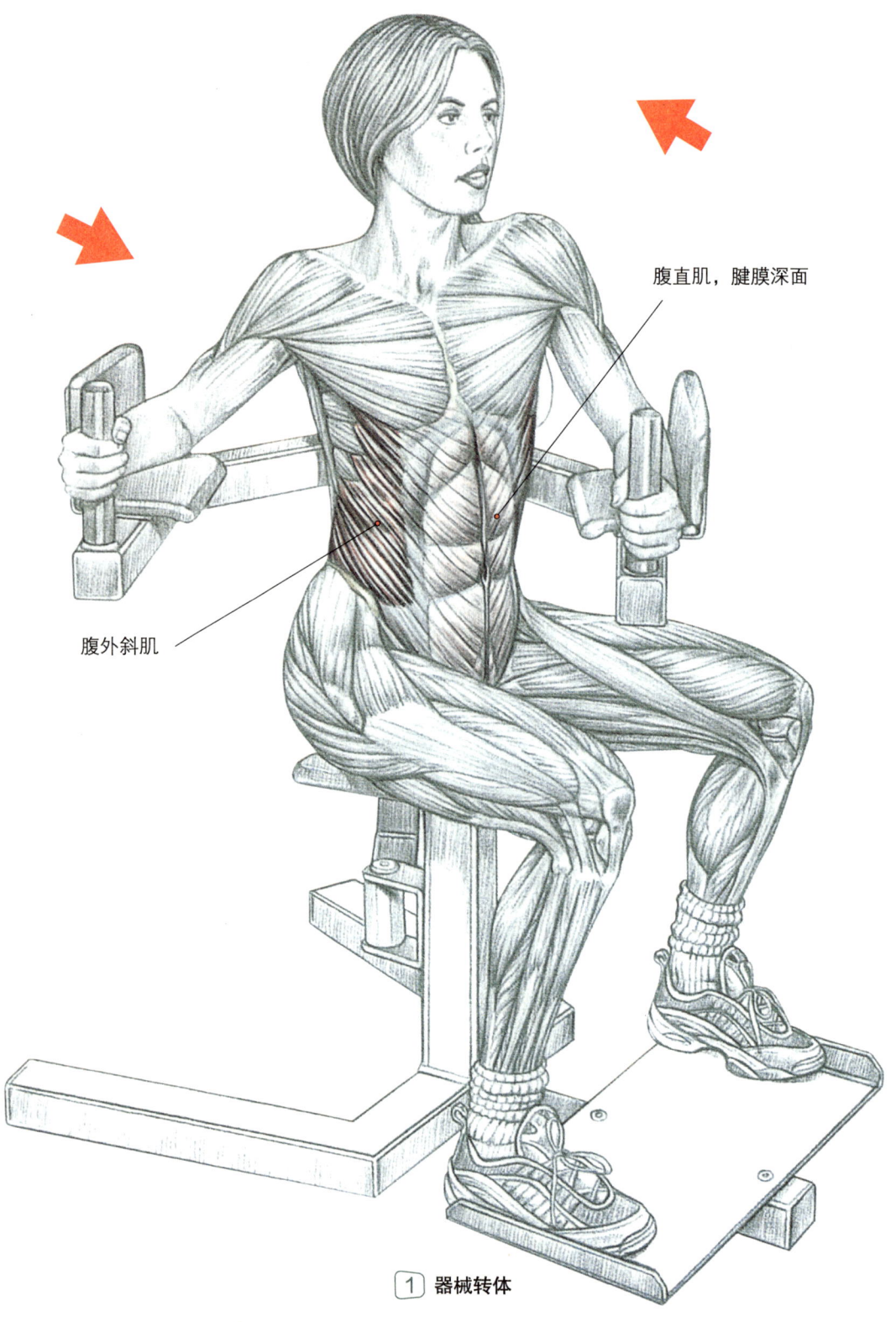

腹直肌，腱膜深面

腹外斜肌

1 器械转体

动作变化

有专门用来进行转体训练的固定器械，但比较少 ①。需要注意的是，要以比较温和的方式开始练习。如果以很剧烈的方式开始此练习，可能会以椎骨移位为代价。

也可以不用上半身进行转体，而是躺在地上双腿弯曲 ② ③ ⑥ 或者双腿伸直 ④ ⑤（此时练习难度最大）进行腿部转体。

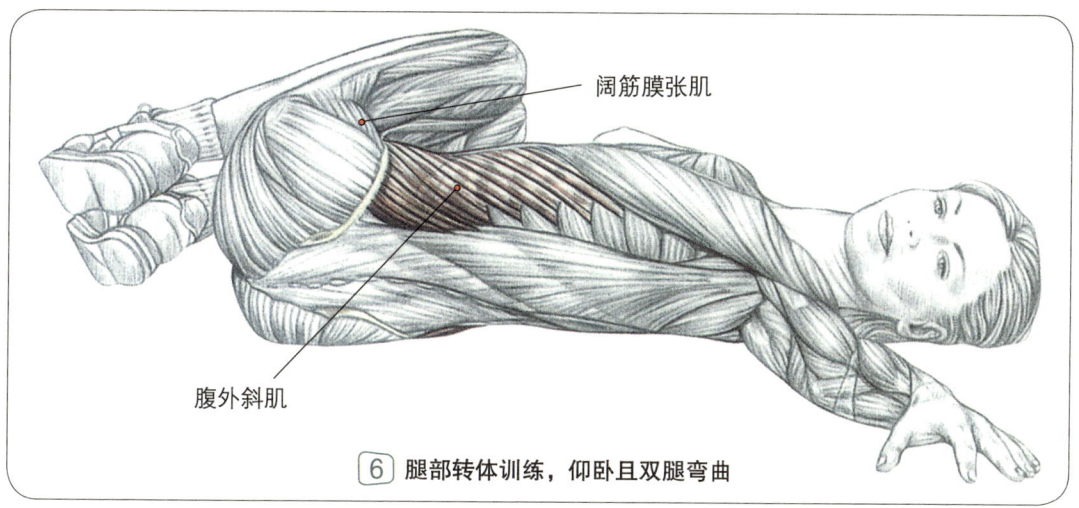

阔筋膜张肌

腹外斜肌

⑥ **腿部转体训练**，仰卧且双腿弯曲

优点：很少有练习能够像转体训练这样充分刺激侧腹，并且此训练还可调整阻力。

缺点：如果你的背部有问题，就不要进行转体训练。

风险：既不要过度也不要过快地进行转体。要寻求有效收缩，缓慢进行小幅度练习比迅猛进行大幅度练习要更好。

注释：这是一种需要慢慢进行的长训练组练习（20 次重复练习）。每次至少要进行 2~4 组。

第三部分

训练计划

针对初学者的每周 2 天的迅速增肌计划

第一天

肩部

1 俯身侧平举

递减训练法，进行 4 ~ 5 组练习，每组 15 ~ 8 次。

胸肌

2 卧推

进行 4 ~ 5 组练习，每组 12 ~ 6 次。

背部

3 引体向上

进行 4 ~ 5 组练习，每组 8 ~ 5 次。

肱三头肌

4 绳索臂屈伸

进行 4 组练习，每组 12 ~ 8 次。

肱二头肌

5 正握弯举

进行 3 ~ 5 组练习，每组 12 ~ 8 次。

股四头肌

6 弹力带深蹲

进行 4 ~ 5 组练习，每组 12 ~ 8 次

腹肌

7 卷腹

进行 5 组练习，每组 25 ~ 20 次。

第二天和第三天

休息

1　p87

2　p163

3　p109

4　p232

5　p197

6　p249

7　p300

第四天

胸肌

8 上斜弹力带史密斯机卧推

进行 4 ~ 5 组练习，每组 10 ~ 6 次。

背部

9 划船

进行 4 ~ 5 组练习，每组 12 ~ 8 次。

8 p167

9 p113

肱三头肌

10 双杠臂屈伸

进行 3 ~ 4 组练习，每组 15 ~ 10 次。

肱二头肌

11 锤式弯举

进行 3 ~ 4 组练习，每组 15 ~ 10 次。

10 p172

11 p206

股四头肌

12 哈克深蹲

进行 4 ~ 5 组练习，每组 12 ~ 8 次。

腘绳肌肌群

13 直腿硬拉

进行 4 ~ 5 组练习，每组 15 ~ 10 次。

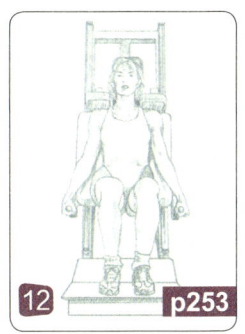

12 p253

13 p275

小腿肌群

14 站姿提踵

进行 3 组练习，每组 20 ~ 15 次。

第五天，第六天和第七天

休息

14 p288

针对初学者的每周 3 天的迅速增肌计划

第一天

肩部

1 俯身侧平举

递减训练法，进行 4 ~ 6 组练习，每组 12 ~ 8 次。

胸肌

2 卧推

进行 4 ~ 5 组练习，每组 10 ~ 6 次。

肱二头肌

3 上斜哑铃弯举

进行 3 ~ 5 组练习，每组 15 ~ 10 次。

肱三头肌

4 仰卧臂屈伸

进行 4 ~ 5 组练习，每组 15 ~ 8 次。

腹肌

5 仰卧举腿

进行 5 组练习，每组 20 次。

第二天

休息

第三天

背部

6 引体向上

进行 3 ~ 4 组练习，每组 12 ~ 6 次。

股四头肌

7 弹力带深蹲

进行 4 组练习，每组 15 ~ 8 次。

8 腿举

进行 3 ~ 4 组练习，每组 10 ~ 8 次。

1 p87

2 p163

3 p200

4 p226

5 p306

6 p109

7 p249

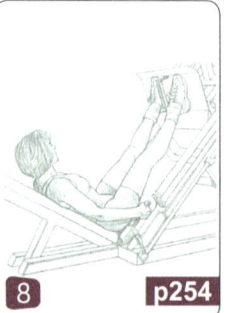

8 p254

腘绳肌肌群

9 直腿硬拉

进行 4 ～ 5 组练习，每组 10 ～ 6 次。

小腿肌群

10 驴式提踵

进行 4 ～ 5 组练习，每组 30 ～ 20 次。

第四天第五天

休息

第六天

肱二头肌

11 反握引体向上

进行 4 ～ 5 组练习，每组 10 ～ 8 次。

肱三头肌

12 双杠臂屈伸

进行 3 ～ 5 组练习，每组 12 ～ 8 次。

肩部

13 俯身侧平举

递减训练法，进行 4 ～ 5 组练习，每组 12 ～ 8 次。

胸肌

14 绳索飞鸟

进行 3 ～ 4 组练习，每组 15 ～ 12 次。

腹肌

15 转体卷腹

进行 3 ～ 4 组练习，每组 20 次。

第七天

休息

9 p275

10 p287

11 p202

12 p172

13 p87

14 p180

15 p301

一周 4 天的进阶训练计划

第一天

胸肌

1. **卧推**
   进行 4 ~ 5 组练习，每组 10 ~ 8 次。
2. **绳索飞鸟**
   进行 3 ~ 4 次练习，每组 20 ~ 12 次。

肩部

3. **俯身侧平举**
   进行 4 ~ 5 组练习，每组 12 ~ 8 次。

背部

4. **引体向上**
   进行 4 ~ 5 组练习，每组 10 ~ 6 次。
5. **划船**
   进行 3 ~ 4 组练习，每组 12 ~ 8 次。

肱三头肌

6. **仰卧臂屈伸**
   进行 4 ~ 5 组练习，每组 12 ~ 8 次。

肱二头肌

7. **上斜哑铃弯举**
   进行 3 ~ 4 组练习，每组 12 ~ 8 次。

肱三头肌

8. **绳索臂屈伸**
   进行 3 ~ 4 组练习，每组 15 ~ 8 次。

肱二头肌

9. **锤式弯举**
   进行 3 ~ 4 组练习，
   每组 12 ~ 10 次。

1　p163

2　p180

3　p87

4　p109

5　p113

6　p226

7　p200

8　p232

9　p206

第二天

股四头肌

10 弹力带深蹲
　　进行 4 ~ 5 组练习，每组 12 ~ 8 次。

腘绳肌肌群

11 直腿硬拉
　　进行 4 ~ 5 组练习，每组 15 ~ 10 次。

10 p249

11 p275

股四头肌

12 腿举
　　进行 3 ~ 5 组练习，每组 15 ~ 8 次。

腘绳肌肌群

13 坐姿腿弯举
　　进行 4 ~ 5 组练习，每组 12 ~ 8 次。

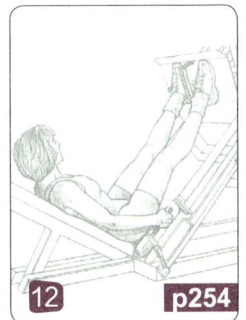

12 p254

13 p277

股四头肌

14 腿屈伸
　　进行 3 ~ 4 组练习，每组 20 ~ 12 次。

小腿肌群

15 站姿提踵
　　进行 4 ~ 5 组练习，每组 20 ~ 15 次。

腹肌

16 悬垂侧举腿
　　进行 4 ~ 5 组练习，每组 10 ~ 12 次。

17 卷腹
　　进行 3 ~ 5 组练习，每组 30 ~ 20 次。

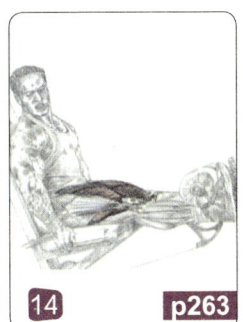

14 p263

15 p288

第三天

休息

16 p311

17 p300

第四天

肩部

18 侧平举
进行 4 ～ 5 组练习，每组 12 ～ 8 次。

19 俯身侧平举
进行 4 ～ 5 组练习，每组 15 ～ 12 次。

背部

20 划船
进行 3 ～ 4 组练习，每组 12 ～ 8 次。

21 引体向上
进行 4 ～ 5 组练习，每组 10 ～ 6 次。

胸肌

22 上斜弹力带史密斯机卧推
进行 5 组练习，每组 10 ～ 8 次。

23 双杠臂屈伸
进行 3 ～ 4 组练习，每组 15 ～ 12 次。

肱二头肌

24 正握弯举
进行 3 ～ 4 组练习，每组 12 ～ 10 次。

肱三头肌

25 绳索臂屈伸
进行 4 组练习，每组 15 ～ 8 次。

肱二头肌

26 上斜哑铃弯举
进行 3 ～ 4 组练习，
每组 12 ～ 8 次。

第五天

休息

18　p79

19　p87

20　p113

21　p109

22　p167

23　p172

24　p197

25　p232

26　p200

第六天

腘绳肌肌群

27 直腿硬拉
　　进行 3 ~ 5 组练习，每组 12 ~ 6 次。

股四头肌

28 哈克深蹲
　　进行 4 ~ 5 组练习，每组 12 ~ 8 次。

腘绳肌肌群

29 俯卧腿弯举
　　进行 4 ~ 5 组练习，每组 15 ~ 12 次。

股四头肌

30 腿举
　　进行 3 ~ 5 组练习，每组 15 ~ 8 次。

小腿肌群

31 驴式提踵
　　进行 4 ~ 5 组练习，每组 20 ~ 15 次。

腹肌

32 转体卷腹
　　进行 3 ~ 4 组练习，每组 25 ~ 20 次。

33 绳索转体
　　进行 2 ~ 4 组练习，每组 25 ~ 20 次。

第七天

休息

27　p275

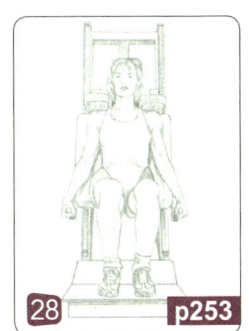

28　p253

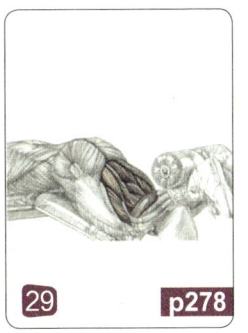

29　p278

30　p254

31　p287

32　p301

33　p313

一周 5 天的进阶训练计划

第一天

胸肌

1 卧推
进行 4 组练习，每组 12 ~ 6 次。

2 双杠臂屈伸
进行 3 ~ 4 组练习，每组 12 ~ 6 次。

3 绳索飞鸟
进行 3 组练习，每组 20 ~ 15 次。

背部

4 引体向上
进行 5 组练习，每组 12 ~ 6 次。

5 划船
进行 3 组练习，每组 12 ~ 8 次。

前臂肌肉

6 反握弯举
进行 3 ~ 4 组练习，每组 20 ~ 12 次。

腹肌

7 转体卷腹
进行 4 ~ 5 组练习，每组 25 ~ 20 次。

第二天

股四头肌

8 哈克深蹲
进行 4 组练习，每组 12 ~ 8 次。

9 腿举
进行 3 组练习，每组 15 ~ 10 次。

10 腿屈伸
进行 2 组练习，每组 12 次。

3 p180

4 p109

5 p113

6 p214

7 p301

8 p253

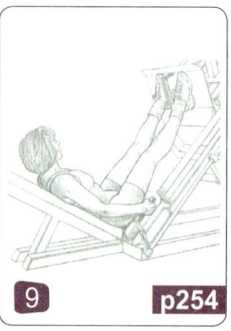
9 p254

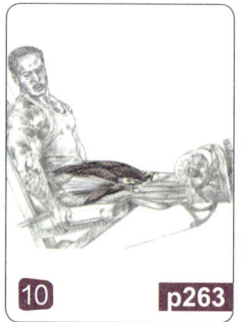
10 p263

1 p163

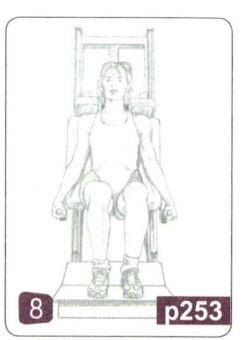
2 p172

腘绳肌肌群

11 **坐姿腿弯举**
进行 3 组练习，每组 12 ～ 8 次。

12 **俯卧腿弯举**
进行 3 组练习，每组 15 ～ 10 次。

小腿肌群

13 **驴式提踵**
进行 3 组练习，每组 20 ～ 12 次。

第三天

肩部

14 **史密斯推举**
进行 4 ～ 5 组练习，每组 12 ～ 8 次。

15 **侧平举**
进行 4 ～ 5 组练习，每组 12 ～ 10 次。

16 **俯身侧平举**
进行 4 组练习，每组 15 ～ 12 次。

肱二头肌

17 **正握弯举**
进行 4 组练习，每组 12 ～ 6 次。

18 **上斜哑铃弯举**
进行 4 组练习，每组 12 ～ 8 次。

肱三头肌

19 **窄握弹力带卧推**
进行 4 组练习，每组 10 ～ 6 次。

20 **仰卧臂屈伸**
进行 4 组练习，每组 12 ～ 8 次。

11　p277

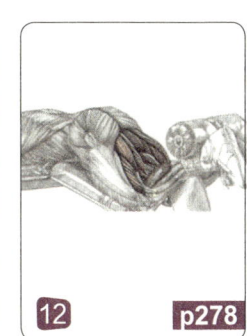

12　p278

13　p287

14　p70

15　p79

16　p87

17　p197

18　p200

19　p223

20　p226

第四天

休息

第五天

背部

21 屈腿硬拉
进行 4 ～ 6 组练习，每组 12 ～ 6 次。

22 划船
进行 4 ～ 5 组练习，每组 10 ～ 8 次。

23 引体向上
进行 5 ～ 6 组练习，每组 8 ～ 6 次。

胸肌

24 上斜弹力带史密斯机卧推
进行 4 ～ 6 组练习，每组 12 ～ 6 次。

25 哑铃飞鸟
进行 3 ～ 4 组练习，每组 12 ～ 10 次。

26 双杠臂屈伸
进行 3 ～ 4 组练习，每组 12 ～ 6 次。

腹肌

27 卷腹
进行 5 ～ 6 组练习，每组 20 ～ 10 次。

28 绳索转体
进行 2 ～ 4 组练习，每组 25 ～ 20 次。

第六天

肩部

29 侧平举
进行 4 ～ 5 组练习，
每组 12 ～ 10 次。

21 p150

22 p113

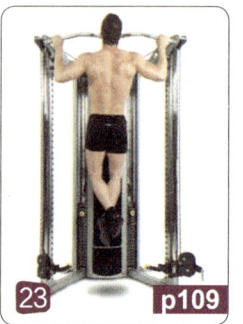
23 p109

24 p167

25 p177

26 p172

27 p300

28 p313

29 p79

30 俯身侧平举
进行 4 ~ 5 组练习，每组 12 ~ 8 次。

肱二头肌
31 正握弯举
进行 3 组练习，每组 12 ~ 8 次。
32 上斜哑铃弯举
进行 2 组练习，每组 15 ~ 12 次。
33 锤式弯举
进行 2 组练习，每组 20 ~ 15 次。

肱三头肌
34 绳索臂屈伸
进行 4 组练习，每组 15 ~ 10 次。
35 仰卧臂屈伸
进行 4 组练习，每组 12 ~ 8 次。
36 反向双杠臂屈伸
进行 3 ~ 4 组练习，每组 20 ~ 15 次。

腹肌
37 悬垂侧举腿
进行 5 ~ 6 组练习，每组 20 ~ 10 次。

第七天

休息

 30 p87
 31 p197
 32 p200
 33 p206
 34 p232
 35 p226
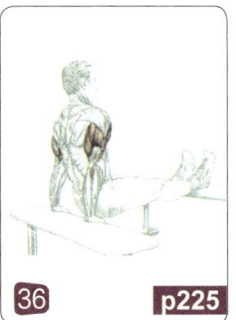 36 p225
 37 p311

强化发展迟缓区域的训练计划

将此强化发展迟缓区域的训练计划进行 4 ~ 8 次循环，并持续 1 ~ 2 个月的锻炼。然后，在重新针对发展迟缓区域进行锻炼前至少进行 1 个月的常规锻炼。

⚠️ 注意

作为热身运动，在每个训练日先进行 3 ~ 4 组针对腹肌的练习，每组 20 ~ 25 次。

强化手臂的训练计划

第一天

用超级组对肱二头肌进行大重量锻炼，同时使用轻重量练习肱三头肌。

1. 弹力带杠铃弯举
   进行 3 ~ 5 组练习，每组 10 ~ 8 次。
2. 绳索臂屈伸
   在针对肱二头肌的训练组间，稍微休息一下，并且用绳索进行一组针对肱三头肌的练习，25 ~ 20 次。
3. 绳索极慢速弯举
   进行 2 ~ 4 组练习，每组 4 次，要在 10 秒钟内抬升负重。
4. 锤式弯举
   进行 1 ~ 2 组练习，每组 25 ~ 20 次。

第二天

股四头肌
5. 腿举
   进行 4 ~ 5 组练习，每组 12 ~ 6 次。

腘绳肌肌群
6. 坐姿腿弯举
   进行 3 ~ 4 组练习，每组 15 ~ 10 次。

1 p199

2 p232

3 p199

4 p206

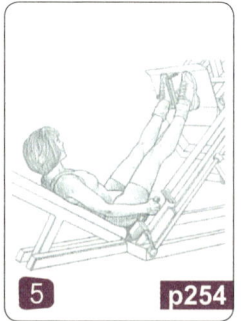
5 p254

6 p277

胸肌

7 绳索飞鸟

　　行 4 ～ 6 组练习，每组 15 ～ 12 次。

背部

8 高位绳索直臂下拉

　　进行 4 ～ 6 组练习，每组 12 ～ 10 次。

肩部

9 侧平举

　　进行 3 ～ 5 组练习，每组 15 ～ 10 次。

第三天

肱三头肌用大重量训练，同时肱二头肌用轻重量训练。

10 窄握弹力带卧推

　　进行 3 ～ 5 组练习，每组 8 ～ 4 次。
　　在针对肱三头肌的训练组间，稍微休息一下，并且用绳索进行一组针对肱二头肌的弯举。

11 绳索弯举

　　进行 1 ～ 2 组练习，每组 25 ～ 20 次。

12 极慢速仰卧臂屈伸

　　进行 2 ～ 4 组练习，每组 4 次。

使用轻重量对肱三头肌和肱二头肌进行超级组练习。

13 绳索臂屈伸

　　进行 1 ～ 2 组练习，每组 25 ～ 20 次。

14 仰卧绳索弯举

　　进行 1 ～ 2 组练习，每组 25 ～ 20 次。

第四天

休息

7　p180

8　p123

9　p79

10　p223

11　p199

12　p226

13　p232

14　p199

第五天

肱二头肌轻重量训练与肱三头肌轻重量训练超级组。

15 绳索弯举

进行 5 ～ 6 组练习，每组 20 ～ 15 次（注意训练姿势的标准性）。

肱三头肌超级组训练

16 绳索臂屈伸

进行 5 ～ 6 组练习，每组 20 ～ 15 次。

 15 p199
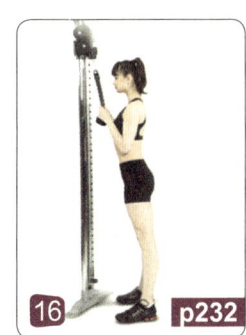 16 p232

第六天

背部

17 屈腿硬拉

进行 4 ～ 6 组练习，每组 12 ～ 8 次。

胸肌

18 上斜哑铃飞鸟

进行 4 ～ 6 组练习，每组 12 ～ 10 次。

肩部

19 俯身侧平举

进行 5 ～ 7 组练习，每组 12 ～ 8 次。

股四头肌

20 哈克深蹲

进行 4 ～ 5 组练习，每组 10 ～ 6 次。

小腿肌群

21 驴式提踵

进行 4 ～ 6 组练习，每组 20 ～ 12 次。

 17 p150
 18 p178
 19 p87
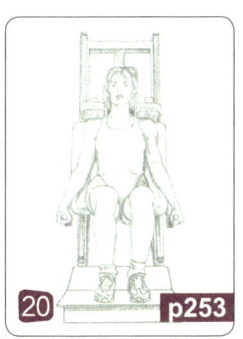 20 p253
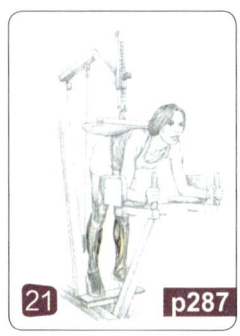 21 p287

第七天

休息

然后，重新进行第一天的循环练习。

修补胸肌的训练计划

· ·

第一天

· ·

胸肌大重量训练

1 卧推
进行 4 ~ 6 组练习，每组 10 ~ 8 次。

2 极慢速双杠臂屈伸
进行 2 ~ 4 组练习，每组 4 次，要在 10 秒
钟内抬起负重。

3 哑铃飞鸟
进行 1 ~ 2 组练习，每组 25 ~ 20 次。

第二天

· ·

股四头肌

4 腿举
进行 4 ~ 5 组练习，每组 12 ~ 6 次。

腘绳肌肌群

5 坐姿腿弯举
进行 3 ~ 4 组练习，每组 15 ~ 10 次。

背部

6 引体向上
进行 4 ~ 6 组练习，每组 12 ~ 8 次。

肩部

7 侧平举
进行 3 ~ 5 组练习，每组 15 ~ 10 次。

肱二头肌

8 绳索弯举
进行 4 ~ 6 组练习，每组 12 ~ 8 次。

1　p163

2　p172

3　p177

4　p254

5　p277

6　p109

7　p79

8　p199

第三天

胸肌中等负荷训练

9 **上斜弹力带史密斯机卧推**
进行 4 ～ 6 组练习，每组 15 ～ 10 次。

10 **上斜哑铃飞鸟**
进行 2 ～ 4 组练习，每组 4 次，要在
10 秒钟内抬起负重。

11 **绳索飞鸟**
进行 1 ～ 2 组练习，每组 25 ～ 20 次。

 9　p167
 10　p178

第四天

休息

第五天

胸肌轻重量训练

12 **绳索飞鸟**
进行 6 ～ 8 组练习，每组 20 ～ 15 次，注
意训练姿势。

搭配肱二头肌训练动作进行超级组训练

13 **正握弯举**
进行 4 ～ 6 组练习，每组 12 ～ 8 次。

 11　p180
 12　p180

第六天

背部

14 **屈腿硬拉**
进行 5 ～ 7 组练习，每组 12 ～ 8 次。

肩部

15 **侧平举**
进行 4 ～ 6 组练习，每组 12 ～ 8 次。

16 **俯身侧平举**
进行 3 ～ 4 组练习，每组 15 ～ 12 次。

 13　p197
 14　p150

 15　p79
 16　p87

股四头肌

17 **哈克深蹲**

进行 4 ~ 6 组练习，每组 10 ~ 6 次。

小腿肌群

18 **驴式提踵**

进行 4 ~ 6 组练习，每组 20 ~ 12 次。

第七天

休息

然后，重新进行第一天的循环练习。

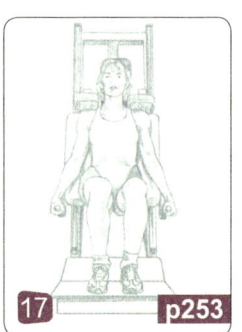

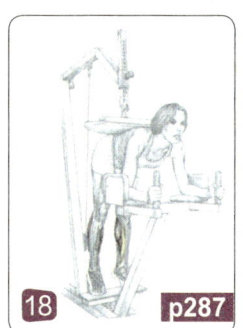

强化背部的训练计划

第一天

背肌大重量训练

1 引体向上，在身前用弹力带或搭档加强
离心收缩
进行 4 ~ 6 组练习，每组 10 ~ 8 次。

2 屈腿硬拉
进行 4 ~ 5 组练习，每组 12 ~ 8 次。

3 高位绳索直臂下拉
进行 1 ~ 2 组练习，每组 25 ~ 20 次

第二天

股四头肌

4 腿举
进行 5 ~ 6 组练习，每组 12 ~ 6 次。

肩部

5 侧平举
进行 3 ~ 5 组练习，每组 15 ~ 10 次。

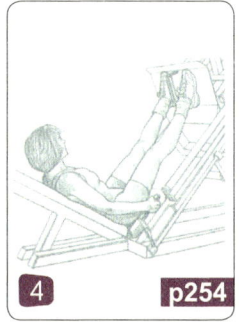

胸肌

[6] 双杠臂屈伸
　　进行 4 ~ 6 组练习，每组 12 ~ 8 次。

肱三头肌

[7] 绳索臂屈伸
　　进行 3 ~ 4 组练习，每组 15 ~ 12 次。

第三天

背部中等负荷训练

[8] 划船
　　进行 4 ~ 6 组练习，每组 12 ~ 10 次。

[9] 俯身侧平举
　　进行 3 ~ 4 组练习，每组 15 ~ 12 次。

[10] 高位绳索直臂下拉
　　进行 2 ~ 4 组练习，每组 4 次，要在
　　10 秒钟内拉下负重。

斜方肌

[11] 耸肩训练
　　进行 2 ~ 3 组练习，每组 15 ~ 10 次。

第四天

休息

第五天

背部轻重量训练

[12] 屈腿硬拉
　　进行 4 ~ 6 组练习，每组 20 ~ 15 次，注
　　意姿势标准。

[13] 跪姿颈后下拉
　　进行 4 ~ 6 组练习，每组 15 ~ 10 次。

6　p172

7　p232

8　p113

9　p87

10　p123

11　p140

12　p150

13　p112

冈下肌

14 自动织布机训练

进行 3 ~ 5 组练习，每组 20 ~ 12 次。

肱三头肌

15 窄握弹力带卧推

进行 4 ~ 6 组练习，每组 12 ~ 8 次。

第六天

肩部

16 侧平举

进行 4 ~ 6 组练习，每组 12 ~ 8 次。

股四头肌

17 哈克深蹲

进行 4 ~ 6 组练习，每组 10 ~ 6 次。

腘绳肌肌群

18 坐姿腿弯举

进行 4 ~ 5 组练习，每组 15 ~ 10 次。

小腿肌群

19 驴式提踵

进行 4 ~ 5 组练习，每组 20 ~ 12 次。

第七天

休息

然后，重新进行第一天的循环练习。

14　p132

15　p223

16　p79

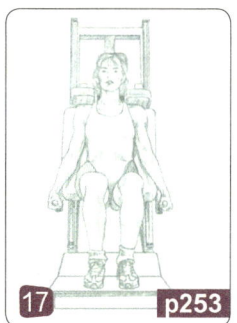

17　p253

18　p277

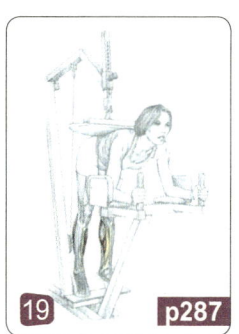

19　p287

修补肩部的训练计划

第一天

大重量肩部训练

1. 史密斯推举
   进行 4 ~ 6 组练习，每组 12 ~ 8 次。
2. 侧平举
   进行 3 ~ 5 组练习，每组 10 ~ 6 次。
3. 俯身侧平举
   进行 3 ~ 4 组练习，每组 12 ~ 8 次。

第二天

股四头肌

4. 腿举
   进行 5 ~ 6 组练习，每组 12 ~ 6 次。

背部

5. 屈腿硬拉
   进行 4 ~ 5 组练习，每组 12 ~ 8 次。
6. 划船
   进行 4 ~ 6 组练习，每组 15 ~ 10 次。

肱二头肌

7. 正握弯举
   进行 4 ~ 6 组练习，每组 12 ~ 8 次。

小腿肌群

8. 驴式提踵
   进行 4 ~ 5 组练习，每组 20 ~ 12 次。

1 p70

2 p79

3 p87

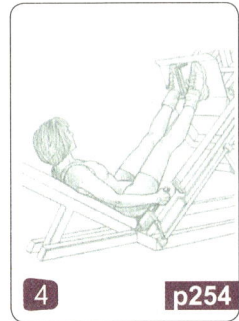
4 p254

5 p150

6 p113

7 p197

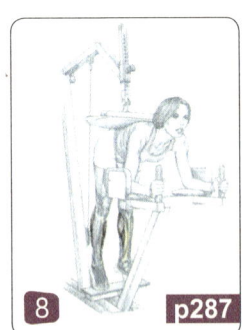
8 p287

第三天

中等负重肩部训练

9 侧平举
　进行 3 ～ 5 组练习，每组 15 ～ 10 次。

10 直立划船
　进行 3 ～ 5 组练习，每组 15 ～ 12 次。

11 俯身侧平举
　进行 3 ～ 4 组练习，每组 15 ～ 12 次。

斜方肌

12 耸肩训练
　进行 2 ～ 3 组练习，每组 15 ～ 10 次。

第四天

休息

第五天

冈下肌

13 自动织布机训练
　进行 3 ～ 5 组练习，每组 20 ～ 12 次。

肩部轻重量训练

14 绳索侧平举
　进行 3 ～ 5 组练习，每组 20 ～ 15 次。

15 绳索直立划船
　进行 3 ～ 5 组练习，每组 15 ～ 12 次。

16 俯身绳索侧平举
　进行 3 ～ 4 组练习，每组 20 ～ 12 次。

9 　p79

10 　p77

11 　p87

12 　p140

13 　p132

14 　p80

15 　p78

16 　p88

第六天

背部
17 引体向上

　　进行 4 ～ 6 组练习，每组 12 ～ 8 次。

胸肌
18 卧推

　　进行 4 ～ 6 组练习，每组 12 ～ 8 次。

股四头肌
19 哈克深蹲

　　进行 4 ～ 6 组练习，每组 10 ～ 6 次。

腘绳肌肌群
20 坐姿腿弯举

　　进行 4 ～ 5 组练习，每组 15 ～ 10 次。

第七天

休息

然后，重新进行第一天的循环练习。

强化大腿的训练计划

第一天

股四头肌大重量训练
1 哈克深蹲，用弹力带或搭档加强离心收缩

　　进行 4 ～ 6 组练习，每组 10 ～ 6 次。

2 腿举

　　进行 5 ～ 6 组练习，每组 12 ～ 6 次。

3 腿屈伸

　　进行 2 ～ 4 组练习，每组 4 次，要在 10 秒
　　钟内抬起负重。

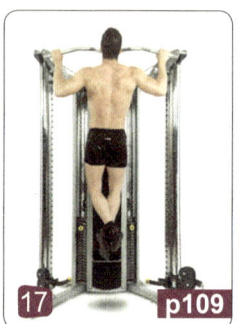
17　p109

18　p163

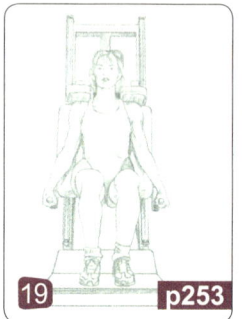
19　p253

20　p277

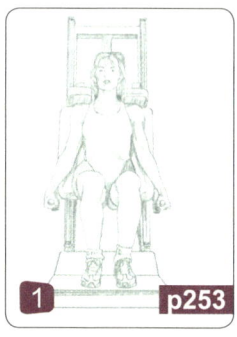
1　p253

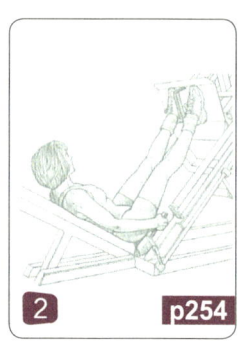
2　p254

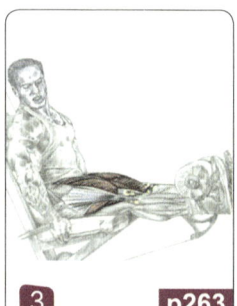
3　p263

小腿肌群

4 驴式提踵

进行 4 ～ 5 组练习，每组 15 ～ 8 次。

第二天

胸肌

5 卧推

进行 4 ～ 6 组练习，每组 12 ～ 8 次。

肩部

6 侧平举

进行 3 ～ 5 组练习，每组 10 ～ 6 次。

7 俯身侧平举

进行 3 ～ 4 组练习，每组 12 ～ 8 次。

肱二头肌

8 正握弯举

进行 4 ～ 6 组练习，每组 12 ～ 8 次。

肱三头肌

9 双杠臂屈伸

进行 3 ～ 5 组练习，每组 15 ～ 10 次。

第三天

腘绳肌肌群大重量训练

10 直腿硬拉

进行 6 ～ 8 组练习，每组 12 ～ 6 次。

11 坐姿腿弯举

进行 4 ～ 5 组练习，每组 15 ～ 8 次。

4 p287

5 p163

6 p79

7 p87

8 p197

9 p172

10 p275

11 p277

第四天

休息

第五天

股四头肌轻重量训练

12 滑步箭步蹲
进行 4 ~ 6 组练习，每组 15 ~ 12 次。

13 腿屈伸
进行 3 ~ 5 组练习，每组 15 ~ 12 次。

腘绳肌肌群轻重量训练

14 俯卧腿弯举
进行 4 ~ 5 组练习，每组 15 ~ 10 次。

小腿肌群

15 驴式提踵
进行 4 ~ 5 组练习，每组 20 ~ 12 次。

第六天

肩部

16 史密斯推举
进行 4 ~ 6 组练习，每组 12 ~ 8 次。

17 侧平举
进行 3 ~ 5 组练习，每组 15 ~ 10 次。

背部

18 引体向上
进行 4 ~ 6 组练习，每组 12 ~ 8 次。

冈下肌

19 自动织布机训练
进行 3 ~ 5 组练习，每组 20 ~ 12 次。

12 p258

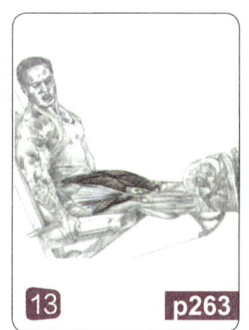
13 p263

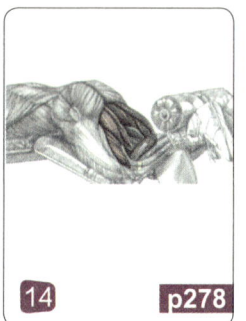
14 p278

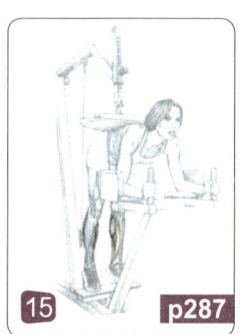
15 p287

16 p70

17 p79

18 p109

19 p132

胸肌

20 绳索飞鸟

　　进行 4 ~ 6 组练习，每组 15 ~ 12 次。

第七天

休息

然后，重新进行第一天的循环练习。